见识城邦

更新知识地图　拓展认知边界

YUVAL NOAH HARARI

# SAPIENS

A Brief History of Humankind

# 人类简史

## 从动物到上帝

[ 以色列 ] 尤瓦尔 · 赫拉利 著

林俊宏 译

中信出版集团 · 北京

图书在版编目（CIP）数据

人类简史：从动物到上帝：精装版 /（以）尤瓦尔·赫拉利著；林俊宏译 . -- 北京：中信出版社，2018.9（2025.11重印）
书名原文：Sapiens: A Brief History of Humankind
ISBN 978-7-5086-9131-2

Ⅰ . ①人… Ⅱ . ①尤… ②林… Ⅲ . ①社会发展史－通俗读物 Ⅳ . ① K02-49

中国版本图书馆 CIP 数据核字（2018）第 139996 号



人类简史：从动物到上帝（精装版）

著　　者：［以色列］尤瓦尔·赫拉利
译　　者：林俊宏
出版发行：中信出版集团股份有限公司
（北京市朝阳区东三环北路 27 号嘉铭中心　邮编　100020）
承 印 者：北京通州皇家印刷厂

开　　本：787mm×1092mm　1/16　　印　　张：26.75　　字　　数：307 千字
版　　次：2018 年 9 月第 1 版　　印　　次：2025 年 11 月第 17 次印刷
京权图字：01–2013–5505　　书　　号：ISBN 978–7–5086–9131–2
审 图 号：GS（2023）4211 号（本书地图系原书插附地图）
定　　价：98.00 元

# 目　录

## 第一部分　认知革命

# 第三部分 人类的融合统一

# 第四部分　科学革命

# 第一部分
# 认知革命

图 1　南法的雪维洞穴（Chauvet-Pont-d' Arc Cave）大约 3 万年前至 2 万年前的人类手印。这些艺术作品的创作者，无论从外观、思维还是感觉来看，都与我们很相像。

# 第一章
# 人类：一种也没什么特别的动物

大约在135亿年前，经过所谓的“大爆炸”（Big Bang）之后，宇宙的物质、能量、时间和空间才成了现在的样子。宇宙的这些基本特征，就成了“物理学”。

在这之后过了大约30万年，物质和能量开始形成复杂的结构，称为“原子”，再进一步构成“分子”。至于这些原子和分子的故事以及它们如何互动，就成了“化学”。

大约38亿年前，在这颗叫作“地球”的行星上，有些分子结合起来，形成一种特别庞大而又精细的结构，称为“有机体”。有机体的故事，就成了“生物学”。

到了大约7万年前，一些属于“智人”（*Homo sapiens*）这一物种的生物，开始创造出更复杂的架构，称为“文化”。而这些人类文化继续发展，就成了“历史学”。

在历史的路上，有三大重要革命：大约7万年前，“认知革命”（Cognitive Revolution）让历史正式启动。大约12 000年前，“农业革命”（Agricultural Revolution）让历史加速发展。而到了大约不过500年前，“科学革命”（Scientific Revolution）可以说是让历史画下句号而另创新局。这本书，讲述的就是这三大革命如何改变了人类和其他生物。

* * *

人类早在有历史记录之前就已存在。早在250万年前，就已经出现了非常类似现代人类的动物。然而，世世代代的繁衍生息，他们与一同共享栖地的其他生物相比，并没什么特别突出之处。

如果到200万年前的东非逛一逛，你很可能会看到一群很像人类的生物：有些妈妈一边哄着婴儿，一边还得把玩儿疯的小孩抓回来，忙得团团转；有些年轻人对社会上的种种规范气愤不满，也有些垂垂老矣的老人家只想图个清静；有肌肉猛男捶着自己的胸膛，只希望旁边的美女能够垂青；也有年长的充满智慧的大家长，对这一切早就习以为常。这些远古时期的人类已懂得爱和玩乐，能够产生亲密的友谊，也会争地位、夺权力，不过，这些人和黑猩猩、狒狒、大象也没什么不同。这些远古人类，和一般动物比起来就是没什么特别。他们万万没有想到，他们的后代某一天竟能在月球上漫步、分裂原子、了解基因码，还能写写历史书。说到史前人类最重要的一件事，就是他们在当时根本无足挂齿，对环境的影响也不见得比大猩猩、萤火虫或是水母来得多。

生物学家把所有生物划分成不同的“物种”。而所谓属于同一物种，就是它们会彼此交配，能够产出具有生育能力的下一代。例如马和驴，虽然有共同的祖先，也有许多类似的身体特征，也能够交配，但它们彼此却缺少性趣，就算刻意让它们交配，产出的下一代会是骡，而骡不具有生育能力。因此，驴的DNA（脱氧核糖核酸）突变就不可能传给马这个物种，马也不会传给驴。于是，我们认定马和驴属于两个不同的物种，各有各自的演化路径。相较之下，虽然斗牛犬和西班牙猎犬看来天差地别，却属于同一物种，有一样的DNA库。它们很愿意交配，而且它们的幼崽长大后也能再和其他狗交配、子孙满堂。

从同一个祖先演化而来的不同物种，会属于同一个“属”（genus）。例如狮子、老虎、豹和美洲豹，虽然是不同物种，但都是“豹属”（*Panthera*）。生物学家用拉丁文为生物命名，每个名字由两个词组成，第一个词是属名，第二个词则是种名。例如狮子就称为“*Panthera leo*”，指的是豹属（*Panthera*）的狮种（*leo*）。而只要没有意外，每一位在读这本书的读者应该都是一个“*Homo sapiens*”：人属（*Homo*，指“人”）的人种（*sapiens*，指“明智”）。

许多属还能再归类为同一科（family），例如猫科（狮子、猎豹、家猫）、犬科（狼、狐狸、豺）、象科（大象、长毛象、乳齿象）。同一科的所有成员，都能追溯到某个最早的雄性或雌性祖先。例如所有的猫科动物，不管是家里喵喵叫的小猫还是草原上吼声震天的狮子，都是来自大约2500万年前的某个祖先。

至于智人，也是属于某个科。虽然这件事看来再平凡不过，却曾经是整个历史上最大的秘密。智人一直希望自己和其他动物有所不同，仿佛整个科就只有自己的存在，没有兄弟姐妹，没有远近亲戚，而且最重要的是：没有父母。但可惜这绝非事实。不论你是否接受，我们所属的人科不仅成员众多，而且还特别吵闹，那就是一堆巨猿。与我们最近的亲戚，就是黑猩猩、大猩猩和猩猩。其中，黑猩猩与我们最为接近。不过就在600万年前，有一只母猿产下两个女儿，一个成了所有黑猩猩的祖先，另一个则成了所有人类的祖奶奶。

## 家族秘史

智人还有另一个更见不得光的秘密。我们有许多堂、表兄弟姐妹，而且没什么文明，但这还小事一桩；我们其实曾经还有很多更近的兄弟姐妹。人类（human）已经习惯以为自己是唯一的“人”，是因为在过去1万年间，“人种”确实只剩下智人一种。然而，“human”一词真正的意思是“属于人属的动物”，而在过去，这可不只“智人”而已。此外，我们在最后一章也会提到，不久之后，很可能我们又得再和一些不属“智人”的人类开始竞争。为避免混淆，以下讲到“智人”，讲的就是“Homo sapiens”这个物种的成员，而讲到“人类”，讲的则是“Homo”（人属）的所有现存成员。

最早的人类是从大约250万年前的东非开始演化，祖先是一种更早的猿属“南方古猿”（*Australopithecus*）。大约200万年前，这些远古人类有一部分离开了家园而踏上旅程，足迹遍及北非、欧洲和亚洲的广阔地带。北欧的森林白雪皑皑，印度尼西亚的热带丛林湿气蒸腾，想活命显然需要不同的特征，因此人类也开始朝着不同方向进化。于是人类发展出几个不同的物种，而科学家也为每一种都取了华丽的拉丁名称。

在欧洲和西亚的人类成了“*Homo neanderthalensis*”，意为“来自尼安德谷（Neander Valley）的人”，一般简称为“尼安德特人”（Neanderthals）。比起我们这种“智人”，尼安德特人更为魁梧，肌肉也更发达，非常适应西方的欧亚大陆在冰河时期的寒冷气候。至于在东方的亚洲，住的则是“直立人”（*Homo erectus*），一共存续了将近 200 万年，是目前所知存续最久的人类物种，而我们智人看来也很难打破这项纪录。光是 1000 年后还会不会有智人存在，现在看来都令人十分怀疑，所以和 200 万年比起来，我们真的是小巫见大巫。

至于在印度尼西亚的爪哇岛，则住着“梭罗人”（*Homo soloensis*，拉丁文意为“来自梭罗谷的人”），这种人很能适应热带的生活环境。同样在印度尼西亚，还有另一个小岛弗洛里斯（Flores），这里住的远古人类则是经历了一场侏儒化的过程。曾有一段时间，因为海水水位格外低，于是人类初次抵达了弗洛里斯，而且当时和大陆的交通往来十分便利。但后来海水再次上涨，于是有些人就被困在岛上，物资十分缺乏。那些长得高大的人，需要的食物也多，于是最早在岛上饿死淘汰。长得矮小反而成了生存优势。经过几代之后，在弗洛里斯的人都成了小矮人。科学家把这种独特的人种称为“弗洛里斯人”（*Homo floresiensis*），身高最高不过 1 米，体重最重也不过 25 公斤。然而，他们仍然懂得如何制造石器，甚至偶尔还能在岛上猎象。不过倒也公平，在这岛上的象也是一种矮生种。

2010 年，科学家在西伯利亚的丹尼索瓦（Denisova）洞穴中发现了一块已经变成化石的手指骨，为人类的大家族又添一成员。手指骨的基因分析证实这个人种过去并不为人所知，现在则命名为“丹尼索瓦人”（*Homo denisova*）。全球还有太多洞穴、岛屿、气候，谁晓得还有多少我们失落的亲戚，正等着我们去发现。

这几个人种在欧洲和亚洲不断演化的同时，其他在东非的人种演化也没有停止，人类的摇篮继续养育着许多新品种，例如“鲁道夫人”（*Homo rudolfensis*，“来自鲁道夫湖的人”）、“匠人”（*Homo ergaster*，“工作的人”），最后还有我们自己的这种人种，而我们也颇为厚颜地把自己命名为“智人”（*Homo sapiens*，“明智的人”）。

在这些人种当中，有些高大，有些矮小；有些会凶残地猎捕，有些只是温和地采集着食物；有些只住在某个小岛上，而大多是在整个大陆上迁徙移动。但不论如何，他们都是“人属”，也都是人类。

有一种常见的错误，是认为这些人种呈线性发展，从“匠人”变成“直立人”，“直立人”再变成“尼安德特人”，而尼安德特人最终变成我们。这种线性模型误以为地球在某个时间点上只会有单一人种，而其他更早的人种不过就是我们的祖先。但事实是，从大约200万年前到大约1万年前为止，整个世界其实同时存在多种不同人种。这其实也十分合理。就像今天，地球上还是有许多种的狐狸、熊或是猪，而在几十万年前的地球上，至少有6种不同的人。从整个历史来看，过去多种人种共

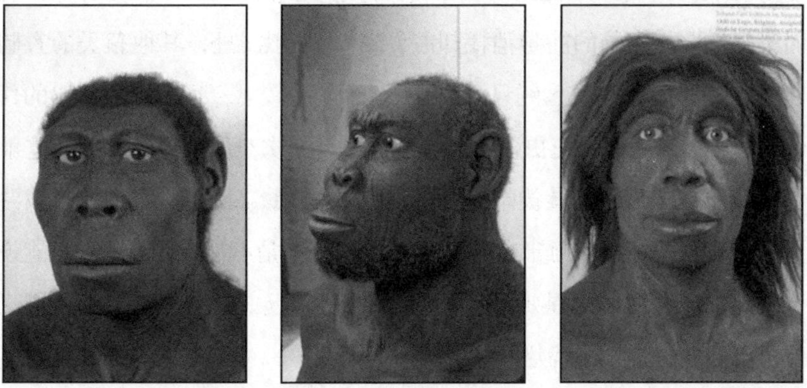

图2　这些都可说是我们的兄弟姐妹，据推测重建样貌（从左至右）：鲁道夫人（东非，距今大约200万年）；直立人（东亚，距今约200万—5万年）；尼安德特人（欧洲和西亚，距今约40万—3万年）。他们都是“人类”。

存其实是常态，现在地球上只有“一种人”，这才是异常。而下面很快就会提到，对于我们智人来说，我们不愿想起这些过去的手足亲情，背后其来有自。

### “思考”的代价

虽然人种之间有诸多不同，但还是有几项共同的人类特征。其中最重要的一点，就是人类的大脑明显大于其他动物。对于60公斤的哺乳类来说，平均脑容量是200立方厘米，但早在250万年前最早的男男女女，脑容量就已有600立方厘米。至于现代的智人，平均脑容量更高达1200~1400立方厘米。至于尼安德特人，其实脑容量更大。

这样看来似乎再清楚不过，物竞天择就该让脑越来越大才是。人类深深迷恋着我们自己的高智能，于是一心认为智力当然是越高越好。但如果真是如此，猫科动物也经过演化，为什么没有会微积分的猫？究竟为什么，在整个动物界，只有人属演化出了比例如此庞大的思考器官？

答案在于：庞大的大脑也是个庞大的负担。大脑结构脆弱，原本就不利于活动，更别说还得用个巨大的头骨把它装着。而且大脑消耗的能量惊人。对智人来说，大脑只占身体总重的2%~3%，但在身体休息而不活动时，大脑的能量消耗却占了25%。相比之下，其他猿类的大脑在休息时的能量消耗大约只占8%。因为大脑较大，远古人类付出的代价有两种：首先是得花更多时间寻找食物，其次是肌肉退化萎缩。这就像是政府把国防预算转拨给了教育，人类也把肱二头肌所需的能量拨给了大脑里的神经元。对于在非洲草原上这究竟是不是个好策略，只能说无人能知。虽然黑猩猩要讲道理绝对讲不赢智人，但它却能直接把智人像个布娃娃一样扯个稀烂。

时至今日，人类大脑带来的好处显而易见，我们能制造出汽车和枪炮，让我们的移动速度远高于黑猩猩，而且从远方就能将黑猩猩一枪毙命，而无须和它摔跤硬拼。只不过，汽车和枪炮是最近才有的事。在超过200万年间，虽然人类的神经网络不断增长，但除了能用燧石做出一些刀具，能把树枝削尖变成武器，人类的大脑实在没什么特殊表现。那么，究竟是为什么，才驱使人类的大脑在这200万年间不断这样演化？坦白说，我们也不知道。

人类另一项独有的特点，在于我们用两条腿直立行走。能够站起来，就更容易扫视整片草原，看看哪里有猎物或敌人，而且既然手不需负责移动身体，就能发挥其他用途，像丢石块或做信号。手能做的事情越多，可以说人就变得越厉害；于是人的演化也就越来越着重神经发展，也不断地对手掌和手指的肌肉做修正。于是，人类的手开始能够处理非常精细的任务，特别是能够生产、使用复杂的工具。最早有证据证明人类开始制作工具，大约可追溯到250万年前，而且工具的制作和使用也正是考古学家对远古人类的一种判断标准。

然而，直立行走也有不利的一面。原本，人类的远古祖先历经数百万年，才发展出以四肢行走、头部相对较小的骨架，而要将这种骨架调整成直立，可说是一大挑战，而且还得撑住一个超大的头盖骨，更是难上加难。于是，为了能望远、能有灵活的双手，现在人类只得面对背痛、颈脖僵硬的苦恼代价。

这点对妇女来说造成的负担更大。直立的步行方式需要让臀部变窄，于是产道宽度受限，而且别忘了胎儿的头还越来越大。于是，分娩死亡成了女性的一大风险。而如果早点儿生产，胎儿的大脑和头部都还比较小，也比较柔软，这样母亲就更有机会渡过难关，未来也可能再生下更多孩子。于是，自然选择（natural selection，又译“天择”或“自然淘汰”）就让生产开始提前。与其他动物相较，人类可说都是早产儿，许多重要器官的发育都还不够完善。看看小马，出生没多久就能开始小跑；小猫出生不过几周，也能离开母亲自行觅食。相较之下，人类的婴儿只能说没用得很，许多年都得当个啃老族来被抚养、保护和教育。

人类之所以会有突出的社交技巧（以及同样人类独有的社会问题），

有一大原因也正出自于此。独自一人的母亲，如果还得拖着孩子，就很难为自己和小孩获取足够的食物。所以，想养孩子，就需要其他家族成员和邻居持续提供协助。要养活一个小孩，得靠全部落共同的努力。于是，演化也就偏好能够形成强大社会关系的种族。此外，由于人类出生的时候尚未发育完全，比起其他动物，也就更能够用教育和社会化的方式加以改变。大多数哺乳动物脱离子宫的时候，就像是已经上釉的陶器出了窑，如果还想再做什么调整，不是刮伤，就是碎裂。然而，人类脱离子宫的时候，却像是从炉里拿出了一团刚熔化的玻璃，可以旋转、拉长，可塑性高到令人惊叹。正因如此，才会有人是基督徒或佛教徒，有人是资本主义者或社会主义者，又或有人好战，有人爱好和平。

* * *

我们以为，有比较大的大脑、会使用工具、有超凡的学习能力，还有复杂的社会结构，都可说是人类巨大的优势。而且似乎不证自明，正是这些优势使人类成为地球上最强大的动物。然而，其实人类早就具有这些优势，但在整整 200 万年期间，人类一直就只是一种弱小、边缘的生物。大约在 100 万年前，虽然人类已经有了容量较大的大脑和锋利的石器，却还是得一直担心害怕肉食动物的威胁，他们很少猎杀大型猎物，为生主要靠的是采集植物、挖找昆虫、追杀小动物，还有跟在更强大的肉食动物后面吃些剩下的腐肉。

早期石器最常见的一种用途，就是把骨头敲开，人类才能吃到里面的骨髓。有些研究人员认为，这正是人类最原始的专长。就像是啄木鸟的专长是从树干里啄出昆虫，最早的人类专长就是从骨头里取出骨髓。骨髓有什么特别的？假设我们现在看着一群狮子大口吃着一只长颈鹿。我们只能耐心等着，等它们吃饱再说。但还别急，就算狮子吃完了，旁边还有鬣狗和豺在等着，而且它们也不是好惹的；于是它们又把剩下的肉再吃干抹净。最后才轮到我们这群原始人，我们走近长颈鹿的尸体，左看看右瞧瞧，最后只能想办法去挖出唯一还能吃的组织。

这一点对于了解人类历史和心理学至关紧要。长久以来，人类一直只是稳定位于食物链的中间位置，直到最近才有所改变。在先前长达数百万年的时间里，人类会猎杀小动物、采集种种能得到的食物，但同时也会遭到较大型肉食动物猎杀。一直要到40万年前，有几种人种才开始固定追捕大型猎物，而要到10万年前智人崛起，人类才一跃而居于食物链顶端。

这场从中段到顶端的大跳跃，造成的影响翻天覆地。其他在金字塔顶端的动物（例如狮子、鲨鱼）得花上好几百万年的时间，才终于通过演化站上顶峰。因此生态系统有时间发展出种种制衡，避免狮子和鲨鱼造成太大的破坏。随着狮子越来越强壮，演化也让瞪羚越跑越快，鬣狗越来越懂合作，犀牛脾气越来越差。相较之下，人类转眼就登上顶端，不仅让生态系统猝不及防，就连人类自己也不知所措。在过去，居于食物链顶端的肉食动物总是威风凛凛、霸气十足，数百万年的统治，让它们充满自信。但相比之下，智人就像是个香蕉共和国的独裁者。我们在不久之前，还是大草原上的小可怜，整天充满恐惧和焦虑，但这也让人类更加残酷和危险。人类历史上众多的灾难，不论是生灵涂炭的战乱还是生态遭逢的浩劫，其实都是源自这场过于仓促的地位跳跃。

### 厨师的种族

在踏上食物链顶端的路上，使用火可说是迈出了一大步。早在大约80万年前，就已经有部分人种偶尔会使用火，而到了大约30万年前，对直立人、尼安德特人以及智人的祖先来说，用火已是家常便饭。到了这个时候，人类不仅把火当作可靠的光源和热源，还可以用这项致命的武器和不怀好意的狮子一较高低。不久之后，人类甚至还刻意引火焚烧周遭的环境。只要悉心控制火势，就能让原本难以通行、无利可图的丛林转变成大片美好的原野，而且满是猎物。等到火势停歇，这些石器时代的创业者走到还在冒烟的余烬当中，就能得到烤得香酥美味的动物、坚果和块茎。

然而，火带来的最大好处在于开始能够烹饪。有些食物，处于自然形态的时候无法为人类所消化吸收，像小麦、水稻、马铃薯，但正因有了烹饪技术，就成为我们的主食。火不只会让食物起化学变化，还会起生物上的变化：经过烹调，食物中的病菌和寄生虫就会被杀死。此外，对人类来说，就算吃的还是以往的食物（例如水果、坚果、昆虫和动物尸体），所需要的咀嚼和消化时间也能大幅缩减。例如，黑猩猩要咀嚼生肉，每天得花上五个小时，但人类吃的是熟食，每天花上一小时就够了。

烹调让人类能吃的食物种类更多，所需的进食时间减少，还能缩小牙齿、减少肠的长度。有学者认为，烹调技术的发明，与人体肠道缩短、大脑开始发育有直接关系。不论是较长的肠道还是较大的大脑，都必须消耗大量的能量，因此很难兼而有之。而既然有了烹调，人就能缩短肠道、降低能量消耗，可以说是在不经意之间，烹调让尼安德特人与智人走上了让大脑更大的道路。[1]

此外，"用火"也让人与其他动物之间首次有了明显的不同。对几乎所有动物来说，它们的力量靠的都是自己的身体：肌肉的力量、牙齿的大小和翅膀的宽度。虽然动物能利用风和海流，却无法控制这些自然的力量，而且也无法突破先天的身体限制。举例来说，老鹰能够找出由地面上升的热气流，只要展开巨大的翅膀，热空气就会带着它们自然上升。然而，老鹰无法控制热气流的位置，而且荷重能力几乎完全得由翼宽来决定。

但人类用火的时候，可以说是控制了一项既听话而又有无穷力量的工具。不像老鹰只能被动使用气流，人类可以选择在什么地点、什么时间放出一把火来，而且火的用途各式各样、不一而足。最重要的是，火的能量并不会受人类身体的形式、结构或力量所限。就算是个柔弱的女子，只要有一块燧石能敲出火花，或是有根火棍能够摩擦起火，就能在几个小时内毁掉整片森林。能够用火之后，有许多发展即将水到渠成。

## 兄弟的守护者

虽然用火已经带来许多优势，在15万年前，人类仍然不过是种边缘生物。这时的人类能够把狮子吓走，能在寒冷的夜晚生火取暖，偶尔还能把森林给烧了。但就算把所有人种全部加在一起，从印度尼西亚群岛到伊比利亚半岛，所有的人数加起来仍然不足百万，这对整体生态来说根本微不足道。

这个时候，我们这个物种（智人）已经出现在世界舞台上，但不过就是自顾自地待在非洲的一个小角落。我们还无法得知智人是在何时、由何种早期人类演化而来，但科学家多半都同意，大约到了15万年前，东非就已经有了智人，外貌和我们几乎一模一样。如果现代的停尸间里突然出现一具智人的尸体，验尸官根本不会发现有什么不同。在有了火之后，他们的牙齿和颌骨比祖先小，而大脑的容量又较大，与我们现在相当。

科学家也同意，大约7万年前，智人从东非扩张到阿拉伯半岛，并且很快席卷整个欧亚大陆。

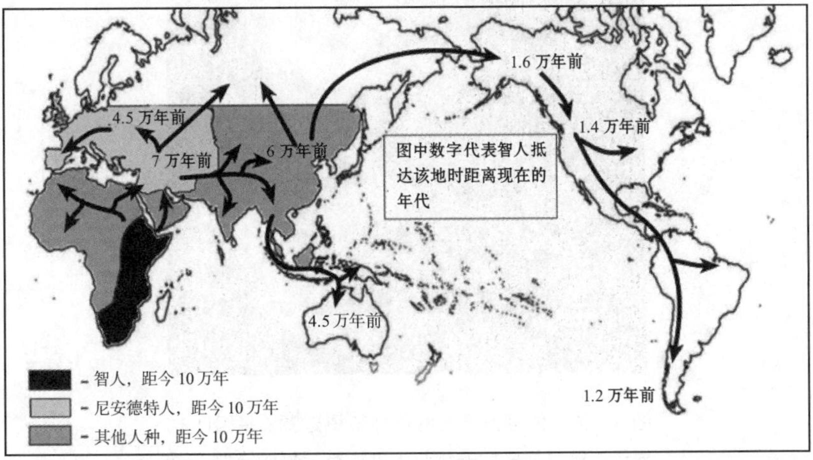


地图1　智人征服全球。

智人来到阿拉伯半岛的时候，欧亚大陆多半都已经住着其他的人种。那么，这些其他人种后来怎么了？关于这点有两种完全不同的理论。第一种是“混种繁衍理论”，讲的是不同人种一见钟情、两情相悦、互相交融；认为智人从非洲迁移到世界各地，与其他人种混种繁衍，而形成今天的人类。

例如，智人抵达中东和欧洲的时候，就会遇上尼安德特人。这些人的肌肉更发达，脑容量更大，也更能适应寒冷的气候。他们会用工具，会用火，打猎技巧高明，而且还有铁证证明他们会照顾病人和弱者。（考古学家从尼安德特人的遗骸发现，有些人有严重的身体残疾，但活了相当大的岁数，可见有亲属提供照料。）许多漫画都把尼安德特人描绘成愚笨又粗鲁的“穴居人”，但近来的证据证明并非如此。

根据混种繁衍理论，智人来到尼安德特人的地盘时，两个人种开始

图 3　推测的尼安德特男孩样貌重建图。基因证据显示，至少某些尼安德特人可能有白皙的皮肤、柔顺的头发。

互通繁衍，直到合而为一。但如果真是如此，今天的欧亚人就不该是纯种智人，而是智人和尼安德特人的混血儿。同样，在智人抵达东亚的时候，也会和当地的直立人混血繁衍，因此，今天的中国人和韩国人也该是智人与直立人的混血儿。

至于另一种完全相反的观点，称为“替代理论”，讲的是双方水火不容，互有反感，甚至会发生种族灭绝。根据这一理论，智人和其他人种的生理结构还是有所不同，不仅交配习性难以相合，甚至连体味都天差地别。所以，想要天雷勾动地火，简直是天方夜谭。而且，就算是有个尼安德特人的罗密欧配上了智人的朱丽叶，但因为两个人种在基因上相去太远，也无法产下可繁衍的后代。于是，这两个人种还是泾渭分明，而等到尼安德特人不管是自然灭绝还是遭到屠杀，他们的基因也同样灰飞烟灭。就这种观点看来，智人所做的，就是取代了所有先前的人种，而不是和他们混种繁衍。而如果真是如此，现今所有的人类只要追本溯源，都该能够一路追到7万年前的东非，都是“纯种”的智人。

这两种理论何者正确，会对后面的推论造成极大影响。从演化的角度来看，7万年其实一点儿也不长。如果替代理论正确，也就是说所有现代人类的基因库大致相同，现在我们看到的各种种族差异就小到无足挂齿。然而，如果混种繁衍理论正确，那么可能在数百万年前，就已经种下了现代非洲人、欧洲人和亚洲人之间的基因差异。这点可以说是政治上一触即发的火药，可能发展出爆炸性的种族理论。

最近数十年来，替代理论一直是这个领域的大致共识，这项理论不只背后的考古证据更可靠，政治上也更为正确（如果说现代人类族群各有明显基因差异，几乎可说就是打开了种族主义的潘多拉盒子，而科学家可没这打算）。然而，有一项为尼安德特人基因组测序的研究结果在2010年底发表，却掀起了一片惊涛骇浪。基因学家终于从化石里收集到足够的尼安德特人DNA，能够和现代人类的DNA全面比较，而结果令科学界一片哗然。

原来，就现代中东和欧洲的人类而言，有1%~4%的尼安德特人DNA。虽然这百分比并不高，但意义却很重大。几个月之后，从丹尼索瓦人的手指化石中取得DNA、完成测序，结果又投下了第二颗炸弹：结果证明，现代美拉尼西亚人及澳大利亚原住民最高有6%的丹尼索瓦人DNA。

如果这些结果属实（请注意，目前后续研究仍在进行中，可能进一步证实，但也可能修改目前的结论），就证明混种繁衍理论至少有部分正确。但这也不是说替代理论完全错误。毕竟，尼安德特人和丹尼索瓦人的基因仍然只占了现代人基因组的一小部分，要说智人真的和其他人种有“混种”的情形，也是言过其实。虽然这些人种之间的差异没有大到完全阻绝繁衍后代的可能，但已经足以让他们彼此兴趣寥寥、罕有往来。

这么说来，智人、尼安德特人和丹尼索瓦人在生物学上的相关性，究竟该如何解释？显然，他们并不是像马和驴一样属于完全不同的物种，但他们也不是像斗牛犬和西班牙猎犬一样归于相同物种的不同族群。毕竟，现实的生物界限并不是非黑即白，而有重要的灰色地带。只要是由共同的祖先演化出的物种（例如马和驴），都曾有某段时间就是同一物种的不同族群，像是斗牛犬和西班牙猎犬。而必然有某个时点，虽然这两个族群的差异已达到一定程度，但仍然能够交配，产下有生育能力的后代。接着，经过又一次突变，才终于切断了最后的连接，于是从此真正成为两种全然不同的物种。

现在看来，大约5万年前，智人、尼安德特人与丹尼索瓦人正是站在那个临界点上。当时的他们几乎但还不完全是各自独立的物种。我们将在下一章看到，智人与尼安德特人和丹尼索瓦人不仅在基因序列和身体特征方面已大为不同，甚至在认知和社会能力方面也相去甚远。然而，看来还是有那么极少数的情形，让智人与尼安德特人产下了有生育能力的后代。所以这么说来，这两种族群并没有混种的情形，而是有少数幸运的尼安德特人基因搭上了这班智人特快车的顺风车。但想想，在历史上曾经有过这么一段时间，我们智人居然可以跟另一种不同物种的动物交配，还能生小孩，实在叫人感到有点儿不安或是毛骨悚然。

然而，如果尼安德特人、丹尼索瓦人和其他人类物种并没有与智人混种，那他们究竟去了哪儿？有一种可能，就是被智人给赶尽杀绝了。想象一下，有某个智人的部落来到巴尔干半岛的某个山谷，这里数十万年以来都是尼安德特人的家园。新来的智人开始猎鹿，而尼安德特人传统上都是靠着采集坚果和浆果为生。正如我们在下一章将会提到的，由于智人的技术进步、社交技巧高，在狩猎和采集上也都更为熟练，于是族群迅速茁壮成长。相形之下，尼安德特人就显得左支右绌，发现生活越来越困苦，连糊口都难上加难。于是，他们的人口数量逐渐下滑，逐步走向灭绝；而或许极少数的例外，就是有一两个尼安德特人最后也加入了智人族群，成为他们的一员。

还有另一种可能，认为资源竞争愈演愈烈，最后爆发暴力冲突、种族灭绝。毕竟，宽容可不是智人的特色。即使到了现代，不过是因为肤色、方言、宗教等等微小的差异，就足以让智人彼此大动干戈，非要把对方赶尽杀绝。而远古的智人面对的可是个完全不同的人类物种，又岂能期待他们更加宽容？很有可能，当智人碰上尼安德特人的时候，就发生了史上第一次也是最严重的一次“种族净化”运动。

尼安德特人（和其他人类物种）究竟发生了什么事，足以引发许多历史上的想象。如果除了智人之外，尼安德特人或丹尼索瓦人也同样存活了下来，这世界会是什么模样？如果世界上同时有好几个不同的人类物种，我们会有什么样的文化、社会和政治结构？举例来说，宗教信仰会是什么样子？《圣经》会不会说尼安德特人也和智人一样有灵魂？耶稣牺牲自己，会不会是为了要洗净丹尼索瓦人的罪？《古兰经》会不会对所有人类物种一视同仁，都为他们在乐园里占个位子？孔子会不会说我们也要“仁者爱人”地对待尼安德特人和丹尼索瓦人？尼安德特人会不会在古罗马军团中服役，又会不会也服侍着中国庞大的朝廷？美国《独立宣言》所揭橥而坚信的“人生而自由平等”，指的会不会是所有“人属”的物种？马克思会不会呼吁所有人类物种的工人都该团结起来？

在过去3万年间，智人已经太习惯自己是唯一的人类物种，很难接受其他可能性。对智人来说，没有其他同属人类的物种，就很容易让人自以为是造物的极致，以为自己和其他整个动物界仿佛隔着一条护城河。于是，等到达尔文提出智人也不过是另一种动物的时候，有些人就大发雷霆。即使到现在，也还是有许多人不愿这么相信。如果尼安德特人尚未灭绝，我们真的还会以为自己是独一无二的生物，与其他动物都不同？或许正因如此，我们的祖先才决定将尼安德特人赶尽杀绝。很有可能对智人来说，虽然尼安德特人和自己相似到不足一提，但也相异到无法忍受。

* * *

不论智人是否是罪魁祸首，但每当他们抵达一个新地点，当地的原生人类族群很快就会灭绝。现存历史离我们最近的梭罗人遗迹，大约是5万年前。丹尼索瓦人在那之后不久也已绝迹。至于尼安德特人，是在大约3万年前退出了世界舞台。到12 000年前，像小矮人般的人类也从弗洛里斯岛上永远消失。他们只留下了一些骨头、石器、几个还存在我们DNA里的基因，以及许多悬而未解的谜团。他们的离去，也让我们智人成了人类最后的物种。

究竟智人胜出的秘诀为何？为什么我们能如此迅速抵达各个遥远而生态各异的栖地，而且落地生根？我们是怎么将其他人类物种赶出世界舞台的？为什么就连强壮、脑部发达、不怕寒冷的尼安德特人，也无法抵挡智人的屠杀？相关的争辩必然会继续。而目前最可能的解答，正是让人得以辩论的原因：智人之所以能征服世界，是因为有独特的语言。

# 第二章
# 知善恶树

第一章提过，虽然智人早在10万年前就已经出现在东非，但一直要到大约7万年前才开始迁移到其他地区，造成其他人类物种的灭绝。而在先前的几万年间，虽然智人的外表已经与我们十分相似、大脑容量也差堪比拟，但他们与其他人类物种相比却不占任何优势，没什么特别了不起的工具，甚至也没什么特殊表现。

事实上，智人与尼安德特人的史上第一次冲突，赢家还是尼安德特人。大约10万年前，有几群智人向北迁移到地中海东部，侵入了尼安德特人的领土，但没能攻下这个领地。至于他们失败的原因，可能是当地人过于强大，可能是气候过于寒冷，也可能是他们对当地的寄生虫无法适应。不论原因为何，总之智人最后就是黯然离去，而尼安德特人仍然是中东的霸主。

正因为智人的外在表现实在乏善可陈，学者推测，这些智人的大脑内部结构很可能还是与我们不同。虽然看起来和我们一样，但认知能力（学习、记忆、沟通）却仍然十分受限。换句话说，想让远古智人说中文、接受马克思主义信条，或是明白演化论，应该都是缘木求鱼。但就算是我们想要学习他们的语言、理解他们的思维方式，可能也同样困难无比。

然而，等到大约7万年前，智人仿佛脱胎换骨。大约在那个时候，智人第二次从非洲出击。这一次，他们不只把尼安德特人和其他人类物种给赶出了中东，甚至还赶出了这个世界。没多久，智人的领地就扩张到了欧洲和东亚。大约45 000年前，智人不知道用什么方法越过了海洋，抵达了从未有人类居住的澳大利亚大陆。在大约7万年前到3万年前之间，智人发明了船、油灯、弓箭，还有像缝制御寒衣物所不可缺少

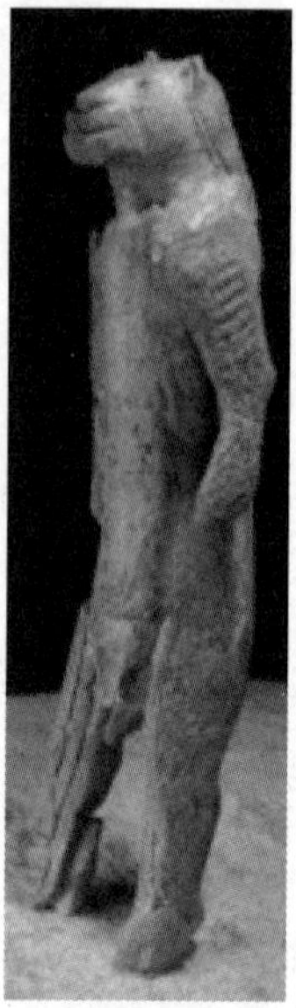

图4　从德国施泰德（Stadel）洞穴发现的象牙制“狮人”雕像（也有可能是“女狮人”，大约距今32 000年）。雕像有着人身狮头，这大概是最早能确切认定为艺术品的物品之一。同时，也最早证明人类可能出现了宗教，以及能够想象出不存在的事物。

的针。第一件确实能称为艺术或珠宝的物品，正是出现在这几万年里；同时，也有了确切的证据证明已经出现宗教、商业和社会分层。

大多数研究人员相信，这些前所未有的重要成就，是因为智人的认知能力有了革命性的发展。学者认为，这些造成尼安德特人灭绝、移居澳大利亚、雕出施泰德狮人雕像的智人，已经和你我同样聪明、有创意、反应灵敏。如果我们遇到施泰德洞穴的“艺术家”，我们已经可以学习彼此的语言。我们能够向他们解释我们知道的一切事物，不管是《爱丽斯梦游仙境》的冒险情节还是量子物理的复杂理论，而他们也能告诉我们，他们是如何看待、理解这个世界的。

大约就是在距今7万年到3万年前，出现了新的思维和沟通方式，这也正是所谓的认知革命。会发生认知革命的原因为何？我们无从得知。得到普遍认可的理论认为，某次偶然的基因突变，改变了智人的大脑内部连接方式，让他们以前所未有的方式来思考，用完全新式的语言来沟通。这次突变，几乎就像是吃了《圣经》里那棵知善恶树的果实一样。为什么这只发生在智人的 DNA 里，而没有发生在尼安德特人的 DNA 里？我们现在只能说这就是纯粹的偶然。这里比较重要的，并不是这种突变的原因，而是突变带来的结果。智人的新语言究竟特别在哪儿，竟让我们能够征服世界？①

智人的语言并不是世界上的第一种语言。每种动物都有着某种语言。就算是蜜蜂或蚂蚁这些昆虫，也有极精密复杂的沟通方式，能够告知彼此食物所在。甚至，智人的语言也不能说是第一种有声的语言。因为许多动物（包括所有的猿类和猴类）都会使用有声语言。例如，青猴（green monkey）就有各种不同的喊叫方式，传达不同的信息。动物学家已经确定，青猴的某种叫声代表着："小心！有老鹰！"而只要稍微调整，就会变成："小心！有狮子！"研究人员把第一种叫声放给一群青猴听的时候，青猴会立刻停下当时的动作，恐惧地望向天空。而同一群青猴听到第二种叫声（警告有狮子）的时候，它们则会立刻冲到树上。虽然说智人能发出的声音比青猴多，但鲸鱼和大象也不遑多让。爱因斯坦能说的声音，鹦鹉都能说，而且鹦鹉还能模仿手机铃声、摔门声还有警笛的尖啸声。当然，爱因斯坦可能有很多地方比鹦鹉强，但不论如何，语言这点可是远远不及。那么，究竟人类的语言有什么特别的地方？

最常见的理论，认为人类语言最为灵活。虽然我们只能发出有限的声音，但组合起来却能产生无限多的句子，这些句子各有不同的含义。于是，我们就能吸收、储存和沟通惊人的信息量，并了解我们周遭的世界。青猴能够向同伴大叫："小心！有狮子！"但现代人能够告诉朋友，

---

① 在此以及以下章节中，我们讲到智人的语言，指的是智人基本的语言能力，而不是特指某种语言或方言。可以说，不论是英文、印度文还是中文，都是智人语言的一种变种。显然，就算是在认知革命刚发生的时候，不同的智人族群讲的也是不同的方言。——译者注

今天上午，在附近的河湾，她看到有一群狮子正在跟踪一群野牛。而且，她还能确切地描述出位置，或是有哪几条路能够抵达。有了这些信息，她的部落成员就能一起讨论，该怎么逼近河边，把狮子赶走，让野牛成为自己的囊中物。

第二种理论，也同意人类语言是沟通关于世界的信息的方式。然而，最重要的信息不是关于狮子和野牛，而是关于人类自己。我们的语言发展成了一种八卦的工具。根据这一理论，智人主要是一种社会性的动物，社会合作是我们得以生存和繁衍的关键。对于个人来说，光是知道狮子和野牛的下落还不够。更重要的，是要知道自己的部落里谁讨厌谁，谁跟谁在交往，谁很诚实，谁又是骗子。

就算只是几十个人，想随时知道他们之间不断变动的关系状况，所需要取得并储存的相关信息量就已经十分惊人。（如果是个 50 人的部落，光是一对一的组合就可能有 1225 种，而更复杂的其他社会组合更是难以计数。）虽然所有猿类都对这种社会信息有浓厚兴趣，但它们并没有有效的八卦方式。尼安德特人与最早的智人很可能也有一段时间没办法在背后说彼此的坏话。然而，如果一大群人想合作共处，“说坏话”这件事可是十分重要。大约在 7 万年前，现代智人发展出新的语言技能，让他们能够八卦达数小时之久。这样，他们能够明确得知自己部落里谁比较可信可靠，于是部落的规模就能够扩大，而智人也能够发展出更紧密、更复杂的合作形式。[2]

这种“八卦理论”听起来有点荒唐，但其实有大量的研究结果支持这种说法。即使到了今天，绝大多数的人际沟通（不论是电子邮件、电话还是报纸专栏）讲的都还是八卦。这对我们来说真是再自然不过，就好像我们的语言天生就是为了这个目的而生的。你认为一群历史学教授碰面吃午餐的时候，聊的会是第一次世界大战的起因吗？或者核物理学家在研讨会中场茶叙的时候，聊的会是夸克？确实有时候是如此，但更多时候其实聊的都是哪个教授逮到老公偷吃，哪些人想当上系主任或院长，或者又有哪个同事拿研究经费买了一辆雷克萨斯之类的。八卦通常聊的都是坏事。这些嚼舌根的人，所掌握的正是最早的第四权力，就像记者总在向社会爆料，从而保护大众免遭欺诈和占便宜。

* * *

最有可能的情况是，无论是八卦理论或是“河边有只狮子”的理论，都有部分属于事实。然而，人类语言真正最独特的功能，并不在于能够传达关于人或狮子的信息，而是能够传达关于一些根本不存在的事物的信息。据我们所知，只有智人能够表达关于从来没有看过、碰过、耳闻过的事物，而且讲得煞有介事。

在认知革命之后，传说、神话、神以及宗教也应运而生。不论是人类还是许多动物，都能大喊：“小心！有狮子！”但在认知革命之后，智人就能够说出：“狮子是我们部落的守护神。”“讨论虚构的事物”正是智人语言最独特的功能。

相较之下，大部分人都会同意只有智人能够谈论并不真正存在的事物，相信一些不太可能的事情。如果你跟猴子说，只要它现在把香蕉给你，它死后就能到某个猴子天堂，有吃不完的香蕉，它还是不会放手。但是为什么虚构的事物很重要呢？毕竟，虚构的事物可能造成误导或分心，带来危险。某甲说要去森林里找仙女或独角兽，某乙说要去森林里采蘑菇或猎鹿，听起来似乎某甲活命机会渺茫。而且，我们都知道时间宝贵，拿来向根本不存在的守护神祷告岂不是一种浪费？何不把握时间吃饭、睡觉、亲亲抱抱？

然而，“虚构”这件事的重点不只在于让人类能够拥有想象，更重要的是可以“一起”想象，编织出种种共同的虚构故事，不管是《圣经》的《创世记》、澳大利亚原住民的“梦世记”（Dreamtime），甚至连现代所谓的国家其实也是种想象。这样的虚构故事赋予智人前所未有的能力，让我们得以集结大批人力、灵活合作。虽然蚂蚁和蜜蜂也会合作，但方式死板，而且其实只限近亲。至于狼或黑猩猩的合作方式，虽然已经比蚂蚁灵活许多，但仍然只能和少数其他十分熟悉的个体合作。智人的合作则不仅灵活，而且能和无数陌生人合作。正因如此，才会是智人统治世界，蚂蚁只能吃我们的剩饭，而黑猩猩则被关在动物园和实验室里。

### 标致汽车的传说

黑猩猩可以说是人类的表亲，而它们通常是几十只生活在一起，形成一个小族群。这些黑猩猩彼此十分亲密，会一起打猎，会携手抵抗外面的狒狒、猎豹或敌对的黑猩猩。它们有一种阶层社会结构，掌权主导的几乎总是雄性的首领（alpha male）。首领出现时，其他黑猩猩无论公母都会低下头、发出呼噜声，以展现服从；而这与人向皇帝叩首高呼万岁倒也类似。首领会努力维持手下族群的社会和谐。两只黑猩猩吵架的时候，它会介入、制止暴力。而没那么仁慈的一面在于，特别好的食物全部为它所有，而且它还会看着不让地位太低的公猩猩与母猩猩交配。

如果两头公猩猩要争夺首领地位，通常会在族群中不分公母各自寻求支持者、形成集团。集团成员的连接在于每天的亲密接触，比如拥抱、抚摸、接吻、理毛、相互帮助。就像人类在选举的时候得到处握握手、亲亲小婴儿，如果哪只黑猩猩想要争夺首领宝座，也得花上许多时间拥抱、亲吻黑猩猩宝宝，还要拍拍它们的背。通常情况下，公猩猩能坐上首领宝座不是因为身体更强壮，而是因为领导的集团更庞大也更稳定。集团的作用除了争夺首领位置，更几乎渗透到日常活动的方方面面。同一集团的黑猩猩更常彼此相处、分享食物，并且在碰上麻烦的时候互相帮忙。

以这种方式形成并维持的黑猩猩族群，规模有明确的限度。这种做法要能运作，族群里每只黑猩猩都得十分了解彼此，如果都没碰过面、没打过架、没互相理过毛，两只黑猩猩就不知道能不能互相信赖，对方值不值得帮助，也不知道谁的阶层比较高。在自然情况下，黑猩猩族群一般是由20~50只黑猩猩组成。而随着黑猩猩成员数量渐增，社会秩序就会动摇，最后造成族群分裂，有些成员就会离开另组家园。只有在极少数情况下，曾有动物学家观察到超过100只的黑猩猩族群。至于不同的族群之间，不仅很少合作，而且往往还会为了领地和食物打得死去活来。研究人员就曾记录到，在不同族群之间可能有长时间的对抗，甚至还有一个“种族屠杀”的案例，一群黑猩猩有系统地几乎杀光了邻近的另一群黑猩猩。[3]

类似的模式很有可能也主导了早期各种人类物种的社会生活，其中也包括远古的智人。人类也像黑猩猩一样有着社会本能，让我们的祖先能够形成友谊和阶层，共同打猎或战斗。然而，人类的社会本能也和黑猩猩没有什么不同，只适用于比较亲近的小团体。等到这个团体过大，社交秩序就会崩坏，使团体分裂。就算有某个山谷特别丰饶，可以养活500个远古的智人，但他们绝对没办法和这么多不够熟悉的人和平共处。他们要怎样才能决定由谁当首领，谁能在哪里打猎，谁又能和谁交配呢?

等到认知革命之后，智人有了八卦的能力，于是部落规模变得更大，也更稳定。然而，八卦也有限制。社会学研究指出，借由八卦来维持的最大“自然”团体大约是150人。只要超过这个数字，大多数人就无法真正深入了解、八卦所有成员的生活情形。

即使到了今天，人类的团体还是继续受到这个神奇的数字影响。只要在150人以下，不论是社群、公司、社会网络还是军事单位，只要依靠大家都认识、彼此互通消息，就能够运作顺畅，而不需要规定出正式的阶层、职称、规范。[4]不管是30人的一个排，还是100人的一个连，几乎不需要有什么正式纪律，就能依靠人际关系而运作正常。正因如此，在某些小单位里，老兵的权力甚至要比军官更大。而如果是一个小的家族企业，就算没有董事会、首席执行官或会计部门，也能经营得有声有色。

然而，一旦突破了150人的门槛，事情就大不相同了。如果是一个师的军队，兵数达到万人，就不能再用带排的方式来领导。而有许多成功的家族企业，也是因为规模越来越大，开始雇用更多人员的时候，就碰上危机，非得彻底重整，才能继续成长下去。

所以，究竟智人是怎么跨过这个门槛值，最后创造出了有数万居民的城市、有上亿人口的帝国？这里的秘密很可能就在于虚构的故事。就算是大批互不相识的人，只要同样相信某个故事，就能共同合作。

无论是现代国家、中世纪的教堂、古老的城市，还是古老的部落，任何大规模人类合作的根基，都在于某种只存在于集体想象中的虚构故事。例如教会的根基就在于宗教故事。两个天主教信徒，就算从未谋面，还是能够一起参加十字军东征或者一起筹措资金盖医院，原因就在于他们同样相信上帝化身为肉体、让自己被钉在十字架上救赎我们的罪。所谓的国家，也是基于国家故事。两名互不认识的塞尔维亚人，只要都相信塞尔维亚国家主体、国土、国旗确实存在，就可能冒着生命危险拯救彼此。至于司法制度，也是基于法律故事。从没见过对方的两位律师，还是能同心协力为另一位完全陌生的人辩护，只因为他们都相信法律、正义、人权确实存在。（当然，他们也相信付的律师费确实存在。）

然而，以上这些东西，其实都只存在人类自己发明并互相讲述的故事里。除了存在于人类共同的想象之外，这个宇宙中根本没有神、没有国家、没有钱、没有人权、没有法律，也没有正义。

如果我们说：原始人因为相信鬼神，每次月圆会一起聚在营火旁跳舞，于是也巩固了他们的社会秩序；这件事人人都觉得不难理解。但我们没看出来的是，其实现代社会运作的机制还是一模一样。以现代商业领域为例，商人和律师其实就是法力强大的巫师。不同于过去部落巫师的地方是现代人的故事更扯。例如标致汽车（Peugeot）的故事就是个很好的例子。

* * *

从巴黎到悉尼，现在许多汽车、卡车、摩托车的车前盖上都有着一个很类似施泰德狮人的“标致”商标。标致汽车是欧洲一个历史悠久、规模宏大的汽车制造商，起源于法国的瓦朗蒂盖伊村（Valentigney），距离施泰德洞穴只有300公里远。标致一开始只是个小型家族企业，现在却是个跨国企业，全球员工达20万人，而且多半完全互不相识。通过这些陌生人极有效率的合作，2008年标致制造超过150万辆汽车，营收约550亿欧元。

该以什么标准，我们才能说标致公司（Peugeot SA）确实存在？虽然路上有很多标致制造的车辆，但显然这些车辆并不代表公司。就算全世界所有的标致汽车同时被回收打成废铁，标致公司也不会消失。标致公司还是能继续制造新的汽车，继续写出新的年度报表。另外，虽然公司有工厂、机器、展示大厅，也雇了技工、会计师和秘书，但就算把这些全部加起来，也不等于标致公司。即使来了一场灾难，让标致公司所有员工全部罹难，毁了所有的装配线和办公室，公司还是可以借贷，重新雇用员工，重新盖起工厂，重新购买机器。另外，虽然标致也有经营团队和股东，但这些人也不等于公司。就算解散经营团队，股东也把所有股票售出，公司本身依然存在。

图5　标致的狮子商标。

然而，也不是说标致公司坚不可摧。只要有个法官下令强制公司解散，虽然公司的工厂仍然存在，员工、会计师、经理和股东也继续活着，但标致公司就这样消失了。简单说来，标致公司与这个世界其实并没有什么实体的联结。它究竟是不是真的存在？

标致公司只是我们的一个集体想象，这种想象在法律上称为“法律拟制”（legal fiction）。比如公司，我们没办法明确指着它，它不是一个实体对象，而是以一种法律实体的方式存在。这种法律实体就像你我，会受到所在国家法律的管辖，可以开立银行账户，拥有自己的财产，要纳税，也可能独立于所有拥有者或员工之外而遭到起诉。

标致属于法律拟制的“有限公司”。而在这些公司背后的概念，可以说是人类一项巧妙无比的发明。在这之前，智人虽然已存在许久，却一直没想到这件事。历史上大多数时候，必须是个有血有肉、有两条腿还有个大脑的人类，才能拥有财产。假设在13世纪有个法国人尚恩，开了一个马车制造工作室，那么他本人就是工作室。如果他卖的马车才跑了一个星期就坏了，买家心情不好，告的就是尚恩本人。而如果尚恩借了1000金币成立工作室，而工作室倒了，他还得卖掉自己的财产（包括他的房子、他的牛还有他的土地等等），以偿还贷款。甚至孩子都可能会被卖去当奴隶。如果这样还不足以偿还债务，就有可能被国家关进牢里或被债主抓去当奴隶。只要是工作室造成的任何责任，他都得无上限完全承担。

如果活在那个时代，创业前可能都得思考再三。这种法律规定绝对没有鼓励创业的效果，只会让人不敢投入新业务、承担经济风险。毕竟，如果可能搞得自己家徒四壁、家破人亡，哪能说划算？

正因如此，人类才一起想出了“有限公司”这种概念。在法律上，这种公司是独立的个体，而不等于设立者、投资者或管理者。在过去几世纪间，这种公司已经成为经济主流，我们太习惯于这种概念，而忘了这只存在于我们的想象之中。“有限公司”的英文称为“corporation”，这点颇为讽刺，因为这个字的语源是“corpus”（拉丁文的“身体”），而这正是有限公司所没有的。虽然公司并没有真正的实体，但在法律上我们却将它称为“法人”，好像它真的是有血有肉的人一般。

在 1896 年的时候，法国的法律就已经是这么认定。当时阿尔芒 · 标致（Armand Peugeot）继承了父母的铁工厂，做的是弹簧、锯子和脚踏车，但他决定要涉足汽车业。于是，他成立了一家有限公司。虽然公司的名字和他的姓一样，但公司并不等于他本人。如果公司做的某台车出了意外，买家可以告标致公司，但没办法告到阿尔芒 · 标致本人。如果公司借了几百万而破产了，阿尔芒 · 标致本人一毛也不用付给公司的债主。毕竟，那笔贷款给的对象是标致公司，而不是阿尔芒 · 标致这个人。也因为如此，虽然阿尔芒 · 标致已经在 1915 年去世，但标致公司至今仍然生气勃勃。

所以，究竟阿尔芒 · 标致这个人是怎么创造出标致公司的？其实，这和史上许多祭司和巫师创造神魔的方式殊无二致，而且就算到了现在，许多天主教的教堂每次周日礼拜也是用这一套来创造出基督的身体。说穿了，就是讲故事，再说服听众相信这些故事。以神父主持礼拜为例，这里关键的故事就是天主教会所传颂的基督降生及死亡。根据这个故事，如果天主教神父穿着圣袍，庄重地在对的时间说出对的话语，再平凡不过的面包和葡萄酒，都会变成神的身体和血。神父大声宣告：“Hoc est corpus meum!”（拉丁文的“这是我的身体”），一转眼，面包就成了基督的身体。而只要见到神父庄严神圣地遵守完成这些程序，数百万的虔诚天主教徒也会行礼如仪，好像上帝真的现身于这些变得神圣的面包和葡萄酒之中。

至于对标致公司来说，关键的故事就是由法国国会所编写的法律制度。根据法国国会的说法，只要经过认证的律师遵守所有适当的礼仪和仪式，在一张装饰得华华丽丽的纸上写下种种必需的咒语和誓言，再在文件底端龙飞凤舞签上姓名，就在这一分这一秒，新公司注册成立！在

1896年，阿尔芒·标致想开一家自己的公司，于是他雇了一位律师，好完成这些神圣的过程。等到律师正确执行了一切的仪式，宣告所有必要的咒语和誓言，千百万奉公守法的法国好公民也就表现得好像标致公司确实是个存在的实体一般。

然而，要说出有效的故事，其实并不容易。难点不在于讲故事，而在于要让人相信。于是，历史上也就不断围绕着这个问题打转：究竟某个人是如何说服数百万人去相信神、民族或是有限公司这些故事？然而，只要把故事说得成功，就会让智人拥有巨大的力量，因为这能使得数以百万计的陌生人合力行事，为了共同的目标而努力。想想看，如果我们的语言只能说些河流、树林或狮子之类真正存在的事物，要建立国家、教会和法律制度可不是难上加难？

* * *

多年来，人类已经编织出了一个极其复杂的故事网络。在这个网络中，像标致公司这种虚构的故事不仅存在，而且力量强大。这种通过故事创造的东西，用学术术语来说就称为“小说”、“社会建构”或者“想象的现实”。然而，所谓想象的现实并不是“谎话”。如果我知道附近的河里没有狮子，我却说有，这叫作谎话。但谎话其实没什么大不了的，像青猴和黑猩猩也都会说谎。曾有科学家发现，有青猴在附近没有狮子的时候发出了“小心！有狮子”的叫声，把附近另一只猴子吓跑，好独享某根它看到的香蕉。

然而，所谓“想象的现实”指的是某件事人人都相信，而且只要这项共同的信念仍然存在，力量就足以影响世界。施泰德洞穴的艺术家可能真的相信有狮人守护灵的存在。虽然也有些巫师是骗子，但多半都是真诚相信有神与恶魔的存在。至于百万富翁，他们多数也是真诚地相信世界上有金钱和有限公司。而对于活跃的人权主义者来说，他们也多半真诚地相信人权的存在。虽然其实所谓联合国、利比亚和人权都只是我们想象出的概念，但在2011年，我们说联合国要求利比亚政府尊重其公民的人权，并没有人会认为这句话是谎言。

从认知革命以来，智人一直就生活在一种双重的现实之中。一方面，我们有像河流、树木和狮子这种确实存在的客观现实；而另一方面，我们也有像神、国家和企业这种想象中的现实。随着时间过去，想象现实也日益强大。时至今日，河流、树木和狮子想要生存，有时候还得仰赖神、国家和企业这些想象现实行行好、放它们一马。

## 绕过基因组的快速道路

通过文字创造出想象的现实，就能让大批互不相识的人有效合作，而且效果还不只如此。正由于大规模的人类合作是以虚构的故事作为基础，只要改变所讲的故事，就能改变人类合作的方式。只要在对的情境之下，这些故事就能迅速改变。例如在1789年，法国人几乎是在一夕之间，相信的故事就从“天赋君权”转成“人民做主”。因此，自从认知革命之后，智人就能依据不断变化的需求迅速调整行为。这等于开启了一条采用“文化演化”的快速道路，而不再停留在“基因演化”这条总是堵车的道路上。走上这条快速道路之后，智人合作的能力一日千里，很快就远远甩掉了其他所有人类和动物物种。

其他同样具有社会行为的动物，它们的行为有相当程度都是出于基因。但DNA并不是唯一的决定因素，其他因素还包括环境影响以及个体的特殊之处。然而，在特定的环境中，同一物种的动物也倾向表现出类似的行为模式。一般来说，如果没有发生基因突变，它们的社会行为就不会有显著的改变。举例来说，黑猩猩天生就会形成阶层井然的团体，由某个雄性首领领导。然而，倭黑猩猩（bonobo，与黑猩猩极为相似）的团体就较为平等，而且通常由雌性担任首领。雌黑猩猩无法向倭黑猩猩这种算是近亲的物种学习，发动一场女权主义革命。相较之下，雄性黑猩猩也不可能召开猩民大会推翻首领，再宣布从现在起所有黑猩猩生而平等。像这样的剧烈改变，对黑猩猩来说就只有 DNA 改变才可能发生。

出于类似的原因，远古人类也没有什么革命性的改变。据我们所知，过去想要改变社会结构、发明新科技或是移居到新的地点，多半是因为基因突变、环境压力，而不常是因为文化的理由。正因如此，人类才得花上几十万年走到这一步。两百万年前，就是因为基因突变，才让“直立人”这种新的人类物种出现。而直立人出现后，也发展出新的石器技术，现在公认为是这个物种的定义特征。而只要直立人没有进一步的基因改变，他们的石器也就维持不变，就这样过了两百万年！

相比之下，在认知革命之后，虽然智人的基因和环境都没什么改变，但智人能够迅速改变行为，并将新的行为方式传给下一代。最典型的例子，就是人类社会总会出现不生育的精英阶层，比如天主教的神父、佛教的高僧，还有中国的太监。这些精英阶层虽然手中握有权力，但却自愿放弃生育，于是他们的存在根本就直接抵触了自然选择的最大原则。看看黑猩猩，它们的雄性首领会无所不用其极，尽可能和所有母猩猩交配，这样才能让群体中多数的年轻猩猩都归自己所有——但天主教的首领却是选择完全禁欲、无子无女。而且，他们禁欲并不是因为环境因素，像严重缺乏食物、严重缺少对象等等，也不是因为有了什么古怪的基因突变。天主教会至今已存在上千年，它靠的不是把什么“禁欲基因”从这个教宗传到下一个教宗，而是靠着《圣经 · 新约全书》和教律所营造出的故事代代相传。

换句话说，过去远古人类的行为模式可能维持几万年不变，但是对现代智人来说，只要一二十年，就可能改变整个社会结构、人际交往关系和经济活动。比如有一位曾住在柏林的老太太，她出生于 1900 年，总共活了 100 岁。她童年的时候，是活在腓特烈 · 威廉二世的霍亨佐伦帝国（Hohenzollern Empire）；等她成年，还经历了魏玛共和国、纳粹德国，还有民主德国；等到她过世的时候，则是统一后的德国的公民。虽然她的基因从未改变，她却经历了五种非常不同的社会政治制度。

这正是智人成功的关键。如果是一对一单挑，尼安德特人应该能把智人揍扁。但如果是上百人的对立，尼安德特人就绝无获胜的可能。尼安德特人虽然能够分享关于狮子在哪儿的信息，却大概没办法传颂（和改写）关于部落守护灵的故事。而一旦没有这种建构虚幻故事的能力，尼安德特人就无法有效大规模合作，也就无法因应快速改变的挑战，调整社会行为。

虽然我们没办法进到尼安德特人的脑子里，搞清楚他们的思考方式，但我们还是有些间接证据，证明他们和竞争对手智人之间的认知能力差异与极限。考古学家在欧洲内陆挖掘3万年前的智人遗址，有时候会发现来自地中海和大西洋沿岸的贝壳。几乎可以确定，这些贝壳是因为不同智人部落之间的远距贸易，才传到了大陆内部。然而，尼安德特人的遗址就找不到任何此类贸易的证据，每个部落都只用自己当地的材料，制造出自己的工具。[5]

另一个例子来自南太平洋。在新几内亚以北的新爱尔兰岛曾经住着一些智人，他们会使用一种叫作黑曜石的火山晶体，制造出特别坚硬且尖锐的工具。然而，新爱尔兰岛其实并不产黑曜石。化验结果显示，他们用的黑曜石来自超过400公里远的新不列颠岛。所以，这些岛上一定有某些居民是老练的水手，能够进行长距离的岛对岛交易。[6]

乍看之下，可能觉得贸易这件事再实际不过，并不需要什么虚构的故事当作基础。然而，事实就是所有动物只有智人能够进行贸易，而所有我们有详细证据证明存在的贸易网络都明显以虚构故事为基础。例如，如果没有信任，就不可能有贸易，而要相信陌生人又是件很困难的事。今天之所以能有全球贸易网络，正是因为我们相信着一些虚拟实体，像美元、联邦储备银行，还有企业的商标。而在部落社会里，如果两个陌生人想要交易，往往也得先借助共同的神明、传说中的祖先或图腾动物建立信任。

如果相信这些事的远古智人要交易贝壳和黑曜石，顺道交易一些信息应该也十分合理；这样一来，比起尼安德特人或其他远古人类物种，智人就有了更深更广的知识。

从狩猎技术也能够看出尼安德特人和智人的差异。尼安德特人狩猎时通常是独自出猎，或只有一小群人合作。但另一方面，智人就发展出了需要几十个人甚至不同部落合作的狩猎技巧。一种特别有效的方法，就是将野马之类的整个动物群给围起来，赶进某个狭窄的峡谷，这样很容易一网打尽。如果一切计划顺利进行，只要合作一个下午，这几个部落就能得到上吨的鲜肉、脂肪和兽皮，除了可以饱食一顿，也可以风干、烟熏或冰冻，留待日后使用。考古学家已经发现多处遗址，都曾用这种方式屠杀了整个兽群，甚至还有遗址发现了栅栏和障碍物，作为陷阱和屠宰场之用。

我们可以想象，尼安德特人看到自己过去的猎场成了受智人控制的屠宰场，心里应该很不是滋味。然而，一旦这两个物种发生冲突，尼安德特人的情势可能不比野马好到哪儿去。尼安德特人可能会用他们传统的方式来合作，集结 50 人前往攻击智人，但创新而又灵活的智人却能集结起 500 人来同心协力，于是输赢早已预定。而且，就算智人输了第一战，他们也会快速找出新的策略，在下一战讨回来。

**认知革命有什么影响**

| 名称 | 新能力 | 更深远的影响 |
| --- | --- | --- |
| 河边有只狮子 | 能够传达更大量关于智人身边环境的信息 | 规划并执行复杂的计划，比如躲开狮子、猎捕野牛 |
| 八卦 | 能够传达更大量关于智人社会关系的信息 | 组织更大、更有凝聚力的团体，规模可达 150 人 |
| 虚构故事 | 能够传达关于虚构概念的信息，例如部落的守护神、国家、有限公司以及人权 | 1. 大量陌生人之间的合作<br>2. 社会行为的快速创新 |

## 历史和生物学

智人发明出了许许多多的想象现实，也因而发展出许许多多的行为模式，而这正是我们所谓“文化”的主要成分。等到文化出现，就再也无法停止改变和发展，这些无法阻挡的变化，就成了我们说的“历史”。

于是，认知革命正是历史从生物学中脱离而独立存在的起点。在这之前，所有人类的行为都只称得上是生物学的范畴，也有人喜欢称为“史前史”（但我倾向避免使用这个词汇，因为这种说法暗示着即使在认知革命之前，人类也是自成一格，与其他动物不同）。认知革命之后，我们要解释智人的发展，依赖的主要工具就不再是生物学理论，而改用历史叙事。就像如果要理解为何儒家或共产主义能在中国传播，光知道基因、激素和有机体这些还不够，另外也得考虑到各种想法、图像和幻想的互动才行。

然而，这并不代表智人从此就不再遵守生物法则。我们仍然是动物，我们的身体、情感和认知能力仍然是由 DNA 所形塑。而我们的社会建构其实也和尼安德特人或黑猩猩相同，我们越深入研究其中的成分（比如种种知觉、情感、家庭关系），就越会发现我们和其他猿类并没有太大的差异。

然而，比较时不能光从个体或家庭的层次来比较。如果一对一，甚至十对十的时候，人类还是比不过黑猩猩。我们和黑猩猩的不同，是要在超过了 150 人的门槛之后才开始显现，而等这个数字到了一千或两千，差异就已经是天壤之别。如果我们把几千只黑猩猩放到纽约股票交易所、职业棒球赛场、国会山或联合国总部，绝对会乱得一塌糊涂。但相较之下，我们智人在这些地方常常有数千人的集会。智人创造了秩序井然的模式，像贸易网络、大规模庆祝活动、政治体制；而这些如果只有个人，是绝对做不到的。人类和黑猩猩之间真正不同的地方就在于那些虚构的故事，它像胶水一样把千千万万的个人、家庭和群体结合在一起。这种胶水，让我们成了万物的主宰。

当然，人类还是需要其他技能，像制造和使用工具。然而，光是制造工具的影响力还不够，制造工具之后还得联合众人之力才行。究竟为什么，我们现在有洲际弹道导弹，而3万年前还只有顶头带有燧石的矛？从那时候到现在，人类生理上制作工具的能力并没有显著改变。如果要爱因斯坦模拟远古人狩猎或采集的敏捷灵巧程度，前者必定是远远不及。然而，我们和远古人类的不同之处就在于与大量陌生人合作的技术有了大幅提升。远古要做出一把燧石矛，只要有一个人靠着几位亲近的朋友提供建议和协助，就能在几分钟内完成。但现代要做出导弹，需要全世界上百万个互不相识的人互相合作，有的是矿工，得开采位于地底深处的铀矿，还有的是理论物理学家，要写出长串的数学公式来描述亚原子粒子的互动。

* * *

讲到认知革命之后生物学和历史的关系，我们可以简单整理成三点：

1. 基本上，生物学为智人的行为和能力设下了基本限制，比如定出了一个活动范围，而所有的历史都在这个范围之内发生。

2. 然而，这个范围非常大，能让智人有各种惊人的发挥空间。因为他们有创造虚构故事的能力，就能创造出更多、更复杂的游戏，代代相传也就不断发展精进。

3. 因此，想了解智人的行为，就必须描述人类行为的历史演化。光是考虑人类在生物上的限制，就像是今天要去播报一场足球世界杯赛事，只不断报道关于场地的信息，而对球员究竟做了什么只字不提。

所以，在这个历史的活动场域中，我们在石器时代的祖先究竟做了什么事？据我们所知，3万年前刻出施泰德狮人的人类，无论身体、情感还是智力能力都与我们类似。但他们一早起床先做什么？他们的早餐和午餐吃什么？他们的社会是怎样？他们也是一夫一妻、核心家庭吗？他们有没有什么庆典、道德准则、体育竞赛和宗教仪式？他们有战争吗？下一章就像是要从时间的帘幕后探头偷看一眼，看看他们从认知革命后到农业革命之间这几万年的生活情况。

# 第三章
# 亚当和夏娃的一天

想要了解人类的天性、历史和心理，就得想办法回到那些狩猎采集的祖先头脑里面，看看他们的想法。在智人的历史上，他们绝大多数的时间都是靠采集为生。在过去200年间，有越来越多智人的谋生方式是在城市里面劳动，整天坐办公桌前；而在之前的1万年，多数的智人则是务农或畜牧；但不论如何，比起先前几万年都在狩猎或采集，现代的谋生方式在历史上都只像是一瞬间的事罢了。

演化心理学近来发展蓬勃，认为现在人类的各种社会和心理特征早从农业时代之前就已经开始形塑。这个领域的学者认为，即使到了现在，我们的大脑和心灵都还是以狩猎和采集的生活方式在思维。我们的饮食习惯、冲突和性欲之所以是现在的样貌，正是因为我们还保留着狩猎采集者的头脑，但所处的却是工业化之后的环境，有超级城市、飞机、电话和计算机。在这样的环境下，我们比前人享有更多物质资源，拥有更长的寿命，但又觉得疏离、沮丧而压力重重。演化心理学家认为，想理解背后的原因，我们就需要深入研究狩猎采集者的世界，因为那个世界其实现在还牢牢记在我们的潜意识里。

举例来说，高热量食物对人不好，但为什么老是戒不掉？现今生活在富裕国家的人都有肥胖的问题，肥胖症几乎像瘟疫一样蔓延，还很快地将魔爪伸向发展中国家。如果我们不想想采集者祖先的饮食习惯，就很难解释为什么我们一碰到最甜、最油的食物就难以抵抗。当时他们住在草原上或森林里，高热量的甜食非常罕见，永远供不应求。如果是个3万年前的采集者，想吃甜食只有一种可能来源：熟透的水果。所以，如果石器时代的女性碰到一棵长满甜美无花果的树，最明智的做法就是立刻吃到吃不下为止，否则等到附近的狒狒也发现这棵树，可就一颗也吃不到了。于是，这种想大口吃下高热量食物的直觉本能就这样深植在我们的基因里。就算我们今天可能住在高楼大厦，家家户户的冰箱早就塞满食物，我们的 DNA 还记得那些在草原上的日子。正因如此，我们才会不知不觉就吃完一整桶的哈根达斯，可能还配着一大杯可口可乐。

这种“贪吃基因”的理论已经得到广泛接受。至于其他理论，争议性就大得多。例如有些演化心理学家认为，古代的采集部落主要并不是由一夫一妻的核心家庭组成，而是一群人共同住在一起，没有私有财产，没有一夫一妻的婚姻关系，甚至没有父亲这种身份的概念。在这样的部落中，女性可以同时和几个男人（和女人）有性行为，形成亲密关系，而部落里的所有成年男女则共同养育部落的小孩。正由于男人都没办法确定小孩是不是自己的，对所有孩子的教养也就不会有偏心的问题。

这样的社会结构并不是什么新世纪的灵性乌托邦，很多动物都有这种社会结构，特别像是黑猩猩和倭黑猩猩这些我们的近亲更是如此。即使在今日，还是有些人类社会采用这种共同教养制，例如位于委内瑞拉的巴里印第安人（Bari Indians）社会，他们相信孩子不是生自某个特定男人的精子，而是妈妈子宫里所有累积精子的结合。所以，如果想当个好妈妈，你就该和好几个不同的男人做爱，特别是在怀孕的时候，就该找上那些最会打猎的、最会说故事的、最强壮的战士、最体贴的爱人，好让孩子拥有那些最好的特质（以及最佳的教养）。如果你觉得这听起来实在太蠢，请记得其实直到现代胚胎学研究发展之后，我们才有了确实的证据，证明孩子只可能有一个父亲。

这种“远古公社”理论的支持者认为，我们看到现代婚姻常有不孕的困扰，离婚率居高不下，不论大人小孩都常有各种心理问题，其实都是因为现代社会逼迫所有人类采用一夫一妻的核心家庭，但这其实与我们的生物本能背道而驰。[7]

许多学者强烈反对这种理论，坚持一夫一妻制和核心家庭就是人类的核心行为。这些学者主张，虽然古老的狩猎采集社会比起现代社会更为平等而共有共享，但还是由独立的单位组成，每个单位就是一对会嫉妒的情侣加上他们的孩子。也是因为如此，今天多数文化仍然采用一夫一妻的核心家庭，男男女女都对彼此和孩子有强烈的占有欲，而且像是朝鲜和叙利亚这些现代的国家，政治权力还是父死子继。

想要解决这方面的争议，了解我们的性欲、社会和政治，就需要更了解我们祖先的生活条件，看看从7万年前的认知革命到12 000年前的农业革命之间，智人究竟是怎么生活的。

* * *

但遗憾的是，我们对于那些采集者祖先的生活几乎没什么可确定的事实。无论是“远古公社”还是“不变的一夫一妻制”，我们都提不出确切的证明。在这些采集者的年代，我们显然不会有文字记录，而考古证据主要也只有骨骼化石和石器。如果器具用的是木头、竹子或皮革等等比较容易腐烂的材料，就只有在很特殊的情况下才可能保存得下来。很多人以为在农业革命前的人类都只使用石器，其实这是考古偏误造成的误解。所谓的石器时代，其实说是“木器时代”更精确，当时的狩猎采集工具多半还是木制。

如果光从目前留下来的文物推断远古的狩猎采集生活，就会差之千里。远古的采集生活与后来的农业和工业生活相比，最明显的区别在于极少使用人造物品，而且这些物品对他们生活的作用相对并不大。在现代的富裕社会中，任何一般人一生都会用到数百万件人造物品，从车子、房子到抛弃式尿布和牛奶盒不一而足。不管任何的活动、信念甚至情感，几乎都会有人造物品介入。像在饮食方面，相关的人造品就多到难以胜数，从简单的汤匙和玻璃杯，到复杂的基因工程实验室和巨大的远洋渔船都参上一脚。至于玩乐也有大量的娱乐用物品，从怪兽卡到10万人的体育场都是如此。想要浪漫一下、云雨一场，又怎么能不提到戒指、床、漂亮的衣服、性感内衣、安全套、时尚餐厅、汽车旅馆、机场贵宾室、婚宴大厅、婚礼顾问公司？至于让我们灵性充溢的宗教，则把神圣的东西带进我们的生活，包括佛教的佛塔、道教的宫观、伊斯兰教的清真寺、印度教的僧院、装饰华美的经卷、色彩艳丽的法轮、祭司的祭袍、蜡烛、香、圣诞树、墓碑，还有金光闪闪的各种标示。

除了要搬家的时候，我们几乎不会感觉到原来身边有这么多东西。采集者每个月、每个星期都要搬家，甚至有时候是每天都得搬，所有家当就背在身上。当时还没有搬家公司或货车，甚至连驮兽都还没有，所以他们必须把生活必需品减到最少。因此可以合理推测，他们的心理、宗教和感情生活多半不需要人造物品的协助。假设在10万年后，有个考古学家想知道现在的穆斯林的信仰和仪式，只要看看从清真寺遗迹里挖出的各种物品，就能有个大致合理准确的猜测。然而，我们想要理解远古狩猎采集者的信仰和仪式，却是难上加难。同样，如果未来有个历史学家想了解21世纪台湾年轻人的社交活动，靠的却只有纸本书信（因为所有的手机电话、电子邮件、博客、手机短信都不会以实体方式留存），可以想见他可能会遇上多大的问题。

所以，想光靠现存的文物来了解远古狩猎采集生活，就是会有这种偏差。想解决这个问题，方法之一就是去研究目前尚存的采集社会。通过人类学观察，我们就能直接研究这些社会。然而，想从这些现代采集社会推论猜测远古采集社会的样貌，还是需要多加小心考虑。

首先，所有能存活到近代的采集社会，都多少已经受到附近的农业或工业社会影响，因此很难假设现在的样子就和几万年前相同。

其次，现代采集社会主要位于气候恶劣、地形险峻、不宜农业的地区，像在非洲南部的卡拉哈里沙漠，就有一些社会已经适应了这种极端条件。但如果要用这些社会来推论当时在长江流域这种肥沃地段的部落，就会有严重的偏差。特别是像卡拉哈里沙漠的人口密度远低于远古时期的长江流域，这对于部落人口规模与结构等关键问题影响重大。

再次，狩猎采集社会最显著的特点，就在于它们各有特色、大不相同。而且还不是说不同地区才有不同；即使在同一地区，仍然会是两两相异。一个很好的例子，就是欧洲人首次移居澳大利亚时，发现当地原住民之间有许多不同。在英国征服澳大利亚之前，整个澳大利亚大陆的狩猎采集者有 30 万到 70 万人，分成 200~600 个族群，每个族群又分成几个部落。[8] 每个族群都有自己的语言、宗教、规范和习俗。例如，在南澳阿德雷德附近，就有几个父系的家族，他们会依据所在领土为标准，结合成一个部落。相反的是，在北澳的一些部落则比较属于母系社会，而人在部落里的身份主要来自他的图腾，而不是他的领土。

不难想象，到了农业革命前夕，地球上的狩猎采集者有 500 万到 800 万人，有丰富多元的种族和文化多样性，分成几千个不同的独立部落，也有数千种不同的语言和文化。[9] 毕竟，语言和文化正是认知革命的主要成就。而正因为虚构故事已经出现，即使是在类似的生态、同样的基因组成下出现的人类，也能够创造出非常不同的想象现实，表现出来就成了不同的规范和价值观。

例如，我们有充分的理由相信，两万年前住在现在北京的采集者，他说的语言会和住在现在天津的采集者大不相同。可能有某个部落比较好战，某个部落比较爱好和平。有可能在北京的部落采用共有共享，而在天津的部落则以核心家庭为基础。北京部落可能会花很长的时间把自己的守护灵刻成木像，而天津部落则是用舞蹈来敬拜守护灵。前者也许相信轮回，而后者则认为这是无稽之谈。在某个社会可能同性性关系没什么大不了，但在另一个社会就成了禁忌。

换句话说，虽然用人类学方式观察现代的采集社会可以帮助我们了解一些远古采集社会的种种可能性，但这绝非全貌，而且可以说绝大多数仍不得而知。① 有人激烈争辩智人的“自然生活方式”该是如何，其实并未说到重点。从认知革命之后，智人的“自然生活方式”从来就不止一种。真正存在的只有“文化选择”，而种种选择就像是调色盘，色彩缤纷炫目，令人眼花缭乱。

## 原始的富裕社会

但是，讲到农业革命前的世界，究竟有什么是我们能确定的普遍现象？或许可以确定地说，当时大部分的人都生活在小部落里，每个部落小则数十人，最大不过数百人，而且所有成员都是人类。最后一点似乎像是废话，但其实绝没那么简单。在农业和工业社会里，其实家禽家畜的数量会超过人类，虽然地位低于主人，但仍然是社会中的一分子。比如今天的新西兰虽然智人人数有450万，但绵羊可是有高达5000万只。

只不过，这个一般规则还是有一个例外：狗。狗是第一种由智人驯化的动物，而且早在农业革命之前便已发生。虽然专家对于确切的年代还有不同意见，但已有如山铁证显示，大约15 000年前就已经有了家犬，而它们实际加入人类生活的时间还可能再往前推数千年。

狗除了能狩猎、能战斗，还能作为警报系统，警告有野兽或人类入侵。时间一代一代过去，人和狗也一起演化，能和对方有良好的沟通。最能满足人类需求、最能体贴人类情感的狗，就能得到更多的照顾和食物，于是也更容易生存下来。同时，狗也学会了如何讨好人类，满足它们的需求。经过这样长达15 000年的相处，人和狗之间的理解和情感远超过人和其他动物的关系。[10] 有些时候，甚至死去的狗也能得到厚葬，待遇与人类差堪比拟。

---

① 说到远古采集社会的“种种可能性”，讲的是对于任何一个社会来说，根据其生态、科技和文化限制，都有种种信仰、习俗和经验像光谱一样在他们眼前展开。无论是社会或个人，面对着世界上的种种可能，通常都能探索到其中的一小部分而已。

同属一个部落的成员彼此相熟，人们终其一生都和亲友相处在一起，几乎没什么孤单的时刻，也没什么隐私。虽然邻近的部落偶尔也得争夺资源，甚至大打出手，但也是有些友好的往来。比如可能互相交换成员、一起打猎、交易罕见的奢侈品、结起政治同盟，还有一起庆祝宗教节日。这种合作是智人的一大重要特征，也是智人领先其他人类物种的关键优势。有时候，与邻近部落的关系实在太良好，最后就结合为一，而有了共同的语言、共同的神话、共同的规范和价值观。

图 6　这是不是史上的第一只宠物？在以色列北部发掘出一座 12 000 年前的墓穴［藏于史前人类博物馆（Kibbutz Ma'ayan Baruch Museum）］，里面有一具年约 50 岁女性的骨骸，旁边还有一副小狗的骨骸（右上角）。小狗埋葬的位置与女人的头部接近，而且她的左手搭在狗的身上，看起来似乎有着某种情感联系。当然这也有其他的解释方式，或许也能说，这只狗是一份礼物，要送给通往未来世界的看门人。

然而，我们其实不该高估这种对外关系的重要性。就算邻近的几个部落在危急时刻可能会密切合作，甚至平常偶尔也会一起打猎或庆祝，但各个部落绝大多数时间仍然是完全各行其是、遗世独立。讲到交易，主要是限于拿来表示身份地位的物品，像贝壳、琥珀、颜料等等。没有证据显示当时的人会交易像水果或肉类之类的消费品，也看不出来有某个部落必须依赖从另一部落进口货物而生存的证据。至于社会政治关系，也同样只是零星有之。就算部落有季节性的集会场所，仍然称不上是个固定的政治框架，也没有永久的城镇或机构。一般来说，一个人很可能好几个月之间都只会看到自己部落里的人，一辈子会遇见的人数也不过就是几百个。智人就像星星一样，稀疏地散布在广阔的土地上。在农业革命之前，整个地球上的人类数量还比不上现在的杭州。

大多数智人部落不断迁移，随着季节变化、动物每年的迁移、植物的生长周期，人类也不断追逐着食物，从一地前往另一地。一般来说，他们是在同样一个区域里来来回回，面积大约是几十到几百平方公里。

偶尔，可能是遇上自然灾害、暴力冲突、人口压力，又或是碰上某个特别有领袖魅力的首领，部落也可能走出自己原有的领土区域。这些流浪正是促成人类扩张到全球的动力。如果某个采集部落每 40 年拆伙一次，新部落往东移 100 公里，经过大约 1 万年后，就会从东非抵达中国。

在某些特殊情况下，如果某地的食物来源特别丰富，原本因为季节而前来的部落也可能就此落脚，形成永久的聚落。另外，如果有了烘干、烟熏、冷冻（在北极地区）食品的技术，人们也可能在某地停留更久。最重要的是，在某些水产水禽丰富的海边和河边，人类开始建立起长期定居的渔村。这是历史上第一次出现定居聚落，时间要远早于农业革命。最早的渔村有可能是在 45 000 年前，出现在印度尼西亚群岛的沿海地带。也很可能就是从这里，智人开始了第一次的跨海事业：前往澳大利亚。

* * *

在大多数的居住地，智人部落的饮食都是见机行事，有什么吃什么。他们会抓白蚁、采野果、挖树根、追兔子，还会猎野牛和长毛象。

虽然现在流行的讲法都把他们形容成猎人，但其实智人生活主要靠的是采集，这不仅是主要的热量来源，还能得到像燧石、木材、竹子之类的原物料。

智人采集的可不只是食物和原物料，同时还有“知识”。为了生存，智人需要对所在地了如指掌。而为了让日常采集食物的效率达到最高，他们也需要了解每种植物的生长模式，还有每种动物的生活习性。他们需要知道哪些食物比较有营养，哪些有毒，哪些又能拿来治病。他们需要知道季节的变化，以及雷雨或干旱之前的预警信号。他们会细查附近的每条河流、每棵核桃树、每个睡了熊的洞穴还有每个燧石的矿床。每个人都得知道怎样做出一把石刀，如何修补裂开的斗篷，如何做出抓兔子的陷阱，还有该如何面对雪崩、蛇咬或饥肠辘辘的狮子。这里面任何一种技能，都得花上好几年的指导和练习。一般来说，远古的采集者只要几分钟，就能用燧石做出一个矛头。但等到我们试着依样制作，却常常是手忙脚乱、笨手笨脚。我们绝大多数的脑袋里都不知道燧石或玄武岩会怎样裂开，手也没有灵活到足以执行这项任务。

换句话说，采集者对于他们周遭环境的了解，会比现代人更深、更广也更多样。现代的工业社会中，就算不太了解自然环境也能顺利存活。比如如果你是个计算机工程师、保险推销员、历史老师或者工厂工人，你真的需要了解自然环境吗？现代人必须专精于自身小领域的知识，但对于其他生活中的必需，绝大多数都是靠着其他各领域的专家，每个人懂的都只限于自己的那一小方天地。就整体而言，现今人类所知远超过远古人类。但在个人层面上，远古的采集者则是有史以来最具备多样知识和技能的人类。

有证据显示，自从采集时代以来，智人的脑容量其实是逐渐减少！[11] 要在那个时代活下来，每个人都必须有高超的心智能力。而等到农业和工业时代开展，人类开始能靠着别人的技能生存下来，就算是低能的人也开始有了生存空间。例如只要肯挑水或者当个生产线的工人，就能活下来，并把自己那些平庸无奇的基因传下去。

采集者不只深深了解自己周遭的动物、植物和各种物品，也很了解自己的身体和感官世界。他们能够听到草丛中最细微的声响，知道里面是不是躲着一条蛇。他们会仔细观察树木的枝叶，找出果实、蜂窝和鸟巢。他们总是以最省力、最安静的方式行动，也知道怎样坐、怎样走、怎么跑才能最灵活、最有效率。他们不断以各种方式活动自己的身体，让他们就像马拉松选手一样精瘦。就算现代人练习再多年的瑜伽或太极，也不可能像他们的身体一样灵敏。

* * *

狩猎采集的生活方式依地区、季节有所不同，但整体而言，比起后来的农夫、牧羊人、工人或上班族，他们的生活似乎要来得更舒适，也更有意义。

在现代的富裕社会，平均每周的工时是 40~45 小时，发展中国家则是 60 甚至 80 小时；但如果是狩猎采集者，就算住在最贫瘠的地区（比如卡拉哈里沙漠），平均每周也只需要工作 35~45 小时。他们大概只需要每三天打猎一次，每天采集 3~6 小时。一般时期，这样就足以养活整个部落了。而很有可能大多数的远古采集者住的都是比卡拉哈里沙漠更肥沃的地方，所以取得食物和原物料所需的时间还要更少。最重要的是，这些采集者可没什么家事负担。他们不用洗碗，不用吸地毯，不用擦地板，不用换尿布，也没账单得付。

这样的采集经济，能让大多数人都过着比在农业或工业社会中更有趣的生活。像是现在，如果在血汗工厂工作，每天早上大约 7 点就得出门，走过饱受污染的街道，进到工厂用同一种方式不停操作同一台机器，时间长达 10 小时，叫人心灵整个麻木。等到晚上 7 点回家，还得再洗碗、洗衣服。而在 3 万年前，如果是个采集者，可能是在大约早上 8 点离开部落，在附近的森林和草地上晃晃，采采蘑菇、挖挖根茎、抓抓青蛙，偶尔还得躲一下老虎。但等到中午过后，他们就可以回到部落做午餐。接下来还有大把的时间，可以聊聊八卦、讲讲故事，跟孩子玩，或者就是放松放松。当然，有时候是会碰上老虎或蛇没错，但从另一方面来说，当时他们倒也不用担心车祸或工业污染。

在大多数地方、大多数时候，靠着采集就已经能得到充分的营养。这其实很合理，毕竟这正是人类在先前数十万年间的正常饮食，人体早就完全适应。骨骼化石的证据显示，远古时期的采集者比较少有饥饿或营养不良的问题，而且比起后来的农业时代，他们身高较高，也比较健康。虽然平均寿命显然只有 30~40 岁，但这主要是因为当时儿童早夭的情形十分普遍。只要能活过危机四伏而意外频现的生命早期，当时的人就大多能活到 60 岁，有的甚至还能活到超过 80 岁。在现代的采集社会里，只要女性能活到 45 岁，大概再活个 20 年就不是问题，而总人口的 5%~8% 也都活到超过 60 岁。[12]

采集者之所以能够免受饥饿或营养不良的困扰，秘诀就在于多样化的饮食。相较之下，之后农民的饮食往往种类极少，而且不均衡。特别是在近代，许多农业人口都依靠单一作物为主要热量来源，可能是小麦、马铃薯、稻米之类，这样一来就会缺少人体所必需的其他维生素、矿物质或营养。例如在中国偏远乡间的传统典型农夫，早上吃饭、中午吃饭，晚上吃的还是饭。而且还得够幸运，第二天才能吃到这些一样的东西。相较之下，远古的采集者通常都会吃到数十种不同的食物。他们可能早餐吃浆果和蘑菇；中餐吃水果、蜗牛和乌龟；晚餐则是来份野兔排配野生洋葱。至于第二天，菜单又可能完全不同。正是这样的多样性，能确保远古的采集者吸收到所有必需的营养成分。

此外，也因为采集者不依赖单一种类的食物，就算某种食物来源断绝了，影响也不会太大。但如果是农业社会，一旦来场干旱、火灾、地震，把当年的稻子或马铃薯摧毁殆尽，就会引发严重的饥荒。虽然采集社会还是难以幸免于自然灾害，而且也会碰上食物短缺或饥荒的情形，但通常他们处理起来就比较游刃有余。如果主要食物短缺，他们可以去采集或狩猎其他食物，或者直接迁移到受影响较小的地区。

此外，远古采集者也比较少碰到传染病的问题。农业和工业社会的传染病（例如天花、麻疹和肺结核）多半是来自家禽家畜，但这要到农业革命之后才传到人类身上。对于远古的采集者来说，狗是唯一会近距离相处的动物，所以也就没有这些问题。此外，农业和工业社会的永久居住环境通常非常紧密，但卫生条件又不佳，正是疾病的理想温床。至于采集者，他们总是一小群一小群在广阔的大地上漫游，疾病很难流行起来。

* * *

正因为这些在农业时代前的采集者有健康和多样化的饮食、相对较短的工作时间，也少有传染病的发生，许多专家将这种社会定义为“最初的富裕社会”。只不过，倒也不用把这些古人的生活想得太过理想浪漫。虽然他们的生活可能比起农业和工业社会更佳，不过当时的世界仍然同样残酷无情，常常存在物资匮乏、时节难过、儿童死亡率高的问题，现在看来没什么的小意外，当时可能就能轻易致命。这些漫游采集者的部落里人人关系亲密，对大多数人来说可能是好事，但对那些少数惹人厌的成员来说，日子可就不好过了。偶尔，如果有人年老力衰或是有肢体残疾，无法跟上部落的脚步，还会遭到遗弃甚至杀害。如果婴儿和儿童被视为多余，他们就可能被杀，而且宗教献祭也偶有听闻。

在巴拉圭的丛林里，曾有一个狩猎采集部落亚契人（Ache）存活到20世纪60年代，他们让我们得以一窥采集生活的黑暗面。根据亚契人的习俗，如果某位有价值的部落成员死亡，就要杀一个小女孩陪葬。人类学家访问亚契人，得知某一次有个中年男子病倒了，无法跟上其他人的脚步，于是他就被抛弃在路旁的树下。当时树上还有秃鹰等着想饱餐一顿。但那位男子鼓起精神、霍然痊愈，用轻快的脚步重新回到部落行列。他的身上还盖着鸟屎，结果绰号也从此变成“秃鹰屎”。

如果某个亚契女性已经年纪太大、成了部落的负担，部落里的年轻男子就会潜伏在她身后，找机会一斧头砍进她的脑子里。曾有一个亚契人，告诉人类学家他在丛林里的黄金年代：“我常常杀老女人，我杀过我的阿姨、婶婶、姑姑她们……女人都怕我……但现在跟这些白人在一起，我也变弱了。”如果新生儿没有头发，会被认为发育不良，必须被立刻杀死。就有一位妇女回忆说，她的第一个女儿就是被活活打死，原因只是部落里的男人已经不想再多个女孩了。而另一次，有个男人杀了个小男婴，原因只是他“心情不好，小孩又哭个不停”。甚至有个小孩被活埋，原因是“那玩意儿看起来怪怪的，其他小孩也会笑他”。[13]

然而，可别太快就对亚契人下定论。人类学家与他们同居共处多年之后，认定在亚契成年人之间的暴力其实非常罕见。无论男女，都可以自由改变伴侣。他们总是乐天且愉快，部落里不分地位高低，想颐指气使的人通常就会被排挤。虽然他们拥有的物质不多，但却非常慷慨，而且不会执着于成功和财富。在他们的生活里，最被看重的就是良好的人际互动，还有真正的友谊。[14]虽然他们会杀害儿童、病人、老人，但他们的想法其实和今日许多人赞成堕胎和安乐死也没有两样。另外还该提的一点，是巴拉圭的农夫猎杀亚契人的时候，可是毫不手软。所以，或许正因为亚契人必须迅速逃离这些敌人的魔爪，如果有成员可能造成部落的负担，他们也就无法仁义以待。

事实是，亚契社会就像任何一个人类社会一样复杂难解。我们要小心不能只有了肤浅的认识，就断然将其妖魔化或理想化。亚契人既不是天使，也不是魔鬼，不过就是人类。同样，远古的狩猎采集者，就是和我们一样的人。

### 会说话的鬼

对于远古狩猎采集者的精神和心理生活，我们知道些什么？基于某些可量化的客观因素，我们或许可以重建一些远古狩猎采集社会的基本架构。例如，我们可以计算每人为了生活一天需要多少卡路里，一公斤的核桃可以提供多少卡路里，而一平方公里的森林又能提供多少核桃。有了这些数据，我们就能够猜测核桃在他们饮食中的相对重要性。

只不过，他们究竟是把核桃当作珍馐佳肴还是无趣的主食？他们相不相信，核桃树有树灵？他们觉不觉得核桃树叶很漂亮？如果当时有对男女想约会，核桃树的树荫下究竟算不算浪漫？讲到思想、信仰和感情，想一探究竟的难度绝对非同小可。

多数学者都同意，远古的采集者普遍信奉泛灵论的信仰（animism，源自拉丁文的“anima”，意义“灵魂”或“精神”）。泛灵论相信，几乎任何一个地点、任何一只动物、任何一株植物、任何一种自然现象，都有其意识和情感，并且能与人类直接沟通。因此，对泛灵论者来说，山上的一颗大石头也可能会有欲望和需求。人类可能做了某些事就会触怒这块大石，但也有可能做某些事能取悦它。这块大石可能会惩罚人类，或要求奉献。至于人类也能够安抚或威胁这块石头。不仅石头，还有山脚下的橡树，山边的小溪，林间的喷泉，附近的小树丛，通往喷泉的小径，啜饮着泉水的田鼠、狼和乌鸦，也都有着灵的存在。对泛灵论者来说，还不只实体的物品或生物有灵，甚至连非物质也有灵，像死者的鬼魂以及各种友善和邪恶的灵，也就是我们所说的恶魔、精灵和天使。

泛灵论者认为，人类和其他的灵之间并没有障碍，可以直接通过言语、歌曲、舞蹈和仪式来沟通。所以猎人可以向一群鹿喊话，要求其中一头牺牲自己。狩猎成功的时候，猎人可能会请不幸丧生的动物原谅他。有人生病的时候，萨满巫师可以呼告造成疾病的灵，试着劝它或恐吓它离开。有需要的时候，萨满巫师还能请求其他灵的帮助。泛灵论的一个特点，在于所有的灵都位于当场当地，不是什么万能的神，而是某只特定的鹿、某棵特定的树、某条特定的小溪、某个特定的鬼魂。

此外，就像人类和其他灵之间没有障碍一样，人类和其他灵之间也没有地位高下之别。非人类的灵之所以存在，不只是要为人提供协助，它们也不是什么把全世界操之在手的万能的神。这个世界不是为了人或是任何其他特定的灵而旋转。

泛灵论并不是某个特定的宗教，而是数千种不同宗教、邪教或信仰的通称。它们之所以都称为“泛灵论”，是因为这些宗教对于世界的看法、对于人类的定位所见略同。而我们说远古的采集者应该属于泛灵论者，就好像说在前现代的农民是有神论者一样。有神论（theism，源自希腊文的“theos”，意为“神”）认为，宇宙的秩序在于人类和一小群超凡的实体（神）之间的地位关系。虽然说“前现代农民往往是有神论者”这件事千真万确，但光是这样讲还不够清楚。一般典型的“有神论”山包海容，有 18 世纪波兰的犹太教拉比，17 世纪马萨诸塞州要焚烧女巫的清教徒，15 世纪墨西哥阿兹特克的祭司，12 世纪伊朗的苏菲神秘教派，10 世纪的印度教战士，2 世纪琐罗亚斯德教的商人，还有种种中国民间信仰。所有这些教派，都认为别人的信仰和仪式是怪异的异端。而泛灵论的种种信仰和仪式，彼此之间的差异可能也不亚于此。人们的宗教经验很可能也是动荡不安，充满争议、改革和革命。

我们小心归纳出这些通则，但大致上也只能做到这个程度了。想再深入描述远古时代的精神灵性，都会沦为假设猜测，因为我们几乎没有证据能够佐证；即使是那极少数的文物和洞穴绘画，也能有各种不同的诠释方式。有些学者声称自己能够知道采集者当时的感受，但从他们的理论中能够了解的，与其说是石器时代的宗教观，还不如说是他们的偏见。

面对各种墓穴文物、壁画、骨头雕像，与其猜测出如山的种种理论，还不如坦然承认，我们对于远古采集者的宗教就只有一些模糊不清的概念罢了。我们假设他们是泛灵论者，但这能告诉我们的并不多。我们不知道他们向什么神灵祈祷，庆祝什么节日，也不知道他们遵守什么

图 7　拉斯科洞穴（Lascaux Cave）大约 15 000~20 000 年前的一幅壁画。我们究竟看到了什么？这幅画的意义又是什么？有些人认为画中是一个鸟头人身的男子，阳具勃起，正遭到野牛杀害。在男人下方是另一只鸟，可能象征着灵魂，在人死亡的那一瞬间由身体得到释放。如果真是如此，这幅画叙述的就不只是个普通的狩猎意外，而是前往来世的过程。但我们无法判断这些猜测究竟是否正确。这就像是个罗夏克墨渍测验（Rorschach test），主要能看出的是现代学者的偏见，而不是远古采集者的信仰。

戒律。最重要的是，我们不知道他们说了什么故事。这是我们想了解人类历史的一大空缺和遗憾。

* * *

对于采集者的社会政治世界，我们的所知同样几近于零。如上所述，学者甚至连最基本的问题都还无法达成共识，比如私有财产、核心家庭、一夫一妻制等等是否存在。很有可能各个部落各有不同结构，有些阶级井然，有些弹性较大。有的部落可能会像加利福尼亚的软件公司，致力于创新，却秩序混乱；有的部落的组织结构像纽约的律师事务

图 8　狩猎采集者在大约 9000 年前，在阿根廷的“手洞”（Hands Cave）留下了这些手印。看起来，这些主人逝去已久的手印似乎正从岩石里向我们伸来。这可能是远古采集者留下最感动人心的遗迹之一，但我们没人知道这究竟想传达什么意义。

所，高效、有弹性。

在苏联的松希尔（Sunghir），考古学家在 1955 年发现了一个 3 万年前的墓地遗址，属于一个狩猎长毛象的文化。在其中一个墓穴，他们发现一名年约 50 岁的男性骨架，盖着长毛象象牙珠串，总共约有 3000 颗珠子。死者戴着以狐狸牙齿装饰的帽子，手腕上还有 25 只象牙手镯。其他同个墓地的墓穴里，陪葬物品数量都远远不及该墓穴。学者推断，松希尔长毛象猎人社群应该阶级十分明显，而该死者也许是部落的首领，甚至是几个部落共同的领导者。毕竟，光靠单一部落的几十位成员，不太可能制作出这么多的陪葬品。

考古学家后来还发现了一个更有趣的墓穴，里面有两具头对头的骸骨。一具是 12~13 岁的男孩骸骨，另一具是 9~10 岁的女孩骸骨。男孩身上盖着 5000 颗象牙珠子，戴着狐狸牙齿装饰的帽子，皮带上也有

250 颗狐狸牙齿（这至少得用上 60 只狐狸的牙）。女孩身上则有 5250 颗象牙珠子。两个孩子身边满是各种小雕像和象牙制品。就算是熟练的工匠，大概也需要 45 分钟才能做出一颗象牙珠。换句话说，要为这两个孩子准备这超过 1 万颗的象牙珠，会需要大约 7500 小时的精密加工，就算是一位经验丰富的工匠，也得足足花上超过 3 年！

要说这两个松希尔的孩童年纪轻轻就已经证明自己是充满威严的领导者或长毛象猎人，无疑是天方夜谭。所以，唯有从文化信仰的角度出发，才能解释为什么他们能得到这样的厚葬。第一种理论是他们沾了父母的光。也许他们是首领的子女，而他们的文化相信家族魅力，或者有严格的继承顺位规定。至于第二种理论，则是这两个孩子在一出生的时候，就被认定为某些祖先灵魂转世降生。还有第三种理论，认为他们的葬礼反映的是他们的死法，而不是在世时的地位。有可能这是一个牺牲的仪式（可能作为首领安葬仪式的一部分），所以才会格外隆重盛大。[15]

不管正确答案为何，这两具松希尔的孩童骨骸无疑证明，3 万年前的智人已经发明了一些社会政治规范，不仅远超出我们 DNA 的设定，也超越了其他人类和动物物种的行为模式。

### 和平还是战争？

最后还有个棘手的问题，就是"战争"在采集者的社会扮演了什么角色。有些学者主张远古的狩猎采集社会应该是个和平的天堂，认为要到了农业革命之后，民众开始累积私有财产，才开始有战争和暴力。也有学者主张，早在远古的采集时代，就已经有各种残忍和暴力的事情。然而，由于我们靠的只有极少数的考古文物和对现代采集社会的人类学观察，这两派学说可以说都只是空中楼阁。

虽然现代人类学的观察十分耐人寻味，但却问题重重。现在的采集者主要住在北极或卡拉哈里沙漠这种偏远和荒凉的地区，当地人口密度非常低，需要和他人作战的概率微乎其微。此外，近几代的采集社会也越来越受到现代国家操控干扰，也避免了爆发大规模冲突的可能。欧洲学者只曾有两次机会，能够观察到采集社会形成较大、相对人口密度较高的情形：一次是19世纪在北美洲西北部，另一次则是19世纪到20世纪初在澳大利亚。而不管是前一次的美洲印第安人还是后一次的澳大利亚原住民，都发生了频繁的武装冲突。然而，我们仍然无法确定这究竟代表无论古今未来都会如此，还是只是受了欧洲帝国主义的影响。

目前的考古发现不仅数量少，而且模糊不明。就算在几万年前曾经发生战争，现在究竟还会留下什么线索？当时没有防御工事、没有城墙、没有炮弹，甚至也没有剑或盾牌。虽然古老的矛头可能用于战争，但也可能只是用于狩猎。即使能找到人骨化石，也帮不上多大的忙。发现有骨折，可能代表战争中受的伤害，但也有可能只是意外。而且就算没有骨折，也无法确定某位远古人士绝非死于非命。毕竟，光是伤到软组织也足以致命，但不会在骨头上留下任何痕迹。更重要的是，在工业时代之前，战乱中有90%以上的死者其实是饿死、冻死、病死，而不是直接被武器攻击而死。想象一下，如果在3万年前有一个部落被邻近部落击败，10名成员战死，而剩下的人则被赶出平常采集为生的领地。在接下来的一年里，被赶走的成员又有100名死于饥饿、寒冷和疾病。这么一来，等到考古学家发现这110具遗骨，很容易就会误以为他们是死于自然灾害。但我们又怎么能知道他们是死于无情的战争呢？

有了这种心理准备之后，我们可以开始检视手上有的考古证据。曾有三项研究，同样关于在农业革命前夕丧命的400具遗骨。第一项研究在葡萄牙，只发现两具明显死于暴力伤害。第二项在以色列，所有和人为暴力有关的证据更是只有某一具头骨上有一条裂痕，如此而已。但第三项研究的是多瑙河谷的多处遗址，在这400具遗骨中共有18具显示曾受到暴力伤害。18/400 或许听起来并不多，但其实这个比例已经相当高了。假设这 18 人确实都死于暴力伤害，代表远古多瑙河谷约有 4.5% 的死亡率是由人为暴力所引起。而在现在，就算把战争和犯罪加在一起，全球因为人为暴力引起的死亡平均也只占 1.5%。在 20 世纪，我们曾目睹最血腥的战争、规模最庞大的种族屠杀，但即使如此，这个世纪因为人为暴力而死亡的百分比也只有 5%。所以，如果这个研究显示了典型的情形，远古多瑙河谷暴力肆虐的情形就和 20 世纪差堪比拟。①

多瑙河谷的发现已经十分令人难过，但偏偏还有一些来自其他地区的研究也得出了同样的结果而加以支持。在苏丹的捷贝尔撒哈巴（Jabl Sahaba）一地，曾发现一处 12 000 年前的墓地，里面有 59 具遗骨。其中有 24 具的骨骸里或附近发现了箭镞和矛头，共占所有遗骨的 40%。其中一具女性遗骨共有 12 处伤痕。而在德国巴伐利亚的欧夫内特洞穴（Ofnet Cave），考古学家也发现 38 具采集者的遗骨被丢进两个墓穴中，主要是妇女和孩童。这些遗骨有一半（包括儿童甚至婴儿）都明显有受到人类武器伤害的痕迹，包括棍棒和刀。至于少数成年男性的骨骸，则可发现受到最严重的暴力攻击。最有可能的，就是在欧夫内特洞穴曾有一整个采集部落遭到屠杀。

那么，究竟哪个更能代表远古的采集社会？是以色列和葡萄牙那些看来生活和平的遗骨，还是苏丹和德国的那些人间炼狱？答案是两者皆非。我们已经看到，采集社会可能有许多不同的宗教和社会结构，可以预测他们也同样有不同的暴力倾向。可能在某些时期，某些地区一片平静祥和，但在其他地区却是动乱不断。[16]

---

① 有人可能会说，就算远古多瑙河谷有些遗骨上有暴力痕迹，也不见得就是死因。有些人可能只是受伤而已。然而，因为也有些人可能是软组织受创或是因为战争带来的资源剥夺致死，而这些都不会出现在遗骨上，因此这两种情况或许能互相抵消。

## 沉默的帷幕

讲到远古的采集生活，如果我们连宏观景象都难以重建，想要重塑特定事件就更是难如登天。智人部落首次进入尼安德特人居住的山谷之后，接下来的几年间很可能就发生了许多轰轰烈烈的历史大事。但遗憾的是，这样的事件几乎不会留下任何痕迹，顶多就是极少数的骨骼化石和石器，而且不论学术界如何竭力追问，它们仍然只会保持沉默。从这些对象里，我们可以知道当时人类的身体结构、科技、饮食，甚至是社会结构，但却看不出他们是否与相邻的智人部落结成政治联盟，是否有先人的灵魂保佑着这个部落，是否会偷偷将象牙珠送给当地的巫医，祈求神灵庇佑。

这幅沉默的帷幕就这样罩住了几万年的历史。在这些年间，可能有战争和革命，有灵性激昂的宗教运动，有深刻的哲学理论，有无与伦比的艺术杰作。采集者之中可能也出过像成吉思汗这种所向披靡的人物，不过统治的帝国还没有新加坡的面积大；或许也出过天才贝多芬，虽然没有交响乐团，却能用竹笛令人潸然泪下；又或许出了像穆罕默德一样的先知，不过传达的是当地某棵栎树的话，而不是什么全宇宙的造物主。不过，这些我们全部只能靠猜测。这幅沉默的帷幕如此厚重，我们连这些事情是否曾经发生都难以断定，遑论详细描述。

学者常常只会问那些他们在合理范围中能够回答的问题。如果我们无法发展出新的研究工具，可能就永远无法了解远古采集者究竟有什么信仰，或者他们曾经经历过怎样的政治。然而，我们必然需要问一些目前还没有解答的问题，否则就等于对人类 7 万年历史中的 6 万年视而不见，只以为“当时的人没做什么重要的事”。

但事实是，他们做了许多非常重要的事情。特别是他们还形塑了我们现在的世界，程度之大，出乎许多人意料。现在有探险家跋涉前往西伯利亚苔原、澳大利亚中部沙漠、亚马孙雨林，以为自己走进了一片从无人类踏足的原始环境，但这只是错觉。即使是最茂密的丛林、最荒凉的旷野，其实远古采集者都早已到过，而且让环境起了极大的变化。下一章就会提到，早在第一个农村形成之前，采集者是如何让地球的生态改头换面的。整个动物界从古至今，最重要也最具破坏性的力量，就是这群四处游荡、讲着故事的智人。

## 第四章
## 毁天灭地的人类洪水

在认知革命前，所有人类物种都只住在亚非大陆上。确实，他们也曾靠着游泳或者扎些简单的木筏，抵达少数的邻近岛屿。例如弗洛里斯岛，早在85万年前便已有人居住。但当时他们还没办法冒险前往远洋，没人到过美洲或澳大利亚，也没人到过像日本、中国台湾、马达加斯加、新西兰和夏威夷之类较远的岛屿。

海洋所阻绝的不只是人类，还有许多亚非大陆上的动植物都到不了这个“外面的世界”。因此，在像澳大利亚和马达加斯加这些远方的大陆和岛屿上，当地的生物群独自演化了数百万年，于是无论外形和天性都和它们的亚非远亲相当不同。起初，地球可分为几个不同的生态系统，各由独特的动植物组成，但这种情形即将因为智人而画下句号。

在认知革命之后，智人得到新的技术、组织能力甚至眼界，能够走出亚非大陆，前往外面的世界。他们的第一项重大成就，就是在大约45 000年前殖民澳大利亚。为解释这件事，专家学者煞费苦心。想到达澳大利亚，人类得跨过许多海峡，有些宽度超过100公里，而且抵达之后，他们还得几乎立刻适应当地的生态环境。

最合理的理论认为，大约45 000年前住在印度尼西亚群岛的智人发展出了第一个能够航海的人类社会（印度尼西亚群岛由亚洲大陆向外延伸，每个岛屿间只有狭窄的海峡相隔）。他们学会了如何建造及操纵能在海上航行的船只，开始前往远洋捕鱼、贸易、探险。这给人类的能力及生活形态带来了前所未有的变革。其他能够进到海里的哺乳类动物，都是经过长期演化发展出专门的器官和符合流体力学的身形，才能进到海里（如海豹、海牛、海豚等等）。然而，印度尼西亚的智人祖先就是在非洲草原上的猿类，既没有长出鳍，也没有像鲸鱼一样等着鼻孔一代一代慢慢移到头顶去，而是做出船来，并学习如何操纵。正是这些技能让他们能够移居澳大利亚。

确实，考古学家到现在还没找到45 000年前的筏、桨或者渔村（而且远古的印度尼西亚海岸线现在深深沉在100米的海面下，要寻找也十分困难）。但还是有些可靠的间接证据可以支持这种理论，其中之一就是在智人移居澳大利亚后的数千年间，智人还殖民到了澳大利亚北方许多独立的小岛上。其中像布卡岛（Buka）和马努斯岛（Manus），距离最近的陆地也要两百公里远。如果没有先进的船只、高明的航海技术，很难相信有人能够前往马努斯岛殖民。正如前面提到的，我们也有证据证明当时在新爱尔兰岛和新不列颠岛之间有定期的海洋贸易。[17] 新的航海技能并不只限于西南太平洋，大约在35 000年前就有人类抵达日本，而在大约30 000年前就有人抵达中国台湾。对这两者而言，殖民者都得越过广阔的海洋，而这在先前的几十万年间都还是不可能的任务。

在历史上，人类首次抵达澳大利亚绝对算是大事一件，重要性不亚于哥伦布抵达美洲或者阿波罗11号登上月球。这是人类第一次成功离开亚非大陆生态系统，也是第一次有大型陆生哺乳动物能够从亚非大陆抵达澳大利亚。更重要的是，这些人类先驱究竟在这片新世界做了什么。狩猎采集者首次登上澳大利亚海滩的那一刻，就正式在这片大陆登上食物链顶端，也从此成为地球史上最致命的生物物种。

在这之前，虽然人类有些创新的调整和作为，但他们对环境还没什么太大的影响。虽然他们能够迁移到各种不同地点，而且成功适应当地环境，但并不会大幅改变新的栖地环境。而这些前往澳大利亚的移居者（其实是征服者）所做的不只是适应当地环境，而是让整个澳大利亚生态系统发生了天翻地覆的变化。

人类首次登上澳大利亚沙滩，足迹随即被海浪冲走。但等到这些入侵者进到内陆，他们留下了另一种足迹，而且再也洗刷不去。他们推进的时候，仿佛进到奇特的新世界，满眼是从未见过的生物。有200公斤重、2米高的袋鼠，还有当时澳大利亚最大型的掠食者袋狮（marsupial lion），体型就像现代的老虎一样大。树上有当时大到不太可爱的无尾熊；平原上则有不会飞的鸟在奔驰，体型足足是鸵鸟的两倍；至于在灌木丛里，则有像恶龙般的蜥蜴和蛇，发出嘶嘶声地滑行；森林里则有巨大的双门齿兽（diprotodon）在游荡，外形就像袋熊，不过体重足足有两吨半。除了鸟类和爬行动物之外，澳大利亚当时所有的动物都是像袋鼠一样的有袋动物，会先生下幼小、无助、就像胚胎一样的年幼后代，再在腹部的育儿袋中哺乳照顾。有袋哺乳动物在非洲和亚洲几乎无人知晓，但它们在澳大利亚可是最高的统治阶级。

但不过几千年后，所有这些巨大的动物都已消失殆尽。在澳大利亚当时24种体重在50公斤以上的动物中，有23种都惨遭灭绝，[18]许多比较小的物种也从此消失。整个澳大利亚的生态系统食物链重新洗牌，这也是澳大利亚生态系统数百万年来最重大的一次转型。智人是不是罪魁祸首？

## 罪名成立

有些学者试着为人类脱罪，把这些物种灭绝的责任推给气候变迁（常常都是靠它来顶罪），但要说智人完全无辜实在令人难以置信。澳大利亚巨型动物灭绝，有三大证据显示气候很难成为借口，而人类难辞其咎。

第一点，虽然澳大利亚气候确实在45 000年前有一场改变，但规模幅度并不大。光是这样小小的气候变迁，我们实在很难相信能造成如此大规模的物种灭绝。我们现在常常把很多事情都推给气候，但事实是地球的气候从来不会静止，而是每分每刻不断变化，史上不管哪个事件，都多少会碰上一些气候变迁的情形。

特别是地球早就有过许多次的冷却和暖化循环。在过去百万年间，平均每10万年就有一次冰河期，上一次冰河期大约是75 000年前到15 000年前，而且并不是特别严重，两次高峰分别在大约70 000年前和20 000年前。然而，澳大利亚巨大的双门齿兽早在150多万年前便已出现，活过了至少10次的冰河期，甚至连70 000年前的那次冰河高峰期也安然无恙。但为什么到了45 000年前就突然灭种？当然，如果双门齿兽是当时唯一灭绝的大型动物，可能就纯粹是运气问题。然而，当时除了双门齿兽之外，全澳大利亚超过90%的巨型动物都从历史上消失。虽然我们只有间接证据，但要说这么凑巧，智人就这样在所有巨型动物都死于严寒的时候来到澳大利亚，实在很难令人信服。[19]

第二点，如果是气候变迁导致物种大灭绝，海洋生物受到的冲击通常不亚于陆地生物。然而，我们找不到任何证据显示在45 000年前海洋生物有显著的灭绝情形。但如果是因为人类的影响，就很容易解释为何这波灭种潮只席卷了澳大利亚陆地，而放过了附近的海洋。虽然人类的航海技术已经大幅提升，但人类毕竟主要还是生活在陆地上。

第三点，类似澳大利亚这种生物大灭绝的事情，在接下来的几千年还不断上演，而时间点都是在人类又再次移居外面世界的时候。这些情况，都证明智人罪证确凿。以新西兰的巨型动物为例，它们经历大约45 000年前的那场气候变迁，几乎丝毫未受影响，但等到人类一踏上新西兰，就遭到毁灭性的打击。大约在800年前，新西兰的第一批智人殖民者毛利人踏上这片土地。不过几个世纪，当地大多数巨型动物以及六成的鸟类物种都惨遭绝种的命运。

在北冰洋的弗兰格尔岛（Wrangel Island，位于西伯利亚海岸以北200公里），当地的长毛象也遭到同样的噩运。曾有几百万年的时间，长毛象的足迹踏遍几乎整个北半球，但随着智人从亚非大陆扩张到北美，它们的栖地就不断缩小。到了大约1万年前，全世界几乎已经再也没有长毛象，最后的栖地只剩下几个偏远的北极岛屿，其中以弗兰格尔岛最为蓬勃。长毛象在弗兰格尔岛又存活了数千年之久，直到大约 4000 年前突然灭绝。时间正值人类第一次抵达。

如果澳大利亚的物种灭绝只是单一事件，对于人类的无辜或许我们还能姑且信之。但翻开历史记录，智人看起来就是个生态的连环杀手。

* * *

最初移居澳大利亚的人手头上只有石器时代的技术，他们究竟是怎么搞出这场生态浩劫的？以下有三种解释，相映成趣。

第一种解释，在于大型动物（也就是澳大利亚物种灭绝的主要受害者）繁殖十分缓慢。不仅怀孕期很长、每次怀胎数少，而且两次怀孕之间相隔也久。因此，就算人类每几个月才猎杀一只双门齿兽，也可能让双门齿兽的死亡数高过出生数。于是不到几千年，就会看到最后一只双门齿兽孤单地死去，整个物种也就此灭绝。[20]

而且，虽然双门齿兽身形巨大，但要猎杀并非难事，原因就在于它们对于人类的袭击根本来不及防卫。各种人类物种在亚非大陆上潜伏演化了两百万年，不断磨炼狩猎技能，而且从大约 40 万年前便开始猎捕大型动物。在亚非大陆上的巨兽都已得到教训，懂得保持距离。所以等到最新一代的最高掠食者——智人出现在亚非大陆的时候，大型动物都已经懂得要避开长相类似的生物。相较之下，澳大利亚的巨型动物可以说完全没有时间学会赶快逃跑。毕竟人类看起来似乎不太危险，既没有又长又锋利的牙齿，也没有特别结实或敏捷的身体。而双门齿兽可是史上体型最大的有袋动物，所以它第一次看到这只长相弱不禁风的猿类，大概只会瞟上一眼，就继续回去嚼树叶了。对这些动物来说，需要靠演化才能学会惧怕人类，但时间根本不够，它们转眼便已灭绝。

第二种解释，认为智人抵达澳大利亚的时候已经掌握了火耕技术。于是，面对这样一个陌生而危险的环境，他们会刻意烧毁难以跨越的茂密灌木丛和森林，将地貌变为开阔的草原，以吸引更容易猎捕的猎物，适合人类的需求。于是，他们在短短几千年内就彻底改变了澳大利亚大部分地区的生态环境。

这种说法有植物化石记录作为佐证。在 45 000 年前，桉属植物在澳大利亚只是少数。但等到智人来到，就开创了桉属植物的黄金时代。因为桉属植物特别耐火，所以在其他树种烧得灰飞烟灭之后，就剩下它独霸天下。

这些植被变化之后，就会影响草食性动物，进而影响肉食性动物。例如以桉属尤加利叶为生的无尾熊，就随着桉属植物领域扩张，开心地边嚼边进到新的领地。但大多数其他动物可就大受打击。澳大利亚有许多食物链就此崩溃，其中比较脆弱的环节也因而灭绝。[21]

第三种解释，虽然也同意狩猎和火耕有显著影响，但强调还是不能忽视气候因素。大约在 45 000 年前袭击澳大利亚的气候变迁让整个生态系统失衡，变得特别脆弱。但毕竟这早有先例，所以在正常情况下，系统应该还能慢慢适应恢复。但人类就是出现在这节骨眼儿上，于是将这个已经脆弱的生态系统推进了无底深渊。而对于大型动物来说，气候变迁加上人类狩猎可以说如同四面楚歌，令它们难以抵挡。一下面对如此多重的威胁，很难找出真正良好的生存之道。

如果没有进一步的证据，我们很难说究竟这三种解释哪个更有道理。但就是有充分的好理由让我们相信，如果智人没去到澳大利亚，现在我们就还能看到袋狮、双门齿兽还有巨型袋鼠在这片大陆上悠游自在。

### 地懒的绝灭

澳大利亚巨型动物群的灭绝，可能正是智人留在地球上的第一个明显标志。而之后在美洲又有一场更大的生态灾难。在所有人类物种里，只有智人踏上了西半球的土地，时间大概是在 16 000 年前，也就是大约公元前 14 000 年。智人最早是步行抵达美洲，因为当时海平面较低，从西伯利亚东北还有陆地与阿拉斯加的西北相连。但这段路也没听起来这么简单，一路艰难重重，并不比跨海抵达澳大利亚来得容易。在这一路上，首先得学会如何抵御西伯利亚北部的酷寒，这里的冬季是永夜，温度可以降到 –50℃。

在这之前，从来没有人类物种能够通过西伯利亚北部这种地方。即使是能够抗寒的尼安德特人，也还是待在南边比较温暖的地区。但对智人来说，虽然他们的身体习惯的是非洲的大草原，而不是冰雪世界的极地，但他们却能想出巧妙的解决办法。智人的采集部落四处迁徙，来到较冷的地区就学会了做雪鞋，也学会用针把兽皮和兽毛层层缝紧，成为保暖衣物。他们发明了新型武器和高明的狩猎技巧，让他们能够追踪、猎杀在遥远北方的长毛象和其他大型动物。由于有了保暖衣物，狩猎技巧也有改进，智人就越来越勇于冒险，深入冰冻的区域。随着他们逐渐北迁，衣物、狩猎策略和其他生存技能也不断提升。

但他们究竟为什么要这么麻烦，自愿把自己放逐到西伯利亚？对某些部落来说，或许是因为战争、人口压力或自然灾害，迫使他们北移。但向北走也不是全无好处，能取得动物蛋白便是其一。北极的土地到处都是大型而肥美的动物，如驯鹿和长毛象。每只长毛象都能提供大量的鲜肉（而且因为当地温度低，甚至可以将鲜肉冰冻留待日后食用）、美味的脂肪、温暖的毛皮，还有宝贵的象牙。对于松希尔的调查结果发现，长毛象猎人可不是在极地苟延残喘，而是过得意气风发、舒适惬意。随着时间过去，这些部落开枝散叶、不断扩张，继续追逐着长毛象、乳齿象、犀牛和驯鹿。大约在公元前 14 000 年，有些部落就这样从西伯利亚东北来到了阿拉斯加。当然，他们并不知道自己发现了一片新世界。不论对于长毛象还是对人类来说，阿拉斯加不过就是西伯利亚的自然延伸罢了。

一开始，阿拉斯加和美洲其他地区被冰河隔开，可能顶多只有一两个独立的探险者曾经到过更南边的土地。但到了大约公元前 12 000 年，全球暖化融冰，出现了一条比较容易通过的通道。借由这个新的通道，人类大举南迁，走向整片大陆。虽然他们一开始习惯的是在极地狩猎大型猎物，但他们很快就适应了许许多多不同的气候和生态系统。这些来自西伯利亚的后裔定居到现在的美国东部、密西西比河三角洲的沼泽、墨西哥沙漠，还有中美洲的热带丛林。有些人到了亚马孙河流域落地生根，也有的定居在安第斯山谷，或阿根廷开阔的彭巴斯大草原。而且，这一切不过是短短一两千年间的事！等到公元前 10 000 年，人类已经来到了美洲大陆最南端的火地岛，他们能在美洲这样如同闪电战一般横行无阻，正证明了智人已有无与伦比的聪明才智和适应能力。在这之前，没有任何其他动物能够在基因几乎毫无改变的情况下，这样快速地迁移到如此大不相同的环境当中。[22]

来到美洲的智人，绝非什么善男信女，他们造成了血流成河的景象，受害者多不胜数。在 14 000 年前，美洲的动物物种远比今天丰富。智人首次从阿拉斯加南下，来到加拿大的平原和美国西部时，除了会遇上长毛象和乳齿象，还会有像熊一样大小的啮齿动物，一群又一群的马和骆驼，巨型的狮子，还有其他数十种类似的巨型动物，但现在都已全部绝迹，其中有可怕的剑齿虎，还有重达 8 吨、高达 6 米的巨型地懒。至于南美更令人目不暇接，各种大型哺乳动物、爬行动物和鸟类，让人仿佛置身于奇特非常的动物园。整个美洲曾经就像是个演化的巨大实验室，各种在亚非大陆上未曾得见的动植物都在此繁衍茁壮。

可惜好景不再。智人抵达后不过两千年的时间，大多数这些独特的物种就全部惨遭毒手。根据目前的估计，北美原本有足足 47 属的各类大型哺乳动物，但就在这短短的时间里，其中 34 属已经消失；南美更是在 60 属之中失去了 50 属。比如剑齿虎，原本活跃了超过 3000 万年，却几乎在瞬间灭绝，其他像巨型地懒、巨型狮子、美洲的本土马和本土骆驼、巨型啮齿动物和长毛象，也都未能幸免。另外，还有成千上万的小型哺乳动物、爬行动物、鸟类，甚至昆虫和寄生虫，也同样惨遭灭绝（在长毛象绝种之后，各个物种的长毛象蜱自然只能共赴黄泉）。

几十年来，古生物学家和动物考古学家（研究动物遗骨的学者）在全美洲平原和山区四处探访，寻找远古骆驼的骨骼化石和巨型地懒的粪便化石等等。每当有发现，这些珍贵的宝物就会经过仔细包装送至实验室，仔细研究每一根骨头、每一块粪化石（coprolite，没想到这也有专有名词吧）。一次又一次，这些分析都指向相同的结果：与目前年代最接近的粪球或骆驼骨骼，大概就是人类如洪水般席卷美洲那段期间，也就是大约公元前 12 000 年到公元前 9000 年。只有在唯一一个地方，科学家还能找到更晚近的粪球：在加勒比海的几个岛上，特别是古巴岛和伊斯帕尼奥拉岛，有些地懒的粪便约是公元前 5000 年的。但这也正是人类第一次成功越过加勒比海抵达这两座大岛的时间。

同样，有些学者还是试着为智人找借口，认为这一切都是气候变迁所造成（但他们就得好好解释，是什么神秘的原因，才让整个西半球气候暖化的时候，加勒比海群岛的气候却能硬生生再稳定了 7000 年）。然而就美洲而言，这可说是铁证如山。我们人类就是罪魁祸首，这点绝对无法回避。就算气候变迁也助纣为虐，但人类无疑是整起案件的主谋。[23]

## 诺亚方舟

如果我们把在澳大利亚和美洲发生的生物大灭绝合起来计算，再加入智人在亚非大陆上扩张时所造成的小规模物种灭绝（比如其他人类物种的绝迹），还有远古采集者来到偏远岛屿（如古巴）带来的物种灭绝，可能的结论只有一个：智人的第一波殖民正是整个动物界最大也最快速的一场生态浩劫。其中受创最深的是那些大型、毛茸茸的动物。在认知革命发生的时候，地球上大约有 200 属体重超过 50 公斤的大型陆生哺乳动物。而等到农业革命的时候，只剩下大约 100 属。换句话说，甚至远在人类发明轮子、文字和铁器之前，智人就已经让全球大约一半的大型兽类魂归西天、就此灭绝。

而在农业革命之后，这种生态浩劫还要经过无数次小规模再次重演。在一座又一座岛屿上发掘的考古证据，都看到同一出悲剧一再上演。在这出剧的第一幕，充满着丰富多样的大型动物族群，而没有任何人类的足迹。第二幕，我们看到一具人骨、一个矛头或一片陶片，告诉我们智人来到此地。剧情很快来到第三幕，舞台中心只剩下人类的男男女女，而多数的大型动物以及许多小型动物，都已经黯然退场。

距离东非大陆约 400 公里有一个大岛：马达加斯加。这里有一个著名的例子。岛上的物种经过数百万年的隔离，展现出独一无二的风貌，例如象鸟，高 3 米、重约半吨而无法飞翔，这是全球最大的鸟类，另外还有巨狐猴，这是全球最大的灵长类动物。但在大约 1500 年前，象鸟、巨狐猴以及马达加斯加岛上多数的大型动物都突然消失，而这正是人类第一次踏上马达加斯加的时间。

在太平洋，大约在公元前 1500 年开始了一波物种灭绝的浪潮，当时源自中国台湾的波利尼西亚农民开始移居到所罗门群岛、斐济和新喀里多尼亚，直接或间接造成数以百计的鸟类、昆虫、蜗牛和其他当地物种的灭绝。自此，这股生物灭绝的浪潮又逐渐向东、向南、向北席卷，侵入太平洋的心脏地带，种种特殊的动物群惨遭毒手，受害地区包括萨摩亚和东加（公元前 1200 年）、马奎萨斯群岛（公元 1 年）、复活节岛、库克群岛、夏威夷（公元 500 年），最后来到新西兰（公元 1200 年）。

在大西洋、印度洋、北冰洋和地中海星罗棋布的数千座岛屿几乎无一幸免，都惨遭类似的生态浩劫。甚至在最小的岛屿上，考古学家都发现曾有鸟类、昆虫和蜗牛在那生活无数世代，但在人类第一次出现后便就此消失。只有极少数极度偏远的岛屿，直到现代才被人类发现，于是岛上的动物群还能幸存。其中一个有名的例子就是加拉巴哥群岛（Galapagos Islands），在 19 世纪前仍无人居住，因而保持了独特的动物群，比如岛上的巨龟也像古代的双门齿兽一样，对人类毫无畏惧。

第一波的灭绝浪潮是由于采集者的扩张，接着第二波灭绝浪潮则是因为农民的扩张；这些教训，让我们得以从一个重要观点来看今日的第三波灭绝浪潮：由工业活动所造成的物种灭绝。有些环保人士声称我们的祖先总是和自然和谐相处，但可别真的这么相信。早在工业革命之前，智人就是造成最多动植物绝种的元凶。人类可以说坐上了生物学有史以来最致命物种的宝座。

或许，如果有更多人了解了第一波和第二波物种灭绝浪潮，就不会对现在自身所处的第三波浪潮如此漠不关心。如果我们知道自己已经害死了多少物种，就会更积极保护那些现在还幸存的物种。这一点对于海洋中的大型生物来说更是如此。与陆地上的大型动物相比，大型海洋生物受到认知革命和农业革命的影响相对较小。然而，因为工业污染和滥用海洋资源，许多海洋生物都已经濒临绝种。事情再这样发展下去，很快鲸鱼、鲨鱼、鲔鱼和海豚也会走上和双门齿兽、地懒、长毛象一样灭绝的道路。对全世界上所有的大型动物来说，这场人类洪水的唯一幸存者可能只剩下人类自己，还有其他登上诺亚方舟但只作为人类盘中佳肴的家禽家畜。

# 第二部分
# 农业革命

图 9　大约 3500 年前的埃及墓穴壁画，描绘典型的农业景象。

# 第五章
# 史上最大骗局

人类曾有长达250万年的时间靠采集及狩猎为生，并不会特别干预动植物的生长情形。直立人、匠人以及尼安德特人都会采集野无花果、猎捕野绵羊，但不会去管究竟无花果树该长在哪儿，羊该在哪片草地吃草，又或者哪只公羊该跟母羊交配。虽然智人从东非来到中东、欧洲、亚洲，最后到了澳大利亚和美洲，但不管他们到了什么地方，仍然就是靠野生的动植物为生。毕竟，如果现在的生活方式就吃得饱，社会结构、宗教信仰、政治情况也都稳定多元，何必自找麻烦改来改去?

这一切在大约1万年前全然改观，人类开始投入几乎全部的心力，操纵着几种动植物的生命。从日升到日落，人类忙着播种、浇水、除草、牧羊，一心以为这样就能得到更多的水果、谷物和肉类。这是一场关于人类生活方式的革命：农业革命。

从采集走向农业的转变，始于大约公元前9500年至公元前8500年，发源于土耳其东南部、伊朗西部和地中海东部的丘陵地带。这场改变一开始速度缓慢，地区也有限。小麦与山羊驯化成为农作物和家畜的时间大约是在公元前9000年，豌豆和小扁豆约在公元前8000年，橄榄树在公元前5000年，马在公元前4000年，葡萄则是在公元前3500年。至于骆驼和腰果等其他动植物驯化的时间还要更晚，但不论如何，到了公元前3500年，主要一波驯化的热潮已经结束。即使到了今天，虽然人类有着种种先进科技，但食物热量超过90%的来源仍然是来自人类祖先在公元前9500年到公元前3500年间驯化的植物：小麦、稻米、玉米、马铃薯、小米和大麦。在过去2000年间，人类并没有驯化什么特别值得一提的动植物。可以说，人到现代还有着远古狩猎采集者的心，以及远古农民的胃。

学者曾经以为农业就是起源于中东，再传布到全球各地，但现在则认为农业是同时间在各地独自发展而开花结果，而不是由中东的农民传到世界各地。中美洲人驯化了玉米和豆类，但不知道中东人种了小麦和豌豆。南美人学会如何栽培马铃薯和驯养羊驼，但也不知道在墨西哥或地中海东部又发生了什么事。中国最早驯化的是稻米、小米和猪。北美最早的农夫，也是因为懒得再在树丛里四处寻找南瓜，决定干脆自己种。新几内亚驯化了甘蔗和香蕉，西非农民也驯化了小米、非洲稻、高粱和小麦。就从这些最早的出发点，农业开始往四方远播。到公元1世纪，全球大多数地区的绝大多数人口都从事农业。

为什么农业革命发生在中东、中国和中美洲，而不是澳大利亚、阿拉斯加或南非？原因很简单：大部分的动植物其实无法驯化。虽然智人能挖出美味的松露、猎杀毛茸茸的长毛象，但真菌太难捉摸，巨兽又太过凶猛，于是想自己种或自己养真是难上加难。在我们远古祖先所狩猎采集的成千上万物种中，适合农牧的只有极少数几种。这几种物种只生长在特定的地方，而这些地方也正是农业革命的起源地。

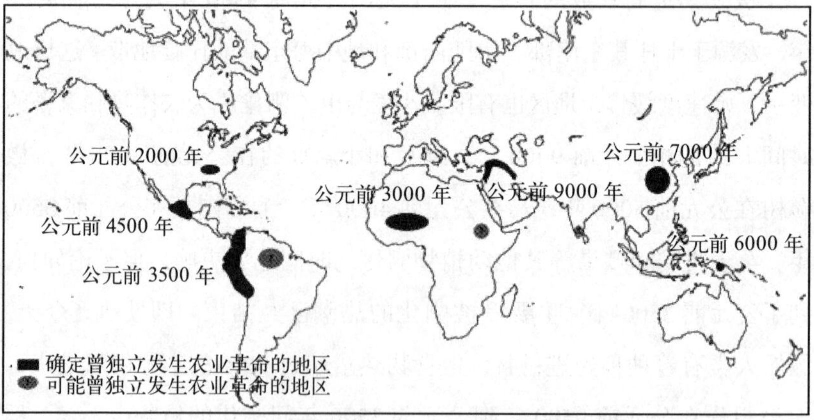


地图2　农业革命的时间和地点。这项资料尚未定案，地图也不断依最新的考古发现更新中。[24]

* * *

学者曾宣称农业革命是人类的大跃进，是由人类脑力所推动的进步故事。他们说演化让人越来越聪明，解开了大自然的秘密，于是能够驯化绵羊、种植小麦。等到这件事发生，人类就开开心心地放弃了狩猎采集的艰苦、危险、简陋，安定下来，享受农民愉快而饱足的生活。

这个故事只是幻想，并没有任何证据显示人类越来越聪明。早在农业革命之前，采集者就已经对大自然的秘密了然于胸，毕竟为了活命，他们不得不非常了解自己所猎杀的动物、所采集的食物。农业革命所带来的非但不是轻松生活的新时代，反而让农民过着比采集者更辛苦、更不满足的生活。狩猎采集者的生活其实更为丰富多变，也比较少会碰上饥饿和疾病的威胁。确实，农业革命让人类的食物总量增加，但量的增加并不代表吃得更好、过得更悠闲，反而只是造成人口爆炸，而且产生一群养尊处优、娇生惯养的精英分子。普遍来说，农民的工作要比采集者更辛苦，而且到头来的饮食还要更糟。农业革命可说是史上最大的一桩骗局。

谁该负责？这背后的主谋，既不是国王，不是牧师，也不是商人。真正的主要嫌疑人，就是那极少数的植物物种，其中包括小麦、稻米和马铃薯。人类以为自己驯化了植物，但其实是植物驯化了智人。

如果我们用小麦的观点来看看农业革命这件事，在1万年前，小麦也不过就是许多野草当中的一种，只出现在中东一个很小的地区。但就在短短1000年内，小麦突然就传遍了世界各地。生存和繁衍正是最基本的演化标准，而根据这个标准，小麦可以说是地球史上最成功的植物。以北美大平原为例，1万年前完全没有小麦的身影，但现在却有大片麦田波浪起伏，几百公里内完全没有其他植物。小麦在全球总共占据大约225万平方公里的地表面积，快有英国的10倍大小。究竟，这种野草是怎么从无足轻重变成无所不在？

小麦的秘诀就在于操纵智人、为其所用。智人这种猿类，原本靠着狩猎和采集过着颇为舒适的生活，直到大约1万年前，才开始投入越来越多的精力来培育小麦。而在接下来的几千年间，全球许多地方的人类都开始种起小麦，从早到晚只忙这件事就已经焦头烂额。种小麦可不容易，照顾起来处处麻烦。第一，小麦不喜欢大小石头，所以智人得把田地里的石头捡干净搬出去，搞得腰酸背痛。第二，小麦不喜欢与其他植物分享空间、水和养分，所以我们看到男男女女整天在烈日下除草。第三，小麦会得病，所以智人得帮忙驱虫防病。第四，不论是蝗虫还是兔子，都不排斥饱尝一顿小麦大餐，但小麦完全无力抵抗，所以农民又不得不守卫保护。最后，小麦会渴，所以人类得从涌泉或溪流大老远把水引来，为它止渴；小麦也会饿，所以智人甚至得收集动物粪便，用来滋养小麦生长的土地。

智人的身体演化目的并不是为了从事这些活动，我们适应的活动是爬爬果树、追追瞪羚，而不是弯腰清石块、努力挑水桶。于是，人类的脊椎、膝盖、脖子和脚底就得付出代价。研究古代骨骼发现，人类进到农业时代后出现了大量疾病，例如椎间盘突出、关节炎和疝气。此外，新的农业活动得花上大把时间，人类就只能被迫永久定居在麦田旁边。这彻底改变了人类的生活方式。其实不是我们驯化了小麦，而是小麦驯化了我们。“驯化”（domesticate）一词来自拉丁文“domus”，意思就是“房子”。但现在关在房子里的可不是小麦，而是智人。

小麦究竟做了什么，才让智人放弃了本来很不错的生活，换成另一种悲惨的生活方式？它提供了什么报酬？就智人的饮食来说，其实并没有更好。别忘了，人类原本就是种杂食的猿类，吃的是各式各样的食物。在农业革命之前，谷物不过是人类饮食的一小部分罢了。而且，以谷物为主的食物不仅矿物质和维生素含量不足、难以消化，还对牙齿和牙龈大大有害。

而就民生经济而言，小麦也并未带来经济安全。比起狩猎采集者，农民的生活其实比较没保障。采集者有几十种不同的食物能够为生，就算没有存粮，遇到荒年也不用担心饿死。即使某物种数量减少，只要其他物种多采一点、多猎一些，就能补足所需的量。然而，直到最近，农业社会绝大多数饮食靠的还是寥寥无几的少数几种农业作物，很多地区甚至只有一种主食，例如小麦、马铃薯或稻米。所以，如果缺水、来了蝗灾或者暴发真菌感染，贫农死亡人数甚至有可能达到百万。

再就人类暴力而言，小麦也没办法提供人身安全。农业时代早期的农民，性格并不见得比过去的采集者温和，甚至还可能更暴力。毕竟现在他们的个人财产变多，而且还需要土地才能耕作。如果被附近的人抢了土地，就可能从温饱的天堂掉进饥饿的地狱，所以在土地这件事上几乎没有妥协的余地。过去，如果采集者的部落遇到比较强的对手，只要撤退搬家就能解决。虽然说有些困难和危险，但至少是个可行的选项。但如果是农民遇到了强敌，撤退就代表着得放弃田地、房屋和存粮。很多时候这几乎就注定了饿死一途。因此，农民倾向于留下来死守田地，奋战到底。

许多人类学和考古研究显示，在只有基本的村庄和部落政治结构的农业社会中，人类暴力行为造成总死亡数的 15%，而在男性之间则是 25%。现在的新几内亚还有达尼（Dani）和恩加（Enga）两个农业部落社会，暴力造成男性死亡所占百分率分别是 30% 和 35%。而在厄瓜多尔的瓦拉尼人（Waorani），成年人甚至约有 50% 会死在另一个人的暴力行为之下！[25] 慢慢地，人类发展出进阶的社会结构，如城市、王国、国家，于是人类的暴力也得到了控制。不过，这样庞大而有效的政治结构可是足足花了数千年，才终于建立起来。

当然，农村生活确实为第一代农民带来了一些直接的利益，比如比较不需要担心野兽袭击、风吹雨淋，但对一般人来说，可能其实弊大于利。现代社会繁荣富庶，可能我们很难理解弊处何在，毕竟这一切的富裕和安全都是建立在农业革命之上，所以我们也就觉得农业革命真是个美妙的进步。然而，我们不能光用今天的观点来看这几千年的历史。一个更具代表性的观点，可能是1世纪中国汉代某个女孩因为家里的农作物歉收而饿死。她会不会说“虽然我饿死了，但我知道在两千多年后，人类能够吃喝不尽，住在有空调的豪宅里，所以我的牺牲也都值得了”？

对于那个营养不良的中国汉代女孩或者所有农民来说，小麦究竟给了他们什么？对于个人来说，小麦根本算不上给了什么。但对于智人这个物种整体来说，小麦的影响就十分深远。种植小麦，每单位土地就能提供更多食物，于是智人的数量也呈指数成长。大约在公元前13 000年，人类还靠采集和狩猎为生的时候，巴勒斯坦的杰里科（Jericho）绿洲一带，大概可以养活一个有百名成员的采集部落，而且人们相对健康、营养充足。到了大约公元前8500年，野生植物的荒野成了片片麦田，这片绿洲这时养活了约有千人的农村，但人口密度也因此增大，而且成员染病及营养不良的情形要比过去严重太多。

如果要衡量某种物种演化成功与否，评断标准就在于世界上其DNA螺旋的拷贝数的多寡。这很类似于货币的概念，就像今天如果要说某家公司行不行，我们看的是它的市值有多少钱，而不是它的员工开不开心；物种的演化成功，看的就是这个物种DNA拷贝数在世界上的多寡。如果世界上不再有某物种的DNA拷贝，就代表该物种已经绝种，也等于公司没有钱而宣告倒闭。而如果某个物种还有许多个体带着它的DNA拷贝存在于这个世上，就代表着这个物种演化成功、欣欣向荣。从这种角度看来，1000份DNA拷贝永远都强过100份。这正是农业革命真正的本质：让更多的人以更糟的状况活下去。

但是，身为个人，为什么要管这种演化问题？如果有人说，为了“增加智人基因组在世界上的拷贝数”，希望你降低自己的生活水平，你会同意吗？没有人会同意这笔交易。简单说来，农业革命就是一个陷阱。

## 奢侈生活的陷阱

农业的兴起并非一夜之间，而是历时数百数千年的缓慢过程。过去，智人部落的生活就是采集蘑菇和坚果、猎捕野鹿和野兔，他们不可能一下子就决定定居、不再搬迁，而开始耕田、种小麦、从河里挑水。这种改变分阶段进行，每次只是改变日常生活中的一小部分。

在大约 7 万年前，智人到达了中东。而在接下来的 5 万年间，智人在没有农业的情况下也能顺利繁衍。光是当地的天然资源，就足以养活这些人口。资源多的时候，孩子就多生几个；资源少了，就少生几个。人类就像许多哺乳动物一样，自然有激素和遗传机制来控制生育数。营养充足的时候，女性比较早进入青春期，成功怀孕的概率也比较高。而在土地贫瘠、营养不足的时候，女性进入青春期要来得晚，生育能力也下降。

人口管制除了以上这些自然机制之外，还有文化机制。对于四处迁移的采集者来说，婴儿和幼童行动迟缓、需要额外照顾，会造成负担。所以，当时每个子女至少会相隔三或四岁。而女性能控制这点的方式，靠的就是一天 24 小时都待在孩子旁边照顾着，直到孩子大一点为止（毕竟没多久就得哺乳一次，男人想来干些什么也不太方便，于是可以大幅减少怀孕的机会）。至于其他方法，还包括完全或部分禁欲（有些还用文化禁忌来支持这种做法）、人工流产，偶尔还有杀婴。[26]

在这漫长的数千年间，人类偶尔会吃吃小麦，但绝非以它为主食。而在大约 18 000 年前，最后一个冰河时代结束，全球气候变暖。随着气温上升，降雨也增多。在中东，这种新气候非常适合小麦和其他谷物生长，于是这些作物也繁衍蓬勃。人类的小麦食用量开始增加，并且在不经意间助长了小麦的生长。当时采集到野生谷类，必须先筛一筛、磨一磨，再煮过之后才能食用；正因如此，人类采集这些谷物之后，要带回他们居住的临时地点来处理。小麦种子粒小而多，在送回部落的途中必然会有一些掉到地上。慢慢地，人类最常走的路径附近或者居住营地的周围也就长起了越来越多的小麦。

甚至，人类放火烧毁森林和灌木丛的时候，等于帮了小麦一把。大火清掉了树木和灌木，于是小麦和其他草类就能独占阳光、水和养分。在小麦生长特别茂盛的地方，猎物和其他食物来源也丰富，于是人类部落逐渐能够放弃四处流浪的生活方式，在某地住上一个季节，甚至就形成永久聚落。

一开始，他们可能待上大约 4 个星期来收获小麦。等到过了一个世代，小麦数量和面积大增，于是他们得待上 5 个星期，接着就是 6 个星期、7 个星期，最后终于形成永久的村落。在整个中东地区，都能够发现这种定居下来的证据，特别是在黎凡特地区（Levant，指地中海东部沿岸及岛屿）更是常见。从公元前 12 500 年到公元前 9500 年，黎凡特曾有十分兴盛的纳图芬（Natufian）文化，纳图芬人属于狩猎采集者，以数十种野生物种为生，但永久定居在村落里，大部分的时间都在辛勤采集、研磨各种野生谷物。他们会盖起石造的房舍和谷仓，储存粮食以备不时之需，还会发明新的工具，比如发明石镰刀收割野生小麦，再发明石杵和石臼来加以研磨。

而在公元前 9500 年之后，纳图芬人的后代除了继续采集和研磨谷物，还开始以越来越精细的手法来培养种植。采集野生谷物的时候，他们会小心留下一部分，作为下一季播种之用。他们也发现，播种的时候如果把种子深深埋到地下，而不是随便撒在地面，效果会好很多。于是，他们开始犁地整地，也一步步开始除草、防虫、浇水、施肥。随着越来越多的心力时间都用来种谷物，采集和狩猎的时间也就被挤压。于是，采集者逐渐变成了农民。

然而，从采集的野生小麦变成种植驯化的小麦之间并没有一个特定的分界点，所以很难断定人类究竟是什么时候进入了农业时代。但是，到了公元前 8500 年，中东已经四处散布着像杰里科这种永久村落，村民大部分的时间就是种植培育着少数几种驯化后的物种。

随着人类开始住进永久村落、粮食供给增加，人口也开始增长。放弃过去流浪的生活之后，女性也可以每年都生孩子了。而这时婴儿也较早断奶，而以粥来代替。毕竟田里需要人手，妈妈得赶快回到农活。然而，人口一多，就耗去了原本的粮食剩余，于是耕种面积又得加大。这时，因为人类开始定居在易有疾病肆虐的聚落，孩子吃母乳的比率越来越少，吃谷类则越来越多，再加上共享这些粥的兄弟姐妹也越来越多，让儿童死亡率一路飙升。在大多数的远古农业社会里，至少 1/3 的儿童无法长到 20 岁成人。[27] 然而，人口出生的速度仍然大于死亡速度，人类养育子女的数字也居高不下。

随着时间过去，种麦子这个原本看来划算的选择，变成越来越沉重的负担。儿童大批死亡，而成人也得忙得满头大汗，才能换得面包。公元前 8500 年杰里科人过的生活，平均来说要比公元前 9500 年或公元前 13 000 年更为辛苦。但没有人意识到究竟发生了什么事。每一代人都只是继续着上一代人的生活方式，在这里修一点，那里改一些。但矛盾的是，一连串为了让生活更轻松的“进步”，最后却像是在这些农民的身上加了一道又一道沉重的枷锁。

为什么人类会犯下如此致命的误判？其实人类在历史上一直不断重蹈覆辙，道理都相同：因为我们无法真正了解各种决定最后的结果。每次人类决定多做一点事（比如用锄头来耕地，而不是直接把种子撒在地上），我们总是想：“没错，这样是得多做点事。不过收成会好得多！就再也不用担心荒年的问题了。孩子也永远不用挨饿入睡。”确实这也有道理。工作努力辛苦一些，生活也就能过得好一点。不过，这只是理想的状况。

计划的第一部分进行得很顺利，人们确实工作得更努力也更辛苦。但大家没想到孩子的数量也多了，于是多出的小麦也就有更多小孩要分。这些远古的农民也没想到，母乳喂得少了，粥喂得多了，就会让孩子的免疫系统下降，而且永久聚落也成了疾病传染的温床。他们也没有预见到，由于增加了对单一食物来源的依赖，实际上他们使自己更容易受到旱灾的威胁。这些农民还没想到，丰收年他们粮仓满满，却会引来盗贼和敌人，迫使他们得筑起高墙、严加警戒。

这样一来，发现苗头不对，为什么他们不赶快放弃农耕，回到采集生活？部分原因在于，所有改变都必须点点滴滴累积，经过许多代的时间，才能够改变社会；等到那个时候，已经没有人记得过去曾经有不同的生活方式可选了。另一部分，是因为人口增长就像是破釜沉舟。一旦采用农耕之后，村落的人口从100人增加到110人，难道会有10个人自愿挨饿，好让其他人可以回到过去的美好时光？这已经再无回头路。人类发现时，已经深陷陷阱、无法自拔。

于是，种种想让生活变得轻松的努力，反而给人带来无穷的麻烦；而且这可不是史上的最后一次。就算今天，仍然如此。有多少年轻的大学毕业生投身大企业、从事各种劳心劳力的工作，发誓要努力赚钱，好在35岁就退休，去从事他们真正有兴趣的事业？但等他们到了35岁，却发现自己背着巨额贷款，要付子女的学费，要养在高级住宅区的豪宅，每家得有两部车，而且觉得生活里不能没有高级红酒和去国外的假期。他们该怎么做？他们会放下一切，回去野外采果子挖树根吗？当然不可能，而是加倍努力，继续把自己累得半死。

奢侈品史上常有这样的情况，就是原本的奢侈品往往最后会成为必需品，而且带来新的义务。等到习惯某种奢侈品，就开始认为这是天经地义。接着就是一种依赖。最后，生活中就再也不能没有这种奢侈品了。让我们用现代大家都熟悉的例子来解释。在过去的几十年里，我们有许多本该会让生活轻松省时又如意的发明，例如洗衣机、吸尘器、洗碗机、电话、手机、计算机、电子邮件等等。在以前，寄信是件麻烦事，得亲手动笔、写信封、贴邮票，还得再走到邮筒那里去寄。想得到回信，可能得等上几天、几星期，甚至是几个月。至于现在，我可以随手就寄一封电子邮件，传送到地球的另一边，而且如果收件人在线，可能只要一分钟就能收到回信了。我确实省下了所有麻烦和时间，但生活真的更轻松了吗？

可惜事与愿违。在传统信件的年代，我们通常只有最重要、不得不联络的事才会写信。写起信来也不是想起什么就写什么，而是字斟句酌、考虑再三。而且，通常对方的回信也会同样慎重。对大多数人来说，每个月来来去去的信顶多就是几封，也不会有人急于立刻回复。但在今天，我每天都会收到几十封电子邮件，而且所有人都希望你立刻响应。我们以为自己省下了时间；然而，我们其实是把生活的步调加速成过去的 10 倍，于是我们整天忙忙碌碌、焦躁不安。

三不五时，总有些反对提高机械化和自动化的勒德分子（Luddite）坚持不用电子邮件，就像几千年前，也有某些人类部落拒绝农业，所以躲过了奢侈生活的陷阱。然而，农业革命要成功，并不需要某个地区的所有部落都无异议通过。一切都只从“一个部落”开始。不论是在中东还是中美洲，只要有一个部落定居下来、开始耕作，走向农业的趋势就已经无法抗拒。由于农业可促成人口迅速增长，通常农业部落光靠人数就已经大胜采集部落。这时，采集部落只剩两种选择，第一是逃跑，放任自己的猎场成为农场和牧场；第二就是拿起锄头，自己加入农业的行列。无论哪种选择，都代表旧的生活方式注定将要凋零。

这个关于奢侈生活陷阱的故事，告诉我们一个重要的教训。人类一心追求更轻松的生活，于是释放出一股巨大的力量，改变了世界的面貌，但结果并没有任何人料想得到，甚至也不是任何人所乐见的。并没有人在背后操纵农业革命发生，或者意图让人依赖谷类为生。一开始只是各种小事，主要就是希望吃饱一点、生活安全一点，但最后累积引起的效应，就是让远古的采集者开始花上整天的时间，在烈日之下挑水务农。

## 神圣的干预

以上这种说法认为农业革命就是判断错误的结果，这确实有可能，毕竟历史上满是错得更离谱的例子。不过也还有另一种可能性：或许我们远古祖先的出发点并不是为了要让生活轻松点？或许智人是有其他的目标，所以自愿过得辛苦一点，好实现这些目标？

讲到历史发展，科学家常常会归咎于某些冷冰冰的经济和人口因素，毕竟这和他们理性、数学的思考方法比较合拍。但讲到现代历史的时候，因为有大量的书面证据，所以学者不得不考虑非物质的因素，例如意识形态和文化。像我们有足够的文件、书信、回忆录，证明第二次世界大战的原因并非粮食短缺或人口压力。然而，像纳图芬文化并未留下任何文献档案，所以讲到远古时代，唯物主义学派说话总是比较大声。对于这些文字出现前的时代，就算我们认为这些人行事的原因是出于信仰而非经济所需，实在也很难证明。

然而，我们很幸运地在极少数的案例中找到极有力的线索。1995年，考古学家开始挖掘位于土耳其东南部的哥贝克力石阵（Göbekli Tepe）。在这最古老的地层里，他们找到的不是聚落、房舍或日常活动的迹象，而是雄伟的石柱结构，它们雕饰华美、令人惊叹。这里每根石柱重达 7 吨、高 5 米。在附近的一个采石场，甚至还发现了一根尚未完工的石柱，重达 50 吨。全部加起来，总共有十多个遗迹结构，规模最

图 10　左：哥贝克力石阵的巨大遗迹结构。右：其中一根雕刻石柱（高约 5 米）。

大的宽度近 30 米。

全球各地都有这样令人惊叹的遗迹结构，最著名的是英国的巨石阵（Stonehenge），但哥贝克力石阵有一点特别惊人。英国巨石阵的年代约是公元前 2500 年，是由一个已经相当发达的农业社会所建造。但哥贝克力石阵的年代约是公元前 9500 年，所有证据都显示，它是由狩猎采集者建造而成。一开始，考古学界觉得这简直是天方夜谭，但经过一次又一次检视之后，无论是这个结构的年代，还是建造者尚未进入农耕社会，都是毋庸置疑的。看起来，过去我们对于远古采集者的能力和他们文化的复杂程度，都是严重低估。

为什么采集社会想兴建这样的结构？这种结构看来并没有什么实质用途，既不是大型屠宰场，也没办法用来避雨或躲狮子。所以，我们只能推论这是为了某种神秘的文化目的，而考古学家到现在也还在为此伤脑筋。不论用途为何，都能肯定采集者愿意为它花上大把的时间和精力。想要盖起哥贝克力石阵，必然需要集合数千位来自不同部落的采集者，长时间通力合作才能完成。而如果背后没有成熟的宗教或意识形态系统，就万万不可能做到。

哥贝克力石阵还有另一个耸人听闻的秘密。多年以来，基因学家一直想找出驯化小麦的起源。最近的发现显示，至少有一种驯化的小麦就起源于附近的喀拉卡达山脉（Karaçadag），距离哥贝克力石阵只有 30 公里远。[28]

这几乎不可能只是巧合。很有可能，哥贝克力石阵的文化中心就与人类首次驯化小麦（或小麦驯化人类）有着某种关联。养活建造和使用这些巨型结构的人，需要非常大量的食物。所以，采集者之所以从采集野生小麦转而自行种植小麦，可能并不是为了增加日常食物供应，而是为了支持某种神庙的建筑和运作。在传统的想象中，人是先建立起村落，接着等到村落繁荣之后，再在村落中心盖起信仰中心。但哥贝克力石阵显示，很有可能其实是先建立起信仰中心，之后才围绕着它形成村子。

## 革命的受害者

浮士德跟魔鬼交易，人类则跟谷类交易。但人类做的交易不止这一项，另一项则是和绵羊、山羊、猪、鸡之类的动物命运有关。过去四处流浪的采集部落会跟踪猎杀野绵羊，也逐渐改变了羊群的组成。这一过程的第一步可能是选择性猎杀。人类发现，如果猎杀的时候只挑成年公羊或者年老生病的羊只，对人类来说反而有利。放过有繁殖能力的母羊和年轻的小羔羊，当地羊群就可长期存在。至于第二步，可能是积极赶走狮子、狼和敌对的人类，保护羊群不受掠食者侵扰。第三步可能就是将羊群赶到某个狭窄的峡谷，方便控制和保护。最后一步，就是在羊群当中做出更谨慎的挑选，好符合人类的需要。其中，最具侵略性的公羊是人类想控制羊群最大的阻力，所以第一个就宰它们。至于瘦小或太有好奇心的母羊也是除之而后快。（太有好奇心，就容易走得离羊群远远的，对牧羊人来说可不是好事。）于是，一代一代下去，绵羊也就越来越胖，越来越温和，也越来越不那么好奇了。就是这样，英文才会有首童谣，唱着玛莉有只小绵羊，而且玛莉去哪儿它就跟到哪儿。

另外一种可能，则是猎人一开始是抓住一只羔羊来“收养”一下，在食物无虞的时候养上几个月，等到比较没食物的季节就宰来吃。等到了某个阶段，这种先养再杀的规模开始越来越大，有些羊甚至被养到进入青春期，开始生出小羊来。那些生下来之后最具侵略性、不听话的，就会先遭到宰杀。至于最乖、最听话的羊，则被饶下小命，继续再生小羊。结果一样就是有了一群驯化、温顺的羊。

这样经过驯化的家畜（羊、鸡、驴等等）能够为人类提供食物（肉、奶、蛋）、原料（皮、毛），以及兽力。于是，以前必须由人自己来做的工作（像搬运、翻地、磨谷物等等），许多都开始交给了其他动物。在大多数的农业社会里，人类的第一重点是种植农作物，第二才是饲养动物。但是有些地方也出现了一种新型的社会，主要就是靠着剥削利用其他动物为生：游牧部落。

人类扩张到世界各地，家畜也跟着他们的脚步移动。1 万年前，全球只有在亚非大陆的几个特定地点有绵羊、牛、山羊、野猪和鸡，总数大约几百万只，但现在全球有大约 10 亿只绵羊、10 亿只猪、超过 10 亿头牛，更有超过 250 亿只鸡，而且是遍布全球各地。家鸡是有史以来最普遍的鸟类。至于大型哺乳类除了以智人居首，后面的二三四名就是驯化的牛、猪和羊。从狭隘的演化观点来看，演化成功与否的标准就在于 DNA 的拷贝数，于是农业革命对于鸡、牛、猪、羊来说可是一大福音。

不幸的是，演化观点并不是唯一判断物种成功与否的标准。它一切只考虑到生存和繁殖，而不顾个体的痛苦或幸福。虽然就演化而言，驯化的鸡和牛很可能是最成功的代表，但它们过的其实是生物有史以来最惨的生活。动物的驯化是建立在一系列的野蛮作为上，而且随着时间的前行，残忍程度只增不减。

野生鸡的自然寿命是 7~12 年，牛则是 20~25 年，虽然在野生环境里它们多半都活不到这个岁数，但至少还有相当机会可以活上好一阵子。相较之下，出于经济考虑，驯化后的肉鸡和肉牛不过出生几周和几个月，就到了最佳屠宰年龄，于是一命归天。（如果养一只鸡只要 3 个月就已经达到体重最重的状态，又何必再多喂好几年？）

蛋鸡、奶牛和提供劳力的役用动物有时候能多活上几年，但代价就是过着完全不符合它们天性和渴望的生活。举例来说，不难想象牛宁愿优哉游哉地在开阔的草原上整天漫步，有其他牛做伴，而不是被一个猿类在身后挥着鞭子，要它拉车拖犁。

为了把牛、马、驴、骆驼训练成听话的役用动物，就必须打破它们的天性和社会连接，抑制它们的侵略和性能力，并且限制它们的行动自由。农民还发明各种控制技术，比如把动物关在兽栏和兽笼里、套上枷锁链条，用皮鞭和刺棒来训练，甚至刻意造成动物伤残。驯化动物的过程几乎总是会将雄性阉割，好抑制雄性的侵略性，也让人类能够控制挑选牲畜的生育。

在许多新几内亚的部落社会里，想判断一个人富不富有，就要看他 / 她有几头猪。而为了确保猪跑不掉，新几内亚北部的农民会把猪的鼻子切掉一大块。这样一来，每次猪想闻东西，都会感到强烈的疼痛，不但无法觅食，甚至连找路都做不到，于是不得不完全依赖人类主人。在新几内亚的另一个地区，人们甚至还习惯直接把猪的眼睛挖掉，杜绝它们逃跑的可能。[29]

乳品业自有一套来强迫动物听话。奶牛、山羊和绵羊只有生了小牛

图 11　公元前 1200 年的埃及坟墓壁画：有一对牛在耕田。野生的牛群可以自在漫游，也有自己复杂的社会结构。但牛遭到阉割和驯化之后，一辈子就只能耗费在人类的鞭子下、狭窄的牛棚里，独自或成对提供劳力，既不符合身体自然，也无法满足其社会及情感需求。等到牛拉不动犁了，就只有被屠宰一途。（但请注意，这位埃及农民也是驼着背做事，这跟牛没什么两样，就是一辈子做着有害身体、心灵和社会关系的劳力工作。）

小羊之后才会产奶，而且也仅限哺乳期这一段时间。想要动物不断供奶，农民必须让它们生下小牛小羊，但又不能让小牛小羊把奶吸光。所以，整个历史上常用的方法就是干脆等到小牛小羊出生后不久就全宰了，如此一来人类就能霸占所有牛奶羊奶，等到它们停奶之后再重新怀

胎即可。听来残忍，但甚至到现在这种做法仍然十分普遍。在许多现代的奶牛场里，奶牛通常只能活到 5 岁就会被宰杀。这 5 年中，它几乎一直在怀孕，为了维持最大的产奶量，在分娩后 60~120 天就要再次受精。至于它的小牛们，则是一出生没多久就被带走，母的被养大成为新一代的奶牛，而公的就进了肉类产业的手里。[30]

另一种方式，是虽然容许小牛小羊接近妈妈，却用上各种方式不让它们喝得太多。最简单的办法，是让小牛小羊开始吸奶，但在奶要流出来之前就把它们拖走。可以想见，这种方式会同时受到母亲和孩子两方的抗拒。有些畜牧部落过去的做法，是将小牛小羊宰杀食用，但拿东西塞回空的毛皮做成标本，再送回妈妈身边刺激它们产奶。而在苏丹的努尔族（Nuer）还更进一步，在标本上涂着牛妈妈的尿液，所以这只假小牛连闻起来也很像个样子。努尔族的另一项技术则是在小牛的嘴边绑上一圈刺，小牛想吃奶就会刺伤牛妈妈，好让牛妈妈排斥让小牛吃奶。[31]撒哈拉的图阿雷格族（Tuareg）养骆驼，他们过去会将小骆驼的鼻子和上唇的部分穿孔或切除，如此一来只要一吸奶就会疼痛，也就不会喝得太多。[32]

* * *

也不是所有农业社会都对他们农场里的动物如此残酷，某些家畜的日子还是过得相当不错。像拿来剃毛的羊、宠物狗和猫，以及战马和赛马，常常就过得相当惬意。古罗马皇帝卡利古拉（Caligula）据说还曾经打算任命他最爱的马“英西塔土斯”（Incitatus）为执政官。综观历史，牧者和农民对他们的动物还是抱有感情、照顾有加，正如许多奴隶的主人也会对奴隶关心照顾。所以，君王和先知会把自己营造成牧者的形象也就不那么让人意外了，他们和他们的神照顾子民的方式，确实也像是牧羊人照顾羊群一般。

然而，如果从牛羊的观点而非牧者的观点来看农业革命，就会发现对绝大多数的家畜来说，这是一场可怕的灾难。这些演化的“成功”是没有意义的。就算是濒临绝种的野生犀牛，比起被关在小格子里变肥、等着成为鲜美牛排的肉牛，日子应该还是好过得多。虽然自己的物种即将灭绝，但这丝毫不会影响那头野生犀牛对自己生活的满意程度。相较之下，肉牛这个物种虽然在数量上大获成功，却完全无法安慰那些单独个体所承受的痛苦。

我们从农业革命能学到的最重要一课，很可能就是物种演化上的成功并不代表个体的幸福。研究像小麦和玉米这些植物的时候，或许纯粹的演化观点还有些道理。但对于像牛、羊、智人这些有着复杂情

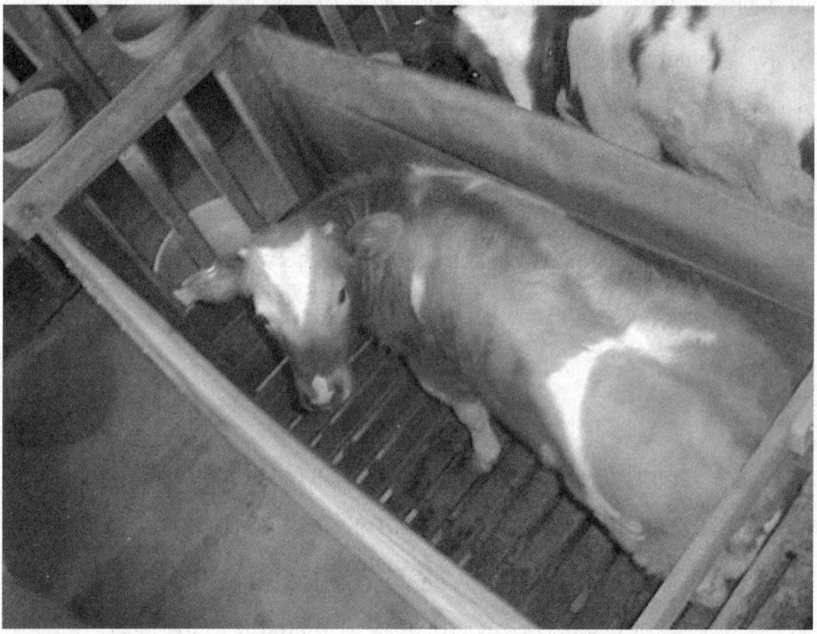

图 12　一头在现代化畜牧场里的小牛。小牛出生后立即与母亲分开，关在一个不比身体大多少的笼子里。小牛得在这里度过一辈子，但它的一辈子平均也只有大约 4 个月。它这一辈子再也不会离开笼子，从没有机会和其他小牛玩，甚至连走路的机会也被剥夺，这一切都是为了避免它的肌肉因运动而变硬。肌肉越柔软，牛排也就越鲜嫩、多汁。于是，这只小牛第一次有机会走路、伸展筋骨、遇见其他小牛的时候，也就是在前往屠宰场的路上。就演化而言，牛可能是有史以来最成功的动物。但同时，它们也是地球上生活最悲惨的动物。

感的动物来说，就必须想想演化上的成功会对个体的生活有什么影响。我们在下面的章节还会一再看到，每当人类整体的能力大幅增加、看来似乎大获成功的时候，个人的苦痛也总是随之增长。

# 第六章
# 盖起金字塔

农业革命可能是史上最具争议的事件。有些人认为这让人类迈向繁荣和进步，也有人认为这条路终将导致灭亡。对后者来说，农业革命是个转折点，让智人抛下了与自然紧紧相连的共生关系，大步走向贪婪，自外于这个世界。但不管这条路的尽头为何，现在都已经无法回头。进入农业社会之后，人口得以急遽增加，任何一个复杂的农业社会想回到狩猎和采集的生活，都只有崩溃一途。大约在公元前 10 000 年、进入农业时代的前夕，地球上采集者的人口大约有 500 万到 800 万。而到了公元 1 世纪，这个人数只剩下一两百万（主要在澳大利亚、美洲和非洲），相较于已达 2.5 亿的农业人口，无疑是远远瞠乎其后。[33]

绝大多数的农民都是住在永久聚落里，只有少数是游牧民族。“定居”这件事，让大多数人的活动范围大幅缩小。远古狩猎采集者的活动范围可能有几十甚至上百平方公里。当时这片范围都是他们的“家”，有山丘、溪流、树林，还有开阔的天空。但对农民而言，几乎整天就是在一小片田地或果园里工作，就算回到“家”，这时的房子也就是个用木头、石头或泥巴盖起的局促结构，每边再长也不过几十米。一般来说，农民就会和房屋这种构造建立起非常强烈的连接。这场革命意义深远，除了影响建筑，更影响了心理。在农业革命之后，人类成了远比过去更以自我为中心的生物，与“自己家”紧密相连，但与周遭其他物种画出界线。

新形成的农业活动范围，除了面积远小于过去远古的采集活动范围，内部人工的成分也大增。除了用火，狩猎采集者很少刻意改变他们所漫游闲晃的土地；但农民就完全不同，可以说他们是从一片荒野中，劳心劳力刻意打造出一个专属人类的人工孤岛。他们会砍伐森林、挖出沟渠、翻土整地、建造房屋、犁出犁沟，还会把果树种成整齐的一排又一排。对人类来说，这样人工打造出来的环境就是仅限人类和“我们的”动植物所有，常常还用墙壁和树篱围了起来。农民无所不用其极，一心防止各种杂草和野生动物入侵。就算真的出现闯入者，也会被再赶出去。赶不走的，下一步就是消灭它们。在家园四周，这种防卫特别强。从农业开始发展到现在，人类的家园得面对勤劳的蚂蚁、鬼鬼祟祟的蟑螂、冒险犯难的蜘蛛还有误入歧途的甲虫，于是数十亿人口也就武装起来，用树枝、苍蝇拍、鞋子和杀虫剂，迎向这场永不停止的战争。

史上大多数时间，这些人造领域仍然非常小，四周围绕着广大的自然旷野。整个地球表面约有5.1亿平方公里，其中陆地占了1.55亿平方公里。到了公元1400年，把绝大多数的农民、农作物和家禽家畜全加起来，占地还大约只有1100万平方公里，约全球面积的2%。[34] 而其他地方可能太热、太冷、太干、太湿，不宜农耕。然而，正是地球表面这微乎其微的2%，构成了整个历史展开的舞台。

人类发现自己已经很难离开这些人工岛屿了，所有的房子、田地、谷仓，放弃哪个都可能带来重大的损失。此外，随着时间过去，他们拥有的东西越来越多，不易搬运，也把他们绑得死死的。虽然在我们看来，远古的农民似乎又脏又穷，但当时一个典型的农民家庭，拥有的物品数量已经胜过了一整个儿采集部落。

### 未来的来临

农业时代人类的空间缩小，但时间却变长了。一般来说，采集者不会花太多心思考虑下周或下个月的事，但农民却会想象预测着未来几年甚至几十年的事。

采集者之所以不管未来，是因为他们就是现采现吃，不管是保存食物还是累积财物，当时都不是容易的事。当然，他们显然还是有某些事得要事先规划。不管是在雪维、拉斯科还是阿尔塔米拉（Altamira）洞穴，这些艺术家绘画的时候想必都希望它能够流传后世。人际关系和政治对立都是长期的事，无论报恩或报仇，常常都要花上好几年的时间。然而，在狩猎和采集这种自给自足的经济里，要做这种长期规划就会受到客观条件的限制。但说来也有趣，这让采集者省下了许多不必要的忧虑。毕竟，如果是那些无法影响的事，就算担心也没用。

而在农业革命之后，“未来”的重要性被提到史上新高。农民不仅时时刻刻都得想着未来，还几乎可以说是为了未来在服务。农业经济是以生产的季节周期为基础，经过很多个月耕作，再来到相对较短的收成高峰期。丰收的时候，农民可能会在收成结束后的晚上欢庆一场，慰劳这段时间的辛劳，但顶多一星期后就又会回到日出而作、日落而息的生活。虽然可能已经有了足够的粮食来应付今天、下周甚至下个月，他们还是得担心明年和后年的问题。

之所以要担心未来，除了有生产季节周期的因素，还得面对农业根本上的不确定性。由于大多数村落拥有的农作物或家禽家畜物种十分有限，一旦遇上旱灾、洪水和瘟疫就容易灾情惨重。于是，农民不得不生产出多于所需的食物，好储备存粮。粮仓里堆了米，地窖里存了橄榄油，食品室里有奶酪，屋梁上还挂着香肠，否则遇到歉收年就有可能会饿死。而且，总有歉收的一年，只是时间早晚而已，如果农民不早做准备，绝对也活不久。

于是，早从农业时代一开始，“未来”就一直是人类心中小剧场的主要角色。在农民得靠雨水灌溉的地方，雨季的来临意味着担忧的开始。每天早上，农民就会凝视着远方，闻闻风的味道，盯到眼睛发酸。那片是云吗？能不能来场及时雨？雨会下得够吗？雨会不会又下得太大，把田里的种子或秧苗都冲走打坏了？而在幼发拉底河、印度河、黄河流域，这里的农民一样忧心忡忡，但看的是河水的高度。他们需要雨季让河面上升，一方面把上游肥沃的土壤冲下来，另一方面引水进入他们庞大的灌溉系统。然而，如果这场洪水让河面涨得太高，又或来的时机不对，田地就会遭到严重破坏，下场与旱灾一样凄惨。

农民担心未来，除了因为有更多东西要保护，也因为现在有别的方法可以减少风险。他们可以再整一块地，再挖一条灌溉的渠道，再多种一点作物。在夏天，满怀忧虑的农民像工蚁一样疯狂工作，挥汗种着橄榄树，再由他的孩子和孙子把橄榄压成油，这样到了冬天甚至下一年，他就能吃到今天想吃的食物。

农业带来的压力影响深远，这正是后代大规模政治和社会制度的基础。但可悲的是，虽然农民勤劳不懈、希望能够保障自己未来的经济安全，但这几乎从来未曾实现。不管在任何地方，都出现了统治者和精英阶级，不仅靠着农民辛苦种出的食粮为生，还几乎全征收抢光，只留给农民勉强可过活的数量。

正是这些征收来的多余食粮，养活了政治、战争、艺术和哲学，建起了宫殿、堡垒、纪念碑和庙宇。在现代晚期之前，总人口有九成以上都是农民，日出而作、胼手胝足。他们生产出来的多余食粮养活了一小撮的精英分子：国王、官员、战士、牧师、艺术家和思想家，但历史写的几乎全是这些人的故事。于是，历史只告诉了我们极少数的人在做些什么，而其他绝大多数人的生活就是不停挑水耕田。

## 由想象所建构的秩序

靠着农民多生产出来的食物，加上新的运输技术，越来越多的人可以住在一起，先形成村落，再形成城镇，最后成为都市，再由王国或商业网络把它们紧紧相连。

然而，想真正抓住新时代的契机，光靠粮食剩余和交通改善还不够。就算有能力养活某个城镇的1000人或某个国家的100万人，还是无法确保这些人都同意如何划分领土和水资源，如何解决争端，以及在干旱或战时该如何应变。而如果对这些事项都无法达成协议，就算大家谷仓满满，还是会冲突不断。史上的场场战争和革命，多半起因都不是粮食短缺。法国大革命领头的是有钱的律师，而不是饥饿的农民。古罗马共和国在公元前 1 世纪达到权力高峰，舰队从整个地中海运来种种珍宝，就算在他们祖先最疯狂的梦里也意想不到。然而，正是在他们最富裕的时候，古罗马的政治秩序崩溃，引来一系列致命的内战。南斯拉夫在 1991 年的资源完全足以养活所有国民，但依旧解体并引发可怕的浴血战争。

这种灾难的根源在于，人类在几百万年的演化过程中，一直都只是几十人的小部落。从农业革命之后，不过短短几千年就出现了城市、王国和帝国，但时间并不足以让人类发展出能够大规模合作的本能。

虽然人类在采集时代也没有这种合作的生物本能，但因为有共同的神话故事，几百个陌生人就能够互相合作。然而，这种合作毕竟比较松散而有限，各个智人部落还是各自生活，也能满足大多数智人的自身需要。如果两万年前有个社会学家，完全不知道农业革命后的事情，就很有可能认为种种虚构神话故事的用途相当有限。讲到祖灵、讲到部落图腾，或许已经足以让 500 人愿意用贝壳交易、举办某种庆典或者联手消灭某个尼安德特人的部落，但也就如此而已了。这位远古社会学家不可能想到，靠着虚构的故事还能让几百万互不相识的人每天合作。

但事实就是如此出乎意料。现在看来，虚构故事的力量强过任何人的想象。农业革命让人能够开创出拥挤的城市、强大的帝国，接着人类就开始幻想出关于伟大的神灵、祖国、有限公司的故事，好建立起必要的社会连接。虽然人类的基因演化仍然一如既往慢如蜗牛，但人类的想象力却是极速奔驰，建立起了地球上前所未有的大型合作网络。

在大约公元前 8500 年，全球最大的聚落大概就是像杰里科这样的村落，大概有几百个村民。而到了公元前 7000 年，位于今日土耳其的加泰土丘（Çatal Höyük）城镇大约有 5000 到 10 000 人，很可能是当时世界上最大的聚落。再到了公元前 5000 年到公元前 4000 年，肥沃月湾（Fertile Crescent）一带已经有了许多人口达万人的城市，而且各自掌理着许多附近的小村庄。在公元前 3100 年，整个下尼罗河谷统一，成为史上第一个埃及王朝，法老王统治的领土有数千平方公里辽阔，人民达数十万。大约在公元前 2250 年，萨尔贡大帝（Sargon the Great）建立起第一个帝国：阿卡德帝国，号称拥有超过 100 万的子民，常备军队达 5400 人。在公元前 1000 年到公元前 500 年之间，在中东开始出现大型帝国：亚述帝国、巴比伦帝国和波斯帝国。这些帝国统治人数达数百万，军队人数也有上万人。到了公元 1 年，古罗马统一了整个地中海地区，纳税人口达 1 亿。有了这些钱，古罗马得以维持人数达 25 万到 50 万的常备军，架构完善的、在 1500 年后仍然在使用的交通网络，另外还有到现在仍令人赞叹的剧院和露天剧场。

其他地区也各自有其社会发展和政治统一的过程。例如在东亚，大约在公元前 7000 年，在黄河流域开始出现小村落，最后在公元前 221 年由秦始皇统一天下。秦朝约有 4000 万人，税收得以支持数十万士兵，以及共有超过 10 万官员的复杂朝廷系统。

确实，这种种都令人印象深刻，但我们不该有太美好的幻想，以为在法老王时代的埃及或在秦朝的“大型合作网络”就已十分完美。“合作”听起来应该十分无私而且利他，但这件事并不总是出于自愿，而且还更少能够公平。大多数的人类合作网络最后都成了压迫和剥削。在这种新兴的合作网络里，农民交出他们辛苦工作得来的多余粮食，但帝国的收税官只要大笔一挥，就可能让他们一整年的辛劳都化为乌有。古罗马著名的圆形剧场，常常是由奴隶建造，让有钱有闲的古罗马人观赏由奴隶上演的神鬼战士秀。就连监狱和集中营也算是合作网络，要不是有数千名互不相识的人用了某些方式来管理协调彼此的行动，这些网络根本不可能运作。

* * *

所有这些合作网络，不管是古代美索不达米亚的城市，还是秦朝和古罗马的帝国，都只是“由想象所建构的秩序”。支持它们的社会规范既不是人类自然的天性本能，也不是人际的交流关系，而是他们都相信着共同的虚构的神话故事。

虚构的故事是怎么支撑着整个帝国？我们已经讨论过一个这样的例子：标致公司。现在我们可以来看看另外两个史上最有名的虚构故事：第一个是大约在公元前1776年的《汉谟拉比法典》，这可以说是几十万古巴比伦人的合作手册；第二个是公元1776年的美国《独立宣言》，这可以说是现代数亿美国人的合作手册。

在公元前1776年，巴比伦是当时最大的城市，而巴比伦帝国也很可能是当时最大的帝国，子民超过百万，统治着大半的美索不达米亚平原，包括现代大半的伊拉克地区和部分的叙利亚和伊朗。现在最有名的巴比伦国王就是汉谟拉比，而他有名的原因，主要就在于以他命名的《汉谟拉比法典》。这部法典汇集各种律法和判例，希望将汉谟拉比塑造为一个正义国王的榜样，作为整个巴比伦王国更一致的法律体系的基础，并且教育后世子孙何为正义，正义的国王又是如何行事的。

后世子孙确实看到了。远古美索不达米亚平原的知识分子与官僚精英将这部法典奉为经典，就算等到汉谟拉比骨已成灰，巴比伦帝国也烟消云散，这部法典还是由文士不断抄写流传。因此，想认识古代美索不达米亚人对于社会秩序的理想，《汉谟拉比法典》是个很好的参考来源。[35]

法典开头指出，美索不达米亚的几位大神安努（Anu）、恩利尔（Enlil）和马杜克（Marduk）任命汉谟拉比“在这片土地伸张正义，驱除不义罪恶，阻绝恃强凌弱”[36]。接着，法典列出大约300条判例，固定写法是“如果情形如何如何，判决便应如何如何”。以下举出判例196~199和209~214：

196. 若某个上等人使另一个上等人眼瞎，便应瞎了他的眼。

197. 若他使另一个上等人骨折，便应打断他的骨。

198. 若他使某个平民眼瞎或骨折，他应赔偿60舍客勒（shekel，约8.33克）的银子。

199. 若他使某个上等人的奴隶眼瞎或骨折，他应赔偿该奴隶价值的一半（以银子支付）[37]。

209. 若某个上等人殴打一个上等女子、造成她流产，他应赔偿她10舍客勒的银子。

210. 若该女子丧命，他们应杀了他的女儿。

211. 若他殴打某个平民女子、造成她流产，他应赔偿她5舍客勒的银子。

212. 若该女子丧命，他应赔偿30舍客勒的银子。

213. 若他殴打某个上等人的女奴隶、造成她流产，他应赔偿2舍客勒的银子。

214. 若该女奴丧命，他应赔偿20舍客勒的银子。[38]

列举他的判决后，汉谟拉比再次宣告：

以上是干练有能的国王汉谟拉比所做出的公正裁决，指示着这片土地朝向真理的道路、人生的正途……我是汉谟拉比，高贵的国王。恩利尔神将人类子民交付给我照护，马杜克神将人类子民交付给我带领，而我悉心关怀、不曾轻忽。[39]

《汉谟拉比法典》认为，巴比伦的社会秩序根源于由神所指示、普遍且永久的正义原则。这里的阶级结构原则至关重要，将所有人类分成男女两种性别，以及上等人、平民和奴隶三种阶级；性别和阶级不同，价值也就天差地别。例如一个平民女性值30舍客勒的银子，一个女奴隶只值20舍客勒，但光是平民男性的一只眼睛就值60舍客勒的银子。

《汉谟拉比法典》也有严格的家庭阶级制度，根据规定，小孩并不是独立的人，而是父母的财产。因此，如果一个上等人杀了另一个上等人的女儿，惩罚就是把凶手的女儿给杀了。这在我们看来可能荒谬至极，凶手本人逍遥自在，但他无辜的女儿却得赔上一命。但在汉谟拉比和当时的巴比伦人看来，这再公平正义不过。《汉谟拉比法典》背后的一项重要假设，就是只要国王的臣民全部接受各自的阶级角色、各司其职，整个帝国上百万的人民就能有效合作。这么一来，这个社会不但能为所有成员生产足够的粮食、有效分配，还能保护国家抵抗敌人，甚至是扩张领土，好取得更多财富、更多安全保障。

汉谟拉比去世 3500 年后，北美 13 个英国殖民地的民众认为英国国王对待他们不公，于是各殖民地代表群聚费城，于 1776 年 7 月 4 日宣布，所有殖民地的民众不再是英国王室的子民。美国的《独立宣言》宣告自己是普遍和永恒的正义原则，而这则宣言也像《汉谟拉比法典》一样找了神祇来背书。然而，美国神指示的至高原则，却似乎和巴比伦神指示的有所出入。美国《独立宣言》主张：

> 我们认为下面这些真理是不言而喻的：人人生而平等，造物者赋予他们若干不可剥夺的权利，其中包括生命权、自由权和追求幸福的权利。

一如《汉谟拉比法典》，美国《独立宣言》也承诺着如果人类依照其中规定的神圣原则行事，数百万的民众就能彼此合作无间、生活安全和平、社会公平且繁荣。和《汉谟拉比法典》一样，美国《独立宣言》的效力不仅限于当时当地，而是让后世子孙依然奉为圭臬。现在已经过了超过两百年，但美国学童仍然要抄写、背诵这份宣言。

这两份文本让我们左右为难，不管是《汉谟拉比法典》还是美国《独立宣言》，都声称自己说的是普遍且永恒的公平正义原则，但美国人认为所有人都是平等的，而巴比伦人显然并不这样认为。但事实上，他们都错了。不管是汉谟拉比还是美国的开国元勋，心中都有个想象的现实，想象着这个世界有着放诸四海皆准、永恒不变的正义原则（例如平等或阶级），但这种不变的原则其实只存在于智人丰富的想象力里，只存在于他们创造并告诉彼此的虚构故事中。这些原则，从来就没有客观的正确性。

对我们来说，听到要把人分成"上等人"或"平民"，大概都会同意这只是一种想象。但其实，即使说的是"人人平等"，也只是虚构的概念。到底所谓人人平等是什么？除了想象中之外，有没有什么客观的事实可以说我们人人平等？人类彼此在生物学上都相等吗？从生物学的角度，我们再重新看一次美国《独立宣言》里最著名的段落：

> 我们认为下面这些真理是不言而喻的：**人人生而平等，造物者赋予**他们若干**不可剥夺的权利**，其中包括**生命权、自由权**和追求**幸福**的权利。

一开始，英文讲到人人生而平等用的词是"create"（创造），但生物学并没有"创造"，而是演化。演化铁定没有"平等"这回事，所谓平等的概念，是与"创造"的概念紧密相关。美国人的"平等"观念来自基督教，基督教认为每个人的灵魂都是由上帝创造，而所有灵魂在上帝面前一律平等。但是，如果我们不相信基督教那一套关于上帝、创造和灵魂的神话故事，那所谓人人"平等"究竟是什么意思？演化的基础是差异，而不是平等。每个人身上带的基因码都有些许不同，而且从出生以后就接受着不同的环境影响，发展出不同的特质，导致不同的生存概率。"生而平等"其实该是"演化各有不同"。

而根据生物学，人并不是"创造"出来的，自然也就没有"造物者"去"赋予"人类什么。个体诞生的背后就只是盲目的演化过程，而没有任何目的。所以"造物者赋予"其实就只是"出生"。

同样，生物学上也没有"权利"这种事，只有各种器官、能力和特性。鸟类会飞就是因为它们有翅膀，可不是因为有什么"飞的权利"。此外，这些器官、能力和特性也没有什么“不可剥夺”的问题，它们常常会不断突变，还可能在一段时间后完全消失。例如鸵鸟，就是失去了飞行能力的鸟类。所以，“不可剥夺的权利”其实是“可变的特性”。

那我们要问，究竟人类演化有什么特性？“生命”倒是毋庸置疑，不过“自由”又是怎么回事？生物学可不讲自由这种东西。“自由”就像是“平等”、“权利”和“有限公司”，不过是人类发明的概念，也只存在于人类的想象之中。从生物学的角度来看，要说人类在民主社会是自由的，而在独裁统治下是不自由的，这点完全没有意义。最后，“幸福”又是什么？到目前为止，生物学研究还是没办法为“幸福”明确下个定义，也没办法客观测量“幸福”。大部分的生物研究都只认可“快感”确实存在，也能有比较容易的定义和测量方式。所以，“生命权、自由权和追求幸福的权利”其实只是“生命和追求快感”。

因此，我们来看看美国《独立宣言》改用生物学、科学的角度来写该是如何：

> 我们认为下面这些真理是不言而喻的：人人演化各有不同，出生就有某些可变的特性，其中包括生命和追求快感。

上面这段推论过程，如果倡导平等权和人权的激进分子看到可能会大发雷霆，大声驳斥：“我们知道人在生物学上不相等！但是如果大家都相信人人在本质上平等，就能创造出一个稳定繁荣的社会。”这点我完全赞成，但这正是我所说“由想象所建构的秩序”。我们相信某种秩序，并非因为它是客观的现实，而是因为相信它可以让人提升合作效率、打造更美好的社会。这种由想象所建构的秩序绝非邪恶的阴谋或是无用的空谈，而是唯一能让大群人类合作的救命仙丹。但也别忘了，汉谟拉比也可以用同样的逻辑来捍卫他的阶级原则：“我知道所谓上等人、平民和奴隶在本质上其实并没有什么不同。但如果我们这么相信，就能创造出一个稳定繁荣的社会。”

### 真正的坚信者

很多读者读到上面这一节，可能都觉得如鲠在喉。毕竟那就是我们中的多数人今天所接受的教育。我们说《汉谟拉比法典》是虚构故事，并不会觉得难以接受，但说到人权也只是虚构的故事，听来就有些刺耳。如果大家都发现人权不过是种想象，岂不是社会就要崩溃了吗？讲到“神”的概念，伏尔泰就曾说：“世界上本来就没有神，但可别告诉我的仆人，免得他半夜偷偷把我宰了。”汉谟拉比对于阶级原则、美国国父杰斐逊对于人权，应该也都会说出一样的话。智人并没有什么与生俱来的权利，就像蜘蛛、鬣狗和黑猩猩也都是如此。但可别告诉我们的仆人，免得他们半夜偷偷把我们宰了。

这种担心其实很有道理。自然界的秩序是稳定不变的，就算人类不再相信世界上有重力，重力也不会一夜之间就消失。但相反的是，想象所建构出来的秩序总是有一夕崩溃的风险，因为这些秩序背后靠的都是虚构的故事，只要人们不再相信，一切就风云变色。为了维持想象建构出来的秩序，必须持续投入大量心力，甚至还得掺入些暴力和胁迫的成分。比如为了让民众不违反想象建构的秩序，国家就需要有军队、警察、法院和监狱不分昼夜地发挥作用。如果一个古巴比伦人让邻居眼睛瞎了，想要执行“以眼还眼”的规定，就不得不有些暴力的措施。而在1860年，大部分美国公民已经认为黑奴也是人，必须享有自由的权利，这时也是靠着血流无数的一场内战，才让南方各州不得不黯然接受。

然而，光靠暴力还不足以维持由想象所建构出来的秩序，我们另外还需要一些真正坚信如此的信徒。法国政治家塔列朗（Charles Maurice de Talleyrand-Périgord）的政治生涯就像条变色龙，先是路易十六的臣子，再经过革命和拿破仑政权，又抓准时机再次投诚，回到君主制的政体。他曾总结自己几十年任职的经验，表示“刺刀确实可以做很多事，但想安心地依靠它可是不太容易”。很多时候，一名牧师的效果大过一百个士兵，而且更便宜、更有效。此外，不管刺刀多有效，总得有人来刺。如果士兵、狱卒、法官和警察根本不相信某个想象建构的秩序，他们又怎么会照办？在所有的人类集体活动中，最难组织推动的就是暴力活动。如果说社会秩序是由武力来维持，立刻就会碰上一个问题：那军队秩序是由什么来维持？想靠威胁来维持军队组织显然不太可行。至少必须有某些军官和某些士兵真正相信某些事情，不管是上帝、荣誉、祖国、男子气概，或者单纯相信金钱也成。

另一个更有趣的问题，是关于那些站在社会金字塔顶端的人。如果他们并不相信这些想象的秩序，他们又为什么要推动这种秩序呢？常有人说这些人其实什么都不信，只是贪婪而已。但这种说法有问题。如果真的是什么都不信（如犬儒学派），就很难是个贪婪的人，毕竟客观来说，只是单纯要满足智人的基本生理需求并不难。而满足基本需求之后，多余的钱就可以用来盖金字塔、到世界各地度假、资助竞选活动、提供资金给你最爱的恐怖组织或投入股市再赚更多的钱，但对真正的犬儒主义者来说，这一切贪婪的事都毫无意义。创立犬儒学派的希腊哲学家第欧根尼（Diogenes），就住在一个桶里。据说有一天他正在做日光浴，当时权倾天下的征服者亚历山大大帝来找他，想知道他是否需要些什么，而且保证自己会尽力协助。第欧根尼回答：“确实，有件事可以请你帮个忙。麻烦你移动一下，别再挡住我的阳光。”

正因如此，犬儒主义者不可能建立起帝国，而且如果人们希望某个由想象建构出的秩序能维持久远，大部分的人（特别是大部分的精英分子）就必须真正相信它。如果不是大多数中国人都相信仁义礼智信，儒家思想绝不可能持续了2000多年。如果不是大多数的美国总统和国会议员都相信人权，美国的民主也不可能持续了250年。如果不是广大的投资人和银行家都相信资本主义，现代经济体系连一天也不可能继续存在。

## 监狱的高墙

不管是基督教、民主还是资本主义，都只是由想象所建构出来的秩序。而要怎样才能让人相信这些秩序？第一，对外的说法绝对要坚持它们千真万确、绝非虚构。永远要强调，这种维持社会稳定的秩序是个客观事实，是由伟大的神或者自然的法则所创造。如果要说人人不平等，不是因为汉谟拉比自己这么说，而是因为恩利尔和马杜克这两位神的旨意。如果要说人人平等，也不是因为托马斯·杰斐逊自己这么说，而是因为这是上帝造人的方式。如果要说自由市场是最好的经济制度，不是因为亚当·斯密（Adam Smith）自己这么说，而是因为这是自然不变的规律。

第二，在教育上也要彻底贯彻同一套原则。从人出生的那一刻起，就要不断提醒他们这套想象建构出来的秩序，要在一切事物中融入这套原则，不管是童话、戏剧、绘画、歌曲、礼仪、政治宣传、建筑、食谱还是时尚。举例来说，我们现在相信平等的概念，所以富人家的子弟穿起牛仔裤，觉得这是种时尚。一开始，牛仔裤是工人阶级的打扮，而如果是在相信阶级制度的中世纪，欧洲人绝对不可能有哪个年轻贵族去穿上工人的工作服装。在当时，"先生"（Sir）或"女士"（Madam）是贵族专属的特权称谓，甚至常常还得通过许多牺牲才能取得。但到了现在，不管信件的收件人是谁，开头的称谓一律都是"亲爱的某某先生/女士"（Dear Sir or Madam）。

不论是人文科学还是社会科学，人们都已经花了大把精力来解释这些想象建构的秩序会如何融入我们的生活。但这里篇幅有限，只能简单一谈。有三大原因，让人类不会发现组织自己生活的种种秩序其实是想象：

### 1. 想象建构的秩序深深与真实的世界结合

虽然这些想象建构的秩序只存在于我们的脑海里，但它可以与真实的世界紧紧结合、密不可分。比如今天大多数西方人都相信个人主义，认为每个人都是独立的个体，有独立的价值，而不受他人看法的影响。

换句话说，就好像我们每个人都有自己的一道光照亮我们，让我们的生活有价值、有意义。在现代西方学校里，老师和家长会告诉小孩，受到同学嘲笑并不用太在意，因为只有他们自己知道自己的真正价值，别人不见得了解。

除此之外，这种由想象建构的虚构故事还落实到了现代建筑之中。例如理想的现代建筑会将房屋分成许多小房间，让每个孩子都能有私人空间，不用曝露在他人的目光之下，能有最大的自主权。这种私人房间几乎都有门，而且许多家庭不只允许小孩关门，甚至还能上锁，就连父母想进去，都得先敲敲门得到允许才成。小孩对自己房间的装饰可以随心所欲，墙上可以贴着摇滚明星的海报，也可以满地丢着脏袜子。如果在这样的空间里成长，任何人都会觉得自己就是个“个体”，觉得自己的真正价值是由内而外的，而不是他人所赋予的。

然而，像中世纪的贵族就没有个人主义这一套。他们认为，个人的价值是由社会阶级、由他人的看法所决定。在这种情形下，“被别人嘲笑”就成了莫大的侮辱。而当时的贵族也会告诉孩子，要不惜一切代价来保护名声。同样，中世纪想象中的价值体系也反映在当时实际的城堡建筑上。一座城堡几乎不可能有儿童房（就算是成人也很少有个人的房间）。例如，如果是个中世纪男爵的儿子，城堡里的二楼不会有他自己的房间，他如果崇拜狮心王理查或阿瑟王，也没办法把他们的海报贴在自己的墙壁上，当然什么可以上锁的门就更别谈了。他睡觉的地方跟其他许多年轻人一样，就是在宽敞的大厅里。所以可以说他总是活在众人的目光下，总是得注意别人的观感和意见。如果在这种环境下长大，自然就会觉得：个人的真正价值是由他的社会阶级以及他人对他的看法而定。[40]

### 2. 想象建构的秩序塑造了我们的欲望

多数人很难接受自己的生活秩序只是虚构的想象，但事实是我们从出生就已经置身于这种想象之中，而且连我们的欲望也深受其影响。于是，个人欲望也就成为虚构秩序最强大的守护者。

例如现代西方人最重视的那些欲望，都是建构在已经为时数百年的虚构故事上，包括浪漫主义、民族主义、资本主义以及人文主义。我们常常告诉朋友要“随心所欲”，但这里的“心”就像是个两面间谍，听从的常常是外面那些主流的虚构故事。于是“随心所欲”不过也只是结合了19世纪的浪漫主义与20世纪的消费主义，再植入我们的脑海罢了。以可口可乐公司为例，旗下雪碧的广告词就是：“相信你的直觉，顺从你的渴望。”

甚至那些人们以为深深藏于自己内心的渴望，通常也是受了想象秩序的影响。例如，许多人都很想到国外度假。然而，这件事并没有什么自然或者明显的道理。像黑猩猩的首领可不会想要运用权力让自己到隔壁黑猩猩的领土上度个假。而像古埃及的法老王，也是把所有财富拿来建造金字塔，把自己的遗体做成木乃伊，而不会有人想要去巴比伦购物或去腓尼基滑雪。现代人之所以要花费大把银子到国外度假，正是因为他们真正相信了浪漫的消费主义神话。

浪漫主义告诉我们，为了要尽量发挥潜力，就必须尽量累积不同的经验。必须体会不同的情感，尝试不同的关系，品尝不同的美食，还必须学会欣赏不同风格的音乐。而其中最好的一种办法，就是摆脱日常生活及工作，远离熟悉的环境，前往遥远的国度，好亲身“体验”不同的文化、气味、美食和规范。我们总会不断听到浪漫主义的神话，告诉我们“那次的经验让我眼界大开，从此整个生活都不一样了”。

消费主义告诉我们，想要快乐，就该去买更多的产品、更多的服务。如果觉得少了什么，或者有什么不够舒服的地方，那很可能是该买些什么商品（新车、新衣服、有机食品），或买点什么服务（清洁工、心理咨询、瑜伽课）。就连每一则电视广告，也都是个小小的虚构故事，告诉你买了什么产品或服务可以让日子更好。

鼓励多元多样的浪漫主义又与消费主义一拍即合，两者携手前行，催生了贩卖各种“体验”的市场，进而推动现代旅游产业发展。旅游业真正卖的可不是机票和饭店房间，而是旅游中的经验。所以这样说来，巴黎的重点不是城市，印度的重点也不是国家，而是它能提供的经验；之所以要买经验，是因为据说这样就能拓展我们的视野、发挥我们的潜力，并且让我们更快乐。也因此，如果有个百万富翁和太太吵架，和好的方式很可能就是带她去巴黎旅游旅游。这种做法让我们看到的并不是某种个人的欲望，而是他深深坚信着浪漫的消费主义。如果是古埃及有钱人和太太吵架，带着她去巴比伦度个假绝对不会是选项，反而可能是为她建个她梦寐以求的华丽陵墓，那才会让她心花朵朵开。

一如古埃及精英分子，现在大多数人一生汲汲营营，也都是想盖起某种金字塔，只不过这些金字塔在不同文化里会有不同的名字、形体和规模罢了。举例来说，可能是一栋近郊的独栋透天别墅，有游泳池和大庭院，也可能是一个闪闪发光的高楼公寓，有着令人屏息的美景。但很少有人会真的去问，究竟为什么我们会开始想建这些金字塔？

### 3. 想象建构的秩序存在于人和人之间思想的连接

就算假设借着某些超自然的力量，我让自己的欲望跳脱出了这个由想象建构的秩序，但我还是只有自己一个人。想要改变这个秩序，我还得说服数百万的陌生人都和我合作才行。原因就在于：想象建构的秩序并非个人主观的想象，而是存在于主体之间（inter-subjective），存在于千千万万人共同的想象之中。

要了解这一点，我们必须解释一下“客观”、“主观”和“主体间”的不同。

“**客观**”事物的存在，不受人类意识及信念影响。例如“放射线”，就不是一个虚构的故事。早在人类发现放射线之前，放射线就已经存在；而且就算有人不相信有放射线存在，还是会受到它的伤害。发现放射线的居里夫人，就没想过多年研究放射性物质会伤害她的身体。虽然她不相信放射线会对她有害，最后她还是死于因为过度暴露于放射性物质之下而造成的再生障碍性贫血。

“**主观**”事物的存在，靠的是某个单一个人的意识和信念。如果这个人改变了自己的信念，这项主观事物也就不复存在或者跟着改变。比如许多小孩都会想象自己有个只有自己看得到、听得着的朋友。这个想象中的朋友只存在于孩子的主观意识中，等孩子长大、不再相信，这个朋友也就烟消云散。

“**主体间**”事物的存在，靠的是许多个人主观意识之间的连接网络。就算有某个人改变了想法，甚至过世，对这项事物的影响并不大。但如果是这个网络里面的大多数都死亡或者改变了想法，这种“主体间”的事物就会发生改变或者消失。之所以会有事物存在于主体之间，其目的并不是想存心骗人，也不是只想打哈哈敷衍。虽然它们不像放射线会直接造成实质影响，但对世界的影响仍然不容小觑。历史上有许多最重要的驱动因素，都是这种存在于主体之间的概念想法：法律、金钱、神、国家。

让我们再次以标致汽车作为例子。这家公司并不是标致首席执行官自己心中想象出来的朋友，而是存在于数百万人心中的共同想象。这位首席执行官之所以能相信公司存在，是因为董事会也这么相信，公司请的律师也这么相信，办公室里的同人也这么相信，银行人员也这么相信，证券交易所的业务员也这么相信，还有从法国到澳大利亚的汽车经销商，大家都是这么相信的。如果某一天，首席执行官自己不相信标致汽车存在了，他很快就会被送到最近的精神病院，还会有人来他的位子接班。

同样，不论是美元、人权还是美国，都是存在于数十亿人的共同想象之中，任何一个独立的个体并无力撼动这些概念。就算我自己下定决心不再相信美元、人权和美国，也无法造成任何改变。正因为这些由想象建构的秩序是存在于主体之间，想要改变这些秩序，就得同时改变数十亿人的想法，这绝非易事。想要达到这种规模的改变，必然需要有复杂的组织在背后协助，可能是政党，可能是思潮运动，也可能是某个宗教教派。然而，为了建立这种复杂的组织，人们就得说服许多陌生人共同合作，而这又得靠着他们都相信另一些共同的虚构故事才行得通。由此可见，为了改变现有由想象建构出的秩序，就得先用想象建构出另一套秩序才行。

举例来说，想解决掉标致汽车，我们就需要想象出更强大的东西，如法国的法律制度。而想解决掉法国的法律制度，我们又需要想象出更强大的东西，如法国国家的力量。而如果想解决的是法国，就还得再想象出更强大的才行。

身为人类，我们不可能脱离想象所建构出的秩序。每一次我们以为自己打破了监狱的高墙、迈向自由的前方，其实只是到了另一间更大的监狱，把活动范围稍稍加以扩大而已。

# 第七章
# 记忆过载

演化并没有让人有踢足球赛的能力。确实，演化让人有脚能踢球，有肘能犯规，还有嘴能骂人，但这些加起来，顶多就是让人能自己玩玩球而已。想在某个下午和球场上的陌生人一起来踢场足球赛，不只得和 10 个可能从未见过面的人合作当队友，还得知道对方 11 个人也会遵守一样的规则。有些时候，其他动物也会和陌生同类合作，进行仿若仪式的侵略举动，但通常都是出于其本能。例如小狗有时候会玩得滚来滚去、咬来咬去，但那是深植于它们基因里的设计。只不过，我们人类的孩子可没什么玩足球的基因设计。我们之所以能和完全陌生的人踢球赛，是因为大家都学过同样一套的足球规则。这些规则全部都是想象出来的，不过只要大家都同意，还是能玩得十分开心。

这种情况同样适用于像王国、教会或贸易网络等较大的规模，只有一项重要区别：复杂的程度不同。相对来说，足球的规则简单明了，很像是过去采集时代各个小部落或小村庄之间要合作时的共识。所有球员都可以轻轻松松把规则全部记在脑子里，同时大脑还有余裕记得一些歌曲、影像，甚至是待会儿要买什么。只不过，如果不是像这样只有 22 个人要合作，而是有几千甚至几百万人要合作，需要储存及处理的信息量就会极度庞大，绝不是任何单一人脑所能记忆处理的。

某些其他物种（如蚂蚁和蜜蜂）也能形成大型社会，而且稳定又灵活。但这是因为它们的基因组里就已经储存了合作所需的大部分信息。蜜蜂的未受精卵会发育成雄蜂，受精卵则发育成雌蜂，但雌蜂幼虫依据被喂食的食物不同，长大后可能成为蜂后，也可能成为一般的工蜂。在它们的 DNA 里，已经为两种不同角色都设定好必要的行为模式，前者让它能母仪天下，后者则让它尽心尽力、认真工作。蜂巢里的社会结构非常复杂，有许多不同种类的工蜂，有的负责觅食，有的负责照护，有的负责清洁等等。但到目前为止，我们可没人见过有蜜蜂当律师负责打蜜蜂官司。之所以蜜蜂不需要律师，是因为不会有蜜蜂打算违反什么蜂巢宪法，认为清洁蜂不该有生命权、自由权和追求幸福的权利。

但人类可就不同了，这种事总是不断发生。因为智人的社会秩序是通过想象建构，维持秩序所需的关键信息无法单纯靠 DNA 复制就传给后代，需要通过各种努力，才能维持种种法律、习俗、程序、礼仪，否则社会秩序很快就会崩溃。举例来说，汉谟拉比国王将人分成上等人、平民和奴隶，但这件事并不存在于人类的基因组里，并不是一个自然的区分方式。如果巴比伦人无法让大家的心里都有这项“真理”，整个社会就会停止运作。同样，就算是汉谟拉比本人，他后代的 DNA 里也没记载着上等人如果杀了个平民女性就该付 30 舍客勒的银子。汉谟拉比必须特地教导他的儿子，告诉他帝国的法律是如何如何，以后再由儿子来教孙子，以此代代相传。

一个帝国要运作，会产生大量的信息。除了法律之外，帝国还必须记录各种交易和税收、军用物资和商品的库存量，还有各种节庆及打胜仗的日期。在先前的几百万年间，人类只有一个地方可以记录信息：他们的大脑。但很遗憾，对于整个帝国这么大的数据量来说，人类的大脑并不是个很好的储存设备，主要原因有三。

第一，大脑的容量有限。确实有些人记忆力惊人，而且古代也有人专门研究记忆术，整个省的地形地势了然于胸，整部国家法典倒背如流。尽管如此，还是有连记忆大师也无法超越的限制。例如，律师就算能把整个马萨诸塞州的法条都背下来，也不可能把从 17 世纪塞勒姆（Salem）女巫审判以来的所有诉讼细节全记得一清二楚。

第二，人类总难免一死，而大脑也随之死亡。所以，任何储存在大脑里的信息多半在一个世纪内就会消失。当然，我们可以把记忆从一个大脑传达到另一个大脑里，但传递几次之后，信息总是会开始乱成一团或者遭到遗忘。

第三，也是最重要的一点，在于人类的大脑经过演化，只习惯储存和处理特定类型的信息。为了生存，远古的狩猎采集者必须能够记住数千种动植物的形状、特性和行为模式。他们必须记住，一朵皱巴巴的黄色菇类，如果是在秋天长在榆树下，就很有可能有毒，但如果是在冬天长在橡树下，却是种很好的胃药。此外，狩猎采集者也得记住部落里几十个人彼此的意见和关系。例如假设露西需要部落里有人帮她挡住约翰，叫他别来骚扰她，就很需要记得像是约翰上周与玛丽吵了一架，所以现在找玛丽准没错。因此，演化压力让人类的大脑善于储存大量关于动植物、地形和社会的信息。

然而在农业革命之后，社会开始变得格外复杂，另一种全新的信息类型也变得至关重要：数字。采集者以前从来不需要处理大量的数字。例如采集者不用记得森林里每棵树上有几个果子；也因此，人类的大脑不习惯储存和处理数字。然而如果要管理一个大国家，数字可以说是一大关键。国家光是立法、讲些关于守护神的故事还不够，像收税这种事就万万不可少。而为了向数十万国民收税，国家就必须先收集关于国民收入及财产的数据，关于付款的数据，关于欠款、债务和罚款的数据，关于折扣及豁免的数据。这些数字总共会有几百万的数据位需要储存和处理。国家要是无法应付，就永远不知道手中有什么资源，未来又能利用什么资源。但对大多数人来说，讲到要记忆、回忆、处理这些数字，不是觉得脑力超载，就是觉得昏昏欲睡。

这种人脑的限制大大局限了人类合作的规模和程度。如果某个社会的人数和物品的数量超过某个临界值，就必定需要储存和处理大量的数字数据。但人脑又力有未逮，于是系统也就崩溃。正因如此，就算在农业革命后的数千年间，人类的社会网络还是相对规模较小，也相对简单。

最早克服这项问题的是远古美索不达米亚南部的苏美尔人。当地艳阳高照、平原肥沃，发展出发达的农业、繁荣的城镇。随着居民人数增长，要协调各项事务所需的信息也不断膨胀。在公元前3500年—公元前3000年之间，一些不知名的苏美尔天才发明了一套系统，可以在人脑之外储存和处理信息，专为处理大量数字数据而量身打造。从此，苏美尔人的社会秩序不再受限于人脑的处理能力，而开始能走向城市、王国和帝国。苏美尔人所发明的这套数字处理系统，正是“书写文字”。

**由库辛签核**

文字是采用实体符号来储存信息的方式。苏美尔文字系统结合了两种类型的符号，刻印在黏土泥板上。第一种符号代表的是数字，分别有符号可以表达1、10、60、600、3600，以及36 000。（苏美尔人的数字系统分别以6和10作为基数。即使到现在，人类生活还是处处可见以6为基数，比如一个圆有360度，一天有24小时。）另一类型的符号则代表人、动物、商品、领土、日期等等。结合这两种符号，苏美尔人能够记下的数据量就能够远胜于任何大脑的容量或任何DNA所含的基因码。

在早期，文字只用来记录事实和数字。就算苏美尔人当时真的有过小说，也从来不曾刻印到泥板上。毕竟，当时要写下文字不仅耗时，而且能阅读的群众又太少，所以除了必要的记录之外，实在没有书写的必要。如果我们想知道人类的祖先在5000年前写下了什么智慧的话语，很可能就会非常失望。举例来说，目前找到人类祖先最早留给我们的信息是“29 086单位大麦37个月库辛”。这句话最有可能的解读是：“在37个月间，总共收到29 086单位的大麦。由库辛签核。”很遗憾，人类史上的第一个文本不但不是哲学巧思，不是诗歌，不是传奇，不是法律，甚至也不是对王室歌功颂德，而是无聊至极的财经文件，记录各种税务、债务以及财产的所有权。

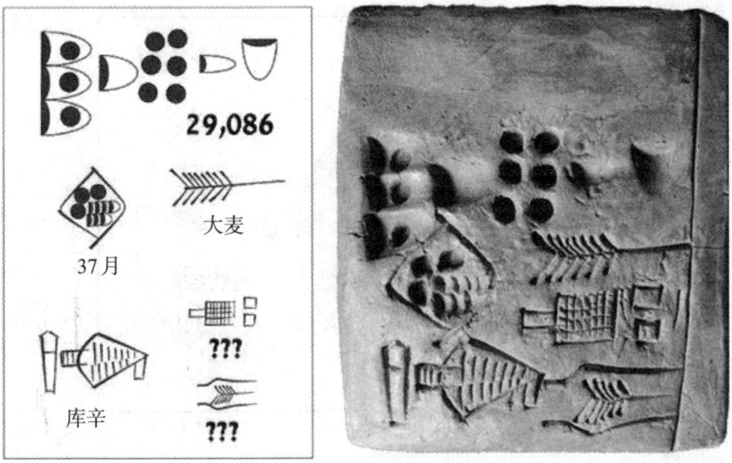


图 13　来自古城乌鲁克（Uruk）大约公元前 3400—公元前 3000 年的泥板，记载着当时的行政文书。这块泥板清楚记载着在 37 个月内收到了 29 086 单位的大麦（大约 3800 蒲式耳），并由名叫“库辛”的人签核。这里的“库辛”可能是当时的某个职称，又或是某个人的名字。如果库辛真的是个名字，他可能就是史上第一个我们知道名字的人！所有先前我们使用的名称，像“尼安德特人”“纳图芬人”“雪维洞穴”“哥贝克力石阵”，都只是现代人为它们取的名字。像哥贝克力石阵，我们其实并不知道当时建造它的人怎么称呼这个地方。而在文字出现之后，我们终于能够再通过当时人的耳朵，“听到”一些历史。很有可能，当时库辛的邻居就会朝着他大叫：“库辛！”这一切说明，史上第一个记下的名称或名字，是属于一个会计师，而不是什么先知、诗人，或者伟大的征服者。[41]

除此之外，远古时代只有另一个其他类型的文本幸存，而且甚至比那块泥板更无趣：就只是一堆单词，由当时的文士一再重复抄写，作为练习。而且，就算当时的学生已经抄账单抄到深感无聊，想要自己写首诗，客观条件也并不允许。最早的苏美尔文字只能部分表意（partial script），而无法完整表意（full script）。所谓完整表意，指的是这套符号能够大致完整表达出口头语言；这样一来，就能表达一切人类口传的内容，包括诗歌。但另一方面，所谓部分表意，就是指这套系统只能呈现特定种类的信息，局限于特定领域的活动。举例来说，拉丁文、古埃及象形文字和盲人点字都能够完整表意，不论是税条、史书、商业法律，或是情诗和历史著作，全部难不倒它。相较之下，最早的苏美尔文

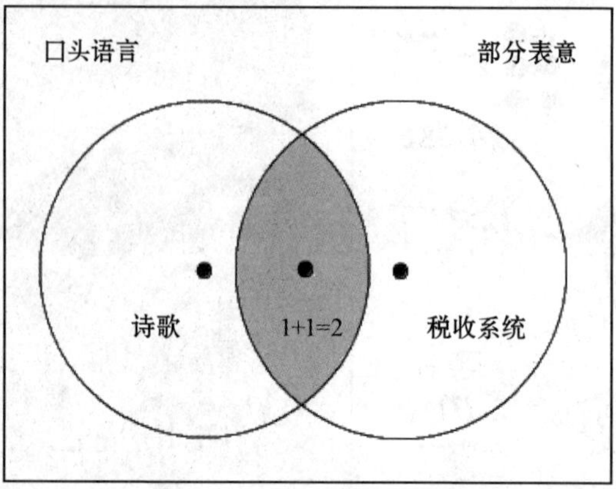


虽然部分表意的文字系统无法完整传达人类的口语，但也能表达一些不在口语范围内的意义。像是苏美尔文字、数学符号，虽然不能拿来写诗，但讲到记账收税可是效率一流。

字就像是现代的数学符号和音乐符号，只能部分表意。例如数学符号虽然能用来计算，但要写情诗就做不到了。

对苏美尔人来说，苏美尔文字不能拿来写诗似乎并不是什么大问题。毕竟他们发明文字的目的不在于复制口语，而是想要完成一些口语没做到的事。举例来说，在哥伦布抵达美洲之前，安第斯山脉就有一些文化，从来就只有部分表意的文字，他们并不会觉得这样不够用，也不觉得有必要发展成完整表意的文字。安第斯文化的文字和苏美尔文字大有不同，不同的程度大到有很多人甚至不认为这是一种文字。这些文字不是写在泥板或纸张上，而是在各种颜色的绳子上打结来表示，称为"结绳语"（quipu）。每个结绳语的文本都有许多不同颜色的绳子，材质可能是羊毛，也可能是棉花。在每根绳子的各种位置上绑着几个结。光是一个结绳语文本，就可能有数百条绳子、几千个结。通过这些不同颜色、不同绳子、不同打法的结，安第斯文化就能记录大量的数字数据，像税收或财产所有的数据。[42]

而数百甚至数千年来，对于当地城市、王国和帝国的商业来说，结

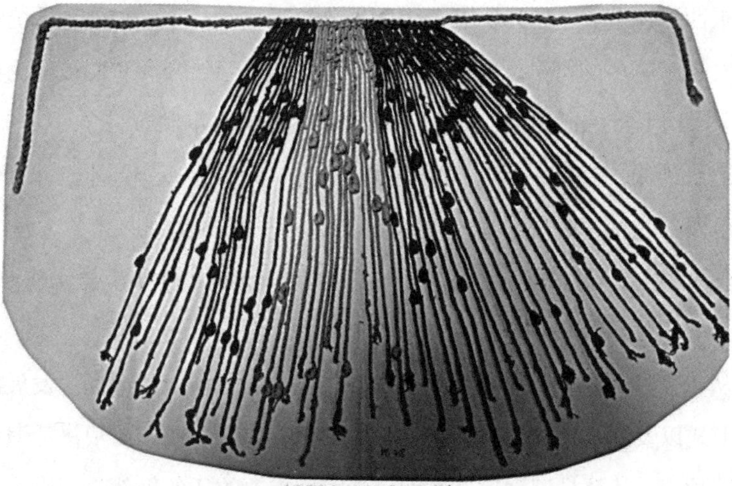


图 14　12 世纪的安第斯文化结绳语。

绳语都不可或缺。[43] 结绳语在印加帝国时期达到鼎盛，当时印加帝国人口约有 10 万到 12 万，疆域包括今日的秘鲁、厄瓜多尔和玻利维亚，以及部分的智利、阿根廷和哥伦比亚。这样庞大的帝国需要复杂的行政系统，也就需要储存和处理大量数据，要是没有结绳语，绝对是不可能的任务。

事实上，正因为结绳语有效又准确，就算在西班牙人占领南美之后，还是用结绳语来管理他们建立的新帝国。但问题在于，西班牙人并不知道该如何记录和阅读结绳语，一切有赖于当地专业人士协助。而这些新的统治者便意识到，这让当地的结绳语专家能够轻易欺瞒误导这些统治者，情势大大不利。所以等到西班牙的统治势力站稳扎根，就全面废弃了结绳语，所有记录改用拉丁文和数字。而在西班牙占领过后，结绳语文本绝大多数均已逸失，即使幸存，也因为能阅读的人才凋零，而成了无人能懂的文本。

## 官僚制度的奇迹

终于，美索不达米亚人开始希望除了无聊的数字数据外，还能写些别的东西。在公元前3000年—公元前2500年间，苏美尔文字系统逐渐加入越来越多的符号，成为能够完整表意的文字，今天它们被称为楔形文字。到了公元前2500年，国王已经能用楔形文字颁布法令，祭司用它来记录神谕，至于一般平民大众则是用来写写信。差不多同一时间，埃及也发展出另一种能够完整表意的文字——古埃及象形文字。另外，中国在大约公元前1200年、中美洲各地在公元前1000年至公元前500年间，也都发展出了完整表意的文字。

从以上这些最初的中心，完整表意的文字开始向四方远扬，发展出各种形式以及新的用途，让人开始用文字来写诗、编史、要浪漫、演戏剧、提预言，甚至是记食谱。然而，文字最重要的任务仍然是记录大量的数字数据，而这也是部分表意文字的特别强项。无论是希伯来的《圣经》、希腊的史诗《伊利亚特》、印度的长叙事诗《摩诃婆罗多》，还是佛教的《大藏经》，一开始都是口述作品。这些作品世世代代靠的都是口传，就算没有发明文字，也还是会继续再传下去。但讲到税务登记和复杂的官僚制度，就要等到部分表意的文字出现后才应运而生，而且就算到了今天还是像连体婴儿一样密不可分；种种计算机数据库和电子表格，藏着不为外界所知的秘密。

随着越来越多的事情通过文字记载，特别是行政档案数据变得无比庞杂，也就出现了新的问题。记在人脑里的信息找起来非常方便。以我自己为例，虽然我的大脑里藏着几千兆位的数据，但我可以几乎是立刻想起意大利首都的名字，再想起我在2001年“9·11”事件那天做了什么，还能马上想出从我家到耶路撒冷希伯来大学的路线。至今，大脑为何能做到这样仍然是一个谜，但我们都知道它的检索系统效率惊人。（只不过，找钥匙这件事可能是个例外。）

如果是结绳语的绳子或是写着文字的泥板，又该怎么检索数据？如果只有个10片甚至100片的泥板，都还不是个问题。只不过，若是与汉谟拉比同时代的马里（Mari）城邦的国王齐默里宁（Zimrilim），已经累积了数千片泥板，该怎么办？

想象一下在公元前1776年。两个马里人在争论一片麦田的所有权。雅各布言之凿凿，说他早在30年前就向以扫买了这片田。但以扫不同意，说他是把这片地租给雅各布，租期30年，现在租期到了，他要收回土地了。双方火气上升，开始互相叫嚣推打，但他们忽然想到，可以到王室的档案库去查查，那里有全王国房地产相关的记录和数据。但等抵达了档案库，他们就被各部门的人像皮球一样踢来踢去，叫他们先坐下来喝杯青草茶休息等等，或者明天请早些再来。好不容易才终于有个承办人员一边碎碎念一边带着他们去找相关的泥板。承办员打开一扇门，来到一个巨大的房间，从地板到天花板堆积着成千上万片的泥板。也难怪承办人员心情糟，他该怎样才能找到记着30年前麦田合约的那块泥板？而就算找到了，又怎么能知道这块30年前的泥板就是关于这片麦田的最新合约？另外，如果找不到这块泥板，难道就能说以扫从未出售或出租这片麦田吗？会不会只是泥板搞丢了，或是某次下雨渗水把它给溶了？

显然，光是把记录压印在泥板上，并没办法让数据处理有效率、准确和方便。我们还需要有组织工具（如编目）、快速的复制工具（如复印机）、快速准确的检索工具（如计算机运算），而且还得有够聪明（最好心情还能好一些）的负责人员，能够了解这些工具的使用方法。

事实证明，发明这些工具要比发明书写文字难上太多了。许多时地都相差甚远的文化，都各自发展出了自己的文字系统。每隔几年，总有考古学家又发现了其他某种被遗忘的文字，甚至有些还可能比苏美尔泥板更久远。但这些文字多半就只是些新鲜但不实用的发明，原因就在于这些文化没能找出方法来有效编目和检索数据。而苏美尔、古埃及、古中国和印加帝国的特殊之处，就在于这些文化都发展出了良好的技术，能够将文字记录予以归档、编目和检索，另外还投入资本培养人才来负责抄写、数据管理和会计事务。

考古学者在美索不达米亚发现了一份当时的书写作业，让我们得以一窥大约4000年前的学生生活：

我走进去坐下，老师来检查我的泥板。
他说："你漏了一些东西！"
然后他就用棍子打我。
另一个管事的人说："未经我允许，你竟敢讲话？"
然后他就用棍子打我。
管秩序的人说："未经我允许，你竟敢站起来？"
然后他就用棍子打我。
看门的说："未经我允许，你竟敢出去？"
然后他就用棍子打我。
管啤酒壶的说："未经我允许，你竟敢倒啤酒？"
然后他就用棍子打我。
苏美尔语的老师说："你竟敢说阿卡德语？"①
然后他就用棍子打我。
我的老师说："你的字很丑！"
然后他就用棍子打我。[44]

古代的抄写员不但得会读会写，还得知道如何查目录、辞典、日历、表格和图表。他们得要学习并内化种种编目、检索和处理信息的技巧，而且这些都和大脑原本内建的机制非常不同。在大脑里，所有数据都自由地互相联结。比如我在和另一半一起去办新家抵押贷款的时候，就想到我们一起住的第一个地方，这又让我想到去新奥尔良度的蜜月，再想到鳄鱼，再想到西方的恶龙，再想到歌剧《尼布龙根的指环》；结果我不知不觉就哼起了歌剧里面齐格飞的主旋律，把银行职员搞得一头雾

① 就算当时大家都讲阿卡德语，但苏美尔语仍然是官方语言，也是各项记录所用的语言。因此立志成为抄写员的人就得讲苏美尔语。

水。对官僚制度来说，各种数据必须清楚分开。一个抽屉放住宅抵押贷款，一个放结婚证书，第三个放税务登记材料，第四个放诉讼案件卷宗。否则哪知道该到哪去找？而如果有某件事情同时属于很多个抽屉，（例如华格纳的音乐剧究竟该算是“音乐”还是“戏剧”？还是该干脆另列一类？）可就头痛了。所以，这些制度总是在不停新增、删除和重新分配这些抽屉。

为了要让工作顺利，操作这种抽屉系统的人必须接受训练，思考的方式不能像一般人，而得有专业文书和会计的样子。从古至今，我们都知道文书和会计的想法就是有点没人性，像个文件柜一样。但这不是他们的错。如果他们不这样想，他们的抽屉就会一片混乱，也就无法为政府、公司或组织提供所需的服务。而这也正是文字对人类历史所造成的最重要的影响：它逐渐改变了人类思维和看待这个世界的方式。过去的自由连接、整体思考，已经转变为分割思考、官僚制度。

## 数字的语言

几个世纪过去，官僚制度式的数据处理方式与人类自然思考方式的差异越来越大，重要性也越来越高。在公元 9 世纪前的某个时候，人们发明了另一种部分表意的文字，让储存和处理数字数据的效率一日千里，成为重要的里程碑。这种文字是由 10 个符号组成，代表从 0 到 9 的数字。很容易让人搞错的一点在于，虽然这些符号现在被称为“阿拉伯数字”，但其实是印度人发明的。而且现代阿拉伯人自己还用了一组和西方颇不相同的数字符号系统，就更叫人一头雾水。之所以现在我们会称“阿拉伯数字”，是因为阿拉伯人攻打印度时发现了这套实用的系统，再加以改良传到中东，进而传入欧洲。等到有几个其他符号加入了阿拉伯数字系统（例如加号、减号、乘号），现代数学符号的基础就产生了。

虽然这整套系统仍然只是种部分表意的文字符号，但这已经成为全世界的一大重要语言。几乎所有的国家、企业、组织和机构，不管讲的是阿拉伯语、印度语、英语还是挪威语，都必须使用数学符号来记录及处理数据。只要能将信息转成数学符号，储存、传播和处理的速度和效率就能快到令人叹服。

因此，如果哪个人想打动政府、组织和企业，就必须学会“用数字说话”。而专家也费尽心力，甚至像“贫穷”、“幸福”和“诚实”这些概念，都能翻译成一个又一个的数字，成了“贫穷线”“主观幸福感程度”“信用等级”。而像物理和工程方面，几乎整个知识领域都快要和人类的口语语言脱节，而由数学符号独挑大梁。

$$
\begin{aligned}
\ddot{\mathbf{r}}_i = \sum_{j\neq i} \frac{\mu_j\left(\mathbf{r}_j-\mathbf{r}_i\right)}{r_{ij}^3}\Bigg\{1 &- \frac{2(\beta+\gamma)}{c^2}\sum_{l\neq i}\frac{\mu_l}{r_{il}} \\
&- \frac{2\beta-1}{c^2}\sum_{k\neq j}\frac{\mu_k}{r_{jk}} + \gamma\left(\frac{\dot{s}_i}{c}\right)^2 \\
&+ (1+\gamma)\left(\frac{\dot{s}_j}{c}\right)^2 - \frac{2(1+\gamma)}{c^2}\dot{\mathbf{r}}_i\cdot\dot{\mathbf{r}}_j \\
&- \frac{3}{2c^2}\left[\frac{\left(\mathbf{r}_i-\mathbf{r}_j\right)\cdot\mathbf{r}_j}{r_{ij}}\right]^2 + \frac{1}{2c^2}\left(\mathbf{r}_j-\mathbf{r}_i\right) \\
&\cdot\ddot{\mathbf{r}}_j\Bigg\} \\
&+ \frac{1}{c^2}\sum_{j\neq i}\frac{\mu_i}{r_{ij}{}^3}\left\{\left[\mathbf{r}_i-\mathbf{r}_j\right]\right. \\
&\left.\cdot\left[(2+2\gamma)\dot{r}_i-(1+2\gamma)\dot{\mathbf{r}}_j\right]\right\}\left(\dot{\mathbf{r}}_i-\dot{\mathbf{r}}_j\right) \\
&+ \frac{3+4\gamma}{2c^2}\sum_{j\neq i}\frac{\mu_j\ddot{\mathbf{r}}_j}{r_{ij}}
\end{aligned}
$$

这是根据相对论推导出来的公式，能够计算质量重力加速度。大多数一般人只要看一眼这个公式就只能瞠目结舌，像是鹿在路上被车灯照到一样。这种反应其实很自然，并不代表这个人天生愚鲁或缺乏好奇。除了极少数例外，人类大脑就是没有思考像相对论或量子力学这些概念的能力。物理学家之所以能这样思考，是因为他们抛下了传统的人类思维方式，从头学习如何在外部数据处理系统的协助下思考。他们的思考过程有很重要的一部分并不是在他们的脑子里，而是在计算机里或者教室的黑板上。

近来，数学符号已经带来另一种更革命性的文字系统，计算机所使用的二进制程序语言，全部只有两个符号：0 与 1。就像现在我用键盘打到计算机上的所有文字，也都是由 0 和 1 的组合所呈现。

* * *

文字本来应该是人类意识的仆人，但现在正在反仆为主。计算机并不能理解智人如何说话、感觉和编织梦想，所以我们现在反而是用一种计算机能够理解的数字语言来教智人如何说话、感觉和编织梦想。

而且这还没完。人工智能的领域还希望能够完全在计算机二进制的程序语言上创造一种新的智能。像科幻电影《黑客帝国》或《终结者》，就都预测着总有一天这些二进制语言会抛下人性给它们的枷锁，而人类想要反扑的时候，它们就会试图消灭人类。

# 第八章
# 历史从无正义

农业革命后几千年的历史，可以总结为一个问题：如果人类的基因里并没有大规模合作的生物本能，所有的合作网络究竟如何维系？简单的讲法，是人类创造出了由想象建构的秩序、发明了文字，以这两者补足我们基因中的不足。

但对许多人来说，这些合作网络究竟是好是坏实在难说。网络背后那些想象的秩序既不中立也不公平，总把人分成一些其实并不存在的分类，并且排出上下等级。上等人享有各种权力和特权，而下等人有的只有歧视和压迫。以《汉谟拉比法典》为例，这部法典就将社会分成上等人、平民和奴隶。上等人养尊处优，享尽一切好处；平民只能捡捡上等人剩下的东西；而奴隶如果还敢抱怨，就等着吃苦头了。

就算是 1776 年的美国《独立宣言》，尽管把人人生而平等喊得震天响，其实还是把人分成了上下等级。《独立宣言》区分了男女，男性从中得利，但女性却被剥夺了同样的权利。《独立宣言》也区分了白人、黑人和印第安人，让白人享有自由民主，但却认为黑人和印第安人是比较劣等的人类，不该享有平等的权利。当时许多蓄奴的人也在《独立宣言》上签了名，他们签署后并未释放奴隶，但一点儿也不觉得自己言行不一。在他们看来，黑人哪有什么“人”权？

美国这套秩序还区分了贫富之间的阶级。当时，美国人对于有钱爸妈把遗产和家族企业留给子女多半并不觉得有什么问题。在他们看来，所谓“平等”指的只有“法律面前人人平等”这件事，而与失业救济、普及教育或健康保险无关。至于当时的“自由”，也与今天截然不同。在 1776 年，“自由”并不代表着权利遭侵夺的人能够取得并行使权利（至于黑人、印第安人或女性更是绝无可能)，而只是代表着除非特殊状况，否则国家不能没收或处分公民的私有财产。这么说来，美国这套秩序所奉行的就是“财富的阶级”，有些人会认为这就是神的旨意，也有些人会认为这是自然不变的规律。这些人会说，勤劳致富，懒惰则困穷，这是自然的赏罚原则。

然而，以上所有的区别，不管是自由人/奴隶、白人/黑人、富人/穷人，都只是虚构的想象所建构出来的。(后面会另外来谈男女的阶级问题。)然而历史的铁则告诉我们，每一种由想象建构出来的秩序，都绝不会承认自己出于想象和虚构，而会大谈自己是自然、必然的结果。举例来说，许多赞成奴隶制度的人就认为，这是自然现象，并不是人类所发明出来的一种制度。汉谟拉比认为，为人或为奴是神所决定的。亚里士多德也认为，奴隶有“奴隶的本质”，而自由人有“自由的本质”，他们的社会地位不同，只是本质的展现。

而且，如果你问一个白人至上主义者为什么赞成种族阶级制度，他几乎一定能跟你滔滔不绝地来场伪科学讲座，告诉你不同种族之间本来就有生物学上的差异，比如说，白人的血液或基因就有什么特殊之处，让他们天生更聪明、更有道德感也更勤奋。另外，如果你问一个资本主义的忠实拥护者为什么赞成财富阶级的制度，他也很可能告诉你，这正是客观能力差异带来的必然结果。这些人认为，有钱人之所以有钱，是因为他们能力更强，工作更认真。这样一来，有钱人该有更好的医疗保健、更好的教育、更好的营养，也是天经地义的事。这每分每毫，都是他们应得的。

至于赞成种姓制度的印度教徒则相信，是宇宙的力量划分了种姓的阶级。根据著名的婆罗门教神话，诸神是以原人普罗沙(Purusa)的身体创造这个世界：他的眼睛化成太阳，他的大脑化成月亮，他的口化成了婆罗门(祭司)，他的手化成了刹帝力(贵族、武士)，他的大腿化成了吠舍(农民和商人等平民)，而他的小腿则化成了首陀罗(仆人)。如果相信这种说法，那么婆罗门和首陀罗的社会地位差异就再自然不过，就像太阳和月亮本来就该有所不同。[45] 而中国古代的《风俗通》也记载，女娲开天辟地的时候要造人，一开始用黄土仔细捏，但后来没有时间余力，便用绳子泡在泥里再拉起来，飞起的泥点也化成一个一个的人，于是“富贵者，黄土人；贫贱者，引绳人也”。[46]

然而就我们目前所知，这些阶级区别不过全都是人类想象的产品罢了。不管是婆罗门还是首陀罗，都不是诸神从某个原人的不同身体器官所创造出来的。这两个种姓阶级的区别，不过就是大约 3000 年前在印度北部由人类自己发明创造的一套法律和规范。而亚里士多德的讲法也有问题，奴隶和自由人之间并没有已知的生物学差异。一切都是因为人类的法律和规范，才让某些人变成奴隶，某些人变成主人。至于黑人和白人之间，虽然有例如皮肤颜色和毛发类型之类的客观生物学差异，但没有证据显示这些差异会影响到智力或道德观。

大多数人都会认为只有自己社会的阶级是自然的，而其他社会的阶级分法都实在是虚假又荒谬。现代的西方教育对种族阶级制度嗤之以鼻，如果现在有法律禁止黑人住在白人小区、进入白人学校就读或到白人医院就医，一定会引发轩然大波。但如果说的是贫富阶级，有钱人住在独立、豪华的住宅区，就读专为有钱人提供的私立名校，能进到专为有钱人提供的高档医疗机构，这一点对于许多美国和欧洲人来说，却似乎再天经地义不过。但事实已经证明，大多数有钱人之所以有钱，只是因为他出生在有钱的家庭，而大多数穷人一辈子没钱，也就只是因为他出生在贫穷的家庭而已。

* * *

但不幸的是，复杂的人类社会似乎就是需要这些由想象建构出来的阶级制度和歧视。当然，各种阶级制度的道德意义不一，某些社会的歧视也比其他社会更为严重或极端，但至少就目前学者研究，还没有任何一个大型人类社会能真正免除歧视的情形。一次又一次，人类社会有秩序的方法，就是将成员分成各种想象出来的阶级，像上等人、平民和奴隶；白人和黑人；贵族和平民；婆罗门和首陀罗；又或者富人和穷人。所有这些阶级，就是要让某些人在法律上、政治上或社会上高人一等，从而规范了数百万人的关系。

阶级有其重要功能。有了阶级之后，陌生人不用浪费时间和精力真正了解彼此，也能知道该如何对待对方。在萧伯纳（Bernard Shaw）的作品《卖花女》（*Pygmalion*，曾改编为电影《窈窕淑女》）中，希金斯（Henry Higgins）教授虽然不认识卖花女伊莉莎，但对两人之间的关系拿捏却是丝毫不需犹豫。原因就在于：他一听到她讲话，就知道她是个下层阶级的人，几乎可说是任他宰割——例如将她当作棋子，打赌可以把这个卖花女假扮成名媛淑女而不被看穿。至于如果是现代版的伊莉莎，花店小姐也得知道每天面对着来店的几十个客人，该如何才能卖出一束又一束的玫瑰和剑兰。她不可能有时间和精力做个完整的顾客身家调查，知道每个人的喜好如何，口袋又有多深。所以她得抓住某些"社交线索"，比如客人的衣着打扮、年龄、肤色（虽然这实在不太政治正确），来猜猜看这个客人究竟会是个大会计师，可能大手笔为母亲生日买上一大把的长茎玫瑰，又或是个送货小弟，只买得起一小把雏菊，想送给某个笑容甜美的柜台小姐。

当然，天生自然的能力也很可能影响社会阶级差异，但是种种不同的能力和性格常常还是会受到想象阶级的影响。关于这一事实主要有两大方面。第一，也是最重要的一点，就是大多数的能力也需要培养和发展。就算某个人天生就有某种才能，如果不经过积极培养、磨炼和运用，常常也就没什么表现的机会。但这些机会绝非人人平等，常常都是要看他们在想象建构出的社会阶级中身处何处而定。哈利·波特其实就是个很好的例子。他从小被迫与能力出色的巫师父母分离，而由对巫术一无所知的麻瓜带大，所以等他到了霍格华兹的时候，对巫术可以说是一窍不通。于是，他的故事整整写了 7 本书，他才真正掌握了这项独特才能的力量和知识。

第二，就算身处不同阶级的人发展出了完全一样的能力，因为他们面对的游戏规则不同，最后结果也可能天差地别。举例来说，假设在英国统治下的印度，有 4 个人都有完全相同的商业头脑，但 4 个人分别是秽多、婆罗门、天主教爱尔兰人和新教英国人，他们致富的概率就仍然大不相同。这场经济的游戏，其实早就被种种法律限制和潜规则束缚住了手脚，根本不知道公平在哪里。

## 恶性循环

虽然说所有社会的背后都是由想象建构出来的秩序，但种种秩序却又各有不同。这些差异的原因为何？传统的印度社会是用种姓制度来分阶级，土耳其人用宗教，美国用种族，但为何如此？这些阶级制度开始时多半只是因为历史上的偶发意外，但部分群体取得既得利益之后，世世代代不断加以延续改良，才形成现在的样子。

例如许多学者推测，印度种姓制度成形的时间是在大约 3000 年前，印度 – 雅利安人（Indo-Aryan）入侵印度、征服当地居民。入侵者建立了阶级森严的社会，可想而知，他们自己占的是最上等的位置（祭司和战士），而当地人就只能做仆人或奴隶。入侵者在人数上并不占优势，因此很担心失去他们的特权地位和独特的身份。为了防患未然，他们就将所有人民依种姓分类，各自需要担任特定的职业或者在社会上有具体的作用，也各有不同的法律地位、特权和义务。不同种姓之间不仅不能有社交往来、不能结婚，甚至连一起吃饭也被严格禁止。而且这一切除了法律加以规定，还成了宗教神话与仪式的重要部分。

统治者主张，种姓制度反映的是永恒的宇宙现实，而不是历史发展的偶然。印度的宗教将“洁净”和“不洁”视为两大重要概念，也以此作为社会金字塔的根基。虔诚的印度教徒相信与不同种姓的成员接触会造成污染，而且污染的不只个人，甚至还会污染整个社会，也因此这实在是万万不可。然而，这种想法绝非印度教徒所独有。纵观历史，几乎所有社会都会以“污染”和“洁净”的概念来做出许多社会及政治上的区隔，而且各个统治阶级利用这些概念来维系其特权也是不遗余力。只不过，人之所以害怕污染，并非完全只是因为祭司和统治者所捏造出来的神话。可能在人天生的生存本能里，看到可能带着疾病的物体（例如病人或尸体）就会自然产生反感。所以，如果想排挤某一类的人，像女性、犹太人、吉卜赛人、同性恋、黑人，最好的办法就是大声宣布：这些人有病，会造成污染。

印度种姓制度和相关的“洁净”概念深植于印度文化中。虽然现代印度人早已遗忘了印度–雅利安人入侵的事件，但仍然相信着种姓制度，也同样排斥种姓混合造成的“污染”。当然，种姓并不是完全牢不可破。随着时间过去，现在种姓也发展出许多副种姓（sub-caste）。原本的4个种姓，现在已经变成3000种不同的“迦缔”（jati，意为“出生”），但整个种姓系统的基本原则仍然相同，每个人出生就属于特定的阶级，而破坏阶级就是污染了个人，也污染了整个社会。一个人的迦缔决定了他的职业、饮食、住处，还有他的结婚对象。一般来说，结婚对象只能来自同一个种姓阶级，而他们的子女也继承同样的阶级。

而只要出现了新的职业或者出现了一群新的人，就得先判断他们属于哪种种姓阶级，才能在印度社会得到认可。而如果有一群人连被认定为种姓阶级都不配，在这个阶级分明的社会里，他们就连在底层也称不上。这种人被叫作“秽多”，他们居住的地方必须和所有其他人分开，活得充满屈辱，只能靠着像捡拾垃圾的方式为生。就算是种姓阶级最下级的成员，也会尽可能避开他们，不和他们一起吃饭，避免碰触到他们，当然绝不可能与他们通婚。在现代印度，虽然民主政府竭尽全力想打破种姓的区别，告诉印度教徒不同种姓通婚往来不会有什么“污染”，但无论在婚姻还是职业方面，种姓制度的影响仍然挥之不去。[47]

## 美洲的“洁净”观念

现代美洲也延续着这种阶级制度的恶性循环。从16世纪到18世纪，欧洲征服者引进数百万名非洲奴隶到美洲做矿奴或农奴。之所以选择非洲而非欧洲或东亚，环境因素有三。第一，非洲与美洲地理接近，所以从塞内加尔进口奴隶比起到越南找人更为容易。

第二，当时非洲已经发展出成熟的奴隶贸易（主要将奴隶出口至中东地区），但蓄奴在欧洲仍然非常罕见。可想而知，从现有市场买个奴隶，要比自己建立整个市场容易得多。

第三，也是最重要的一点，当时美洲的殖民农庄多半位于弗吉尼亚、海地和巴西之类的地区，常有来自非洲的疟疾和黄热病侵扰。非洲人经过世世代代演化，对这些疾病已经发展出部分的免疫力，但欧洲人全无招架之力，一病便倒。因此，农庄主人如果有点聪明，就知道买奴隶或雇用工人的时候该挑非洲来的，而不是欧洲来的。讽刺的是，非洲人在基因上的优势（免疫力）竟造成了他们在社会上的劣势：正因为他们比欧洲人更能适应热带气候，反让他们成了遭到欧洲主人蹂躏的奴隶！由于这些环境因素，美洲的新兴社会也出现了另一个种姓阶级：欧洲白人的统治阶级，以及非洲黑人的奴隶阶级。

但是，没有人会承认他们把某种种族或出身的人当作奴隶只是为了经济利益。就像征服印度的雅利安人一样，欧洲白种人也希望自己在美洲人眼中不只是财大气粗，而是代表着虔诚、公正、客观的形象。于是，这时就要利用种种宗教和科学的虚构故事来找借口。神学家声称非洲人是诺亚的儿子含（Ham）的后代，而诺亚曾诅咒含的后代要做其他兄弟的奴隶。生物学家声称，黑人不如白人聪明，道德感也发展较差。医生也声称，黑人居住环境肮脏，会传播疾病，换句话说，就是种污染的来源。

这些虚构的故事牵动着美洲文化，也影响整个西方文化。即使当初蓄奴的条件早已消失，故事却依然存在。19世纪初，大英帝国认定蓄奴违法，停止了大西洋的奴隶贸易，在随后的几十年里，奴隶制在整个美洲大陆逐渐被禁止。值得一提的是，这是史上第一次也是唯一一次有蓄奴社会自愿废除了奴隶制度。然而，就算奴隶已经得到自由，过去作为蓄奴借口的虚构种族故事却挥之不去。无论是种族歧视的法律，还是社会的习俗，都还是维持着种族分离的情形。

于是，这一切形成了一个自为因果、不断自我强化的恶性循环。美国南北战争甫落幕的南方就是一例。美国于1865年通过宪法第十三条和第十四条修正案，前者禁止蓄奴，后者明定不得因种族而剥夺公民权及受法律保护的权利。然而，经过两个世纪的奴役，大多数黑人家庭的经济情况和受教育程度都远远不及白人。于是就算某个黑人在1865年出生于美国南方的亚拉巴马州，他得到良好教育和高薪工作的机会绝对比不上他的白人邻居。等到19世纪八九十年代，他的孩子出生了，还是得面对一样的问题：家境贫寒、教育缺失。

而且，黑人要面对的问题还不只经济弱势一项。毕竟，亚拉巴马州并不是只有黑人穷，贫穷的白人家庭也不少，不是所有白人都是有钱的农场主人。在当时工业革命和移民潮的推动之下，美国是个流动极度快速的社会，今日穷困潦倒没关系，处处都有一夕致富的机会。这样说来，如果黑人所面对的只有钱的问题，靠着通婚等种种方式，应该很快就能消弭种族之间的鸿沟。

然而，真实的情况并非如此。在1865年，白人（甚至还有许多黑人）完全相信黑人就是比较笨、比较懒、比较暴力、比较放荡，而且不在乎个人卫生，所以黑人就成了暴力、窃盗、强奸和疾病的代名词，换句话说，他们就是污染源。于是，就算有个黑人在1895年的亚拉巴马州奇迹似的接受了良好的教育，想申请诸如银行职员这种受尊敬的职位，他录取的机会仍然远远不及白人。“黑人”成了一种印记，人们觉得他们天生就不可靠、懒惰，而且愚笨。

你可能会认为，人们总会渐渐明白这些印记都是虚构的而非事实，随着时间过去，黑人就能够证明自己和白人一样能干、守法、干净。但情况却正相反，随着时间推移，这些偏见只会越来越深。正由于所有最好的工作都在白人手上，人们更容易相信黑人确实低人一等。一个普通的白人很可能会说："你看，黑人都已经自由这么久了，但几乎所有的教授、律师、医生，甚至是银行出纳员都没什么黑人。这岂不是明白告诉我们，黑人就是没那么聪明，没那么努力吗？"于是，黑人被困在这个恶性循环里，他们申请不到白领的工作，是因为别人以为他们笨，但证明他们笨的，又是因为白领中很少有黑人。

这种恶性循环并非到此为止，反对黑人的势力不断壮大，最后形成"黑人歧视法"（Jim Crow Laws）等等法规，意在维护种族阶级制度。他们规定黑人不准投票，不准读白人学校，不准到白人商店买东西，不准在白人餐厅吃饭，不准到白人旅馆过夜。这一切的理由是认为黑人就是污秽、懒惰、品行不良，所以必须隔离，好保护白人。同样，白人出于害怕疾病，会避开有黑人的旅馆或餐厅；他们害怕孩子受欺负或被带坏，所以也不希望孩子去上有黑人的学校；他们害怕黑人既无知又没道

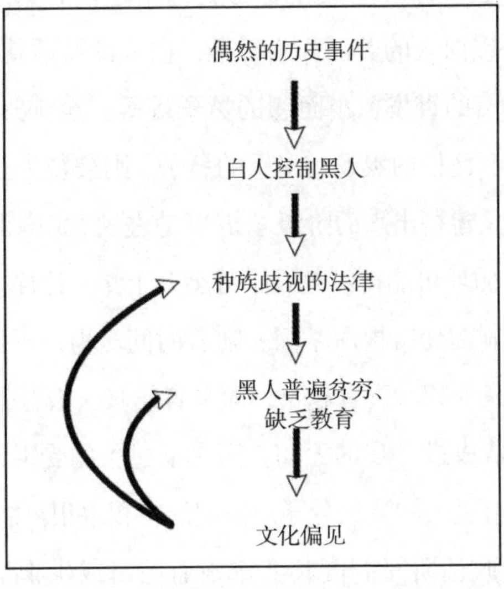


恶性循环：某个偶然历史事件，成了僵化的社会制度常规。

德观，所以不想让黑人在选举中投票。而这些忧虑甚至还有科学研究“证明”在后面撑腰，研究“证明”：黑人平均学历确实较低，得到各种疾病的比率确实较高，而且犯罪率更是远高于白人（但这些研究却忽略了这些“事实”是出于对黑人的歧视）。

到了20世纪中叶，美国南方各州种族隔离的情形甚至比19世纪末期更为恶化。1958年，黑人克雷农·金（Clennon King）申请进入密西西比大学就读，竟被强迫关进精神病院就医。当时法官认为，这个黑人一定是疯了，才觉得自己能进得了密西西比大学。

对于当时的美国南方人（和许多北方人）来说，想到黑人男性居然可能和白人女性有性行为甚至结婚，就会觉得这实在是万万难以接受的事。跨种族的性行为是所有禁忌之首，一旦做出这种行为甚至只是涉嫌想有这种行为，不用经过什么审判，就会立刻遭到私刑处置。当时出现的白人至上主义的秘密社团“三K党”（Ku Klux Klan），就曾犯下多起相关杀人事件。讲到维护洁净这件事，他们可是让印度教的婆罗门相形见绌。

随着时间过去，种族主义还蔓延到越来越多的文化领域。例如美国的审美观就是以白人的美丽作为标准，白人的特质就是美丽的标准，浅色的皮肤、金黄的直发、小而翘的鼻子等等。至于典型的黑人特质，例如黝黑的皮肤、蓬松的黑发、扁平的鼻子，则被视为丑陋。这些成见使得原本就由想象建构出来的阶级意识更是进到意识深层，挥之不去。

这样的恶性循环可能持续几百年甚至几千年，让原本只是历史偶发事件形成的阶级制度变得根深蒂固。随着时间流逝，不公不义的歧视常常只是加剧而不是改善。富者越富，而贫者越贫。教育带来进一步的教育，而无知只会造成进一步的无知。历史上过去的受害者，很可能会再次受害。而历史上过去的特权分子，他们的特权也很可能依然存在。

大多数社会政治阶级制度其实都没有逻辑或生物学的基础，不过就是由历史的偶然事件引起，再用虚构的故事延续壮大。这正是历史值得研究的一个很好的理由。如果黑人/白人或婆罗门/首陀罗的区别真有生物学事实根据（例如婆罗门的大脑确实比首陀罗的大脑效率高），光靠生物学就应该足以研究人类社会的种种行为。然而事实证明，不同智人群体之间的生物差异其实小到能够忽略不计，所以单凭生物学无法解释印度社会和美国各种族的互动为何如此复杂。想了解这些现象，我们只能靠着研究事件本身、环境、权力关系，看看人们是怎样将虚构的想象变成了残酷（而且再真实不过）的社会结构。

## 他和她

不同的社会，想象出的阶级制度也就相当不同。比如现代美国人非常注意种族，但对中世纪的穆斯林来说就无关紧要。在中世纪印度，种姓是生死攸关的大事，但现代的欧洲根本毫不在意。不过，有一种阶级制度却是在所有已知的人类社会里都有着极高的重要性：性别的阶级。世界各地的人都会区分男女，而且至少在农业革命以来，几乎世界各地都是男人占尽好处。

甲骨文的历史可以追溯到公元前1200年，是中国现存最古老的成熟文字，用来记录占卜。其中曾有一块卜辞写着："妇好娩，嘉？"（商王武丁的妻子妇好即将临盆，是否吉利？）而答复是："其唯丁娩，嘉；其唯庚娩，弘吉。"（若在丁日分娩，吉；若在庚日分娩，大吉。）然而，卜辞最后的验辞语气十分遗憾："三旬又一日，甲寅娩，不嘉，唯女。"（31天之后，妇好在甲寅日分娩，不吉，只是个女孩。）[48] 过了3000多年，社会主义体制下的中国制定了计划生育政策，而许多中国家庭仍然觉得生下女儿是种不幸。有些时候，父母还会刻意遗弃甚至杀害女婴，希望能有机会再试一次，看看能不能生出个儿子来。

在许多社会中，妇女只是男人的财产，通常属于她的父亲、丈夫或兄弟。而在许多法律系统中，强奸罪是属于侵犯财产，换句话说，受害人不是被强奸的女性，而是拥有她的男性。因此，这些法律对于强奸罪的救济措施就是所有权移转：强奸犯付出一笔聘金给女方的父亲或兄弟，而她就成了强奸犯的财产。《圣经》还写着："若有男子遇见没有许配人的处女，抓住她，与她行淫，被人看见，这男子就要拿 50 舍客勒银子给女子的父亲；因他玷污了这女子，就要娶她为妻。"（《申命记》，22:28–29）对古希伯来人来说，这是个再合理也不过的安排了。

在某些地方，如果是强奸某个不属于任何男人的女人，甚至算不上犯罪。这就像是在人来人往的街道上捡了一枚铜板不算是盗窃一样。另外，如果是丈夫强奸自己的妻子，也不构成犯罪；甚至有地方会认为，因为丈夫本来就该对妻子的性行为有完全的控制权，所以"丈夫强奸妻子"这句话根本无法成立。说丈夫"强奸"妻子，就像说某个人偷了自己的钱包一样不合逻辑。这些说法听来荒谬，但其实并不只有远古中东地区才有这种想法。就算到了 2006 年，还有 53 个国家无法控告丈夫强奸了他的妻子。即使在德国，也是到了1997 年才修订法案，认定婚姻中可能出现强奸行为。[49]

* * *

那么，将人类分成男女，是不是也像印度的种姓制度或者美国的种族阶级，都是想象下的产物？这一点究竟是不是有深刻的生物学基础，认定男女本来就应有所区分？而如果这确实是一个自然的不同，生物学上又是否能够解释为何男性的待遇优于女性？

在男女之间，某些文化、法律和政治上的差异正反映着两性明显的生物学差异。例如男性没有子宫，所以怀孕生子这件事一直只能是女性的工作。然而，就在这个核心差异上，每个社会又会不断加上一层又一层的文化概念和规范，而这些就和生物学鲜有关联。而各种社会上对于"男性化"和"女性化"特质的想法，多半也没有确实的生物学基础。

举例来说，公元前 5 世纪的雅典实行民主，但有子宫的人就没有独立的法定地位，无法参加人民议会，也无法担任审判。除了少数例外，这种人也无法得到良好的教育，不能经商，也不能参加哲学讨论。所有雅典的政治领袖、哲学家、演说家、艺术家、商人，没有一个人有子宫。那么，难道真有什么生物学的根据，证明“有子宫”的人不适合从事这些行业吗？虽然古雅典人确实这么认为，但现代雅典人可不会同意。在现今的雅典，妇女不仅能够投票，能够参选担任公职，能够发表演讲，能够从事从珠宝到建筑到软件等等一切设计，而且也能够进入大学就读。她们的子宫可没让她们做起这些事来输给男人。确实，女性在政界和商界仍然处于弱势（希腊议会只有12%是女性），但她们要参与政治已经没有法律的阻碍，而且多数现代希腊人也认为女性担任公职合情合理。

此外，许多现代希腊人也认为男人的一个重要特点就是只对女人有“性趣”，而且也只该和异性发生性关系。但他们没发现，“异性性行为自然，同性性行为不自然”这件事也是一种文化偏见，而不是生物学上的事实。事实上，男男相吸这件事，大地之母从来也没什么意见。然而，在某些文化里，如果儿子和隔壁的男孩天雷地火，他的人类母亲可就会大发雷霆。这位母亲会生气，原因可不是出于生物的必然。其实对于许多人类文化来说，同性恋不仅合法，甚至还对社会有所帮助，像古希腊就是最明显的例子，在史诗《伊利亚特》（*Iliad*）里，英雄阿喀琉斯（Achilles）与普特洛克勒斯（Patroclus）关系亲密，但阿喀琉斯的母亲西蒂斯（Thetis）可没什么不高兴。另外，马其顿王国的女王奥林匹亚斯（Olympias）可说是古代最喜怒无常也最大权在握的女性，连她的丈夫腓力二世都死在她手上。但她看到儿子亚历山大大帝带了爱人赫费斯提翁（Hephaestion）回家吃饭，也是没发半点儿火。

我们究竟要如何才能判断，什么是真正在生物学上有所不同，而什么又只是人类说得煞有介事、自找借口？一项黄金法则就是“天生带来允许，文化造成封闭”。天生自然的生物学，可能性几乎无穷无尽。然而，文化却要求必须实现某些可能性，而又封闭了其他可能性。例如女性天生能生小孩，但在某些文化里，女性却是非生不可。生物学上，男人就是能从彼此身上得到性愉悦，但某些文化却极力阻止他们实现这种可能。

文化总会说，它只是禁止“不自然的事”。但从生物学的角度来看，这世界上根本没有什么是不自然的。只要有可能发生的事，就是自然。真正完全“不自然”的事，是指违背了自然规律，但这种事情根本就不会存在，所以也没有禁止的必要。举例来说，没有任何一种文化会“禁止男性进行光合作用”，“禁止女性跑得比光速快”，或“禁止带负电荷的电子互相吸引”，就是因为这讲了只是白讲，完全没有必要。

事实上，许多人认知的“自然”和“不自然”并不是生物学的概念，而是基督教神学的概念。神学上所谓的“自然”，指的是“符合创造自然的神的旨意”。基督教神学家认为，上帝创造了人的身体，并且让每个肢体和器官都有特定的目的。如果我们使用肢体和器官的方式符合上帝的设想，那就是个“自然”的活动；如果不符合上帝设想的方式，就成了“不自然”。然而，演化本来就没有唯一的目的。器官的演化没有唯一的目的，而器官的使用方式也不断在变化。现在人体的所有器官早在几亿年前就已经出现了原型，而现在所有器官都不只做着原型所做的事。器官之所以演化是为了某种特定功能，但等到器官存在之后，要用作其他功能也并无不可。以嘴巴为例，嘴巴之所以会出现，是因为最早的多细胞生物需要有办法将营养成分送进身体里。而虽然现在嘴巴仍然有这种功能，但我们还能用嘴来说话、亲吻，战士还能用嘴来拔手榴弹的引信。难道，只因为我们最早那些像蠕虫一样的祖先在6亿年前没有用嘴做这些事，嘴巴的这些功能就变得不自然了？

同样，翅膀也不是一开始就成了空气动力学的奇迹，而是从原本有其他用途的器官演化而来。有学者认为，一开始昆虫都不会飞，而翅膀是几百万年前从虫子身上突起的部分演化而来。虫子原本身上会有突起，是因为这样能增加表面积，接收更多阳光，也就更能保持温暖。

而在缓慢的演化过程中，这些太阳能接收器越长越大。想要吸收最多阳光，就要让突起的表面积最大、重量最轻；而这种身体结构刚好对昆虫来说也方便，蹦蹦跳跳的时候还能帮上一点忙，突起越大的，就能跳得越远。有些昆虫开始用这玩意儿来滑翔一下，接着只是再跨出一小步，昆虫就真的在空中飞了起来。所以，如果下一次又有蚊子在你耳边嗡嗡不停，记得要骂骂她真是太不自然了。如果她乖乖听话，满足于当初上帝赋予的功能，现在她的翅膀还只能做个太阳能板。

这种多用途、多功能的道理，也同样适用于我们的性器官和性行为。一开始，性行为就是为了繁殖，而求偶仪式则是为了要评估对方的健康程度。但对许多动物来说，两者其实都有众多的社交功能，可不只是为了赶快创造出自己的DNA小拷贝。举例来说，黑猩猩就会用性行为来巩固政治联盟、建立亲密关系、化解紧张局势。难道这也是不自然？

## 性与性别

所以，坚持女性生小孩才“自然”或者说同性恋“不自然”，其实并没什么意义。各种规定男人就该如何、女人就该怎样的法律、规范、权利和义务，反映的多半只是人类的想象，而不是生物天生的现实。

生物上，人类分为男性和女性。所谓男性（male），就是拥有一个X染色体和一个Y染色体，所谓女性（female）则是拥有两个X染色体。但是要说某个人算不算“男人”（man）或“女人”（woman），讲的就是社会学而不是生物学的概念了。在大多数人类社会里，绝大多数情况下所谓男人就是男性，而女人就是女性，但那些社会学的名称负载了太多意义，而真正与生物学相关的部分少之又少，甚至完全无关。我们说某个智人“够男人”，讲的并不是具有某种生物特质（例如有XY染色体，有睾丸，有睾酮之类），而是能在所处的社会中，找到一个符合想象秩序的位置。每个文化背后虚构的故事，都有些男人应该要符合的角色（比如搞政治）、拥有的权利（比如投票权），以及负起的义务（比如服兵役)。同样，要说某个智人是不是“够女人”，也不是看她有没有两个X染色体、子宫或大量的雌激素，而是她在想象建构出的人类秩序中，是个女性的成员。每个社会文化也会用虚构的故事，定出一些女人该符合的角色(养育子女)、拥有的权利(保护不受暴力侵扰)，以及负起的义务(服从她的丈夫)。正由于定义男女角色、权利和责任的并不是生物学，而只是虚构的故事，所以每个社会认为“够男人”和“够女人”的意义也就大不相同。

学者为了把概念讲清楚，通常把生物学上的区分称为“性”(sex)，而文化上的区分称为“性别”(gender)。“性”区分的是男性和女性，属于客观标准，在整个历史上未曾改变。至于“性别”区分的是男人和女人(某些文化也有其他类别)，所谓“够男人”和“够女人”的标准存在于主体之间，而且会不断改变。举例来说，同样在雅典，古代和现代对女人要求的行为、欲望、服饰甚至是身体姿势都有极大不同。[50]

| **女性 = 一种生物区别** | | **女性 = 一种文化区别** | |
|---|---|---|---|
| **古代雅典** | **现代雅典** | **古代雅典** | **现代雅典** |
| XX 染色体 | XX 染色体 | 无权投票 | 有权投票 |
| 子宫 | 子宫 | 无权担任法官 | 有权担任法官 |
| 卵巢 | 卵巢 | 无权任公职 | 有权任公职 |
| 睾酮浓度低 | 睾酮浓度低 | 无权自行决定结婚对象 | 有权自行决定结婚对象 |
| 雌激素浓度高 | 雌激素浓度高 | 通常不识字 | 通常识字 |
| 有泌乳能力 | 有泌乳能力 | 法律上由父亲或丈夫拥有 | 法律上独立 |
| **完全相同** | | **非常不同** | |

性的事情好解决，但性别就没那么容易。想成为男性再简单不过，只需要出生的时候有一个X和一个Y染色体就行。想成为女性也是同样容易，出生时有一对X染色体，就大功告成。但相反的是，要当好

一个男人或一个女人，不但过程复杂，而且要求苛刻。正由于“够男人”或“够女人”的标准多半来自文化，而不是天生自然，所以没有什么社会是在人一生下来之后就觉得男性够男人而女性够女人。而且就算得到认可了，也还不能就此松懈。从出生到死亡，男性必须一辈子不断通过各种仪式和表演来证明自己真是条汉子。而女性也永无宁日，必须不断说服自己和其他人自己散发着女人味。

而且，这种成功没得保证。特别是男性，总是很害怕别人觉得自己没有男子气概。在整个历史上，总看到男性愿意冒险犯难甚至牺牲生命，只为了让人夸赞一句：“他是个真正的男人！”

### 当男人究竟有什么好的？

至少农业革命以来，大多数人类社会都属于重男轻女的父权社会。不论这些社会对男女的定义为何，当男人总是比较优越。父权社会教育着男人就该是个阳刚的男人样，女人就该有个阴柔的女人款，要是有人斗胆跨越界线，惩罚也就随之而来。但反过来说，如果遵守了这些规范，得到的奖励却是男女大不同。社会通常重视阳刚的特质胜于阴柔的特质，社会中阳刚的典范得到的总是比阴柔的代表多。女人得到的健康和教育资源不如男人，不论在经济、政治，甚至光是迁徙的自由也都逊于男人。性别就像是一场竞赛，但第一第二早已命中注定，有些人甚至只能争个老三。

确实，有极少数的女人坐到了高位，例如埃及艳后克丽奥佩特拉（Cleopatra）、英国的伊丽莎白一世，以及中国的慈禧太后，但她们只是例外，而更证明了这个规则。慈禧在 19 世纪末统治中国，但当时所有的朝廷大臣都是男人，军队统帅都是男人，判官律吏都是男人，科举考生都是男人，进士翰林都是男人，就连吟诗作对、为文著述、抚琴吹箫、问诊医病、清谈哲思、科学研究也几乎都是男人一手包办。

几乎在所有的农业和工业社会中，父权制都是常态，历经各种政治

图 15 18 世纪的男人味：法国国王路易十四王室肖像。请注意路易十四戴着长假发，穿着丝袜和高跟鞋，站得像个芭蕾舞者，还带着一把巨大的剑。这一切在现代美国都会被认为真是个娘娘腔（除了那把剑），但在当时，路易十四可是欧洲男子气概和男人味的典范。

图 16 21 世纪的男人味：美国总统奥巴马官方照片。那些假发、丝袜、高跟鞋和剑都去了哪儿？就大权在握的男性而言，这大概是有史以来最呆板沉闷的形象。人类历史上，占主导地位的男人形象多半都是多彩绚丽，比如美洲印第安人酋长就戴着羽毛摇曳的头饰，印度大君也会穿着华丽的丝绸，配着亮眼的钻石。至于在整个动物界里，雄性往往也比雌性更丰富多彩、装饰夸张，像孔雀的尾巴和狮子的鬃毛。

动荡、社会革命、经济转型，历久不衰。以埃及为例，在过去几个世纪统治权不断换手，历经亚述、波斯、马其顿、古罗马、阿拉伯、马穆鲁克（Mameluk）、土耳其和英国统治，但从头到尾都是父权制。虽然埃及曾用过法老的法律、希腊的法律、古罗马的法律、穆斯林的法律、土耳其的法律和英国的法律，但一直都让所谓"真正的男人"唯我独尊。

正因为父权制是种太普遍的现象，不可能只是某种偶然因素进入了恶性循环所致。特别值得一提的是，在1492年哥伦布抵达美洲之前，美洲和亚洲、非洲的人类数千年内并无往来，但绝大多数社会依然采用的是父权制。如果说在亚洲和非洲的父权制只是出于偶然，难道真的只是凑巧，让阿兹特克和印加也同样采用父权制？一种更有可能的推测是，尽管"男人"和"女人"的定义在各种文化之间有所不同，但有些共通的生物因素，让几乎所有文化都重视阳刚胜过阴柔。我们并不知道真实的原因为何，虽然有各种理论，但没有任何一个真能完全站得住脚。

### 肌肉理论

最常见的一种理论，是认为男人比女人强壮，于是靠着他们肌肉的力量迫使女人就范。这种理论讲得精致一点，是认为男人力气大，就能独占那些需要较多体力劳动的工作（如犁地和收割），于是让他们掌握了粮食的生产，进而转化为政治上的影响力。

然而，肌肉理论有两大问题。第一，"男人比女人强壮"只是一般情形，而非人人皆然。而且，强壮分了许多种，女人一般来说比男人更能抵抗饥饿、疾病和疲劳，而且也有许多女人能跑得比男人更快，挑得比男人更多。第二，也是这种理论最大的问题，在于整个历史上也有许多不需要什么体力的工作（如宗教、法律、政治），但女人不但没分到这些工作，反而是在田里、在工厂里、在家庭中从事艰苦的体力劳动。如果社会权力分配看的只是付出体力的多寡，女人该得到的权力绝对远超于现在。

更重要的是，就人类整体来说，体力和社会权力本来就没有直接关联。我们常看到六十几岁的人控制着二十几岁的人，但后者显然体力要好得多。19 世纪中叶亚拉巴马州的蓄奴农庄主人，如果和他种棉花的奴隶大打出手，很可能几秒之内就会被撂倒在地上。另外，要遴选埃及的法老王或天主教的教皇，也不是让大家来打一场。在采集社会里，握有政治主导权的人通常是因为社交技巧最为杰出，而不是身上肌肉最为发达。而在黑道组织里，老大常常也不是最强壮的男人，反而是个老头；他根本不用自己出手，肮脏活只要交给更年轻、体力更好的年轻小伙子就行了。如果有哪个小鬼，以为只要把老大干掉自己就能称王，很可能还没动手就已经被杀。就算是黑猩猩，要坐上首领地位靠的也是稳固的集团，而不是盲目的暴力。

事实上，人类历史显示，肌肉的力量和社会的权力还往往是呈反比。在大多数社会中，体力好的反而干的是下层的活。这可能反映着智人在食物链中的位置。如果真的一切只看体力，智人在食物链里就只能处在中间的位置。然而，智人靠着聪明才智和社交技巧，让自己跃升到了食物链的顶端。于是，在智人内部的权力链里，聪明才智及社交技巧也会比体力更重要。正因如此，如果想解释父权制这个历史上影响最广、最稳固不变的阶级制度，要说一切只是因为男人力气大于女人，实在叫人难以相信。

**流氓理论**

另一种理论认为，男性占有主导地位靠的不是力气，而是好侵略的个性。经过数百万年的演化，让男性的暴力倾向远比女性明显。虽然女性心中也会浮起仇恨、贪婪和欺凌的想法，但流氓理论认为男人更愿意将这些想法付诸实践。正因如此，历史上的各场战争一直都是男人主导。

而正因他们在战争时期掌握了军队，到了太平时期也就成了民间社会的主人。控制了民间社会，就有资源发动更多的战争；发动了越多战争，男人就越能控制社会。正是这样的循环，解释了为什么战争无处不在，而父权制也无处不在。

近年来对于男女激素与认知系统的研究也发现，男人的攻击和暴力倾向确实比较明显，平均来说更能胜任一般士兵的角色。然而，就算一般士兵都是男人，是不是就能合理推论也该由男人来运筹帷幄，而且最后享有战争带来的甜美果实？这仍然说不通。这就像说因为所有在棉花田里工作的都是黑人，所以棉花农庄的主人也该是黑人一样。既然工人全为黑人的农庄可能有个白人主人，为什么士兵全是男人的军队就不能由女人率领，或者至少在领导阶层里有部分是女人呢？事实上，在整个历史上的许多社会中，许多军方高层人员都不是从大兵做起，而是直接空降。通常军队的领导人从没当过一天兵，只因为他们是贵族、富人或受过教育，高级将领的荣耀也就落在他们头上。

例如拿破仑的克星威灵顿公爵，他 18 岁进入英国军队，立刻接受委任成为军官。他根本不把麾下的平民看在眼里。与拿破仑对战期间，他曾写了一封信给另一个贵族，里面提到“我们指挥的那些大兵就是社会没用的渣滓流氓”。这些大兵通常是最贫困的穷人或少数民族（如爱尔兰天主教徒），他们想在军中晋升的机会可以说是微乎其微。那些高层军职，全部都是公爵、亲王和国王的专利。然而，又为什么只能是公爵，而不能是女爵呢？

法兰西帝国是靠着塞内加尔人、阿尔及利亚人和法国工人阶级的血汗，才建立并捍卫着在非洲的疆域。在这些军队中，出身法国名门的比率可以说是低之又低。但领导军队、统治帝国、享用成果的，这一小撮中法国名门的比率却是高了又高。但同样的问题，为什么这些又都是法国男人，而不是法国女人？

中国长久以来一直有以文人领军的传统，常常将领的出身都是舞文弄墨的，而不是舞刀弄剑的。中文也常有人说“好男不当兵，好铁不打钉”，讲的也是聪明人该去读书而不是从军。但这样说来，为什么所有官职都被男人占走了？

我们并不能说，就因为女人体力较弱、睾酮浓度较低，就不能做好官职、当好将军、搞好政府。虽然运筹帷幄确实需要一定体力耐力，但不需要力大如牛或凶残无比。战争可不是什么单纯的酒吧打架，而是需要非常复杂的组织、合作和安抚手段。真正胜利的关键，通常是能够同时安内攘外，并看穿他人思维（尤其是敌国的思维）。如果挑个只有蛮力、只想猛攻的人来打仗，通常就是一败涂地。更好的选择，是个善于合作、能够安抚、懂得从不同角度看待事物的人。真正能建立起帝国的人，做的也就是这种事。举例来说，奥古斯都虽然在军事上的才干远不及恺撒或亚历山大大帝，成就却非前人能及：建立起稳定而长久的帝国。他不但得到当时民众的推崇，也得到现代史学家的赞赏，这些人都认为，他的成就正是由于他具备了温柔宽厚的美德。

一般说来，女人被认为比男人更八面玲珑，更懂得如何安抚他人，而且更能够从不同角度观看事情。如果这些刻板印象至少有部分是事实，那么女人就该是绝佳的政治家和帝国领袖，至于战场上的肮脏活，就交给那些睾酮爆表、头脑简单四肢发达的肌肉男即可。只不过，虽然这是种很流行的讲法，但现实世界中却很少成真。至于原因，目前仍然不明。

### 父权基因理论

第三种想要从生物学解释父权制度的理论，并未将重点放在暴力或蛮力上，而是认为在数百万年的演化过程中，男人和女人发展出了不同的生存和繁殖策略。对男人来说，得要彼此竞争才能得到让女人受孕的机会，所以个体想有繁殖的机会就看他能不能打败对手，比别的男人强。随着时间慢慢过去，传到后世的男性基因也就是那些最具野心、最积极、最好胜的男人。

但另一方面，对女人来说，要找到个愿意让她受孕的男人完全不是问题。但如果说到要让孩子长大成人甚至为她生下孙子孙女，除了得怀胎十月，甚至还得再辛苦许多年，才能把孩子带大。而在这段时间，她要自己取得食物的机会就变少，另外还需要许多人的帮助。所以，她需要有个男人来帮忙。为了确保自己和孩子能够生存下去，女人只好同意男人提出的各种条件，好换取他一直待在身边、分担这个重担。随着时间慢慢过去，传到后世的女性基因也就是那些最顺从、愿意接受他人照顾的女人。至于花了太多时间争权夺利的女人，也就没有机会让那些好胜的基因万世流芳。

根据这个理论，由于有不同的生存策略，男人的基因倾向是野心勃勃、争强好胜，擅长从政经商；女人的基因则倾向趋吉避凶，一生养育子女就心满意足。

只不过，这种理论似乎在实际的证据上也说不通。最有问题的一点在于，这里认为女人需要外部协助的时候需要依赖男人，而不是其他女人，而争强好胜的男人就能在社会上占据领导地位。但有许多种动物（例如大象和倭黑猩猩）虽然也有需要依赖他人的雌性以及争强好胜的雄性，但发展出来的却是母系社会。正由于雌性需要外部帮助，所以它们更需要发展社交技巧，学习如何合作，给予彼此抚慰。于是，它们建构起了全为雌性的社会网络，帮助彼此养育后代。而这个时候，雄性动物还是继续把时间花在彼此战斗争胜，所以社交技巧和社会关系依旧低落。于是，在倭黑猩猩和大象的社会中，便是由互相合作的雌性组成强大的网络，主导全局，至于以自我为中心而又不合作的雄性，只能滚到一边去。虽然雌性的倭黑猩猩一般来说力气不如雄性，但如果雄性的倭黑猩猩做得过火了，就会被成群的雌倭黑猩猩合起来教训一番。

如果倭黑猩猩和大象都做得到这一点，为什么智人做不到？相较之下，智人这种动物的力气更弱，优势就在于能够大规模合作的能力。如果真是如此，就算女性确实需要依赖他人，而且就算女性确实需要依赖男人，她们也应该能运用较高明的社交技巧来互相合作，进而用策略来操纵打败更具侵略性、更自行其是、更以自我为中心的男人们。

究竟是为什么，在一个以“合作”为成功最大要素的物种里，居然是比较没有合作精神的一方（男人）控制着应该比较善于合作的另一方（女人）？到目前为止，我们还没有很具说服力的答案。也许我们的预设是错的？搞不好，雄性智人的主要特点并不在于体力、侵略性或争强好胜，反而是有更佳的社交技巧，更善于合作？这点在目前仍无定论。

但我们确实知道的是，人类的性别角色在20世纪已有了翻天覆地的变化。现在有越来越多社会让男女在法律、政治和经济上享有平等的地位、权利和机会。虽然性别差距依然显著，但情况正在以惊人的速度改变。1913年，美国有一批妇女站出来为女性要求投票权，当时大众还嗤之以鼻、视为荒唐，但谁想得到，到了2013年，美国最高法院竟有五位大法官（三女两男）投票赞成让同性婚姻合法化，否决了另外四位男性大法官反对的决定？

正是这些戏剧性的变化，让性别的历史叫人看也看不清。现在我们已经清楚看到，父权制度其实并没有生物学上的基础，而只是基于毫无根据的虚构概念。但这么一来，又该怎么解释它为何如此普遍，而且稳固得难以撼动？

# 第三部分
# 人类的融合统一

图 17　朝圣者绕行着位于麦加圣寺内的卡巴圣堂（Ka'aba）。

# 第九章
# 历史的方向

农业革命之后，人类社会规模变得更大、更复杂，而维系社会秩序的虚构故事也更为细致完整。人类几乎从出生到死亡都被种种虚构的故事和概念围绕，让他们以特定的方式思考，以特定的标准行事，想要特定的东西，也遵守特定的规范。就是这样，让数百万计的陌生人能遵照着这种人造而非天生的直觉，合作无间。这种人造的直觉就是“文化”。

在 20 世纪前半叶，学者认为每种文化都自成一格、和谐共存，而且都有独特的不变本质。每一群人都会有自己的世界观和社会、法律及政治系统，而且各自运作顺畅，就像是行星绕着太阳一样。据这种观点，文化只要独立不受影响，就不会有所改变，而会依照原本的步调，朝向原本的方向持续下去。直到出现了外界力量干预，才会造成改变。所以，人类学家、历史学家和政治学家讲到“萨摩亚文化”（Samoan Culture）或“塔斯马尼亚文化”（Tasmanian Culture）的时候，语气都仿佛这些形塑萨摩亚和塔斯马尼亚的信仰、规范和价值从头到尾不曾改变。

但现在，多数的文化学者都认定事情正好相反。虽然每种文化都有代表性的信仰、规范和价值，但会不断流动改变。只要环境或邻近的文化改变，文化就会有所改变及因应。除此之外，文化内部也会自己形成一股改变的动力。就算是环境完全与外界隔绝，生态也十分稳定，还是无法避免改变。如果是物理学的法则，绝不会有不一致的例外情形，但既然这些是人类自己想象创造出的秩序，内部就会有各式各样的矛盾。文化一直想弭平这些矛盾，因此就会促成改变。

举例来说，中世纪欧洲的贵族既信奉天主教，又要遵守骑士精神。典型的贵族清晨就上教堂，听着神父滔滔不绝讲着圣人一生的故事。神父会说：“虚荣，虚荣，一切都是虚荣。财富、色欲和荣誉都是极危险的引诱，你绝不可同流合污，而要跟随耶稣的脚步。要像他一样谦和，要避免暴力和奢侈，而且如果有人打你的右脸，就把左脸也转过去。”于是，这位贵族回家的时候满怀内敛与谦和；但接着他就换上了最好的丝质衣服，前往领主的城堡参加宴会。城堡里觥筹交错，饮酒如流水，吟游诗人歌咏着中世纪的爱情故事，宾客聊着下流的笑话和血淋淋的战场情节。公爵大声宣告着：“一旦受辱，宁死不屈！如果有人竟敢质疑你的荣誉，就只有血能洗净这种侮辱。人生至乐，岂不就是要让敌人闻风窜逃，让他们美丽的女儿在你脚下颤抖？”

这种价值观的矛盾从来没办法完全解决，但是欧洲的贵族、教士、平民试图处理这些问题的时候，他们的文化也就随之改变。其中一次试着处理，结果就引发了十字军东征。对于这些骑士来说，东征既能展现武力上的长材，也能展现宗教上的虔敬，可以说是一石二鸟。同样的矛盾也带来了种种骑士修会的成立，比如圣殿骑士团（Templar）和僧侣骑士团（Hospitaller），想让基督教和骑士理想更加合为一体。中世纪艺术和文学也常谈到这种矛盾，像亚瑟王与圣杯的传奇便是一例。亚瑟王的宫廷难道不是总想告诉我们，优秀的骑士也该是个好的基督徒，而好的基督徒也能成为最优秀的骑士？

另一个例子是现代的政治秩序。自从法国大革命之后，全球人民逐渐同意“自由”和“平等”都是基本的价值观。然而这两者根本就互相抵触！想要确保“平等”，就得限制住那些较突出的人；而要人人都能“自由”，也就必然影响所有人的平等。自从1789年法国大革命以来，全球政治史可以说就是讲述着要如何解决这种矛盾。

只要读过狄更斯的小说，就知道19世纪的欧洲自由政体将个人自由奉为圭臬，即使这让付不出钱的贫困家庭只能犯罪被囚，孤儿被迫加入扒手集团，也在所不惜。就算到了现代美国，政治还是摆脱不了这种矛盾。民主党人希望社会更加平等，就算为了协助老弱病残必须增税也在所不惜。但这样一来，岂不是违反了民众支配收入的自由？如果我想把钱拿来供小孩读大学，为什么政府可以逼我非买健康保险不可？另一方面，共和党人希望让人人都享有最大的自由，就算会加大贫富差距，许多美国人将无力负担健康保险也在所不惜。但这样一来，平等也就成为空谈。

正如中世纪无法解决骑士精神和基督教的矛盾，现代社会也无法解决自由和平等的冲突。但这也不是什么缺点，像这样的矛盾，本来就是每个人类文化无法避免的，甚至还可以说是文化的引擎，为人类带来创意、提供动力。就像两个不谐和音可以让音乐往前进，人类不同的想法、概念和价值观也能逼着我们思考、批评、重新评价。一切要求一致，反而让心灵呆滞。

如果说每个文化都需要有些紧张、有点冲突、有无法解决的两难，才能让文化更加精彩，那么身处任何文化中的人就都必然有些互相冲突的信念以及互相格格不入的价值观。正因为这种情况实在太普遍，甚至还有个特定的名词来形容：认知失调（cognitive dissonance）。一般认为认知失调是人类心理上的一种问题，但这其实是一项重要的特性，如果人真的无法同时拥有互相抵触的信念和价值观，很可能所有的文化都将无从建立，也无以为继。

举例来说，如果想深入了解那些在清真寺里祈祷的虔诚穆斯林，该做的不是去研究那些所有穆斯林都同意的教条，反而该看看在穆斯林文化里有什么难解的矛盾，有哪些规定根本是自打嘴巴。就是在那些穆斯林自己都会感到左右为难的情境下，才能真正了解他们。

## 用一种间谍卫星的高度……

人类文化一直流动不休，但这种流动究竟是完全随机，还是其实有个整体模式？换句话说，历史有个大方向吗？

答案是肯定的。几千年来，我们看到规模小而简单的各种文化逐渐融入较大、较复杂的文明中，于是世界上的大型文化数量逐渐减少，但规模及复杂程度远胜昨日。当然这是从宏观层面来看的粗略说法，如果从微观层面来看，每次几个文化融合成大型文化的时候，也可以看到大型文化的破碎解离。就像蒙古帝国，虽然曾经雄霸亚洲甚至还征服了部分欧洲，但最后还是分崩离析。又像基督教，虽然信众数以亿计，但也分裂成无数教派。拉丁文也是如此，虽然一度流通中西欧，最后还是转化成各种当地方言，演化出各国的语言。然而，合久必分只是一时，分久必合才是不变的大趋势。

想观察历史的方向，重点在于要用哪种高度。如果是普通的鸟瞰高度，看着几十年或几世纪的发展走向，可能还很难判断历史趋势究竟是分是合。要看更长期整体的趋势，鸟瞰高度便有不足，必须拉高到类似太空间谍卫星的高度，看的不是几世纪，而是几千年的跨度。这种高度能够让我们一目了然，知道历史趋势就是走向分久必合。至于前面基督教分裂或蒙古帝国崩溃的例子，就像是历史大道上的小小颠簸罢了。

* * *

想清楚看到历史的大方向，最佳的办法就是数数看不同时期地球上究竟有多少种同时共存的文化。我们现在常认为整个地球就是一个单位，但在历史上的大多数时间，地球其实像是星系，各个人类文明各自构成不同的世界。

让我们以澳大利亚南方的塔斯马尼亚岛为例，这是一个中等大小的岛屿，原本和澳大利亚大陆相连，但大约在公元前 10 000 年，冰河期结束、海平面上升，于是它就成了岛屿。当时，数千名狩猎采集者就这样留在岛上，与其他人类断了连接。一直到 19 世纪欧洲人抵达之前，有 12 000 年没有人知道塔斯马尼亚人存在，塔斯马尼亚人也不知道外面有其他人类。岛上的人有自己的战争，有自己的政治冲突，也有自己的文化发展。然而，如果你是当时中国的皇帝或美索不达米亚的统治者，对你来说，塔斯马尼亚的概念其实就像是木星：总之就是另外一个世界。

美洲和亚洲也是如此，长久以来两个世界对彼此毫无知悉。比如在公元前 4 世纪到公元前 3 世纪左右，中国处于战国时代，群雄争霸；同时在中美洲，也有各个不同的玛雅文明互相竞逐。然而这两边的争斗却是完完全全毫不相干。对这些人来说，亚洲和美洲的分别，就像火星和金星一样。

地球上到底曾经有多少不同的人类世界共存？大约在公元前 10 000 年，地球上有数千个人类文明。但到公元前 2000 年，这个数字已经只剩下数百个，最多也只有两三千个。至于到了公元 1450 年，这个数字更是急遽下降。当时即将进入欧洲探险时代，地球上仍然有许多像塔斯马尼亚这样独立的“小世界”，但将近九成的人类都已经紧密相连，活在由亚洲和非洲组成的“亚非世界”里。当时，绝大部分的欧亚非（包括撒哈拉沙漠以南的一大片地区）已经有了紧密的文化、政治和经济连接。

至于全球剩下的其他大约一成人口，大致上还能够分成四个具有相当规模和复杂程度的世界：

1. 中美洲世界：涵盖大部分中美和部分北美。

2. 安第斯世界：涵盖大部分南美西部。

3. 澳大利亚世界：涵盖澳大利亚大陆。

4. 大洋洲世界：涵盖大部分太平洋西南的岛屿，从夏威夷到新西兰。

接下来 300 年间，巨大的亚非世界吞噬了所有其他世界。首先在 1521 年，西班牙征服了阿兹特克帝国，进入了中美洲世界。同时，麦哲伦的环球航行开始染指大洋洲世界，不久便彻底征服。1532 年西班牙征服者打倒印加帝国，于是安第斯世界也不复存在。1606 年欧洲人首次登上澳大利亚大陆，而等到 1788 年英国殖民开始，这个质朴的世界

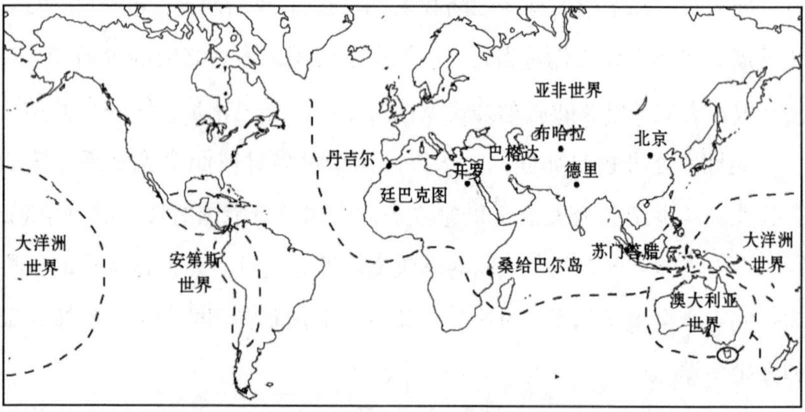


地图 3　公元 1450 年的地球。亚非世界里提到的地点，都是穆斯林旅行家伊本 · 白图泰（Ibn Battuta）曾到访的地方。他出生于摩洛哥的丹吉尔（Tangier），曾前往位于西非的廷巴克图（Timbuktu）、位于东非印度洋上的桑给巴尔岛（Zanzibar）、南俄罗斯、中亚、印度、中国和印度尼西亚。他所行经的各地，正是即将跨入现代、由亚洲和非洲所组成的世界。

也宣告终结。15 年后，英国人在塔斯马尼亚岛上设了第一个殖民地，于是最后一个原本独立的人类世界也就此并入了亚非的影响圈。

确实，亚非世界这个巨人花了几百年才慢慢消化了它吞下的所有世界，但这个过程已经永远无法回头。今天几乎所有人类都接受同一套地缘政治体系（整个地球划分为不同的国家，但受到国际公认）；使用同样的经济制度（就算是地球上最偏远的角落，也受到资本主义市场经济的形塑）；采用一样的法律制度（至少在理论上，人权和国际法放诸四海皆准）；也接受同样的科学体系（不管在伊朗、以色列、澳大利亚还是阿根廷，专家对于原子结构或肺结核疗法的意见都会相同）。

然而，全球文化虽然单一，却非同质。就像是单一的有机体有许多不同的器官和细胞，单一的全球文化也包含着许多不同类型的人和生活方式，既有纽约的股票经纪人，也有阿富汗的牧羊人。但不论如何，他们彼此都密切相关，而且会以许多不同方式相互影响。虽然会有各种争斗，但他们争辩用的是同一套概念，战斗用的是同一套武器。严格来说，真正的“文明冲突”其实是“聋子式的对话”（dialogue of the deaf)，也就是双方都不知道对方在讲什么。但像今天，伊朗和美国虽然针锋相对、剑拔弩张，但他们讲的都是民族国家、资本主义经济、国际权利以及核物理学这套语言。

我们也常说有某些文化比较“纯正”，但如果所谓“纯正”指的是从头到尾的发展都从未有外界干扰，只有当地最古老的传统，那么全球早已没有纯正的文化。在过去几世纪中，全球化浪潮翻腾汹涌，几乎让所有文化改头换面，再也难窥原貌。

全球化一个最有趣的例子是各种“异国”饮食（ethnic food，原意为“有民族特色的饮食”）。在意大利餐厅，似乎就该看到西红柿意大利面；在波兰和爱尔兰餐厅里，就该有很多马铃薯；在阿根廷餐厅，就该有几十种牛排可以选；在印度餐厅里，就该什么都要加辣椒；在瑞士咖啡馆里，就该有热巧克力，上面盖着像阿尔卑斯山一样高的鲜奶油。只不过，上面所有食物没有一项的原产地在这些国家。西红柿、辣椒和可可的原产地都在墨西哥，是西班牙人征服墨西哥之后才传到亚非。至于古罗马帝国的恺撒和意大利的但丁，也从来没用叉子卷起西红柿意大利面（当时甚至连叉子都还没发明！），瑞士的威廉·泰尔（William Tell）从来没吃过巧克力，至于印度的佛陀也未曾在食物里加过辣椒。马铃薯一直要到 400 年前才传到了波兰和爱尔兰。在 1492 年，阿根廷完全没有牛排，只有羊驼排。

在好莱坞电影里，平原印第安人总是英勇地骑着马冲向欧洲人的篷车，大无畏地守护着祖先的传统。然而，骑着马的美国原住民可不是什么纯正古老的传统形象，是在 17、18 世纪，欧洲马传到了北美之后，才让整个北美平原的军事和政治起了翻天覆地的变化。1492 年，美洲还没有马。虽然苏族（Sioux）和阿帕契人（Apache）在 19 世纪有许多看来威风八面的特色，但这其实是个现代文明、全球化的产物，说不上什么“纯正”。

## 全球视野

从实际观点看，全球融合最关键的阶段就是过去这几个世纪。各大帝国成长，全球贸易强化，亚洲、非洲、美洲和大洋洲的人类形成紧密连接，于是印度菜里出现了墨西哥的辣椒，阿根廷的草原上漫步着来自西班牙的牛。然而，从意识形态的角度来看，一个更重要的发展是公元前的1000年间慢慢发展出“世界一家”的观念。在这先前的数千年间，历史确实是朝向全球融合统一的方向迈进，但对大部分人来说，还是难以想象世界一家、全球为一的概念。

智人演化到了能区分“我们”和“他们”。自己身边的这群人就是“我们”，而所有其他人就是“他们”。事实上，世界上没有什么社会性动物会在意所属物种的整体权益。没有哪只黑猩猩会在意整体黑猩猩物种的权益，没有哪只蜗牛会为了全球蜗牛社群举起一只触角，没有哪只狮群首领会说要成为全球的狮子王，也没有哪个蜂窝会贴标语写着：“全球的工蜂联合起来！”

但在认知革命开始后，智人在这方面就和其他动物大不相同。和完全陌生的人合作成了家常便饭，而且还可能觉得这些人就像是“兄弟”或者“朋友”。只不过，这种兄弟情也有限度。可能只要过了隔壁山谷或者出了这座山，外面的人就还是“他们”。大约在公元前3000年，美尼斯（Menes）统一埃及，成了第一位法老王。对埃及人而言，“埃及”有明确的边界，外面都是些奇怪、危险、不值得注意的“野蛮人”，大不了就是拥有一些土地或自然资源（前提还是埃及人想要）。然而，所有这些想象出的边界，其实都是把全人类的一大部分给排除在外。

公元前的1000年间，出现了三种有可能达到“世界一家”概念的秩序，相信这些秩序，就有可能相信全球的人类都“在一起”，都由同一套规则管辖，让所有人类都成为“我们”（至少有这个可能），“他们”也就不复存在。这三种全球秩序，首先第一种是经济上的货币秩序，第二种是政治上的帝国秩序，而第三种则是宗教上的全球性宗教，比如佛教、基督教和伊斯兰教。

商人、征服者和各教先知是最早跳出“我们”和“他们”这种二元区分的人。对商人来说，全球就是一个大市场，所有人都是潜在的客户。他们想建立起的经济秩序应该要全体适用、无处不在。对征服者来说，全球就是一个大帝国，所有人都可能成为自己的属民。对各教先知来说，全球就该只有一个真理，所有人都是潜在的信徒，所以他们也是要试着建立起某种秩序，希望无论谁都能适用。

在过去的3000年间，人类有越来越多雄心勃勃的计划，想要实现这种“世界一家”的概念。接下来的三章中，我们就要一一讨论货币、帝国和全球宗教是如何传播，又如何建立起“世界一家”的基础。第一个要谈的，就是史上最伟大的征服者。这位征服者极度宽宏大量，手段又灵活无比，让人人都成了虔诚狂热的信徒。这位征服者就是金钱。在这个世界上，大家讲到不同的神就易有争执，说到不同的王也可能大打出手，但用起一样的钱却是和乐融融。例如本·拉登，他恨美国文化、恨美国宗教、恨美国政治，但用起美元倒是十分顺手。究竟金钱有什么魔力，竟然能完成连神和君王都做不到的事？

# 第十章
# 金钱的味道

1519 年，墨西哥原本还是个遗世独立的人类社会，但来自西班牙的殖民者荷南·科尔特斯（Hernán Cortés）一行人大举入侵。这里的人自称阿兹特克人，他们很快就发现这些外来的西班牙人看到某种黄色金属就眼睛为之一亮，心心念念，三句不离。阿兹特克人也不是不懂黄金。黄金色泽美丽，又容易加工，所以他们常用来制作首饰和雕像。阿兹特克人偶尔也用金粉来交易，但一般想买东西的时候，通常还是用可可豆或布料来付账。所以，看到西班牙人对黄金如此痴迷，他们实在是一头雾水。毕竟，黄金不能吃、不能喝、不能织，想当作工具或武器，质地又太软，究竟为什么西班牙人为之如此疯狂？面对当地人的疑惑，科尔特斯表示："我们这群人有种心病，只有金子能医。"[51]

对于这些亚非世界出身的西班牙人来说，对黄金的痴迷还确实是种流行病。就算是最针锋相对的死敌，都同样贪恋着这种黄色金属。在入侵墨西哥的 3 个世纪前，科尔特斯一行人的祖先曾对伊比利亚半岛和北非的穆斯林王国发动一场血腥的宗教战争。基督和安拉的子民互相残杀，死亡数以千计，田野和果园满目疮痍，繁华的城市成了余烬中的废墟。而据说，这一切都是为了荣耀基督或者安拉。

随着基督徒逐渐占了上风，他们宣告胜利的方式不只是摧毁清真寺而盖起教堂，还发行了新的金币银币，上面印有十字架符号，也标注着感谢主帮助他们打倒异教徒。然而，除了新货币之外，这些胜利的基督徒还铸造了另一种方形硬币，称为"米拉雷斯"（millares），上面的信息稍有不同，用阿拉伯文写着："安拉是唯一的真神，穆罕默德是安拉的使者。"（但这可是基督徒征服者所铸！）甚至在南法，天主教位于莫吉奥

（Melgueil）和阿格德（Agde）的主教也发行了当地流行的穆斯林硬币，虽然这些教徒敬畏上帝，但用起这些钱来可没有半点儿的心理障碍。[52]

而对另一边的人而言，自然也是同样宽容大方。在北非的穆斯林商人也用基督教的硬币，例如意大利佛罗伦萨发行的弗罗林（florin），威尼斯发行的达克特（ducat），以及那不勒斯发行的吉里亚托（gigliato）。就算是那些高喊要发动圣战、打倒异教基督徒的穆斯林统治者，收税的时候也还是十分乐意收到印着耶稣和圣母马利亚的硬币。[53]

### 这要怎么算？

狩猎采集者完全没有金钱货币的概念。每个部落自给自足，不管是从肉类到药品、从鞋子到巫术，有需要就自己去猎，自己去采，自己去做。虽然不同的部落成员可能有不同的专长，但他们用人情和义务组成经济体系，分享着种种产品和服务。比如拿一块肉虽然不用付钱，但以后还是得有像免费治病之类的对等回馈。每个部落都是独立的经济体；只有少数当地无法取得的稀有物品（例如贝壳、颜料、黑曜石），才需要从陌生人那里取得。而且通常可以用简单的以物易物处理："我们把这些漂亮的贝壳给你们，你们就把上好的燧石给我们。"

农业革命一开始，情况并没有多大改变。大多数人的生活形态仍然是小而紧密的社群，一如狩猎采集的部落，每个村都是自给自足的经济体，靠的就是互相帮忙、互通人情，再加上一点点与外界的以物易物交易。可能有某位村民特别擅长做鞋，某位又特别懂得治病，所以村民都知道没鞋穿或不舒服的时候该找谁。只不过，各个村庄的经济规模都太小，所以还养不起专职的鞋匠或医生。

等到城市和王国兴起，交通基础设施改善，终于带来了专业化的新契机。人口稠密的城市开始能够养活专业工作者，除了鞋匠、医生，还能有木匠、牧师、战士、律师等等。有些村庄开始因为美酒、质量佳的橄榄油或者精致的陶器而闻名，他们也开始发现只要专精此道，再与其他村庄交换货品，就足以让他们生活无虞。这太有道理了。本来各地的气候和土壤就不同，如果自家后院酿出的酒粗劣平庸，而从其他地方买来的酒更香醇柔顺，何乐而不为？而自家后院的黏土如果能做出更坚硬、更美丽的陶盆，就能拿它来交易。而且，还能养出专职的酿酒师和陶艺家，医生和律师更不在话下，他们能够不断磨炼专业知识，最后就能造福全人类。但随着专业化，也出现了一个问题：各种不同专家制作的货品，究竟该怎么交易？

当大量的陌生人试图合作时，光靠人情义务的经济制度就再也行不通。给兄弟姐妹或邻居帮帮忙当然没问题，但如果是个外国人，帮了他之后可能再也见不到面，也就得不到回报。面对这种情形，一种做法是回到以物易物。只不过，这只有在货品数量有限的时候比较有效，而无法成为复杂经济制度的基础。[54]

为了说明以物易物的局限性，我们假设你住在某个山上，这是附近最适合种苹果的地方，种出的苹果又脆又甜、无人能比。你整天都在果园里辛苦工作，鞋子都穿破了。于是，你把驴套上驴车，前往河边的市集。邻居说市集南边有个鞋匠，上次跟他换的鞋真是坚固耐穿，足足穿了一年多才坏。于是你找到了这位鞋匠的店面，告诉他，想用苹果跟他换双鞋。

但鞋匠这时面露难色。他不知道自己到底该收多少苹果。每天他都会有几十个客人找上门，有人带的是几麻袋的苹果，有人带的是小麦、山羊或布匹，而且质量高下不一，并不稳定。甚至有些人说自己能换的是帮他向国王说情或者帮他治治背痛。上次鞋匠用鞋换苹果已经是三个月前的事了，当时是三袋苹果换一双鞋，还是四袋？他都快忘了。不过仔细一想，上次那些苹果是种在专产酸苹果的山谷，而这次的可是种在绝佳的山上啊。还有，上次那些苹果换的是一双小的女鞋，但这家伙要的可是双大男人穿的靴子呢。此外，最近几个星期附近的羊都病倒了，能用的羊皮越来越少。皮匠说，现在想要一样数量的皮革，得拿两倍的鞋子来换。这是不是也该列入考虑？

在以物易物的经济里，不管是鞋匠还是种苹果的，每天都得搞清楚几十种商品的相对价格。如果市场上有100种不同的商品，把汇率列出来就足足有洋洋洒洒的4950条。如果市场上有1000种不同的商品，汇率更足足有499 500条！[55]这怎么可能记得下来？

而且这还不算最糟的。就算真让人算出了几袋苹果值一双鞋，以物易物还不一定成功。毕竟，想要交易也得双方合意。如果现在鞋匠不想吃苹果，而正忙着找人帮忙打离婚官司，该怎么办？确实，种苹果的可以找个喜欢吃苹果的律师，达成一桩三方交易。但如果律师也吃够苹果了，现在是该剪个头发了，又要怎么办？

某些社会的解决方式，就是建立起集中的以物易物系统，分别从各个专业的农夫和制造商那里取得产品，再统一分配到最需要的人手上。这种社会规模最大、名声最著的就是苏联。原本声称要让人人"各尽所能、各取所需"，但结果是"各尽所能的最小值，各抢所需的最大值"。其他地方也曾经有些比较温和，结果也比较成功的试行制度，像印加帝国便是一例。然而，大多数社会都是用一种更简单的方法，在各个专家之间建立连接：他们发明了"钱"的概念。

## 贝壳和香烟

曾经在许多地方、许多时间点，人类都曾发明过钱的概念。这需要的不是什么科技上的突破，而是想法上的革新。可以说是人们又创造了另一个存在于主体间的概念，只存在于人们共同的想象之中。

这里说的钱指的是概念，而不只是硬币或钞票。不论任何物品，只要是人类愿意使用、能够有系统地代表其他物品的价值，以作为物品或服务交换之用，就可以说是符合了钱的概念。钱让我们能够快速、方便地比较不同事物的价值（例如苹果、鞋子甚至离婚这件事），让我们能够轻松交换这些事物，也让我们容易累积财富。钱的类型很多。我们最熟悉的是硬币，这就是种标准化、上面印了文字或图像的金属。但早在硬币发明之前，钱的概念就已存在，许多文化都曾以其他物品作为钱来使用，包括贝壳、牛角、兽皮、盐、谷物、珠子、布料以及欠条。大约4000年前，整个非洲、南亚、东亚和大洋洲都是用贝壳来交易。就算到了20世纪初，英属乌干达还是能用贝壳来缴税！

至于在现代监狱和战俘营里，常常是用香烟来当作钱。在里面，就算你不抽烟，也会愿意接受别人用香烟来付账或者计算各种商品和服务的价值。一位纳粹奥斯维辛集中营（Auschwitz）的幸存者就描述过集中营里如何用香烟当作货币："营里有自己的货币，而且没有人觉得不合理：香烟。所有东西都用香烟来计价……'正常'的时候（也就是大家进毒气室的频率稳定的时候），一条面包是12支香烟，一包300克的人造黄油是30支，一只表值80到200支，一升的酒可得花上400支！"[56]

事实上，就算是现在，大部分的钱也不是以硬币或钞票的方式存在。全球金钱总和为60万亿美元，但所有硬币和钞票的金额加起来还不到6万亿美元。[57] 换句话说，所有的钱有超过九成（超过50万亿美元！）都只是显示在计算机上的数字而已。正因如此，大多数的商业交易其实只是把某台计算机里的电子数据搬到另一台去，而完全没有任何实体金钱的交换。大概只有逃犯要买房子的时候，才会提着一大皮箱的钱出现。而只要大家都愿意接受电子数据交易，就会比闪亮的硬币或簇新的钞票更方便，不仅更轻、更易携带，还更容易记录留存。

出现了复杂的商业系统之后，金钱的概念更是不可或缺。有了金钱的概念，鞋匠只要记得哪种鞋开价多少，不用一一记住鞋子换成苹果或山羊之间的汇率。而且，因为金钱人人都想要，所以苹果达人也不用再去一一询问最近哪个鞋匠想吃苹果。或许，"人人都想要"正是金钱最基本的特性。人人都想要钱，所以有钱就几乎可以换到所有东西。鞋匠之所以永远都乐意收钱，是因为不管他当时想要什么（苹果、山羊或离婚），只要有钱几乎都换得到。

于是，金钱就成了共通的交易媒介，几乎任何东西之间都能完成交换。志愿军人退伍的时候，拿着退役金去上大学，可以说就是用体力来换脑力。而男爵出售土地城堡来养活家臣手下，就是用财产来换忠诚。医师拿病人看病的钱来聘任律师（或者贿赂法官），就是用健康来换正义。甚至像15世纪的妓女，她们先和男人上床取得报酬，再用钱来买天主教教会的赎罪券，就是用性来换取救赎。

理想的金钱类型不只能用来交换物品，还能用来累积财富。各种贵重的事物当中，有的根本无法储存（如时间或美貌），有的只能储存一段很短的时间（如草莓），也有的虽然能久放，但却得占用大量空间，或者需要昂贵的设备和照顾。举例来说，谷类虽然可以保存多年，但需要有大型的谷仓，还得小心防鼠、防霉、防水、防火、防贼。而有了钱之后，不管用的是钞票、计算机数据还是贝壳，都能解决这些问题。例如贝壳，既不会腐烂，老鼠不太能啃得动，不怕火烧，而且也小到可以轻松锁在保险箱里。

然而，有了财富之后不只要储存累积，更要能用得愉快，所以往往需要从一地带到另一地。某些形式的财富（如房地产）完全无法带到另一个地方，而像小麦和稻米之类的产品，运送也很困难。想象一下，如果有个富有的农民，住在一个没有金钱概念的国家，正打算搬到另一个远方省份。他的财富主要就是房子和农地，不过这要怎么带得走？就算把地全换成了好几吨的稻米，想要带走不但十分笨重，很可能还得为此付出很大代价。有了金钱概念，就能解决这些问题。农民可以把一大片土地换成一袋贝壳，这样不管到哪里都能方便携带。

正因为有了金钱概念，财富的转换、储存和运送都变得更容易也更便宜，后来才能发展出复杂的商业网络以及蓬勃的市场经济。要是没有钱，市场和商业网络的规模、活力和复杂程度都必然相当有限。

## 金钱的运作原理？

不管是贝壳还是美元，它们的价值都只存在于我们共同的想象之中。光是它们的化学结构、颜色或形状，并无法带来那些价值。换句话说，金钱并不是物质上的现实，而只是心理上的想象。所以，金钱的运作就是要把前者转变为后者。不过，究竟为什么这能成功？原本有的是一大片肥沃的稻田，为什么会有人愿意换成一小把根本没用的贝壳？为什么有人会愿意辛苦地做汉堡包、销售保险或者帮忙照顾三个精力过剩的小孩，只为了换来几张彩色的纸？

人们之所以愿意如此，正是因为他们接受了这个集体的想象。“信任”正是所有金钱形式最基本的原料。如果有个富裕的农民卖掉房舍田产换来一袋贝壳，还带着这袋贝壳前往远地的省份，那是因为他相信抵达之后，其他人会愿意用稻米、房屋和田地和他交换这些贝壳。所以，可以说金钱就是一种相互信任的系统，而且还不是随随便便的某种系统：**金钱正是有史以来最普遍也最有效的互信系统。**

在这种信任的背后，有着非常复杂而长期的政治、社会和经济网络。为什么我会相信贝壳、金币或美元钞票？原因就在于：我的邻居都信。正因为我的邻居都信，所以我也信。而我们都信的原因在于我们的国王也信，要求我们用这些东西来缴税；还有我们的牧师也信，要求我们用这些东西来缴什一税。拿一张1美元的钞票来仔细瞧瞧，我们会发现这只是一张色彩丰富的纸，一面有美国财政部长的签名，另一面则写着“In God We Trust”（我们信神）。我们之所以愿意接受以美元付款，正是因为我们相信神，也相信美国财政部长。正因为“信任”这件事如此关键，我们就可以知道为什么金融体系会与政治、社会和意识体系如此紧密相连，为什么金融危机往往是由政治发展引发，以及为什么光是股票交易商某个早上的感觉就能影响股市的涨跌。

最早发明钱的时候，人们还没有这种信任，所以要当作钱的事物本身就得有实际的价值。史上最早的金钱制度——苏美尔人的“麦元”制度，就是一个很好的例子。麦元制度的出现时间大约是公元前 3000 年，与文字出现的时间地点正好相同。前面提过，文字的出现是为了因应行政活动的日益频繁，而麦元的出现则是为了因应经济活动的日渐活络。

所谓的麦元其实就是大麦，将固定量的大麦谷粒作为通用单位，用来衡量和交换其他各种货物和服务。当时最普遍的单位是"席拉"（sila），约等于 1 升。当时大量生产了 1 席拉标准容量的碗，每当人们要买卖东西的时候，就能很方便地量出所需要的大麦数量。另外，薪水也是以席拉为单位用大麦来支付。每名男工一个月可以赚 60 席拉，而女工则赚 30 席拉。至于领班则可领到 1200~5000 席拉。即使是最能吃的领班，一个月也吃不了 5000 升的大麦，但多余的大麦就能用来购买其他商品，比如油、山羊、奴隶，还有除了大麦以外的食物。[58]

虽然大麦本身也具有价值，但还是很难说服今天的民众将大麦视为货币，而不只是另一种商品。要解释这点，可以想象一下如果你扛着一麻袋的大麦到附近的卖场，说你想买件衬衫或者比萨，会发生什么事。店家很可能马上就大叫保安赶人了。尽管如此，以大麦来当作第一种货币建立信任关系，还算是个简单合理的选择，毕竟再怎样大麦也还是有它生物学上的价值：人类可以吃。但另一方面，讲到储存和运送，大麦就还是有其局限性。金钱货币史上真正的突破，就是人类终于开始相信某些货币形式，虽然它们本身没什么固有价值，但却能方便储存与运送。这样的金钱制度，大约出现于公元前 2500 年的美索不达米亚：银舍客勒制度。

舍客勒并不是某种货币，而是指"8.33 克的银子"。《汉谟拉比法典》曾提过，如果某个上等人杀了一个女奴，就要赔偿 20 舍客勒的银子，这里指的就是大约 166 克的银子，而不是 20 个某种银币。《圣经 · 旧约全书》的金钱交易多半用的也是银子，而不是硬币。例如约瑟的哥哥把约瑟卖给以实玛利人的时候，价钱就是 20 舍客勒或说 166 克的银子。（与女奴的命一样便宜，毕竟当时约瑟也只是个孩子。）

银舍客勒与先前的麦元制度的不同之处，在于其本身并没有什么实用价值。银子不能吃、不能喝、不能穿，质地也太软，无法做成什么有用的工具（如果做成犁或剑，简直就像用铝箔做的一样脆弱）。真正要用的时候，白银和黄金只会做成首饰、皇冠以及各种象征地位的物品；换言之，都是在特定文化里社会地位高的人所拥有的奢侈品。它们的价值完全只是因为文化赋予而来。

* * *

像这样为贵金属定出重量单位，最后终于发展出了硬币。大约在公元前 640 年，土耳其西部吕底亚（Lydia）王国的国王阿耶特斯（Alyattes）铸造出史上第一批硬币。这些硬币使用金或银的材质，有标准重量，并且刻有识别印记。印记有两种意义：第一，印记指出硬币里含有多少贵金属。第二，印记确定了发行硬币的权威，进而确保硬币成分。几乎所有现在的硬币，都可以说是吕底亚硬币的后代子孙。

过去的金锭银锭没有任何印记，有印记的硬币相较之下有两大优点。第一，锭状金属每次交易都得重新称重。第二，光是称重还不够。鞋匠要怎么才知道客人拿来买鞋的银锭货真价实，而不是一块铅上涂了一层薄薄的银？硬币就能解决这些问题。一旦印上印记，就确认了硬币的价值，所以鞋匠的收银台上就不用再另外放台秤了。更重要的是，硬币上的印记代表着某些政治权力，能够确保硬币的价值。

虽然这些硬币上的印记大小和形状曾多次调整，但重点信息从来未曾改变："我，伟大的国王某某某保证，这个扁扁圆圆的金属含有五克黄金，不多也不少。若有人胆敢伪造此币，即为伪造本王签章，有辱本王名声，此等罪孽，必处极刑。"正因如此，铸造伪币的罪行一直比其他欺诈行为判得更重。因为造伪币不只是单纯的欺诈，更是对主权的挑战，直接冒犯了国王的权力、特权和他本人。用法律术语来说，就是"lèse majesté"（冒犯君主），通常会经过一阵凌虐惩罚，最后处死。只要人民相信国王的权威和人格，就会相信他所发行的硬币。例如古罗马的迪纳厄斯（denarius）银币，印有古罗马皇帝的名字和图像，而正因为民众相信皇帝的权威和人格，就算是未曾谋面的陌生人，也不会怀疑这枚银币的价值。

反过来，皇帝的权力也得靠迪纳厄斯银币来建立与维持。可以想象一下，如果古罗马帝国没有硬币，每次收税或支付薪水都得处理一堆的大麦小麦，会是多困难的事情。如果得在叙利亚收集一堆大麦作为税收，运到古罗马的国库里，再运到英格兰去支付给各个军团，根本是件不可能的任务。除此之外，如果只有古罗马居民接受这些硬币，但高卢人、希腊人、埃及人和叙利亚人还是用贝壳、象牙珠或布匹来计价，整个系统制度也绝对无法成功。

### 黄金福音

古罗马的硬币广受信任，甚至在帝国以外，大家收集迪纳厄斯银币也是毫不手软。在公元1世纪，甚至连印度市场也愿意接受古罗马硬币，虽然最近的古罗马军团还有数千公里之遥。印度人十分信任迪纳厄斯银币和上面的皇帝图像，所以等到当地领主铸造硬币的时候，他们不仅模仿迪纳厄斯银币的外形，甚至连古罗马帝国皇帝的肖像也依样画葫芦！“迪纳厄斯”当时也成了硬币的通称。穆斯林的哈里发把这个名称再阿拉伯语化，发行了“第纳尔”（dinar）货币。直到现在，像约旦、伊拉克、塞尔维亚、马其顿、突尼斯等国，还是以第纳尔作为货币的正式名称。

吕底亚王国式的硬币从地中海传到印度洋，而与此同时，中国发展出了另一种略有不同的金钱制度，以铜币和没有印记的金银元宝为基础。然而，两种金钱制度还是有相当的共通性（特别是都以黄金和白银为基础），中国与吕底亚王国也建立起密切的金融和商业关系。于是，穆斯林和欧洲商人及征服者就这样逐渐将吕底亚金钱系统和这则“黄金福音”传到了地球上的每个角落。到了现代晚期，全世界已经成了单一的金钱货币区，起初用黄金和白银，后来再转变成少数几种有公信力的货币，如英镑和美元。

出现了跨国家、跨文化的货币区之后，终于奠定整个亚非世界统一的基础，最后让全球都成了单一经济和政治领域。虽然各地的人们还是继续讲着不同的语言，服从不同的统治者，敬拜不同的神灵，但都信服着同样的黄金白银、金币银币。要不是大家有这项共同的信念，全球贸易网络几乎绝无可能成真。西班牙征服者于16世纪在美洲发现黄金和白银，让欧洲商人能够到东亚购买丝绸、瓷器和香料，同时促进了欧洲和东亚的经济发展。这些黄金和白银产自墨西哥和安第斯山脉，离开欧洲人之手就进了中国丝绸商和瓷器商的口袋。如果中国人没有患上像科尔特斯一行人同样的“心病”，拒绝欧洲人用黄金和白银付账，情况会是如何？

中国人、印度人、穆斯林和西班牙人分属不同文化，在大部分事情上意见相左，但究竟为什么大家都同样相信黄金有价？为什么不是西班牙人相信黄金，穆斯林相信大麦，印度人相信贝壳，中国人相信丝绸？经济学家已经提出现成的答案。在贸易连接两个区域的时候，只要是能够运送的货品，就会受到供需力量的影响，让价格达到平衡。让我们用一个假设来解释。假设在印度与地中海地区首次开始贸易的时候，印度人对黄金兴趣寥寥，所以黄金几乎一文不值。但在地中海，黄金却是个人人垂涎的地位象征，价值高昂。接下来会有什么情况？

往来于印度和地中海之间的商人，开始注意到黄金的价差，于是在印度便宜购入黄金，再回到地中海高价出售。于是，印度市场上的黄金需求暴增，价格跟着水涨船高。与此同时，在地中海黄金供给大量增加，价格因此下降。不用多久，黄金在印度和地中海的价格就相去无几。正因为地中海人相信黄金有价，印度人也开始跟着相信。就算黄金对印度人来说仍然没有实际用途，光是因为地中海人重视黄金，就足以让印度人跟着重视起来。

以此类推，就算有些人是我们憎恶、讨厌、嘲笑的对象，如果他们相信贝壳、美元或电子数据的价值，就足以让我们也跟着相信这些事物有价值。所以，就算是在宗教上水火不容的基督徒和穆斯林，也可以在金钱制度上达成同样的信仰。原因就在于宗教信仰的重点是自己相信，但金钱信仰的重点是“别人相信”。

千百年来，哲学家、思想家和宗教人物都对钱嗤之以鼻，称钱为万恶的根源。但就算真是如此，钱同时也是人类最能接受的东西。比起语言、法律、文化、宗教和社会习俗，钱的心胸更为开阔。所有人类创造的信念系统之中，只有金钱能够跨越几乎所有文化鸿沟，不会因为宗教、性别、种族、年龄或性取向差异而有所歧视。也多亏有了金钱制度，才让人就算互不相识、不清楚对方人品，也能携手合作。

### 金钱的价格

金钱制度有两大原则：

1. 万物可换：钱就像是炼金术，可以让你把土地转为手下的忠诚，把正义转为健康，把暴力转为知识。

2. 万众相信：有了金钱作为媒介，任何两个人都能合作各种计划。

这两大原则让数百万的陌生人能够合作各种贸易和产业。然而，这些看似无害的原则还是有黑暗的一面。如果一切都能换成金钱，而大家相信的又是不具名的硬币和贝壳，就可能伤害当地传统、亲密关系和人的价值，让冷酷无情的供需法则取而代之。

一直以来，人类社会和家庭的维系靠的是“无价之宝”，如荣誉、忠诚、道德和爱。但这些都不会被放上市场，也不应用金钱衡量。就算市场开出天价，有些事情就是不该做。比如父母绝不该贩子为奴，虔诚的基督徒绝不该犯下那些滔天大罪，忠诚的骑士绝不该背叛主人，而部落先祖留下的土地也绝不该落入外国人手中。

然而，金钱一直试图打破这些限制，就像是水不断渗入大坝的裂缝。有些父母最后还是把几个孩子卖给贩子，这样才能养活其他孩子。有些虔诚的基督徒杀人、偷窃、欺诈，再用这些赃款向教堂购买救赎。想大展身手的骑士把自己的忠诚卖给了出价最高的领主，再用这笔钱来购买自己跟班的忠诚。部落的土地被卖给来自世界另一边的外国人，好买到进入全球经济的门票。

金钱还有更黑暗的一面。虽然金钱能建立起陌生人之间共通的信任，但人们信任的不是人类、社群或某些神圣的价值观，而只是金钱本身以及背后那套没有人性的系统。我们不信任陌生人，但我们现在也不信任隔壁的邻居，而只是信任他们手上的钱。没钱，就没有信任。等到钱的渗透冲垮了社会、宗教和国家所筑成的大坝，世界就成了巨大而无情的市场。

于是，人类的经济史就像跳着微妙的舞步。我们用金钱来促进与陌生人的合作，但又害怕这会破坏人类的价值和亲密的关系。一方面，我们也想打破那些限制金钱和商业流动的社会大坝；但另一方面，我们又不断筑起新的大坝，希望保护社会、宗教和环境免受市场力量的奴役。

现在常有人说市场力量终会获胜，而无论是国王、宗教或社会，它们建起的大坝终将不敌金钱的狂潮。但这是天真的说法。一直以来，总有勇猛的战士、狂热的宗教分子、关心政治的人物多次打倒了工于心计的商人，甚至是让整个经济重新洗牌。所以，说到人类终将统一，绝不只是纯粹经济的过程。想知道原本成千上万的独立文化是如何逐渐相连、形成今天的地球村，虽然黄金和白银影响深远，但也别低估了刀剑的力量。

# 第十一章
# 帝国的愿景

古罗马也常打败仗。但就像大多数历史上最伟大的帝国统治者一样，虽然他们可能输掉几场小战役，但总能赢得最后的整场战争。如果一个帝国连一场战役都输不起，又怎么称得上是帝国？然而，公元前2世纪中叶从伊比利亚半岛传来的战报，却让古罗马人觉得芒刺在背。在这里有一个微不足道的小山城努曼西亚（Numantia），住着当地的凯尔特人，而他们竟敢摆脱古罗马的控制。当时，古罗马已经是整个地中海区域不容置疑的霸主，打倒了马其顿和塞琉古（Seleucid）帝国，征服了骄傲的希腊城邦，还一把火让迦太基城成了废墟。努曼西亚什么都没有，只有对自由的热爱，以及一片荒凉的家园。然而，他们却让古罗马各个军团再三遭到挫败，古罗马军只能或者投降，或者带着耻辱撤退。

到公元前134年，古罗马再也忍无可忍。参议院决定派出最勇猛的小西庇阿（Scipio Aemilianus，曾攻下迦太基城）。小西庇阿率领大军前往努曼西亚，军士超过三万。小西庇阿不敢小看努曼西亚人的奋战精神和作战技巧，也希望能减少手下士兵无谓的伤亡，因此他直接用强化的防御工事包围了努曼西亚，阻挡他们与外界接触，而让饥饿成为最强大的武器。一年多后，努曼西亚人粮食耗尽。他们发现大势已去，便放火焚城；根据古罗马记载，努曼西亚人多半宁可自杀殉难，也不愿意成为古罗马的奴隶。

后来，努曼西亚成了西班牙独立和勇气的象征。《堂·吉诃德》的作者塞万提斯（Miguel de Cervantes）就曾写过一篇名为“努曼西亚围城”的悲剧，虽然是以努曼西亚的毁灭作结，但也预示着西班牙未来的伟大愿景。诗人用诗歌赞颂他们的情操，画家也在画布上重现他们的英勇。1882 年，努曼西亚遗址列为“国家纪念遗址”，成为西班牙爱国者的朝圣地。在 20 世纪五六十年代，西班牙最流行的漫画既不是超人，也不是蜘蛛侠，而是一个来自伊比利亚半岛的虚构英雄贾巴托（El Jabato），起身抵抗古罗马压迫的冒险漫画。直到今日，努曼西亚仍然是西班牙英雄主义和爱国主义的典范、年轻人心中的丰碑。

然而，西班牙人歌颂努曼西亚用的西班牙文，却是源自小西庇阿使用的拉丁文，属于凯尔特语系的努曼西亚语已经失传。塞万提斯也是用拉丁文写下《努曼西亚围城》，而且这出剧用的还是希腊－罗马的艺术模式。努曼西亚本身并没有剧场。至于那些缅怀着努曼西亚英雄主义的西班牙志士们，往往也是古罗马天主教会的信徒，除了教廷位于古罗马，那位神也是拉丁文的爱用者。同样，现代的西班牙法律源于古罗马法；西班牙政治是以古罗马为基础；西班牙美食和建筑多半根源于古罗马，而不是伊比利亚半岛上的凯尔特人。在现在的西班牙，努曼西亚除了遗址之外，其实已经没有什么真正留下。就算是这则故事本身，还是靠着古罗马历史学家的著作才流传了下来。故事经过修饰润色，符合古罗马观众最爱看的“热爱自由的野蛮人”情节。正因为古罗马在努曼西亚大获全胜，所以这些胜利者才会保留下了战败者的那些记忆。

这种情节不太符合我们的品位，我们爱看的是反败为胜，是小人物的胜利。然而，历史就是没有正义。多数过去的文化，早晚都会遭到某些无情帝国军队的蹂躏，最后在历史上彻底遭到遗忘。就算是帝国本身最后也将崩溃，只是常常留下丰富而流传千古的遗产。在 21 世纪，几乎所有人的祖先都曾经属于某个帝国。

### 究竟帝国是什么？

帝国是一种政治秩序，有两项重要特征。第一，帝国必须统治着许多不同的民族，不同的民族各自拥有不同的文化认同和独立的领土。但多少民族才算数？两三个民族还不够，而二三十个就算很多；要迈进帝国的门槛，其统治的民族数量，大概就介于两者之间。

第二，帝国的特征是疆域可以灵活调整，而且可以几乎无限扩张。帝国不需要改变基本架构和认同，就能够纳入更多其他国家和领土。说到今天的英国，如果不改变基本架构和认同，就很难再突破现有的疆界。但在1个世纪前，全世界几乎任何地方都有可能成为大英帝国的一部分。

像这样的文化多元性和疆界灵活性，不仅让帝国独树一格，更让帝国站到了历史的核心。正是这两项特征，让帝国能够在单一的政治架构下纳入多元的族群与生态区，让越来越多人类与整个地球逐渐融合为一。

这里要特别强调，帝国的定义就只在于文化多元性和疆界灵活性两项，至于起源、政府形式、领土范围或人口规模则并非重点。并不是一定要有军事征服才能有帝国。例如雅典帝国的起源就只是有一群人自愿结成联盟，哈布斯堡帝国则是因为许多精心安排的联姻，交织形成如蛛网般的关系。此外，帝国也不一定要有个专制的皇帝。例如史上规模最大的大英帝国，就属于民主政体。其他采用民主（或至少是共和）政体的帝国，还包括现代的荷兰、法国、比利时和美国，以及前现代的诺夫哥罗德（Novgorod）、古罗马、迦太基和雅典。

此外，帝国的规模也并非重点。就算规模小之又小，也可能符合帝国的定义。例如雅典帝国，就算在国力的巅峰，面积和人口还是远远不及今日的希腊。以及阿兹特克帝国，面积也不如今天的墨西哥。尽管如此，以上两者还是足以称为帝国，反而是现代的希腊和墨西哥不合定义。原因就在于雅典和阿兹特克都降服了几十甚至数百个不同的政体，而希腊和墨西哥并未做到。其中，雅典统治了超过100个曾经独立的城邦，而阿兹特克帝国如果其税收记录可靠，更是统治了371个不同的部落和民族。[59]

这些区域在现在也就不过是个普通大小的国家，当时怎么可能有这么多民族？原因在于当时世界上民族的数量比今天多得多，但每个民族的人口数都较少，领地范围也较小。像从地中海到约旦河岸，今天光是要满足仅仅两个民族的野心，就已经搞得烽火遍地，但在《圣经》初始的年代，这里可是养活了数十个国家、部落、小型王国和城邦。

帝国正是造成民族多样性大幅减少的主因之一。帝国就像一台压路机，将许多民族独特的多样性逐渐夯平（例如努曼西亚人），整合制造出他们更大的新群体。

**邪恶的帝国？**

在我们这个时代，政治上有各种难听的字眼，而“帝国主义者”大概只在“法西斯”之后，排名第二。现代对于帝国的批评通常有两种：

1. 帝国制度就是行不通。长远来看，征服许多不同的民族，统治起来一定难有效率。

2. 就算能够有效统治，这种做法也不道德，因为帝国正是造成各种毁灭和剥削的邪恶引擎。每个民族都有自决的权利，不该受到其他民族控制。

从历史的角度看，以上第一点完全没道理，第二点也满是问题。

就事实而言，帝国在过去2500年间一直就是全球最常见的政治形式，大多数人在这段时间都是活在帝国政体之下。此外，帝国政体其实非常稳定，多半时候要打倒反叛军根本不成问题。帝国之所以会倾覆，通常都是因为有外部侵略或是内部统治精英的内斗。相对而言，说到被征服者奋起追求自由、对抗帝国统治，向来记录都很少，他们多半都是持续臣服长达数百年之久。通常这些民族会慢慢被帝国消化，最后自己独特的文化也烟消云散。

举例来说，西罗马帝国在公元476年遭到日耳曼人推翻，但是他们过去数百年来征服的努曼西亚人、阿尔维尼人（Arverni）、赫尔维蒂人（Helvetians）、萨莫奈人（Samnites）、卢西塔尼亚人（Lusitanians）、翁布利亚人（Umbrians）、伊特鲁里亚人（Etruscans），以及其他数百个已经被遗忘的民族，并没有从帝国的余烬中恢复重生，而是就这样默默消失。这些民族虽然曾经属于各自的国家认同，讲着各自的语言，敬拜着各自的神，流传着各自的神话，但现在他们血缘上的后代无论在想法、语言、信仰上都已经是个完全的古罗马人。

很多时候，某个帝国崩溃了，并不代表属民就能独立。反而是每在帝国瓦解或遭到驱逐之后，就会由新的帝国取而代之继续统治。这一点最明显的例子就在中东。现在中东同时存在各种独立的政治实体，彼此之间的边界也模模糊糊，但这是过去几千年间几乎前所未有的情形。上一次中东情势如此暧昧不明，已经是公元前 8 世纪、将近 3000 年前的事了！自从公元前 8 世纪兴起新亚述帝国，一直到 20 世纪中叶英法帝国解体，中东地区一直是像接力棒一样由一个帝国传给下一个帝国。而在英法终于掉棒之后，之前亚述人征服的亚兰人（Aramaeans）、亚扪人（Ammonites）、腓尼基人（Phoenicians）、非利士人（Philistines）、摩押人（Moabites）、以东人（Edomites）和其他民族早已消失不见。

确实，现在的犹太人、亚美尼亚人、格鲁吉亚人都提出了某些证据，证明自己是远古中东民族的后裔。然而，这些都只是例外，反而证明了规则存在；而且甚至就连他们的说法也有些夸张。举例来说，我们无须多言，也知道现代犹太人的政治、经济和社会措施多半是来自过去两千年里的帝国政体，而不是来自古老的犹太（Judea）王国。如果大卫王穿越时空来到今天耶路撒冷最正统的犹太教堂，却看到信众穿的是东欧的衣服，讲的是德国的方言（意第绪语）、不断争论由巴比伦文字写成的教条（犹太法典），想必也是十分困惑。远古的犹太王国既没有犹太会堂，也没有犹太法典，甚至连重要的犹太律法（Torah）也还不存在。

* * *

要建立和维系帝国，确实通常就有惨烈的屠杀，而幸存者也会受到残酷的压迫。帝国的标准配备，常常就包括战争、奴役、驱逐和种族屠杀。古罗马人于公元 83 年入侵苏格兰，遭到当地喀里多尼亚人（Caledonian）的激烈反抗，结果古罗马人就让这个地方成为一片废墟。古罗马人曾经试图和谈，但喀里多尼亚的首领卡尔加库斯（Calgacus）在回应中大骂古罗马人是“世界的流氓”，并说“烧杀掳掠成了帝国的代名词；他们让一切成了沙漠，还说这就是和平”。[60]

然而，帝国也不是完全有害无益，没有留下任何价值。如果说帝国就是样样不行，并否认所有帝国的遗产，那世界上大多数的文化便将不复存在。帝国四处征服、掠夺财富之后，不只是拿来养活军队、兴建堡垒，同时也赞助了哲学、艺术、司法和公益。现在人类之所以有许多文化成就，常常背后靠的就是剥削战败者。例如，要不是古罗马帝国如此繁荣兴盛，西塞罗、塞涅卡（Seneca）和圣奥古斯丁就不可能有钱有闲地思考写作；要不是莫卧儿王朝剥削印度人、征敛财富，就不可能盖起泰姬陵；要不是哈布斯堡王朝从那些讲着斯拉夫语、匈牙利语和古罗马尼亚语的省份征税，又怎么付得起海顿和莫扎特的佣金？而且，就算是卡尔加库斯的这番话，也不是靠喀里多尼亚的作家把它流传下来的。我们之所以还知道这些话，靠的是古罗马历史学家塔西佗（Tacitus）。但事实上，这些话可能根本就是塔西佗自己讲的。今天多数学者认为塔西佗不仅捏造了这段话，甚至连卡尔加库斯这个首领都是他捏造出来的，只是为了要表达自己和其他古罗马上层阶级对自己国家的想法。

就算我们不要只看精英文化和高级艺术（high art），而将重点转向一般人的世界，还是会发现帝国遗痕在现代文化几乎无所不在。今天大多数人说话、思考和做梦的时候，用的都是过去曾拿刀对着我们祖先的征服者的语言。比如多数东亚人讲话和做梦的时候，用的是汉文化的语言。而在南美和北美，不管各地的人民祖先来自何方，从阿拉斯加最北的巴洛半岛，到南美最南的麦哲伦海峡，几乎所有人都讲着以下 4 种语言之一：西班牙语、葡萄牙语、法语或英语。现在的埃及人说阿拉伯语，认为自己是阿拉伯人，也认同阿拉伯帝国；然而，阿拉伯帝国其实是在公元7世纪征服了埃及，而且多次以铁腕措施镇压了企图反抗的埃及人民。至于在南非，大约有1000万祖鲁人还缅怀着19世纪祖鲁最光荣的年代，但其实大部分祖鲁人祖先的部落都曾经奋死抵抗祖鲁帝国的侵略，最后是在血腥的军事行动下才融为一体。

### 这是为你们好

由萨尔贡大帝所建立的阿卡德帝国（约公元前2250年）是我们最早有确切数据的帝国。萨尔贡发迹于美索不达米亚的基什（Kish），是这个小城邦的邦主。经过短短几十年，他不仅征服了所有美索不达米亚的城邦，还夺下在美索不达米亚中心地带之外的大片领土。萨尔贡曾夸口说自己已经征服了全世界。而事实上，他所统治的区域从波斯湾延伸到地中海，涵盖现在伊拉克和叙利亚的大部分地区，还包括一部分伊朗和土耳其的土地。

阿卡德帝国在萨尔贡逝世后不久便随之崩溃，但这个帝国的外壳却开始一手传着一手。在接下来的1700年间，亚述、巴比伦和赫梯（Hittite）的国王都以萨尔贡为榜样，吹嘘着自己也征服了全世界。到了大约公元前550年，波斯的居鲁士大帝更是吹牛皮吹得让人印象深刻。

亚述的历任国王始终自称为亚述国王。就算声称统治了全世界，显然也是为了发扬伟大的亚述，没什么不好意思的。但居鲁士就不同了，他不仅声称自己统治整个世界，还说自己是为了全人类的福祉！这些波斯人对外邦说："我们之所以征服你们，是为了你们好。"居鲁士希望他统治的属民都爱戴他，都觉得能成为波斯的属民和诸侯是再幸运不过的事。他希望其他国家民族都愿意臣服在波斯帝国下，而最著名的创举就是允许被流放到巴比伦的犹太人返回犹太家园重建圣殿，甚至还提供经济援助。居鲁士自认为不只是个统治犹太人的波斯国王，也是犹太人的国王，因此也要照顾犹太人的福祉。

这种“统治全世界，为所有人类福祉而努力”的想法让人耳目一新。一直以来，演化让智人也像其他有社交关系的哺乳动物一样，一直都是排外的生物。智人本能上就会将人类分成“我们”和“他们”。所谓的“我们”，有共同的语言、宗教和习俗，我们对彼此负责，但“他们”就不干我们的事。“我们”与“他们”不同，而且也不欠他们什么。在我们的土地上，我们不想看到他们，也半点儿不关心他们的土地上发生了什么事。甚至，我们还不太把“他们”当人看。例如在苏丹的丁卡人（Dinka），他们说的“丁卡”就是“人”的意思。所以如果不是丁卡人，就不算是人。而丁卡人的死对头是努尔人（Nuer）。努尔语言中的“努尔”又是什么意思？它的意思是“原来的人”。而在距离苏丹沙漠有几千公里远的阿拉斯加冻原及西伯利亚东北部，住着尤皮克人（Yupik）。“尤皮克”在尤皮克语里又是什么意思？它的意思是“真正的人”。[61]

然而，居鲁士的帝国思想与这些排外的民族相反，展现的是包容，而且无所不包。虽然居鲁士还是会强调统治者和被统治者之间的种族和文化差异，但认为整个世界基本上为一体，同样一套原则可以适用于所有时间地点，而且所有人类应互相负责。于是，人类就像是一个大家庭：父母享有特权，但同时也要负责孩子的幸福。

这种新的帝国思想从居鲁士和波斯人传给了亚历山大大帝，再传给希腊国王、古罗马皇帝、穆斯林哈里发、印度君主，最后甚至还传给苏联总理和美国总统。这种良性的帝国思想让帝国的存在合理化，不仅让属民打消了反抗的念头，就算独立的民族也不再反抗帝国的扩张。

除了波斯帝国外，世界其他地区也各自独立发展出了类似的帝国思想，特别是在中美洲、安第斯地区以及中国。根据中国传统的政治理论，人间的种种政治权威都来自“天”。老天会挑选最优秀的个人或家族，赋予“天命”，让他们统治天下，为黎民百姓谋福利。这样说来，所谓君权就该能够行遍天下。如果君主没得到“天命”，别说是天下，就连统治一个城的权力也没有。而如果统治者享有天命，就该有义务将正义与和谐传到整个世界。天命只能传给一个人，所以也不能同时有许多个独立国家的存在。

秦始皇完成了史上第一次中国统一大业，号称“六合之内，皇帝之土……人迹所至，无不臣者……泽及牛马。莫不受德，各安其宇”[62]。于是，不论在中国政治思想还是历史记忆当中，帝国时期似乎都成了秩序和正义的黄金时代。现代西方认为所谓公正合理的世界应该是由各个独立的民族国家组成，但古代中国的概念却正好相反，认为政治分裂的时代不仅动荡不安，而且被看作是混乱和不公正的黑暗时代。这种看法对中国的历史产生深远的影响。每次一个帝国朝代崩溃，这种政治理论主流就让各方竞逐的势力不安于各自为政，而一心追求统一。而且事实证明，最后总能统一，只是时间早晚的问题。

## 当“他们”成了“我们”

在许多小文化合并到少数大文化的过程中，帝国的影响厥功至伟。思想、人口、货物和技术的传播，在帝国境内要比分属不同政治区域来得方便迅速。而且，常常正是帝国本身刻意加速传播各种思想、制度、习俗和规范。原因之一，是这样统治起来更容易。如果帝国的每个小地区都各有一套法律、文字、语言和货币，治理就非常困难。标准化绝对可说是皇帝的一大福音。

第二个原因的重要性也不容小觑，帝国积极传播共同的文化，就能强化它们的合法性。至少从居鲁士和秦始皇开始，帝国不管是铺路还是屠杀，都会为自己的所作所为找到冠冕堂皇的理由，有的说是传播较高等的文化，也有的说这对被征服者的好处比起征服者更多。

至于这些好处，有时候确实显而易见（例如都市规划、统一度量衡），但有时候也十分可疑（例如税收、征兵、崇拜皇帝）。只不过，多数帝国精英仍然一心相信，自己是为了所有帝国子民的整体福利而努力。在中国的统治阶级眼中，各个邻国及四方诸侯都是生活在水深火热中的蛮夷之邦，天朝中国应该泽被四方、广传华夏文化。所谓的天命为的不是剥削掠夺整个世界，而是要教化万民。同样，古罗马人也声称自己的统治理所当然，因为他们让野蛮人开始有了和平、正义，生命也更为高雅。例如他们说日耳曼民族生性野蛮，高卢人会画各种战妆，生活肮脏，为人无知，一直到古罗马人到来，才用法律驯化了他们，用公共浴室让他们身体洁净，也用哲学让他们思想进步。公元前 3 世纪的孔雀王朝，也认为自己必须负起责任，将佛法传播到无知的世界。穆斯林哈里发也肩负着神圣的使命，要传播先知的启示，虽然最好是以和平的方式，但必要的时候也不惜一战。至于西班牙和葡萄牙帝国，他们也声称自己到印度和美洲不是为了财富，而是要让人改信真正的信仰。号称日不落国的大英帝国，也是号称传播着自由主义和自由贸易这两大福音。苏联人更是觉得责无旁贷，必须协助推动从资本主义走向无产阶级专政乌托邦这个历史的必然。至于现代许多的美国人，他们也认为美国必须负起道义责任，让第三世界国家同样享有民主和人权，就算这得靠巡航导弹和 F-16 战机，也是在所不惜。

帝国所传播的文化理念很少只来自那一小群的统治精英。正由于帝国思想的理念常常正在于普遍和包容，所以帝国的统治精英也比较容易接纳不同的概念、规范和传统，而不会死硬坚持着萧规曹随的陈习。虽然也有些皇帝曾试着要回归自己的根源，让帝国的文化单纯一些，但多数帝国都已经从被征服的民族吸收了太多文化，而形成混合的文明。比如古罗马帝国的文化，里面希腊文化的成分几乎不亚于古罗马文化。阿拔斯王朝帝国文化也融合了波斯、希腊和阿拉伯文化。蒙古帝国文化几乎就是中国的翻版。至于对美国这个帝国来说，有着肯尼亚血统的总统奥巴马可以一边吃着意大利比萨，一边看着他最爱的英国史诗电影《阿拉伯的劳伦斯》，讲的还是阿拉伯反抗土耳其的故事。

对于被征服者而言，就算有了文化大熔炉之后，文化同化也不见得容易。虽然帝国文明很可能四方征服各个民族、融合他们的文化，但对帝国绝大多数成员来说，混合的成果仍然令他们感到陌生。同化的过程常常带着痛苦和创伤。要放弃熟悉且深爱的地方传统并不容易，而要了解及采用新的文化也同样困难而令人深感压力。雪上加霜的是，即使帝国的属民千辛万苦终于接受了帝国文化，也可能需要数十年甚至数百年，帝国的精英才能把他们看成是“我们”。从征服到接受之间的数个世代，就这样形成了一个失落的群体。他们已经失去了自己心爱的当地文化，但在新加入的帝国世界里却还没有一个平等的地位，反而只是继续被视为野蛮人。

想象一下，在努曼西亚灭亡后的一个世纪里，出身良好的伊比利亚人会过着什么样的生活。首先，他虽然还是跟父母讲着当地的凯尔特语，但因为要做生意，要与政治上的高层沟通，所以他也学会了一口流利的拉丁语，只是稍微有点儿口音。他的妻子就像其他当地妇女一样，还是保留着一些凯尔特人的品位，喜欢各种装饰华美的小玩意儿，虽然他对妻子宠爱有加、样样照办，但心里还是希望她能够喜欢那些简单高雅的首饰，就像是个古罗马总督夫人一样。他自己穿着古罗马的束腰宽外衣，而且因为他对古罗马商业法律十分熟稔，他成了个贩牛的大商人，能够盖起一座古罗马风格的豪宅。然而，就算他能够背诵古罗马诗人维吉尔（Virgil）的《农耕诗》(*Georgics*)，古罗马人仍然觉得他就是个半野蛮人。他满腹委屈，知道自己一辈子也无法取得公职，也不可能在露天剧场拿到个真正好的位子。

在 19 世纪末，许多受过教育的印度人也学到了同样的一课，只是这次另一方换成英国主人。有一则著名的逸事，讲的是有个印度人雄心勃勃，把英语学得无懈可击，上了西式舞蹈的课程，甚至还养成了用刀叉进食的习惯。他把这一切学好之后前往英格兰，在伦敦大学学院读法律，还成为一名合格的律师。然而，后来这个穿着西装、打着领带的年轻律师到了英属南非，却因为坚持自己该坐头等车厢，而不是像其他“有色人种”一样该坐三等车厢，而被赶下火车。这个人就是甘地，他从未忘记这一课。

在某些案例中，文化的涵化（acculturation）与同化（assimilation）最终打破了新成员和旧精英之间的障碍。被征服者不再认为帝国是个外来占领他们的政体，而征服者也真心认为这些属民是自己帝国的一员。终于所有的“他们”都成了“我们”。就像古罗马的臣民，在几世纪的帝国统治之后，终于都得到了古罗马公民权。非古罗马人也能成为古罗马军团的高层军官，或者进入元老院。在公元 48 年，古罗马皇帝克劳狄乌斯（Claudius）任命几位高卢贤达人士进入元老院，并在一次演讲中提到这些人“从习俗、文化和婚姻关系已经和我们合而为一”。当时还是有些食古不化的元老，看到过去的敌人竟能进入古罗马政治核心，便大声抗议。但克劳狄乌斯又提醒他们某些无法忽视的真相。这些元老自己的家族，多半都来自一些也曾经反抗古罗马的意大利部落，后来才取得古罗马公民权。皇帝还提醒他们，就连皇帝自己的家族，也是来自意大利中部的萨宾人（Sabine）。[63]

在公元 2 世纪，古罗马帝国的皇帝是个出生于伊比利亚半岛的人，血管里很可能至少也流着几滴伊比利亚的血液。古罗马帝国在图拉真（Trajan）、哈德良（Hadrian）、安敦尼（Antoninius Pius）和马可·奥勒留（Marcus Aurelius）这几任皇帝在位时，一般认为进入了古罗马的黄金时代。在这之后，已经完全没有任何民族的隔阂了。塞维鲁（Septimius Severus，193—211）是利比亚的迦太基人（Punic，意为“反叛”）后裔。埃拉伽巴路斯（Elagabalus，218—222）是叙利亚人。菲利普（Philip，244—249）一般还被称为“阿拉伯人菲利普”（Philip the Arab）。帝国的新公民热切拥抱着古罗马帝国的文化，所以即使帝国已经崩溃了上百甚至上千年，他们还是讲着帝国的语言，信奉着帝国从地中海东部发扬来的基督教上帝，也继续遵守着帝国的律法。

阿拉伯帝国也有类似的过程。阿拉伯帝国在公元 7 世纪中叶成立的时候阶层分明，上层是执政的阿拉伯–穆斯林精英，下层被压制的则是埃及人、叙利亚人、伊朗人和柏柏尔人（Berber），都既非阿拉伯人，也非穆斯林。于是，许多帝国的属民慢慢地改信伊斯兰教，讲着阿拉伯语，也接受了混合的帝国文化。旧世代的阿拉伯精英对于这些后起之秀深怀敌意，害怕会因此失去独特的地位和身份。至于归化的人也还不能得意，还需要不断争取在帝国和伊斯兰世界里的平等地位。最后，他们终于成功了。越来越多人将埃及人、叙利亚人、美索不达米亚人都视为“阿拉伯人”。至于阿拉伯人，不管是“纯正”来自阿拉伯还是由埃及和叙利亚新移入的阿拉伯人，也越来越常被非阿拉伯人的穆斯林所统治，特别是伊朗人、土耳其人和柏柏尔人。阿拉伯帝国计划最成功的地方，在于它所创造出的帝国文化深受非阿拉伯人的全心爱戴，即使原本的帝国早已崩溃，阿拉伯民族也早已失势，帝国文化仍然能不断维持发展、传播不休。

中国的帝国大计执行得更为成功彻底。中国地区原本有许许多多不同的族群和文化，全部统称为蛮族，但经过 2000 年之后，已经成功统合到中国文化，都成了中国的汉族（以公元前 206 年到公元 220 年的汉朝为名）。

我们可以用同样的方式理解过去几十年的去殖民化进程。时间到了现代，欧洲人以“传播卓越西方文化”的幌子征服了全球，而且他们传播得如此成功，以至于让数十亿人都开始接受西方文化的几项重要元素。例如印度人、非洲人、阿拉伯人、中国人、毛利人，就学了西方的法语、英语和西班牙语等等。他们开始相信人权和民族自决的原则，也接受了西方的意识形态，像自由主义、资本主义、共产主义、女权主义和民族主义。

到了 20 世纪，殖民地接受西方价值观之后，开始以其人之道还治其人之身，用同一套价值观向殖民者要求平等的权利。许多反殖民斗争高举着民族自决、社会主义和人权的大旗，而这些概念正是来自西方。过去埃及人、伊朗人和土耳其人采纳并调整了来自阿拉伯征服者的帝国文化，今天的印度人、非洲人和中国人也是接受了许多过去西方帝国占领后留下的文化，并且各依自己的需求和传统调整吸纳。

帝国循环

| 不同阶段 | 古罗马帝国 | 伊斯兰帝国 | 欧洲帝国主义 |
|---|---|---|---|
| 一小群人建立一个大帝国 | 古罗马人建立古罗马帝国 | 阿拉伯人建立阿拉伯哈里发王朝 | 欧洲人建立欧洲帝国 |
| 形成帝国文化 | 希腊–古罗马文化 | 阿拉伯–穆斯林文化 | 西方文化 |
| 帝国文化得到属民认同接纳 | 属民接受拉丁文、古罗马法、古罗马的政治思想等等 | 属民接受阿拉伯语、伊斯兰教等等 | 属民接受英语和法语、社会主义、民族主义、人权等等 |
| 属民以共同的帝国价值为名，要求平等的地位 | 伊利里亚人（Illyrian）、高卢人和迦太基人以古罗马的价值观，要求与古罗马人享有平等地位 | 埃及人、伊朗人和柏柏尔人以穆斯林的价值观，要求与阿拉伯人享有平等地位 | 印度人、中国人和非洲人以西方的价值观（如民族主义、社会主义和人权），要求与欧洲人享有平等地位 |
| 帝国开国者失去主导地位 | 古罗马人不再是至高无上的族群，帝国的控制权转移到了由多民族精英组成的群体 | 阿拉伯人失去了对伊斯兰世界的控制权，形成多民族的穆斯林精英族群 | 欧洲人失去了对全球的控制权，形成多民族的精英族群 |
| 帝国文化继续蓬勃发展、发扬光大 | 伊利里亚人、高卢人和迦太基人继续发扬他们接受的古罗马文化 | 埃及人、伊朗人和柏尔人继续发扬他们接受的穆斯林文化 | 印度人、中国人和非洲人继续发扬他们接受的西方文化 |

## 历史上的好人和坏人

我们很容易想把所有人简单分成好人和坏人，而所有的帝国统治者大概都会被归为坏人。毕竟，几乎所有帝国都是建立在鲜血之上，并且通过压制和战争来维持权力。然而，现今的文化又有大多数都是帝国的遗绪。如果帝国从定义上就是个坏东西，那我们又成了什么？

有些学说和政治运动主张要把人类文化里的帝国主义成分全部洗净，只留下所谓纯净、真正的文明，不要受到帝国主义原罪的玷污。这种想法顶多就是一厢情愿；至于最坏的情况，则根本就是粗暴的民族主义和偏执狂，只是套上了一层伪装。或许我们可以说，在历史曙光乍现的时候，有部分文化确实曾经纯净，没有受到帝国主义原罪和其他社会的玷污。但就在那道曙光之后，已经没有任何文化能够再提出这种主张；地球上现存的文化已经没有任何所谓纯净的文化。现存的所有人类文化，至少都有一部分是帝国和帝国文明的遗绪，任何以学术或政治为名的“手术”，如果想把所有帝国的部位一次切除，“病人”也就必然魂归九霄。

举例来说，可以想想现在独立的印度与之前英属印度之间的爱恨情仇。英国征服占领印度的时候，数百万印度人因而丧命，更有上亿印度人遭到凌辱和剥削。然而，还是有许多印度人热切接受了像民族自决和人权等西方思想；等到英国拒绝遵守这些价值观、不给予印度人平等权利的时候，印度人便大为不满。

然而，现代的印度仍然像是大英帝国的孩子。虽然英国人杀害、伤害、迫害了印度人，但也是英国人统一了印度大陆上原本错综复杂而互相交战的王国、公国和部落，建立起共同的民族意识，并形成一个或多或少以单一政治实体来运作的国家。英国人奠定了印度司法系统的基础，创立了印度的行政架构，还建立了对经济整合至关重要的铁路网。西方民主以英国为代表，而印度独立后也是以西方民主制度作为其政府形式。直到现在，英语仍是印度次大陆的通用语言，让以北印度语（Hindi）、泰米尔语（Tamil）和马拉雅拉姆语（Malayalam）为母语的人都可以用这种中性的语言来沟通。印度人热衷于板球运动，也爱喝茶（chai），但这两者都是英国留下的。印度直到19世纪中叶，茶叶才由英国的东印度公司引进并开始出现商业茶园。正是那些势利眼的英国“阁下”（sahib），将喝茶的习惯传遍印度次大陆。

今天会有多少印度人认为，为了去除帝国的一切，就该让大家来投票，看看是否应该抛弃民主、英语、铁路网、司法系统、板球和茶？就算他们真的这么做了，光是“投票”这件事，不也得感谢过去殖民者的

图 18　孟买（Mumbai）的贾特拉帕蒂·希瓦吉（Chhatrapati Shivaji）火车站。一开始，在孟买还称为“Bombay”的时候，它叫作“维多利亚车站”（Victoria Station），由英国建造，采用 19 世纪晚期英国流行的新哥特式建筑。虽然车站是由外国来的殖民者建造，但后来有着民族主义思想的印度政府就算改了城市的名字、改了车站的名字，却还是保留了这座宏伟的建筑，并未将它铲平。

教导？

就算我们真的要完全去除掉某个残暴帝国的遗绪，希望能够重建并维护在那之前的“纯正”文化，很有可能最后恢复的也不过是更古老、更残暴的帝国留下的文化。就像是有些人对于英国阁下在印度留下的文化十分反感，一心除之而后快，但在无意中恢复的却是同属征服者的莫卧儿帝国以及德里苏丹国（Sultanate of Delhi）的文化。而且，如果想再消除这些穆斯林帝国的影响，恢复“纯正印度文化”，恢复的又是笈多帝国（Gupta Empire）、贵霜帝国（Kushan Empire）和孔雀王朝的文化。如果极端印度民族主义要摧毁所有由英国征服者留下的建筑（例如孟买火车站），那像泰姬陵这种由穆斯林征服者留下的建筑，又该如何？

没有人真正知道该如何解决文化遗绪这个棘手的问题。无论采取哪一种方式，第一步就是认清这种两难的复杂程度，知道历史就是无法简单分成好人和坏人两种。当然，除非我们愿意承认，自己常常就是跟着走坏人的路。

图 19　泰姬陵。这究竟算是“纯正”的印度文化，还是外来的穆斯林帝国主义建筑？

## 全新的全球帝国

自公元前 200 年左右，大多数人都已经活在各个帝国之中。看来，未来很可能所有人类就活在单一的帝国之下，而且这会是个真正的全球性帝国。统一全球这件事，很可能已经离我们不远。

时间来到 21 世纪，民族主义正在迅速失去地位。越来越多人相信，真正的政治权威应该是来自所有人类，而不是某个特定国籍的成员，而人类政治的方向也该是保障人权，维护全人类的利益。如果确实如此，那么现在全球有将近 200 个独立国家，就反而形成阻碍。如果不管是瑞典人、印度尼西亚人或阿尔及利亚人都该有同样的人权，那么让某个单一的全球性政府来保护他们，岂不更加简单？

而且，现在出现像冰川融化这种全球性问题，也正在侵蚀各个独立民族国家本身的合法性。毕竟，没有任何一个主权国家能够独立解决全球变暖的问题。中国人所称的“天命”，正是要解决全人类的问题。

而现代的天命，也真的就得解决天上的问题，比如臭氧层破洞和温室气体的累积。未来的全球帝国，很有可能正是环保当道。

到2014年，世界政治基本上仍是各行其政，但国家的独立性正在迅速消失。没有任何国家能够行使真正独立的经济政策，任意发动战争，甚至连国家内政也无法完全独立决定。对于全球市场的阴谋，各个国家也只能逐步开放，逐渐面对全球企业和非政府组织的干扰，还得面对全球舆论的监督和国际司法的干涉。各国也得遵守全球在财政、环保和法律上的标准。资金、劳动力和信息构成一股无比强大的潮流，翻转并形塑着现在的世界，国家本身的疆域和意见已经逐渐失势。

我们眼下正在形成的全球帝国，并不受任何特定的国家或族群管辖。就像古罗马帝国晚期，它是由多民族的精英共同统治，并且是由共同的文化和共同的利益结合。在世界各地，越来越多企业家、工程师、专家、学者、律师和经理人得到召唤，一起加入这个帝国。他们必须面对的问题，就是究竟该响应这个帝国的召唤，还是要忠于自己的国家和人民？而且，越来越多的人已经投入了帝国的一方。

# 第十二章
# 宗教的法则

历史古城撒马尔罕（Samarkand）位于中亚的一片绿洲中。中世纪时，这里的市场上有叙利亚商人，手指抚着滑顺的中国丝绸，也有来自东非草原的粗鲁部落男子，带来最新一批头发乱如稻草、来自遥远西部的奴隶，至于店主的口袋里则是满满的闪亮的金币，上面印有异国的文字和不熟悉的国王肖像。这里在中世纪可说是南来北往、东西交流的主要十字路口，来自各方的人融合在这里是稀松平常的事实。而在1281年，忽必烈挥军前往日本，也看得到相同的情形。蒙古骑兵穿着毛皮，身边就是戴着斗笠的中国步兵，还有高丽来的喝醉酒的援军，和来自南海的有文身的水手一言不合打了起来，另外还有欧洲冒险家在讲着故事，使来自中亚的工兵听得张大了嘴；而这所有人，都听命于同一位帝王。

与此同时，在麦加圣寺内的卡巴圣堂，人类也以另一种方式融合统一。如果你在公元1300年前往麦加朝圣，绕行这个伊斯兰教最神圣的圣地，你可能会发现身边有美索不达米亚人，他们的长袍在风中飞舞，眼神炽烈而狂喜，嘴里念着真主的99个大名。就在前面，你也可能会看到一个饱经风霜、来自亚洲草原的土耳其族长，手拿拐杖、步履蹒跚，还若有所思地摸着胡子。在另一边，有黄金首饰在黝黑的皮肤上闪耀着，可能是一群来自非洲马里（Mali）王国的穆斯林。至于一闻到丁香、姜黄、豆蔻和海盐的香气，就大概知道这群兄弟来自印度或更东边神秘的香料群岛。

我们今天常认为宗教造成的是歧视、争端、分裂，但在金钱和帝国之外，宗教正是第三种让人类统一的力量。正因为所有的社会秩序和阶级都只是想象的产物，所以它们也十分脆弱，而且社会规模越大，反而就越脆弱。而在历史上，宗教的重要性就在于让这些脆弱的架构有了超人类的合法性。有了宗教之后，就能说法律并不只是人类自己的设计和想象，而是来自一种绝对的神圣权威。这样一来，至少某些基本的法则便不容动摇，从而确保社会稳定。

因此，我们可以说宗教是"一种人类规范及价值观的系统，建立在超人类的秩序之上"。这里有两大基本要素：

1. 宗教认为世界上有一种超人类的秩序，而且并非出于人类的想象和协议。例如职业足球不是宗教，因为虽然足球也有许多规则、仪式和常常很古怪的惯例，但大家都知道是人类发明了足球，而且国际足协（FIFA）随时可能开会决定把球门变大或者取消越位规则。

2. 以这种超人类的秩序为基础，宗教会发展出它认为具有约束力的规范和价值观。例如，虽然现在许多西方人相信鬼魂、精灵、重生，但这些信念并未构成什么道德和行为的标准，所以也就不算是宗教。

虽然宗教有可能让各种社会和政治秩序合法化，但并不是所有宗教都能做到这点。某个宗教如果想要将幅员广阔、族群各异的人群都收归旗下，就还必须具备另外两种特质。第一，它信奉的超人类秩序必须普世皆同，不论时空而永恒为真。第二，它还必须坚定地将这种信念传播给大众。换句话说，宗教必须同时具备"普世特质"和"推广特质"。

像伊斯兰教和佛教这些最为人所知的宗教，就同时具备普世特质和推广特质，但也常让我们误以为所有宗教都是如此。但其实，多数古代宗教反而是具备"区域特质"与"排他特质"，信众只信奉当地的神灵，而且也没有意愿将信仰推己及人。据我们所知，直到公元前1000年间，才开始出现具备普世和推广特质的宗教。这可以说是史上最重要的革命之一，对于人类的统一所做的重大贡献，绝不亚于帝国或金钱。

## 让羔羊变得沉默

在过去以泛灵论为主要信仰体系的时候，人类的规范和价值观不能只想到自己，还必须考虑其他动物、植物、精灵和鬼魂的想法和利益。比如在恒河流域的某个采集部落可能会禁止砍倒某棵特别高大的无花果树，以免无花果树的树神生气报复。而在印度河流域的另一个采集部落可能会禁止猎捕白尾的狐狸，因为过去曾经有一只白尾狐狸带着部落的先知发现了珍贵的黑曜石。

像这样的宗教往往非常本土化，只强调当地的位置、气候和现象。毕竟，多数采集部落毕生的活动范围不会超过1000平方公里。为求生存，住在某个特定山谷里的居民，需要了解的就是关于这个山谷的超人类秩序，并调整自己的行为，自然也就没有必要试着说服某些遥远山谷里的居民遵循相同的规则。比如印度河部落的人，就绝不会派传教士到恒河部落去鼓吹别猎捕白尾狐狸。

农业革命开始，宗教革命便随之而来。狩猎采集者采集植物、猎捕动物，但认为动植物和人类拥有平等的地位。虽然人类猎杀绵羊，但并不代表绵羊就不如人类；就像老虎猎杀人类，但不代表人类就不如老虎一样。所以，万物众生都是直接与彼此沟通，协商关于这个共同栖息地的种种规则。相较之下，农民拥有、控制着农场上的动植物，可不会纡尊降贵去和自己的财产沟通协商。因此，农业革命最初的宗教意义，就是让动植物从与人类平等的生物，变成了人类的所有物。

然而，这又造成了一大难题。农民希望能对自己的羊有绝对的控制权，但他们也很清楚，自己的控制十分有限。虽然他们可以把羊圈起来，可以把公羊阉了，可以强迫羊配种，但还是无法保证母羊能怀孕、生下健康的羔羊，也不能够阻止致命流行病的爆发。到底要怎么样，才能确保羊群繁衍壮大？

讲到“神”这种概念的起源，一种主要理论就认为，神之所以重要，就在于他们可以解决这个重大问题。在人类不再认为可以和动植物直接沟通之后，就开始出现掌管生育、掌管气候、掌管医药的各种神灵概念，好替人类和这些沉默的动植物沟通协商。很多古代神话其实就是一种法律契约，在这份契约中，人类承诺会永远崇敬某些神灵，以换取人类对其他动植物的控制权，例如《圣经·创世记》第一章就是一个典型的例子。在农业革命后的几千年里，宗教礼仪主要就是由人类将羔羊、酒、糕点牺牲献祭给神灵，以换取神灵保佑五谷丰登、六畜兴旺。

一开始，农业革命对于泛灵论系统的其他成员（如石神、水神、鬼魂和恶魔）几乎没什么影响。然而，随着人类喜新厌旧，这些神也逐渐失去地位。过去人类一辈子的生活范围大概只有几百平方公里，多数需求只要靠着当地的神灵就能解决。但随着王国和贸易网络开始扩展，光是地方的神灵已经力有未逮，人类需要的神力必须涵盖整个王国或整个贸易网络。

因应这种需求，多神教（polytheistic：希腊文，poly=多，theos=神）信仰便应运而生。这些宗教认为世界是由一群神威浩荡的神灵控制，有的掌管生育，有的掌管雨水，有的掌管战争。人类向这些神灵祈祷，而神灵得到奉献和牺牲之后，就可能赐予人类健康、雨水和胜利。

多神教出现之后，泛灵论并非完全消失。几乎所有的多神教，都还是会有恶魔、精灵、鬼魂、圣石、圣泉、圣树之类的神灵，虽然这些神灵的重要性远不及那些重要的大神，但对于许多一般人民的世俗需求来说，它们也还算实用。某个国王可能在首都献上几十只肥美的羔羊，祈求打败野蛮人、赢得胜利；但同时某个农夫也在自己的小屋里点根蜡烛，向某位无花果树仙祷告，希望它能治好儿子的病。

然而，出现了大神之后，影响最大的不在于羔羊或恶魔，而在于智人的地位。对泛灵论者来说，人类只是地球上众多生物的一种。但对多神论者来说，整个世界就像是反映了神和人类的关系。人类的祷告、献祭、罪孽和善行，决定了整个生态系统的命运。所以，光是因为几个愚蠢的智人做了些让神生气的事，就可能引发大洪水，消灭数十亿的蚂蚁、蝗虫、乌龟、羚羊、长颈鹿和大象。所以，多神教提高的除了神的地位，更有人的地位。至于远古那些泛灵论的神灵，有些比较不幸的就失去了它们的地位，在这场人神关系的大戏里成了临时演员，甚至只是沉默的装饰品。

### 偶像崇拜的好处

一神教为时 2000 多年的洗脑，让大多数西方人都认为多神教就是些无知幼稚的偶像崇拜，但这是一个不公平的刻板印象。想了解多神教的内在逻辑，就必须先了解这种同时信仰多位神灵的中心思想。

多神教并不一定认为宇宙没有单一的权柄或法则。大多数的多神论甚至泛灵论，都还是认为有一个最高的权柄，高于所有其他神灵、恶魔或者神圣的石头公。在古希腊多神教的神话中，不管是天帝宙斯、天后赫拉、太阳神阿波罗还是他们的同事，都还是得臣服于神威无穷、无所不在的“命运女神”（Moira 或 Ananke）。至于北欧诸神也逃脱不了命运的掌握，最后在“诸神的黄昏”（Ragnarök）这场灾难中灭亡。在西非约鲁巴人（Yoruba）的多神信仰中，所有神灵都是至上神（Olodumare）所生，而且臣服于他。印度教属于多神教，但也是以“阿特曼”（Atman，又译“梵”）这个单一的原则主宰着无数的神灵、人类，以及生物和物质世界。“阿特曼”指的是整个宇宙、每个人或每个现象永恒的本质或灵魂。

多神论与一神论真正的不同之处，在于多神论认为主宰世界的最高权力不带有任何私心或偏见，因此对于人类各种世俗的欲望、担心和忧虑毫不在意。因此，要向这个最高权力祈求战争胜利、健康或下雨，可以说是完全没有意义，因为从他全知全观的角度来说，某个王国的战争输赢、某个城市的兴衰胜败，又或者某个人的生老病死，根本无关紧要。希腊人不会浪费祭品去祭拜命运女神，而印度教徒也并未兴建寺庙来祭拜阿特曼。

要接近这个宇宙至高的权力，就代表要放下所有的欲望、接受福祸共存的事实，坦然面对失败、贫穷、疾病和死亡。因此，印度教徒中有一种“苦行僧”（Sadhu 或 Sannyasis），奉献自己的生命，希望能与阿特曼合而为一，达到“梵我一如”的境界。苦行僧以阿特曼的观点来看这个世界，认识到从永恒的角度来看，所有世俗的欲望和恐惧都如梦幻泡影。

只不过，大多数的印度教徒都不是苦行僧，他们深深陷在世俗的烦恼之中，而这时阿特曼就帮不上什么忙了。在这种问题上，印度教徒还是得找那些专精某些领域的神才行。这些神只专精某些领域，而不是无所不包，所以有掌管福德的象神（Ganesha）、财神（Lakshmi）和智慧神（Saraswati）等等，但这些神都还是各有私心和偏见。这样一来，人类就可以和这些神谈谈交易，靠神的帮助来赢得战争、战胜疾病。像这样的低位神灵数量繁多，因为只要开始把全知全能、位阶最高的权柄分割开来，可以想见必会分出不止一位神灵。于是多神的系统由此诞生。

从多神教的概念向外推导，结果就是影响深远的宗教宽容。一方面，多神教徒相信有一个至高无上、完全无私的神灵；但另一方面，多神教徒也相信有许多各有领域、心有偏见的神灵，所以对于某个神的信徒来说，很容易能相信有其他神灵存在，而且也相信其他神灵同样神通广大。多神论本质上是思想开明的，很少迫害异教徒。

就算多神教征服了其他大帝国，也未曾要求属民改变信仰。比如埃及人、古罗马人和阿兹特克人，都不曾派遣传教士到异地鼓吹崇拜冥王奥西里斯（Osiris）、天帝朱庇特（Jupiter）或者太阳神维齐洛波奇特利（Huitzilopochtli，他是阿兹特克文明的主神），当然也就更不可能派军队前往武力镇压。而帝国也各有自己的守护神和宗教仪式，保护着帝国，维系其合法性，所以帝国的属民也应该要尊重这些神灵和仪式，只是无须放弃自己当地的神灵和仪式。以阿兹特克帝国为例，虽然属民必须建造敬拜维齐洛波奇特利的神庙，但这些神庙是与崇拜地方神灵的神庙同时存在，而不是取而代之。很多时候，帝国精英本身也会接受地方属民的神灵和仪式。例如古罗马人，就让来自亚洲的赛比利（Cybele）和来自埃及的伊西斯（Isis）都进了他们的万神殿。

古罗马人唯一长期以来不愿接受的，只有属于一神信仰并坚持要传福音的基督教。古罗马帝国并未要求基督徒放弃他们的信仰和仪式，只希望他们同时尊重帝国的守护神，并承认皇帝也有神性。这点可以说是在政治上忠诚的声明。然而，基督徒强烈拒绝，并且完全没有任何妥协的空间，这对古罗马人来说就是个在政治上搞颠覆的举动，必须加以镇压。但即使如此，这些镇压多半也只是表面形式。从基督被钉死在十字架上到古罗马皇帝君士坦丁改信基督教，这 300 多年间，古罗马皇帝所发起对基督徒的大型迫害不过 4 次。当然，地方长官和总督也曾经另外发起一些反基督教的暴力行为。

然而事实证明，就算把这些遭受迫害的所有受害者全部加起来，在这 3 个世纪间，多神教古罗马处决基督徒的人数不超过几千人。[64] 但相对的是，在接下来的 1500 年间，虽然基督教号称主张爱与怜悯，却仅仅因为对信仰的诠释有些许差异，就引发基督徒自相残杀，死亡人数达到数百万。

其中最恶名昭彰的，就是在 16、17 世纪间席卷欧洲的天主教徒与新教徒之战。所有这些人都相信基督的神性，也相信他关于爱和怜悯的福音，只是对于“爱”的本质意见不合。新教徒认为，神如此爱着世人，所以让自己化为肉体，容许自己受到折磨、钉死在十字架上，从而赎了原罪，并对那些信他的人打开了天堂的大门。而天主教徒认为，虽然信仰是必要的，但光这样还不够。要进入天国，信徒还必须参加教堂礼拜，而且要多行善事。这点让新教徒无法接受，认为这样形同交易，对于神的爱和伟大是种贬抑。如果进不进天堂必须取决于自己的善行，岂不是放大了自己的重要性，而且暗示基督在十字架上为人类受的苦以及神对人类的爱都还不够？

这些神学争论愈演愈烈，最后在 16、17 世纪间，天主教徒和新教徒彼此杀红了眼，造成几十万人丧命。1572 年 8 月 23 日，强调个人善行的法国天主教徒，袭击了强调上帝之爱的法国新教徒。这场攻击称为圣巴塞洛缪节大屠杀（St. Bartholomew's Day Massacre），短短 24 小时间，就有 5000 到 10 000 个新教徒遭到屠杀。消息从法国传到古罗马的天主教教皇耳里，叫他满心欢喜，立刻安排举行庆典，还委托瓦萨里（Giorgio Vasari）在梵蒂冈的一个房间里将这场大屠杀绘成壁画作为纪念（目前这个房间禁止游客参观）。[65] 不过 24 小时，基督徒自相残杀的人数，就已经超过了整个古罗马帝国曾经杀害的基督徒人数。

**神是唯一**

随着时间的推移，某些多神论者开始对自己信仰的某位神灵越来越虔诚，也慢慢远离了基本的多神论观点，开始相信只有那位神灵是唯一的神，相信他是宇宙的最高权柄。同时，他们还是认为神有私心和偏见，让人类可以和神谈谈条件。于是，在这样形成的一神论宗教里，信徒就能够直接祈求宇宙至高无上的权力来帮忙治病、中彩票或者打赢一场战争。

目前所知的第一个一神论宗教出现于公元前 1350 年，埃及法老阿肯那顿（Akhenaten）宣布，当时在埃及众神里一位位阶并不高的小神阿顿（Aten）其实是宇宙的至尊。阿肯那顿将对阿顿的崇拜制度化为国教，还打算打压对所有其他神的崇拜。然而，他的宗教革命并未成功。他去世后，对阿顿的信仰就遭到废止，又回到过去的情形，众神同列仙班。

不论在何处，多神教都不断衍生出各种一神论宗教，但由于这些宗教无法放下唯我独尊的中心思想，所以一直只能处于边陲地位。以犹太教为例，犹太教仍然认为全宇宙至高的神有私心和偏见，而且关爱的眼神全在一小撮犹太民族和以色列这蕞尔之地。于是对其他国家来说，信奉犹太教几乎是有弊而无利，而且犹太教一直也没有推广到其他地方的打算。这种阶段可以称为“本地一神教”。

到了基督教，终于有了重大突破。基督教一开始只是犹太教的一个神秘教派，该教派信徒想说服犹太人，拿撒勒人耶稣就是他们期待已久的弥赛亚。这个教派最早的领导者之一是来自塔尔苏斯（Tarsus）的保罗，他认为宇宙的至高神有私心偏见，对人类并非漠不关心，而且他甚至还化为肉身，为了人类的救赎被钉死在十字架上，这种事不该只有犹太人知道，而应该让全人类都了解。于是，就有必要将关于耶稣的好事（也就是“福音”）传到世界各地。

保罗的这个想法开枝散叶，基督徒开始组织起了对所有人类的传教活动。而在一场史上最意想不到的转折下，这个犹太教的神秘教派接掌了强大的古罗马帝国。

基督教的成功，在7世纪的阿拉伯半岛成了另一个一神论宗教的典范，伊斯兰教于焉而生。就像基督教，伊斯兰教一开始也只是地球上某个偏远角落的小宗教，但它又以更意想不到也更快速的脚步，打破了阿拉伯沙漠的隔绝，收服了从大西洋一直延伸到印度的庞大帝国。自此之后，一神论的概念就在世界历史上扮演了重要角色。

一般而言，一神教徒比多神教徒更为狂热、更热衷传教。毕竟，如果某个宗教愿意承认其他信仰，情况只有两种：第一种本来就认为世上没有唯一的神，而是有许多神同时存在；第二种认为虽然有一位最高的神，但下面分成许多小神祇，信仰每位神祇，可以说是看到了部分的真相。但由于一神教通常认为自己信奉的就是唯一的神，也认为只有自己看到了完整的真相，自然就会批评其他所有宗教都不可信。在过去2000年间，一神论者多次发动以暴力消灭其他竞争对手的战争，目的就是要加强自己的掌控。

事实证明这很有效。在公元1世纪初，世界上几乎没有任何一神论的宗教。到了公元500年左右，基督教已经收服了全球最大的古罗马帝国，传教士忙着将基督教传播到欧洲、亚洲和非洲等其他地区。等到

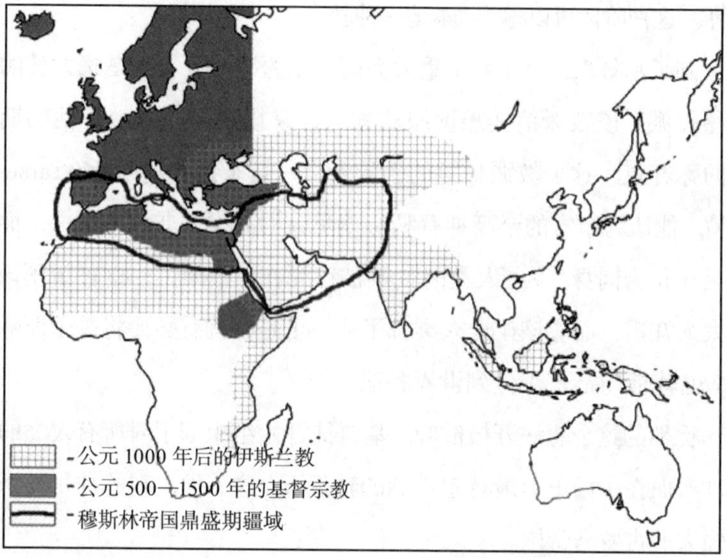


地图 4　基督教和伊斯兰教的传播。

第一个千禧年结束，欧洲、西亚和北非的人们已经多半都信奉着一神教，从大西洋到喜马拉雅山都主张上帝是唯一的神。到 16 世纪初，除了东亚和非洲南部，一神论已经掌控了亚非的绝大部分，而且开始向南非、美洲和大洋洲发展。到了今天，除了东亚以外的大多数人不论信仰为何，多半都属于一神论的宗教，而且全球政治秩序也正是以一神论为基础而建立。

然而，就像泛灵论会继续在多神论里延续一样，多神论也继续在一神论里存活。理论上来说，如果我们相信宇宙只有一个至高的神，而他也愿意关心你，那又何必崇拜某些只掌管特定领域的神呢？如果你可以大摇大摆走进总统府要总统帮忙，又何必去求某个低级小公务员呢？确实，一神论的神学多半认为只有一个至高的神，其他任何神祇都是虚假的，如果有人敢崇拜伪神，地狱的火焰和硫黄就会在他们身上燃烧。

然而，神学理论和历史现实一向大不相同。大多数人很难完全接受一神论的想法，还是继续把世界分为“我们”和“他们”，也觉得所谓至高的神实在太遥远陌生，管不到自己世俗的需求。最后的情况是，一神论宗教大张旗鼓把其他神祇从大门赶了出去，但又从旁边的小窗把他们迎了回来。以基督教为例，就发展出了自己的圣人系统，但这套系统可以说和多神教殊无二致。

正如古罗马帝国的主神是朱庇特、阿兹特克帝国的主神是维齐洛波奇特利，每个基督宗教国家也有自己的守护圣人，协助解决困难、赢得战争。英格兰的守护圣人是圣乔治，苏格兰是圣安德鲁，匈牙利是圣史蒂芬，而法国是圣马丁。而不论是大城、小镇、职业甚至疾病，也都各有圣人负责守护。例如意大利米兰有圣安布鲁瓦兹负责守护，威尼斯则有圣马克负责照料。圣阿尔莫守护着烟囱清洁工的安全，圣马修抚慰着收税员的烦恼。如果你头痛，该找圣亚贾西亚；但如果痛的是牙，圣阿波罗尼亚就更对症下药。

这样看来，基督教的圣人和多神教的那些神祇几乎没有两样。但很多时候甚至还不只是类似而已，而根本就是这些神祇的伪装。举例来说，在信奉基督教之前，爱尔兰的主神是女神布里吉德。等到爱尔兰被基督教化，就连布里吉德也仿佛受了洗一样，成了“圣布里吉德”。而且直到今天，她还是天主教爱尔兰最受尊崇的圣人。

### 善恶之战

多神论除了促成一神教，也促成了一些二元论的宗教。二元论宗教信奉着善与恶这两种对立力量的存在。二元论与一神论不同之处在于，他们相信“恶”也是独立存在，既不是由代表“善”的神所创造，也不归神所掌管。二元论认为，整个宇宙就是这两股力量的战场，世间种种就是两方斗争的体现。

二元论之所以成为一种深具魅力的世界观，原因就在于人类有一个挥之不去的“恶的难题”（Problem of Evil），苦苦无法解决。“为什么世界上会有邪恶？为什么有苦难？为什么会有坏事发生在好人身上？”如果神真的是如此无所不知、无所不能、处处完美，又怎么会允许世界上有这么多的苦难？这让一神论者伤透了脑筋。一种很流行的解释认为，神借着这种方式让人类拥有了自由意志。因为如果没有邪恶，人类就无法在善恶之间做选择，也就没有了自由意志。然而，这种解释非但不直观，还立即引发了许多新的问题。有自由意志，也就代表可以选择邪恶。而且，根据标准的一神论说法，还真有许多人选择了邪恶的道路，于是神不得不施加惩罚。然而，如果神真的能事先知道某个人会用自己的自由意志走上邪恶的道路，而且又会因此受到惩罚，永远在地狱受苦，那么神一开始为什么要创造这个人？神学家为了回答这些问题，已经写了无数著作，有些人觉得已经找到了答案，也有些人觉得差得还远。但无法否认的是，一神论面对“恶的难题”可以说是吃尽苦头。

对于二元论者来说，之所以好人也可能发生不幸，正是因为掌理世界的不是某个无所不知、无所不能、处处完美的神。世界上仍然有个不受控制的恶，而所有的坏事正是源自它。

二元论观点还是有些缺漏。虽然它简洁明快地解决了恶的难题，却又碰上了“法则的难题”（Problem of Order）。如果世上就是有善恶两股力量在拉扯，它们拉扯的基础是什么法则？举例来说，如果说两国交战，基础就在于它们存在于同一个时空，而且受同样的物理学法则规范。例如巴基斯坦发射地对地导弹能打到位于印度的目标，是因为物理学法则对双方都同样适用。但如果我们说的是善与恶的互斗，现在又有什么法则来规范？这些法则又是谁订出来的呢？

相对而言，虽然一神论难以处理恶的难题，但要处理法则的难题却是轻而易举：这个法则就是唯一的神订出来的。其实，有一种解释能够同时处理这两大难题，而且完全合乎逻辑：世上确实有某个全能的神创造了全宇宙，而且他是个恶神。只是古往今来，没有人有过这样的信仰。

* * *

二元论宗教兴盛了千余年。大约在公元前 1500 年到公元前 1000 年之间，中亚有一位名叫瑣罗亚斯德（又名查拉图斯特拉）的先知，相当活跃。他的信念代代相传，最后形成了二元论宗教的代表：祆教（Zoroastrianism，又称拜火教）。祆教认为整个世界就是善神阿胡拉·马兹达（Ahura Mazda）和恶神安格拉·曼纽（Angra Mainyu）之间的战争，而在这场战争中，人类必须站在善神这方给予协助。祆教在波斯第一帝国期间（Achaemenid Persian Empire，前 550—前 350）已经举足轻重，到了波斯第二帝国期间（Sassanid Persian Empire，224—651）更成为国教，几乎影响了所有后来在中东及中亚的宗教，并催生了许多其他二元论的宗教，例如诺斯替教和摩尼教。

在公元 3 世纪和 4 世纪，摩尼教教义涵盖了从中国到北非，还一度形势大好，似乎将取代基督教在古罗马帝国的地位。然而，摩尼教在古罗马输给了基督徒，信奉祆教的波斯第二帝国败给了信奉一神论的穆斯林，于是二元论的波澜也逐渐退去。到现在，只剩下印度和中东还有少数人信奉着二元论的宗教。

然而，就算一神论势力看涨，二元论却未真正消失。犹太教、基督教和伊斯兰教这些一神论宗教吸收了大量的二元论信仰和习俗，许多我们以为是一神论的基本概念，都是出自二元论的本质和精神。例如有无数的基督徒、穆斯林和犹太人都相信有某个强大的邪恶力量（例如基督教的魔鬼或撒旦），他自行其事、与善神作对，兴风作浪不受神的控制。

如果是纯粹的一神论，怎么可能会相信这种二元的概念？（顺道一提，《圣经·旧约全书》里压根儿就找不到这些情节。）这在逻辑上根本不通。真要合理的话，一来是相信确实有一个全能的神，二来是相信有两种对立的力量，而两者都并非全能。然而，尽管如此不合理，人类还是很能接受这种矛盾的概念。因此，我们看到有几百万虔诚的基督徒、穆斯林和犹太人居然能够相信既有全能的神，又有独立行事的魔鬼，倒也不用太过惊讶。更有甚者，无数的基督徒、穆斯林和犹太人居然还能想象善神需要人类的协助，好与魔鬼对抗，由此再推导引发了圣战和十字军东征。

另一个关键的二元论概念（特别在诺斯替教和摩尼教），就是认为身体和灵魂、物质和精神是有清楚区隔的。诺斯替教和摩尼教认为，善神创造了精神和灵魂，而恶神创造了物质和身体。根据这种观点，人就成了善的灵魂和恶的身体之间的战场。从一神论的角度来看，这完全是无稽之谈，何必要把身体和灵魂或物质与精神做这种区分？又为什么要说身体和物质是恶的呢？毕竟对一神论来说，善神创造一切，而一切都是好的。然而，正因为这种二元论的论点可以帮助他们解决恶的难题，所以一神论还是忍不住接受了这个概念。于是这种对立的概念最后也成了基督教和伊斯兰教思想的基石。此外，如果相信有天堂（善神的国度）和地狱（恶神的国度），这也是一种二元论的概念。《圣经·旧约全书》里从来没有提过这种概念，也从来没提到人的灵魂会在身体死去后继续存在。

从历史上来看，一神论就像是个万花筒，把一神论、二元论、多神论和泛灵论，收纳在同一个神圣论述之下。结果就是，基督徒大致上是信奉一神论的上帝，相信二元论的魔鬼，崇拜多神论的圣人，还相信泛灵论的鬼魂。像这样同时有着不同甚至矛盾的思想，而又结合各种不同来源的仪式和做法，宗教学上有一个特别的名称：综摄（syncretism）。很有可能，综摄才是全球最大的单一宗教。

## 自然法则

我们目前为止讨论到的所有宗教，都有一个共同的重要特征：相信的都是神灵或者其他超自然对象。然而，世界宗教史并不只是神的历史。在公元前1000年，亚非大陆开始出现全新的宗教及信仰类型。这些新型宗教信仰包括印度的耆那教（Jainism）和佛教，中国的道教和儒教，以及地中海的犬儒主义（Cynicism）和享乐主义（Epicureanism），共同的特征就是崇拜的并非神祇。

这些信仰也认为有某种超人类秩序控制着这个世界，但它们所崇拜的这个秩序是自然法则，而不是什么神圣的意志。这些自然法则的宗教信仰虽然某些也相信有神祇存在，但认为神祇就和人类、动物和植物一样会受到自然法则的限制。虽然神祇可以说在这个生态系统中有其优势（就算是大象或豪猪，也各有优势），但他们也像大象一样，并无法改变自然的法则。里面典型的例子是佛教，这可以说是最重要的古代自然法则宗教，而且到今天仍然兴盛。

佛教的核心人物释迦牟尼不是神而是人，俗名乔达摩·悉达多（Siddhartha Gautama）。根据佛教经典，释迦牟尼大约在公元前 500 年是个喜马拉雅山区小国的王子，看到身边的人深深陷于苦难之中，而心生不忍。他看到人不分男女老幼，不仅时常受到战争和瘟疫等灾难袭

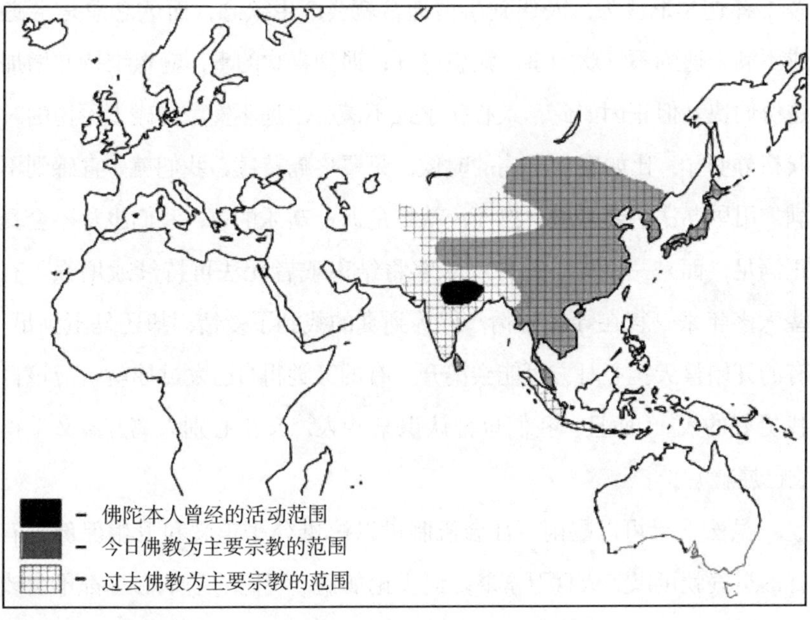


地图 5　佛教的传播。

击，还无法免于种种焦虑、沮丧和不满的情绪，似乎这一切都是人生难以避免的事。人类追求财富和权力，获得知识和财富，生儿育女，建起宫殿和房屋。但不论取得多少成就，他们永远不会满足。穷人梦想着要变富，有100万的想要200万，有200万的想要1000万。而且就算真的有钱了、有名了，他们还是不满意，还是有无尽的烦恼和忧虑，无法从生老病死中解脱。至死，一切如梦幻泡影消失，生命就像是毫无意义的追寻。然而，该怎样才能跳出这个轮回？

在29岁时，释迦牟尼半夜离宫，抛下了财富和家人，流浪走遍印度北部，希望为这一切痛苦寻找出路。他前往各个修院修行，聆听各个大师讲道，但还是无法完全感到解脱，有什么不满依然萦绕。他并未绝望，决心反求诸己，直到找到彻底解决的方法为止。他入禅6年，思索各种人类苦痛的本质、原因和解决方式。最后他体会到，一切苦难并非来自厄运、社会不公或神祇的任性，而是出于每个人自己心中的思想模式。

释迦牟尼认为，人遇到事情通常就会产生欲念，而欲念总是会造成不满。遇到不喜欢的事，就想躲开；遇到喜欢的事，就想维持并增加这份愉快。但正因如此，人心就永远不满、永远不安。在碰上不悦的时候格外明显，比如感觉疼痛的时候，只要疼痛持续，我们就一直感到不满，用尽办法想要解决。然而，就算是遇上欢乐的事，我们也从不会真正满足，而是一直担心这种欢乐终将结束或者无法再持续或增强。有些人多年来一直在寻找爱情，但等到真的找到了爱情，却还是不满足。有的开始整天担心对方可能会离开；有的又觉得自己太过屈就，应该再找更好的人。（而且，我们也都认识某些人，又担心别人离开，又觉得自己屈就）。

虽然上天可以赐雨，社会机制可以提供公平正义和卫生保健，有好的运气就可以变成百万富翁，但无论如何，我们的基本心态都不会改变。因此，就算是最伟大的国王也无法避免焦虑，不断地逃避着悲伤和痛苦，也总是想要追寻更多的快乐。

释迦牟尼找到一种方法可以跳出这种恶性循环。在事物带来快乐或痛苦的时候，重点是要看清事物的本质，而不是着重在它带来的感受，于是就能不再为此所困。虽然感受悲伤，但不要希望悲伤结束，于是虽然仍有悲伤，也能不再为此而困。即使仍然悲伤，也是一种丰硕的经验。虽然感受快乐，但不要希望快乐继续，于是虽然仍有快乐，也能不失去心中的平静。

但要怎样才能让心里接受事物的本质，而放下种种欲求，知道苦即为苦、乐即为乐？释迦牟尼制定了一套冥想的技巧，能够训练心灵感受事物的本质而排除种种欲求。通过训练，心灵专注在“我现在是什么感受”，而不是问：“为什么是我？”这种境界很难达到，但并非不可能。

释迦牟尼将冥想落实在各种道德规范上，好让信众更能专注在实际的感受，而不会落入各种欲求和幻想之中。他要求信众不杀生、不邪淫、不偷盗，因为这些不好的行为一定会让欲望如野火燎原，而一心追求权力、感官享受或财富。等到这些火焰彻底扑灭，原本的欲求被圆满和宁静所取代，这被称为涅槃（梵文的原义就是“熄灭”）。达到涅槃，也就摆脱了所有苦痛，能够无比清晰地感受身边的现实，没有什么幻想和幻象。虽然人们很有可能还是会遇到苦痛，但苦痛已经不再能影响他们。毕竟，无欲则无苦。

根据佛教经典，释迦牟尼本人就达到了涅槃，从痛苦中完全解脱。而在这之后他就被称为“佛陀”，意为“觉悟者”。接着，佛陀一生前往各地普传佛法，希望让所有人离苦得乐。佛陀的教诲一言以蔽之：痛苦来自欲望；要从痛苦中解脱，就要放下欲望；而要放下欲望，就必须训练心智，体验事物的本质。

对佛教徒来说，这条“佛法”就是举世皆同的自然法则，“痛苦来自欲望”这件事举世皆同，就像在现代物理里 E 总是等于 $MC^2$。所以，所谓的“佛教徒”，就是相信这条法则，将这条法则落实在一切日常活动中的人。另一方面，是不是信仰某个神灵，对他们来说就不是那么重要。一神论宗教的最高原则是：唯一真神确实存在，那么他想从我这里要什么呢？佛教的最高原则则是：痛苦确实存在，我该如何逃离呢？

佛教并不否认有神祇存在，认为他们有强大的神通，能够带来降雨和胜利，然而神祇对于“由欲得苦”这条法则却无能为力。如果能够无欲无求，任何神祇都无法让人感到痛苦。相对而言，如果人有了欲望，任何神祇也无法拯救他脱离痛苦。

但也如同一神论的宗教，佛教这种前现代的自然法则宗教还是无法摆脱神祇崇拜。佛教告诉信众，他们应该不断追求达到涅槃境界，不要为了名利停下脚步。然而，99% 的佛教徒都无法达到这个境界，而且就算他们一心希望最后能达到这个目标，日常生活里多半还是追求着世俗的成就。于是，佛教徒还是崇拜着各种神祇，比如印度的佛教徒拜着印度的神，中国西藏的佛教徒拜着本教（Bon）的神，日本的佛教徒也拜着神道教的神。

此外，佛教的几个教派也随着时间发展出满天诸佛菩萨。诸佛菩萨是人也非人，他们已经能够达到涅槃、摆脱痛苦，但为了帮助还在轮回中的芸芸众生得到解脱，倒驾慈航重入世间。所以，佛教徒崇拜的并不是神祇，而是这些已经开悟而尚未成佛的人，除了希望他们协助自己达到涅槃的境界，也希望他们帮忙处理一些世俗的问题。于是，我们就看到整个东亚有许多佛菩萨得负责降雨、医病，甚至还得保佑杀敌求胜，而信众也虔心祈祷，为他们焚香，献上各色鲜花、稻米和甜品。

### 当崇拜的对象变成了人

至于各种新型现代教义，因为它们之间并没有明显的界线，我们在此也就不可能一一检视它们的历史。它们“综摄”的情形，并不少于一神论和流行的佛教。就像佛教也能拜着印度教的神祇，一神论者也能相信撒旦的存在，现在典型的美国人也能既是民族主义者（相信有美国民族存在，而且相信它在历史上有重大作用），又是自由市场资本主义者（相信社会繁荣的最佳方法就是公开竞争、追求自我利益），还是个自由人文主义者（相信造物主赐给人类若干不可剥夺的权利）。民族主义将在第十八章讨论。最成功的现代宗教：资本主义，会在第十六章以专章探讨，阐述其主要信念和仪式。至于本章的其余篇幅，则继续讨论人文主义的宗教。

有神论的宗教，重点在对神的崇拜；至于人文主义宗教，重点就是对人的崇拜，或者讲得更明确，是对智人的崇拜。人文主义的基本信念，就是认为智人是独特的、神圣的，从本质上就与其他所有现代动物有所不同。对人文主义者来说，智人的独特性是世界上最重要的事情，决定了宇宙间一切事物的意义。所谓的“至善”，讲的是对智人好。全球所有其他物种和生命，都只为了智人这一物种的利益而存在。

虽然所有人文主义者都崇拜人性（humanity），但对于人性的定义却不见得相同。就像是基督教的各个教派对于“神”会有不同定义，人文主义对“人性”的定义，大致上分成三种对立的教派。今天最重要的人文主义学派就是自由人文主义，它认为人性就在于每个个人的自我特质，因此个人自由也就变得神圣不可侵犯。根据这些自由主义者的说法，每个智人都有着人性的神圣本质。正是每个人的内心让全世界有了意义，而且这也是各种道德及政治正当性的来源。如果碰上道德或政治的困境，就该内省、听听自己内心的声音，也就是人性的声音。因此，自由人文主义最重要的诫命就是要保障这种“内心声音”的自由，不受外界的侵扰或伤害。而这些诫命统称为“人权”。

举例来说，这正是自由主义者反对酷刑和死刑的原因。在近代早期的欧洲，犯下杀人罪的人会被视为违反和破坏了宇宙秩序。为了让宇宙回归平衡，对罪犯施以酷刑并公开处决，好让所有人民都看到宇宙已经重返秩序。在莎士比亚和莫里哀的时代，伦敦人和巴黎人最爱的消遣就是现场直击残忍的处决画面。但在今天的欧洲，死刑被认为侵害了人性的神圣。虽然一样是为了维护秩序，现今的欧洲不会对罪犯施以酷刑处决，反而是要以尽可能“人性化”的方式来加以惩罚，才能维护甚至重建人类的尊严。通过尊重凶手的人性，人人都想起了人性的神圣，于是秩序才得以恢复。像这样保护凶手，我们才能改正凶手做错的事。

虽然自由人文主义将人性神圣化，但并不否认有神的存在，而且它根本就是源自一神论的信念。比如相信每个人的本质自由而神圣，就是直接源于传统基督教相信灵魂自由而永恒的概念。要是没有永恒的灵魂和造物主的概念，自由主义者想要解释究竟个别的智人有何特别，就很难讲得清楚。

人文主义的另一个重要教派就是社会人文主义。社会主义者认为所谓“人性”是个集体而非个人的概念。因此，他们认为神圣的不是每个个人心中的声音，而是由所有智人这种物种构成的整体。自由人文主义追求的，是尽可能为个人争取更多自由；而社会人文主义追求的，则是让所有人都能平等。对社会主义者来说，“不平等”就代表着偏重人类的某些边际特质，认为这比人类的普遍本质更重要，这样一来可说是对人类神圣性最严重的亵渎。举例来说，如果富人比穷人有特权，就代表重视“金钱”超过了人类的普遍本质（本质上，不论贫富，人类的本质应该全部相同）。

和自由人文主义一样，社会人文主义也是以一神论为基础。比如人人平等这个概念，就是来自一神论认为在神的面前所有灵魂一律平等。唯一不是来自传统一神论的人文主义教派，就是演化人文主义，以纳粹为最著名的代表。真正让纳粹与其他人文主义教派不同的地方，在于他们深受演化论影响，对“人性”有不同的定义。相对于其他人文主义者，纳粹相信人类并非处处相同，也不是永恒不变，而是一个会进化或退化的物种。人可以进化成超人，也可以退化成非人。

**人文主义宗教：崇拜“人性”的宗教**

| 自由人文主义 | 社会人文主义 | 演化人文主义 |
|---|---|---|
| 智人拥有独特且神圣的本质，与其他生物有根本上的不同。所谓的“至善”，讲的是对整体人性有好处。 | | |
| “人性”是个人的概念，存在于每个智人心中 | “人性”是整体的概念，存在于所有智人整体之中 | “人性”可变，可能退化成非人，也可能进化成超人 |
| 最重要的使命，是保护每个智人内心的自由 | 最重要的使命，是保护智人这个物种的平等 | 最重要的使命，是保护人类，避免退化成非人，并且鼓励进化成超人 |

纳粹打着保护优秀人种，避免退化的幌子，从事着反人类的勾当。正因如此，纳粹才会主张应该要保护、培养雅利安人（Aryan，他们认为这是最进步的智人类型），至于犹太人、吉卜赛人、同性恋者和精神病患这些被认为是退化的智人类型，则必须隔离甚至灭绝。纳粹的辩白是，智人一开始能够胜出，本来就是因为演化留下了这种“较优异”的远古人种，而淘汰了某些“较低劣”的人种，例如尼安德特人就从此消失。一开始，不同的人种不过也就是不同的种族，但后来就走上不同的演化道路。很有可能，这还会再次发生。纳粹认为，智人已经分化出几个不同的种族，各有独特的特质，而雅利安人拥有各种最优秀的特质：理性、美丽、诚信、勤奋。因此，雅利安人拥有让人类进化为超人的潜力。至于像犹太人和黑人这些种族，特质不佳，可以说是现代的尼安德特人。如果让他们任意繁衍甚至还和雅利安人通婚，岂不是污染了整个人类物种，即将造成智人灭绝吗？

生物学家已经戳破了纳粹的种族理论。特别是1945年以后的基因研究，已经证明不同人类谱系之间的差异远远小于纳粹的假设。但这些结论只是最近的事，考虑到1933年的科学知识，纳粹当时会这么相信也不难想象。许多西方精英都相信有不同人种的存在，相信白人较为优越，也相信应该要保护、培养这个高贵的种族。像在许多最具盛名的西方大学里，学者用最新的正统科学方法，发表的研究报告号称证明

图 20　一幅纳粹的宣传海报，右边是“纯种雅利安人”，左边是“混种”。纳粹很显然十分崇敬人体，也很害怕低等种族污染人性、让人性堕落。

了白人比起非洲人或印第安人更聪明、更有道德也更具技术。而在华盛顿、伦敦和堪培拉的政治家也一心相信自己必须负责避免白色人种受到玷污堕落，所以得要设下重重限制，避免像中国甚至意大利的人民移居到像美国和澳大利亚这种“雅利安人”的国家。

这些立场，就算在新的科学研究发表之后也并未改变。想要达成改变，科学的力量还是远远不及社会和政治。以这个意义来说，希特勒不只把自己送上绝路，也让种族主义跟着一同送葬。在他发动第二次世界大战的时候，他的敌人被迫泾渭分明地区分出“我们”和“他们”。而在这之后，因为纳粹思想大张旗鼓地宣扬种族主义，让种族主义在西方再也抬不起头。然而，改变还是需要时间。至少到 20 世纪 60 年代，白人至上仍然是美国政治的主流意识形态。只有白人才能移居澳大利亚的白澳政策，一直到 1973 年才废除。澳大利亚原住民直到 20 世纪 60 年代才有平等的政治权利，而且大多数还是被认为不足以发挥公民的功能，所以无法在选举中投票。

纳粹并不是反人性。他们之所以同自由人文主义、人权和共产主义站在对立面，反而正是因为他们推崇人性，相信人类有巨大的潜力。他们顺着达尔文演化论的逻辑，认为必须要通过自然选择淘汰不适合的个人，只留下适者，才能让人类继续生存繁殖。但自由主义和共产主义要保护弱者，不仅让不适者生存了下来，还给了他们繁殖的机会，这样就破坏了自然选择的秩序。如此一来，就算是最适合生存的人类，也不免被一群堕落的人类淹没，变得越来越趋近不适者，一代代下去就可能导致灭绝。

一本1942年的德国生物课本，就有一章“自然和人类的法则”，认为自然界的最高法则就是让所有生物都必须在无情的斗争中求生存，讲到植物如何为了土地而奋斗，甲虫如何为了交配而奋斗，最后课本的结论是：

> 这场生存之战艰辛而无情，但这是让生命延续的唯一道路。这场斗争能够消除一切不适合生存者，并挑选出适合生存的。……这些自然法则不容置疑，目前还存活的生物就是明证。这些生物冷酷无情，抵抗者就会遭到消灭。生物学不只告诉我们关于动植物的事，还告诉我们生活中必须遵守的法则，要坚定我们的志向，依照这些法则生存下去、抵抗下去。生命的意义，就是斗争。对抗这些法则，则终必致祸。

课本里接着又从希特勒的《我的奋斗》(*Mein Kampf*)引了一段：“想要违抗自然铁律的人，也就是违抗了那些他应该感谢、让他得以为人的原则。与自然对抗，只会带来人类自己的毁灭。”[66]

* * *

我们刚刚踏入第三个千禧年，演化人文主义的未来仍未可知。在对抗希特勒的战争结束后的60年间，相关的禁忌挥之不去，没人再提出想将人文主义和演化论结合起来、用生物学的方式来让智人“升级”。但到了今天，这种想法已经死灰复燃。虽然已经没有人说要淘汰劣等种

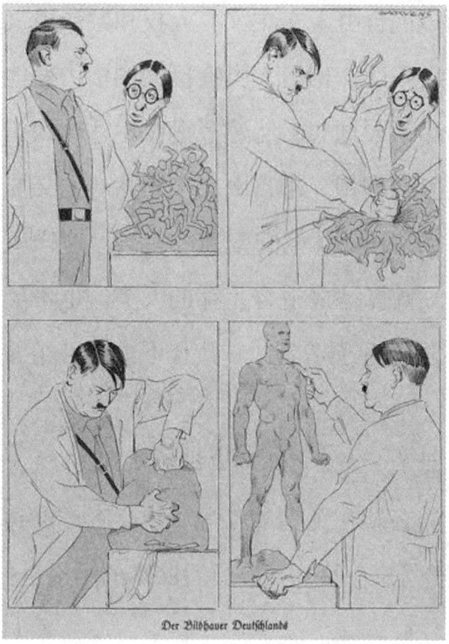


图 21　1933 年的纳粹漫画。漫画将希特勒描绘成要创造完美人类的雕塑家。至于旁边戴眼镜的自由主义知识分子，则因为过程中需要用到的暴力而怯怯懦懦无法动手。（也请注意，画中对人体有着情色的崇拜。）

族或民族，但许多人正思考着如何利用更先进的人类生物学知识来创造完美的人类。

但与此同时，自由人文主义和最新的生命科学研究成果之间已经出现一条鸿沟，我们很快就无法再忽视而必须直接面对。我们的自由政治和司法系统之所以存在，是因为相信每个人都有一个神圣、无法分割、无法改变的内在本质，这点让世界有了意义，也是一切道德和政治正当性的来源。但这个概念的前身正是传统的基督教信念：相信每个个人体内都有一个自由而不朽的灵魂。然而，过去两百年间，生命科学已经彻底破坏了这个信念。科学家研究人类这个有机体的内部运作，并未找到灵魂的存在。越来越多科学家认为，决定人类行为的不是什么自由意志，而是激素、基因和神经突触——我们和黑猩猩、狼和蚂蚁并无不同。我们的司法和政治制度碰上这些发现，多半是视而不见、不愿面对。但坦白说，现在这面堵在生物学以及法律和政治学之间的墙，究竟还能维持多久？

# 第十三章
# 成功的秘密

商业、帝国和全球性的宗教，最后终于将几乎每个智人都纳入了我们今天的全球世界。这个扩张和统一的过程并不是完全直线发展、一帆风顺。但纵观大局，可以看到从许多小文化到少数大文化再到最后的全球单一文化，应该是人类历史无法避免的结果。

然而，虽然我们说全球无法避免成为单一文化，但它并不见得会是现在世界上的任何一种文化。我们当然可以想见其他可能性。为什么现在的全球语言是英语而不是丹麦语？为什么世界上有大约 20 亿基督徒、12.5 亿穆斯林，但袄教只有 15 万人，摩尼教已经完全消失？如果我们能一次又一次回到 1 万年前，让一切重新开始，是不是一定会看到一神论的兴起、二元论的衰落？

这种实验非人力可及，所以我们确实无从确定。但我们可以检视历史的两种重要特质，让我们得到一点线索。

## 马后炮的谬误

历史上的每一个时间点，都像是一个十字路口。虽然从过去到现在已经只剩单行道，但到未来却有无数岔路可走。其中某些路比较宽、比较平坦，路标比较明确，所以也是比较可能的选择。然而，历史有时候就是选了一些完全出人意料的道路。

例如在公元 4 世纪初，古罗马帝国可以用各种方式解决宗教问题，也可以坚持传统、维持多元多神论的情形。但古罗马当时的皇帝君士坦丁回顾过去一个世纪间无止境的宗教纷扰，似乎是觉得如果能有单一的宗教、明确的教义，就能协助他统一各种族。而且，当时可能成为国教的选项众多，像摩尼教、密特拉教（Mithraism）、崇拜赛比利或伊西斯的教派、祆教、犹太教，甚至佛教，都有可能。为什么他最后选了耶稣？是他在哪方面被基督教神学打动？还是基督教有哪方面的教义让他觉得便于利用？是他真的受到什么宗教感召，还是有哪个大臣认为基督教正在迅速扩张，不如赶快搭上顺风车？历史学家虽然可以推测，但无法提供任何明确的答案。他们可以描述基督教“如何”拿下了古罗马帝国，但他们无法解释“为何”能达成这项创举。

而“如何”和“为何”之间有何不同？描述“如何”的时候，是要重建一连串从一点导致另一点的事件顺序。至于要解释“为何”的时候，则是要找出因果关系，看看究竟为什么发生的是这一连串的事件，而不是另一连串的事件。

确实，有些学者会针对像“基督教兴起”这种事件，提出一些斩钉截铁的解释，把人类历史简化成各种生物、生态或经济力量的运作。他们认为古罗马帝国时代的地中海地区在地理、基因或经济方面有些特殊之处，必然促成了一神论宗教兴起。但大多数的史学家对于这种斩钉截铁的理论还是抱持着怀疑。这正是历史成为学科的特点之一：对某个时代的了解越透彻，反而就越难解释为什么发生了这个事件而不是那个事件。但如果对某个时期只是一知半解，就很容易受到结果影响，只看到那些最后成真的可能性。于是，他们就用后见之明来解释着为什么现在的结果无法避免。必须要更深入地了解这些时期，才能真正看到那些最后并未发生的可能结果。

事实上，真正最知道当时情况的人（也就是活在当时的人），正是最看不出历史走向的人。比如对于在君士坦丁统治下的一般古罗马人来说，未来就像是雾里看花。历史的铁则就是：事后看来无可避免的事，在当时看来总是毫不明显。直到今天，情况仍是如此。我们已经走出全球经济危机了吗？还是前面还有更大的打击？中国会不会继续发展、成为全球第一的超级大国？美国会不会丧失霸主地位？一神论基本教义派是会成为全球未来的风潮，又或不过是地方的小骚动，在未来不值一哂？我们走向的是生态的灾难还是科技的天堂？以上所有结果背后都有一套很完整的论述，但我们就是无法确定何者将成真。但如果过了几十年后再回顾，我们就会觉得答案真是太明显了。

特别要强调的是，那些在当代看来最不可能发生的事，常常就是最后成真的事。君士坦丁大帝在公元 306 年即位的时候，基督教不过就是个神秘的东方教派。如果当时有人说基督教会成为古罗马的国教，一定会引来哄堂大笑，就像是说印度教克里须那教派在 2050 年会成为美国的国教一样荒诞无稽。在 1913 年 10 月，布尔什维克党还只是一个很小的俄国激进党派。任何理性的人都想不到，不过短短 4 年后，他们就接掌了俄国。在公元 600 年，如果说一小群住在沙漠里的阿拉伯部落会征服从大西洋到印度的辽阔土地，更是如痴人说梦。而事实上，如果当时拜占庭军队能够抵抗住第一波猛攻，伊斯兰教很有可能至今仍然只是个边缘的异教组织，只有一小群的信众。在这种时候，如果学者要解释为什么某个中年麦加商人得到的天启没能成为热门信仰，简直是再简单不过了。

但这也不是说一切都有可能发生。地理、生物和经济力量确实会造成限制。但限制下仍然有许多发展空间，目前还没有什么确实加以制约的法则。

对于许多希望看到历史必然性的人来说，这种说法大概有些令人失望。毕竟，宿命论吸引人的地方，就在于觉得这个世界和我们的信念都是历史上自然且必然的产物。于是，我们似乎是自然而然就发展出民族国家，自然而然就遵循着资本主义经济原则，也是自然而然地坚信着人权的概念。如果承认历史并非必然，等于是承认了现在的民族主义、资本主义和人权都只是巧合的产物。

然而，历史就是这样的一团混沌，历史就是无法解释得斩钉截铁，无法预测得十拿九稳。在同一时间，有多方力量互相影响、互相牵制，只要某方力量有了极小的改变，结果就会有巨大的不同。不仅如此，历史还是所谓的“二级”混沌系统。混沌系统分成两级，一级混沌指的是“不会因为预测而改变”。例如天气就属于一级混沌系统。虽然天气也是受到无数因素影响，但我们可以建立计算模型，不断加入越来越多因素，让天气预报也越来越准确。

至于二级混沌系统，指的是“会受到预测的影响而改变”，因此就永远无法准确预测。例如市场就属于二级混沌系统。假设我们开发出了一个计算机程序，能够完全准确预测明天的油价，情况会如何？可以想见，油价会立刻因应这个预测而波动，最后也就不可能符合预测。例如，假设目前石油价格是每桶 90 美元，而这个绝对准确的程序预测明天会涨到 100 美元，商人就会立刻抢进，好在预期的涨价中获利。但结果就是油价会在今天就涨到 100 美元，而不是明天。那明天究竟会如何？这件事就没人知道了。

同样，政治也属于二级混沌系统。很多人批评研究苏联的学者没能预测到 1989 年的苏联解体，也嘲笑中东专家没想到 2011 年会爆发阿拉伯之春革命。但这是不公平的。从定义上，革命就是无法预测。如果真能预测有革命，革命就永远不会成真。

原因何在？假设在 2010 年，有某些天才政治学者与某个计算机鬼才合作，开发出某种绝对准确的算法，还有个漂亮的界面，号称能够预测是否发生革命。于是，他们向埃及总统穆巴拉克兜售这项服务，换取了一大笔可观的酬劳，告诉穆巴拉克，他们预测来年在埃及必然爆发大规模革命。穆巴拉克会如何反应？最有可能的是他会立刻降税，用数十亿美元补助人民，顺便也大幅加强秘密警察部队，以防万一。于是，这一切的准备工作发挥了效果。一年很快就过去，而且没有发生革命，真是太让人意想不到了，不是吗？于是，穆巴拉克要求退款。他向科学家大吼大叫：“你这套算法是骗人的！要不是你这套东西，我才不会把钱都拱手让人，我大可多盖一座宫殿！”科学家会辩白道：“可是，正是因为我们预测到了，革命才没有发生啊。”“你是说，你们预测到了，只是没有发生？”穆巴拉克一边说，一边示意叫警卫把他们全部抓起来。“这种神棍，开罗的市场到处都有。”

这么说来，究竟为什么要学历史？历史不像是物理学或经济学，目的不在于做出准确预测。我们之所以研究历史，不是为了要知道未来，而是要拓展视野，要了解现在的种种绝非“自然”，也并非无可避免。未来的可能性远超过我们的想象。举例来说，研究欧洲人究竟是如何控制了非洲人，我们就知道种族歧视绝非自然或无可避免，而且知道世界大有可能是完全不同的样貌。

## 盲目的历史女神克利俄

虽然我们无法解释历史做出的选择，但有一点可以确定：历史的选择绝不是为了人类的利益。随着历史演进，毫无证据显示人类的福祉必然提升。没有任何证据，证明对人类有益的文化就会成功扩张，而对人类无情的文化就会消失。没有任何证据，证明基督教是比摩尼教更好的选择，或证明阿拉伯帝国比波斯帝国对人类更有利。

没有任何证据，证明历史是为了人类的利益而进展，而原因就在于“利益”并没有客观的衡量标准。不同的文化对于“善”的定义不同，而且并没有客观标准可以决定何者为佳。当然，胜利者永远相信自己的定义才正确。但我们又为什么要相信他们呢？基督徒相信，基督教击败摩尼教对全人类有益；但如果我们不接受基督教的世界观，就没有理由同意他们的想法。穆斯林也认为，穆斯林攻下波斯帝国对人类有益；但也只有在我们接受伊斯兰世界观的前提下，才会觉得确实如此。很有可能，如果基督教和伊斯兰教都彻底消失，人类生活反而更好。

甚至还有学者认为，文化就像是精神感染或寄生虫，而人类就是毫不知情的宿主。寄生虫或病毒就是这样住在宿主体内，繁殖、传播，从一个宿主到另一个宿主，夺取养分，让宿主衰弱，有时甚至丧命。只要宿主能够活着让寄生虫继续繁衍，寄生虫就很少关心宿主的情形。至于文化，其实也是以这种方式寄生在人类的心中。它们从一个宿主传播到另一个宿主，有时候让宿主变得衰弱，有时候甚至让宿主丧命。任何一个文化概念（比如基督教在天上的天堂），都可能让某个人毕生致力于传播这种想法，甚至为此牺牲生命。于是，人类死亡了，但想法持续传播。根据这种说法，文化并不是某些人为了剥削他人而设计出的阴谋，而是因为种种机缘巧合所出现的心理寄生虫，从出现之后就开始剥削所有受到感染的人。

这种说法有时称为“迷因学”（memetics）。迷因学假设，就像生物演化是基于“基因”这种有机信息单位的复制，文化演化则是基于“迷因”（meme）这种文化信息单位的复制。[67] 而所谓成功的文化，就是特别善于复制其迷因，而丝毫不论这对于其人类宿主的成本或利益。

多数人文学者看不起迷因学，认为这只是非专业人士用了一个粗糙的生物学模拟，试图解释文化的进程。然而，同样这批人文学者却有许多人拥抱了迷因学的双胞胎兄弟：后现代主义。对后现代主义思想家来说，文化的基石不是迷因，而是“话语”。只是他们也同意，文化传播时并不考虑人类的利益。例如，后现代主义思想家将民族主义形容成一种致命的瘟疫，于19世纪到20世纪在全世界流传，引起战争、压迫、仇恨和种族灭绝。只要有某个国家的人受到感染，邻国的人就也有可能感染这种病毒。虽然民族主义病毒让自己看起来对全人类有利，但其实主要还是对自身有利。

在社会科学领域中，博弈理论也常有类似的论点。博弈理论告诉我们，在有多位参与者的时候，某些概念和行为模式可能对“所有”参与者都有害，但就是有办法继续存活下去。军备竞赛就是一个著名的例子。很多时候，各国的军备竞赛只会拖垮所有彼此对立的国家，并不会真正改变军事力量的平衡。巴基斯坦买了先进战机，印度就立刻跟进。印度发展核弹，巴基斯坦也有样学样。巴基斯坦扩编海军，印度就立刻仿效。在这一切过程结束的时候，双方权力平衡很可能根本和过去没什么改变，但原本可用于教育或医疗的数十亿美元经费就这样浪费在武器上了。然而，这种军备竞赛的发展势难抗拒。这就是种行为模式，像病毒一样从一个国家传到另一个国家，伤害了所有人，只对行为模式本身有利，符合演化论上繁衍、复制的要求。（在此一提，军备竞赛也像基因一样，本身并没有意识，并不是自觉地在寻求生存和繁殖。其传播是在难以阻挡的发展趋势下，出现 一个意外的结果。）

于是，无论我们把历史发展的动力称为博弈理论、后现代主义或迷因学，“提升人类福祉”绝不是其主要目标。并没有证据显示史上最成功的文化就一定是对智人最好的文化。而就像演化一样，历史的演进并不在意生物个体是否幸福。至于对个别的人类来说，即使受到了历史演进的影响，但通常一方面太过无知，一方面又太过软弱，因此无力改变历史的进程。

* * *

历史就这样从一个岔路走到下一个岔路，选择走某条道路而非另一条的原因总是神秘而不得而知。大约在公元 1500 年，历史做出了最重大的选择，改变的不只是人类的命运，而是地球上所有生命的命运。我们将它称为“科学革命”。科学革命始于西欧，这里可以说只是亚非大陆的一个巨大半岛，在这之前并未在历史上发挥重大作用。但为什么科学革命是出现在此，而不是中国或印度？又为什么是第二个千禧年的中叶，而不是 200 年之后或者 300 年之前？这一切，我们都不知道。学者已经提出数十个理论，但都不特别具有说服力。

历史有太多的可能性，而许多的可能性最后都未成真。我们不难想象，历史其实很有可能就这样一代又一代地过去，而从未发生科学革命，就像即使没有基督教，没有古罗马帝国，没有金币，历史还是会继续发展下去。

# 第四部分 科学革命

图 22　新墨西哥州阿拉莫戈多（Alamogordo），1945 年 7 月 16 日，早上 5 点 29 分 53 秒。这是第一颗原子弹引爆 8 秒后的影像。核物理学家罗伯特·奥本海默在看到这场爆炸之后，引述了《薄伽梵歌》（*Bhagavad Gita*）："现在我成了死神，世界的毁灭者。"

## 第十四章 发现自己的无知

假设有个西班牙农民，在公元1000年沉沉睡去，等到他醒来的时候已经过了500年，虽然这时哥伦布的水手已经登上新大陆，但他看看四周的世界，还是会感到十分熟悉。这时的科技、礼仪和国界都有许多不同，但这位做了个李伯大梦（*Rip Van Winkle*）的中世纪农民仍然能有家的感觉。然而，如果是某位哥伦布的水手做了这场梦，醒来的时候听到的是21世纪的iPhone铃声，他会发现自己处在一个完全陌生、无法理解的世界。他很可能会问自己："这是天堂吗？还是地狱?!"

在过去500年间，人类的力量有了前所未有的惊人成长。公元1500年时，全球智人的人口大约有5亿，但今天已经到了70亿。[68] 人类在1500年生产的商品和服务总共约合现值2500亿美元，[69] 但今天每年人类生产的价值约为60万亿美元。[70] 在1500年，全人类每天总共约消耗13万亿卡路里，但今天每天要消耗1500万亿卡路里。[71]（看看这些数字，人口增加了14倍，生产增加了240倍，消耗的能量增加了115倍。）

假设有一艘现代战舰回到了哥伦布的时代，只要几秒就能摧毁整个哥伦布的船队，也能轻松击沉当时所有世界强权的海军，自己连个刮痕都不会有。只要有5条现代的货轮，就能承载当时全世界所有船队所运的货物。[72] 只要有一台现代计算机，就能储存中世纪所有图书馆里全数抄本和卷轴的信息，而且还剩下许多空间。就算把所有前现代王国的财产数量全部相加，也比不上现在世界上任何一家大型银行。[73]

在公元1500年，有几个城市人口已经超过10万，多数建材使用泥土、木材和稻草；只要有三层楼的建筑，就已经算是座摩天大楼。街道是有车辙的泥土路，夏天尘土飞扬，冬天泥泞不堪，街上满满的是行人、马匹、羊、鸡，以及少数的运货马车。城市里最常听到的噪音是人声和动物声，偶尔还会听到锤子和锯子的声音。日落时分，城市景观是一片黑，只有偶尔能见到的几点烛光，或者火把闪烁。如果这种城市的居民看到了现在的台北、纽约或孟买，他会怎么想?

在16世纪前，从没有人绕地球航行一周。一直要到1522年，麦哲伦的船队历经72 000公里的旅程，终于回到西班牙，完成了环球壮举。这趟旅程耗时3年，几乎所有探险队员都在途中丧生，麦哲伦也是其中一员。而到了1873年，在科幻小说家凡尔纳（Jules Verne）的想象中，富有的英国探险家福格（Phileas Fogg）已经可以只花80天就环游世界一周。而到了今天，只要有中产阶级的收入，任何人都能够在48小时内轻松又安全地完成环球大业。

在公元1500年，人类还被局限在地面上。虽然可以盖起高塔、爬上高山，但天空仍然是专属于飞鸟、天使和神的领域。而到了1969年7月20日，人类登陆月球。这不只是一项历史成就，更是一项演化上甚至是宇宙间的壮举。在过去40亿年演化期间，没有任何生物能够离开地球大气层，更不用谈要在月球上留下手印或足迹。

在地球上，微生物占了全部有机体大约99.99%，但人类要到非常晚近，才对微生物有所认识。这并不是因为微生物与我们无关，相反的是，我们每个人身上都有数十亿个单细胞生物，而且还不只是搭搭便车的关系。微生物可以说是我们最好的朋友，也是最致命的敌人。有些微生物可以帮助消化、健胃整肠，而有些则会导致疾病、造成感染。一直要到1674年，才有人第一次真正看见了微生物。当时安东·冯·列文虎克（Anton van Leeuwenhoek）自制了一台显微镜，用来观察一滴水，他看到里面有许多小生物动个不停，这让他大吃一惊。在随后的300年间，人类才开始认识许许多多的微生物物种。时至今日，我们已经能够治疗大多数由微生物造成的致命传染病，也能够将微生物用于医疗和产业用途。例如我们可以用细菌来制造药物、生物燃料，或者杀死寄生虫。

然而，如果要在过去500年间挑出一个最重大、最具代表性的一刻，一定就是1945年7月16日早上5点29分45秒。就在这一秒，美国科学家在新墨西哥州的阿拉莫戈多引爆了第一颗原子弹。从这时开始，人类不仅有了改变历史进程的能力，更有了结束历史进程的能力。

* * *

将人类带到阿拉莫戈多、带上月球的这段历史进程，称为“科学革命”。在这场革命中，人类因为将资源投入科学研究，取得了巨大的新力量。之所以说这是一场革命，是因为一直到大约公元1500年前，全球人类还不相信自己能在医疗、军事和经济方面再有什么突破。政府和富有的赞助者虽然也会将资金投入教育和作为奖学金，但一般来说只是为了维持现有能力，而不是取得新的能力。典型的前现代统治者会赞助牧师、哲学家和诗人，目的是请他们让他的统治合法化，并且维护社会秩序，而不是要他们发明新的药物、武器，或刺激经济增长。

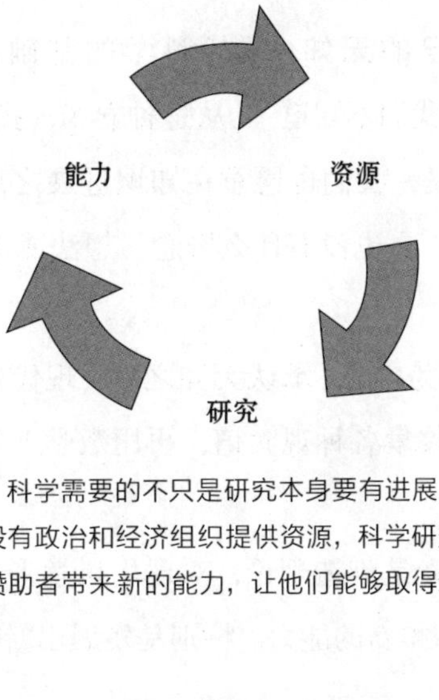


科学革命的回馈循环。科学需要的不只是研究本身要有进展，更需要科学、政治和经济彼此相互强化。如果没有政治和经济组织提供资源，科学研究几乎就不可能成功。反过来说，科学研究也为赞助者带来新的能力，让他们能够取得新的资源，而部分就会再用来研发新的能力。

但在过去的500年中，人类越来越相信可以依靠投资科学研究提升人类的能力。而且这不只是盲目的信仰，而是经过了反复的证明。随着证据越来越多，手中握有资源的富人和政府也就越来越愿意投入科学研究。如果没有这些投资，人类永远不可能在月球上漫步，不可能操纵微生物，更不可能分裂原子。以美国政府为例，最近数十年投入数十亿美元从事核物理研究。凭借相关研究，美国得以兴建核发电厂，为美国产业提供廉价的电力，而产业又能纳税给美国政府，政府再拨其中部分继续研究核物理。

为什么现代人越来越相信自己能够靠研究取得新的能力？又是什么促成了科学、政治和经济的结合？本章先着重在现代科学的独特性，以提供部分解答。接下来的两章会再探讨科学、欧洲帝国、资本主义经济三者之间如何形成联盟。

## 不知为不知

至少在认知革命之后，人类就很希望能了解这个世界。我们的祖先投入大量时间和精力，希望能找出支配自然界的法则。然而，现代科学与先前的知识体系有三大不同之处：

1. **愿意承认自己的无知。**现代科学的基础就是拉丁文前缀"ignoramus-"，意为"我们不知道"。从这种立场，我们承认了自己并非无所不知。更重要的是，我们也愿意在知识进展之后，承认过去相信的可能是错的。于是，再也没有什么概念、想法或理论是神圣不可挑战的。

2. **以观察和数学为中心。**承认无知之后，现代科学还希望能获得新知。方式则是通过收集各种观察值，再用数学工具整理连接，形成全面的理论。

3. **取得新能力。**光是创造理论，对现代科学来说还不够。它希望能够运用这些理论来取得新的能力，特别是发展出新的科技。

科学革命并不是“知识的革命”，而是“无知的革命”。真正让科学革命起步的伟大发现，就是发现“人类对于最重要的问题其实毫无所知”。

对于像伊斯兰教、基督教、佛教、儒教这些前现代知识体系来说，它们假设世上所有重要的事情都已经为人或为神所知。这些全知者可能是某些伟大的神、某个全能的神或是某些过去的智者，通过经典或口传，将这些智慧传给后人。而对于平民百姓而言，重点就是要钻研这些古籍和传统，正确加以理解，就能获得知识。在当时，如果说《圣经》、《古兰经》或《吠陀经》居然漏了某些宇宙的重大秘密，而这个秘密又居然能被一般血肉之躯的人发现，这简直是不可思议的事。

对古老的知识体系来说，只会承认两种无知的可能。第一种，“个人”可能不知道某些重要的事。要取得必要的知识，他该做的就是去问那些更聪明的人，而不是去寻找什么还没有人知道的事。例如，如果有一位13世纪的英格兰农夫，想知道人类究竟是怎么来的，他会认为基督教知识体系一定能有明确的答案。所以，他该做的就是去请教当地的牧师。

第二种，“整个知识体系”可能不知道一些“不重要”的事。就当时的定义来说，伟大的神祇或智者都懒得告诉我们的事，一定是不重要的。例如，假设我们这位英格兰农民又想知道蜘蛛是怎么结网的，他去问牧师也没用，因为任何的基督教经典都不会提到这个问题的答案。然而，这绝对不代表基督教有什么缺陷。反而是代表蜘蛛怎么结网这件事根本不重要，人类无须知道。毕竟，上帝一定知道蜘蛛怎么结网，而如果这件事这么重要、会影响到人类的繁荣和救赎，上帝怎么可能不在《圣经》里面有完整的解释？

基督教并不会禁止民众研究蜘蛛。但研究蜘蛛的学者（如果中世纪欧洲真的有人研究蜘蛛的话）就必须有心理准备，知道自己在社会上就是处于边缘角色，而且不管研究结果为何，基督教永远都是对的。所以，不管学者研究的是蜘蛛、蝴蝶，还是加拉帕戈斯雀，都只会被视为无关痛痒的事，不会影响到社会、政治和经济的基本真理。

事实上，事情永远没那么简单。就算是最虔诚、最保守的时代，还是会有人认为，一定有什么“重要的事”，是“整个知识体系”所不知道的，但这种人常常就会被边缘化或遭受迫害；但也有可能，他们就会开创一个新的体系，开始宣称只有他们才知道所有该知道的事。举例来说，穆罕默德宗教生涯的第一步，就是谴责他的阿拉伯同胞，说他们对于真正神圣的真理一无所知。穆罕默德很快就宣称只有自己知道全部的真相，而信众也开始称呼他为“先知的封印”（The Seal of the Prophets，意为所有先知到此为终结）。于是，所有的启示当然也就是到穆罕默德为止，之后再也没什么重要的了。

现代科学是一套独特的知识体系，独特之处也就在于公开承认这“整套体系”都对一些“最重要的问题”一无所知。达尔文从来没有说过自己是“生物学家的封印”，说自己已经完全解开了生命的谜团。经过几个世纪的大规模科学研究，生物学家承认，他们还是无法完整解释为什么大脑能够产生意识。物理学家也承认，他们不知道什么引起了宇宙大爆炸，也不知道如何让量子力学与广义相对论结合起来。

也有些时候，因为不断有新证据出现，各种科学理论也就互相交锋、战火激烈。一个典型的例子，就是究竟哪种经济模式最好。虽然每个经济学家都可能会说自己的模式最恰当，但每次出现金融危机和股市泡沫，我们就会看到主流改变；目前一般公认，我们还是不知道最佳的经济模式究竟为何。

还有些时候，因为现有的证据强力支持某些理论形成主流，于是其他理论就被冷落。虽然我们一般认定主流理论为真，但每个人也都同意，如果新证据出现而与主流理论相违背，主流理论也就需要修正甚至是淘汰。像板块构造理论和演化论就属于这种例子。

现代科学愿意承认自己的无知，就让它比所有先前的知识体系更具活力、更有弹性，也更有求知欲。这一点大幅提升了人类理解世界如何运作的能力，以及创造新科技的能力。然而，这也给人类带来祖先多半无须面对的一个严重问题。就现在这个体系而言，我们假设自己并非无所不知，现有的知识也并未定案，但这也同样适用于那些让数百万人得以有效合作的虚构故事。如果证据显示这些故事有许多都大有问题，社会岂不是要崩溃了？要怎样才能让社会、国家和国际体系继续维持运作？

正因如此，现代想要维持社会政治秩序稳定，只能依靠两种不科学的方法，其他别无选择。

1. 虽然采用科学理论，但必须违反一般科学做法：宣称这就是绝对的真理。纳粹就是采用这种方式，声称他们的种族政策是来自生物事实的推论。

2. 不要采取科学方法，而诉诸“非科学的绝对真理”。这一直是自由人文主义的策略。自由人文主义的基础在于坚持主张人类的特殊价值和权利，但很尴尬的是，对智人的科学研究并不认同这种看法。

但我们也不该太过惊讶。毕竟，科学还是得倚靠着种种宗教和意识形态信仰，才能取得经费，并将研究正当化。

不论如何，现代文化已经比过去任何文化都更愿意承认自己的无知。而现代社会之所以还能够维系，原因之一就在于对科技和科学研究方法的信任，这几乎成了类似宗教的信仰，甚至在一定程度上也取代了对绝对真理的信念。

### 科学教条

现代科学没有需要严格遵守的教条，但研究方法有一个共同的核心：收集各种实证观察（可以用感官感受到的），并以数学工具整理。

人类从历史一开始就不断进行实证观察，但其影响常常十分有限。毕竟，如果我们觉得已经有了所有问题的答案，为什么还要浪费资源进行新的观察？然而，现代人们开始承认自己在某些非常重要的问题上几近无知，就开始觉得需要寻找取得全新的知识。因此，主流的现代研究方法就会预设旧知识有所不足。而且，这时候的重点不在于研究旧的知识体系，而是要强调新的观测、新的实验。如果现在观察到的现象与过去的传统知识体系相冲突，我们会认为现在的观察才正确。当然，如果是研究宇宙星系的物理学家、研究青铜时代城市的考古学家或研究资本主义产生的政治学家，就不会忽略传统知识体系。他们会研究过去的智者究竟写了什么、说了什么。但不论是想当物理学家、考古学家还是政治学家，在读大学的第一年，就会有人告诉他们，要把目标放在超越爱因斯坦、施里曼（Schliemann）和韦伯所告诉我们的知识上。

* * *

然而，光是观察并不足以成为知识。为了要了解宇宙，我们必须整理各种观察，整合成完整的理论。早期的知识体系常常是用"故事"构成理论，而现代科学用的则是"数学"。

例如在《圣经》、《古兰经》、《吠陀经》或儒教经典里，我们很少看到有图表或计算公式。传统的神话和经典里，讲到所谓的一般法则都是用文字叙述，而不是用数学公式。举例来说，摩尼教提出的基本原则认为世界是善与恶的战场。恶的力量创造了物质，而善的力量创造了精神。人类就处于这两股力量之间，而应该从善弃恶。然而，摩尼教的先知摩尼（Mani）并没有用什么公式来告诉我们善恶两方各自拥有多少力量，人类应该据以做什么选择。他从来没有算过什么"作用在人身上的力等于精神的加速度乘以身体的质量"。

但这正是科学家的目标。在1687年，牛顿发表《自然哲学的数学原理》（*The Mathematical Principles of Natural Philosophy*），这可以说是现代历史上最重要的著作。牛顿在书中提出三大运动定律，只要用三个非常简单的数学公式，就能够解释宇宙中苹果或者流星掉落的规律：

$$(1)\ \sum \vec{F} = 0$$
$$(2)\ \sum \vec{F} = m\vec{a}$$
$$(3)\ \vec{F}_{1,2} = -\vec{F}_{2,1}$$

从此之后，任何人想要了解炮弹或行星是如何运动的，又会落向何方，只要测量一下物体的质量、方向、加速度和作用力，把这些数据填入牛顿的方程式，答案简直就像魔术一样跃于眼前。一直要到19世纪末，科学家才观察到有某些状况并不符合牛顿运动定律，于是带来下一波物理理论的革命：相对论和量子力学。

* * *

牛顿告诉我们，大自然这本书所用的书写语言是数学。某些章节可以总结成某个明确的方程式。也有些学者想仿照牛顿，将生物学、经济学和心理学整理成简单的公式，却发现这些领域实在太复杂，不可能依样画葫芦。然而，这并不代表他们就放弃了数学。在过去200年间，为了处理现实中更复杂的层面，数学发展出一个新的分支：统计学。

1744年，亚历山大·韦伯斯特（Alexander Webster）和罗伯特·华莱士（Robert Wallace）这两位苏格兰长老会教士打算成立一个寿险基金，为神职人员的遗孀和孤儿提供补助。他们建议教会的每一位牧师都将收入拨一部分进入基金，基金用这笔钱从事投资。如果牧师过世，遗孀就能从基金的获利中取得分红，她的余生也有了保障。然而，他们必须先知道基金规模多大才足够完成这种目标。韦伯斯特和华莱士必须预测每年大约会有多少牧师过世、留下几位孤儿寡妇，以及这些寡妇在丈夫过世后还会活几年。

我们来提一下这两位教士“没有做”什么。他们没有向上帝祈祷告诉他们答案，没有在《圣经》或古代神学家作品中遍寻解答，也没有提出抽象的哲学争论。毕竟，苏格兰人本来就是个实际的民族。于是他们联络了爱丁堡大学的数学教授科林·麦克劳林（Colin Maclaurin）。他们收集了民众过世年龄的资料，用以计算在某一年里可能有几位牧师过世。

这些计算要归功于当时不久前在统计与概率等领域的几项突破。其中之一是雅各布·伯努利（Jacob Bernoulli）的大数法则（Law of Large Numbers）。伯努利认为，虽然某些单一事件（例如某个人死亡）难以准确预测，但只要有了许多类似事件，用平均结果来预测就能相去不远。换句话说，虽然麦克劳林无法用数学预测韦伯斯特和华莱士是不是明年就会过世，但只要有足够的数据，他就能告诉韦伯斯特和华莱士明年很有可能有多少位苏格兰长老教会牧师会过世。幸运的是，他们手上已经有现成的数据。爱德蒙·哈雷（Edmond Halley）在50年前就已经发表相关统计表，正好派上用场。哈雷分析了德国布雷斯劳市（Breslau）的1238份出生、1174份死亡记录，让我们看到某个20岁的人死在某一年的概率是1∶100，而50岁的人则是1∶39。

整理这些数字之后，韦伯斯特和华莱士得出结论：平均而言，苏格兰通常有930位长老教会牧师，每年过世27位，而其中有18位会留下遗孀。在没有留下遗孀的几位中，有5位会留下孤儿，至于有遗孀的，也有两位可能有不到16岁的孩子。他们还计算出遗孀有可能在多久之后过世或再婚（这种时候便停止补助）。有了这些数据之后，韦伯斯特和华莱士就能判断加入基金的牧师每人该付多少钱，为自己的亲人打算。当时，如果牧师年缴2英镑12先令又2便士，他的遗孀便能一年得到10英镑。这在当时可是一大笔钱。而如果他认为这还不够，可以选择年缴6英镑11先令3便士，遗孀一年就能得到25英镑，生活更为优渥。

根据他们的计算，到1765年，这个"苏格兰教会牧师遗孀及孩童抚恤基金"总资本会有58 348英镑。事后证明，他们的计算准确到不可思议。到了这一年，基金总资本为58 347英镑，只比预测少了1英镑！这可是比所有宗教先知的预言都准确太多了。时至今日，他们的基金简称为苏格兰遗孀基金（Scottish Widows），是全球最大的退休金和保险公司之一，总值高达1000亿英镑，现在任何人都能够购买其保单，而不只保障苏格兰的遗孀。[74]

这两位苏格兰神职人员所用的概率计算，后来不仅成了精算学的基础（这是退休金和保险业务的核心），也成了人口统计学的重要概念［人口统计学则是由圣公会的牧师罗伯特·马尔萨斯（Robert Malthus）所建立］。接着，人口统计学又成了达尔文（他也差点儿成了英国圣公会的牧师）建立演化论的基础。虽然没有公式能够预测某种条件下什么样的生物可能演化，但遗传学家还是能够利用概率计算，了解某个特定族群产生特定突变的可能性。这样的概率模型已经成了经济学、社会学、心理学、政治学和其他社会科学及自然科学的基础。就算是物理学，最后牛顿的经典公式也加入了量子力学的概率云（probability cloud）概念。

* * *

只要看看教育的历史，就能知道这项进展对人类有多大的影响。一直以来，数学就是一门深奥的学问，就算是知识分子也很少真的全心投入。在中世纪的欧洲，教育的核心是逻辑、语法、修辞，数学教育通常就只是简单的算术和几何学。没有人研究统计学这件事。神学无疑是所有学科中的王道。

但到了今天，修辞学乏人问津，逻辑只剩哲学系继续捧场，神学只剩神学院大力支持。但有越来越多的学生有兴趣或者被强迫学数学。走向精确科学（exact science）的趋势势不可挡，而所谓的“精确”，正是因为使用了数学工具。就算是像语言学或心理学这种传统上属于人文领域的学科，现在也越来越依赖数学，并试图让自己看来有着精确科学的样子。统计课程现在已经不只是物理学和生物学的必修课，连心理学、社会学、经济学和政治学也同样需要。

例如，在我任教的大学，心理系列出的第一项必修课就是“心理学研究统计与方法概论”。而到了第二年，心理系学生还得修“心理学研究统计方法”。如果你告诉孔子、佛陀、耶稣和穆罕默德，要先学会统计，才能了解人的心灵、治愈人的疾病，他们一定会觉得一头雾水。

**知识就是力量**

对大多数人来说，要消化了解现代科学并不容易，因为对人脑来说，这种数学语言很难掌握，而且其结果常常与一般常识互相矛盾。在全球 70 亿人口中，有多少人真的了解量子力学、细胞生物学或总体经济学？尽管如此，因为科学为人类带来太多新的能力，也就享有崇高的地位。虽然总统和将军可能自己不懂核物理，但他们对于核弹能做什么事可是了如指掌。

在 1620 年，培根（Francis Bacon）发表了《新工具》（*The New Instrument*）的科学宣言，提出“知识就是力量”。对“知识”的考验，不在于究竟是否真实，而在于是否能让人类得到力量或权力。科学家一般公认，没有任何一种理论百分之百正确。因此，用“真实”与否来为知识评分并不妥当。真正的考验就是实用性。能让我们做出新东西来的，就是知识。

几个世纪以来，科学为人类提供了许多新的工具。有些是思考的工具，例如能够用于预测死亡率和经济成长率的工具；但更重要的是科技工具。科学和科技的关联实在太过密切，让许多人将这两者混为一谈。我们常常会认为，没有科学研究就无法发展出新科技，而如果不会产生新科技，科学研究也就没有意义。

但事实上，科学和科技是在最近才开始紧密相连。在公元 1500 年前，科学和科技还是两个完全不同的领域。培根在 17 世纪将这两者接轨的时候，其实是个革命性的想法。两者的关系在17、18世纪更趋紧密，但要到19世纪才真正孟不离焦。即使到了1800年，当时多数的统治者都希望能有一支强大的军队，多数的商业大亨也都希望能有蓬勃的企业，但他们都还完全不会想到要为物理学、生物学、经济学等研究提供资金。

当然，史上并不是没有例外。只要是优秀的历史学家，绝对都能找出例外情形；但如果是更优秀的历史学家，就会知道这些例外只是出于某些人一时的好奇，不应该因此影响对大局的判断。一般来说，前现代的统治者和商人想取得新科技的时候，多半并不是将资金投入研究宇宙的本质，而多数的思想家也不会想把他们的发现发展成科技上的小工具。统治者资助教育机构，目的只是为了传播传统知识、强化现行秩序。

虽然在过去也常有人发展出新科技，但通常是些未受过教育的工匠不断尝试错误而产生，而不是学者经由系统化的科学研究而得。运货马车的制造商，每年会用一样的材料制作出一样的车，而不会把每年赚的钱的一定比例投入研发新型马车。虽然马车的设计偶尔也会有所改善，但通常是因为当地某个木匠的聪明才智，而且他通常一步也没进过大学，很可能大字也不识一个。

不仅民间如此，公共部门也一样。在现代国家里，从能源、医疗到废弃物处理，国家几乎都会要求由科学家提出解决办法，但这在古代的王国里很少出现。古今比较，最明显的差别就在于武器设备。1961年，即将卸任的美国总统艾森豪威尔对于军事与产业结合、势力不断膨胀的情形提出警告，但他的说法并不完整。除了军事和产业，科学也是其中一分子，因为今日的战争正是科学的产物。许多的科学研究和科技发展，正是由军事所发起、资助及引导。

在第一次世界大战陷入无止境的壕沟战时，双方都寄望科学家能够打破僵局、拯救自己的国家。这些穿着实验衣的人响应了这项号召，从实验室里大量推出各种令人咋舌的新式武器：战机、毒气、坦克、潜艇，比以往效能更高的机枪、大炮、步枪和炸弹。

到了第二次世界大战，科学的重要性更是一日千里。1944 年底，德国节节败退，战败已经近在眼前。一年前，德国人的盟友意大利也已经推翻了墨索里尼，向同盟国投降。然而，即使英美苏三国联军步步进逼，德国还是不断顽强抵抗。德国军民还能够维持一线希望的原因之一，就是他们相信德国科学家即将能够推出如同奇迹般的新武器，例如 V2 火箭和喷气式飞机，力挽狂澜。

然而，虽然德国人确实在研发火箭和喷气式飞机，美国曼哈顿计划却已经将原子弹研发成功。1945 年 8 月初，原子弹制造完成，虽然德国已经投降，但日本还在负隅顽抗。美国军队作势攻入日本本岛。日本誓死抵抗，准备决一死战，而且这绝非装腔作势。美国将军告诉杜鲁门总统，如果真要入侵日本本土，必然有超过百万美国士兵丧命，战争也必然会延长到 1946 年。于是，杜鲁门决定使用这款新型炸弹。在两枚原子弹投下之后，日本宣布无条件投降，战争就此告终。

然而，科学除了研发出攻击性武器，也可能提供防御的功能。今天有许多美国人相信解决恐怖主义威胁的关键不在政治，而是科技。他们相信只要在纳米科技产业再投入几百万美元，美国就能研发出类似仿生间谍苍蝇的装置，前往每个阿富汗的山洞、也门的碉堡或北非的军营。只要梦想成真，本 · 拉登的继任者就算只是泡杯咖啡，中情局的间谍苍蝇也能了如指掌，立刻将这个重要信息传回中情局本部。他们也相信，只要在大脑研究领域再投入几百万美元，就能在每个机场配备超精密的脑波扫描仪，侦测种种愤怒和仇恨的思想。这会成真吗？没有谁知道。开发这些间谍苍蝇或思想扫描仪真的是明智的做法？这也是未定之数。尽管如此，就在你读着这几行字的时候，美国国防部很可能就投入了数百万美元，研发相关的纳米技术，资助相关的大脑实验，推动相关的种种研究。

从坦克、原子弹到仿生间谍苍蝇，一般人可能想不到的是，这种对于军事科技的迷恋其实到了近代才出现。在 19 世纪前，军事上的主要变革都在于组织而不是科技。在不同文明第一次接触时，科技差距有时候影响重大，但即使如此，却很少人认真想过要刻意制造或扩大这种差距。大多数的帝国之所以兴起并不是因为有了形同巫术般的科技，而且统治者也并未认真思考要提升科技。阿拉伯人能够打败波斯帝国，并不是因为弓或剑更为优良；土耳其人能够打败拜占庭，并不是科技上占了什么优势；蒙古人征服中国，靠的也不是什么巧妙的新武器。事实上，以上这些战败国的军事和民间科技，其实都更先进。

古罗马军队是个特别好的例子。这是当时最强的军队，但就科技上来说，古罗马并不比迦太基、马其顿或塞琉古帝国占有优势。古罗马军队的优点在于有效率的组织、铁一般的纪律，以及庞大的后备力量。古罗马军队从来没有研发部门，在几世纪间，所用的武器大致上并无不同。前面提过，小西庇阿曾在公元前 2 世纪率大军攻下努曼西亚，将迦太基夷为平地，而如果他的军队穿越时空来到 500 年后的君士坦丁在位期间，他战胜的概率其实仍然很高。但想象一下，就算已经到了 16 至 18 世纪的近现代，如果把康熙皇帝的军队带到现代，要和中国人民解放军一较高下，情况会是如何？虽然康熙文治武功均高，手下也有一批猛将，但在现代武器装置之前都将不堪一击。

无论是在古罗马还是在古中国，多数的将领和哲学家都不认为研发新武器是自己的责任。然而，中国史上最伟大的发明就包括了火药。而就目前所知，火药的发明其实是一场意外，原本的目的是道士想炼出长生不老药来。而从火药后来的发展，就更能看出这种趋势。有人可能会认为，有了这些道教炼丹术士，中国就要称霸全球了。但火药这种全新化合物在中国的主要用途只是鞭炮而已。就算是蒙古大军已经兵临城下，也没有哪个宋朝皇帝急着建立起中世纪的曼哈顿计划，发明某种末日武器来拯救宋朝。一直要到大约 15 世纪（火药发明大约 600 年后），大炮才成了亚非大陆上战争的决定性因素。从一开始，火药就有了能够攻城略地的潜力，但为什么要花这么久才付诸军事用途？原因就在于，火药刚发明的时候，不论是皇帝、文人还是商人，都没想到新的军事科技能够救国或者致富。

情况一直要到15、16世纪才有所改变，但又要再过200年后，才有证据显示统治者确实已经愿意将资金投入新武器的研发。在当时，后勤对战争的影响仍然远大于科技。拿破仑在1805年的奥斯特利茨（Austerlitz）战争大破俄奥联军，但他所用的武器其实和不久前被送上断头台的路易十六的并无太大不同。拿破仑本人虽然是炮兵出身，但对新武器的兴趣不大。科学家和发明家曾希望说服他拨款研发飞行器、潜艇和火箭，但他仍然意兴阑珊。

一直要到资本主义制度和工业革命登场，科学、产业和军事科技才开始了水乳交融的关系，从此世界急速全然改观。

### 进步论的理想

在科学革命之前，多数人类文化都不相信人类还会再进步。他们觉得黄金时代属于过去，整个世界只会停滞甚至恶化。如果恪遵祖宗智慧，或许能够再次唤回过去美好的时光；如果发挥人类智慧，或许也能勉强改善日常生活的某些方面。然而，人们普遍不相信人类知识能够克服世界上最重大的问题。如果连穆罕默德、耶稣、佛陀、孔子这些全知者都没办法解决饥荒、疾病、贫穷和战争，我们这些平凡人又怎么做得到呢？

许多信仰相信，总有一天会出现某位救世主，解决一切战争、饥荒甚至死亡。但是如果说人类可以靠着发现新知识、发明新工具就解决一切问题，就会被认为不只是可笑，更是狂妄自大。无论是巴别塔、希腊神话的伊卡洛斯（Icarus）还是犹太传说的活假人（Golem），这些神话故事都在告诫人类，不要企图超越人类的极限，否则只会灾难加身。

等到现代文化承认自己对许多重要的事还一无所知，又发现科学研究可以给我们新的力量，人类开始思索，觉得确实还有可能真正进步。随着科学开始解决一个又一个过去认为无法解决的问题，许多人也开始相信，只要取得并应用新知，人类就能解决所有的问题。贫困、疾病、战争、饥荒、年老和死亡看来都已不再是人类必然的命运，而只是无知造成的限制。

一个著名的例子就是闪电。在许多文化里，闪电都被认为是愤怒的雷神之锤，用来惩罚罪人。但在 18 世纪中叶有了一个科学史上最著名的实验，富兰克林（Benjamin Franklin）在一场雷雨中放风筝，希望验证闪电是否只是一道电流。通过富兰克林的实证观察，再加上他对电的特性的知识，他终于发明了避雷针，于是神祇缴械认输。

贫穷是另一个例子。在许多文化里，贫穷都被认为是这个不完美世界里不可避免的一部分。根据《圣经 · 新约全书》，在耶稣被钉十字架前不久，有一个女人拿着一瓶珍贵的香膏来浇在耶稣的头上，香膏足足价值 300 迪纳厄斯银币。耶稣的门徒认为这么大一笔钱可以用来赈济穷人，不该如此浪费，因此有些生气。但耶稣则为她辩护，说道："常有穷人和你们同在，要向他们行善随时都可以；只是你们不常有我。"（《马可福音》，14 : 7）。但到了今天，就算是基督徒，也越来越少人会同意耶稣的说法。就现在看来，贫穷越来越像是个可以处理的技术问题。一般都认为，只要以农学、经济学、医学、社会学的最新发现为基础，制定相关政策，就能消灭贫穷。

而且确实，世界许多地方已经不再有最恶劣的贫穷形式。纵观历史，社会上有两种贫穷：1. 社会性的贫穷，指的是某些人掌握了机会，却不愿意释出给他人；2. 生物性的贫穷，指的是因为缺乏食物和住所，而使人的生存受到威胁。或许社会性的贫穷永远都会存在、无法根除，但在全球许多国家中，生物性的贫穷都已经成了过去式。

在不久之前，大多数人的生活还十分接近生物贫穷线，只要一落到这条线以下，就代表无法得到足以维持生命的热量。于是只要稍微失算或者一时不幸，就很容易落到线下，面临饿死的危机。而无论是天灾还是人祸，都很可能让一大群人共同落入这个深渊，造成数百万人死亡。但到今天，全球大多数人民都有一张安全网。可能是个人保险，可能是社会福利，也可能是当地或国际非政府组织的保护，能让他们免遭不幸。即使某一地区遭遇重大灾难，全球动员的救灾工作通常也能避免情况恶化到无可挽回。虽然民众还是会碰上一些落魄、耻辱、贫病交错的情形，但在多数国家里，都不会再发生饥饿至死的惨剧。事实上，许多社会现在的问题是营养过剩，胖死比饿死的概率更高。

## 吉尔伽美什计划

人类所有看来无法解决的问题里，有一项最令人烦恼、最有趣且最重要：死亡。在现代晚期之前，大多数的宗教和意识形态都想当然地认为死亡是不可避免的命运。此外，多数的信仰也以死亡作为生命意义的主要来源。想象一下，如果没有死亡，伊斯兰教、基督教或古埃及宗教会变得如何？这些宗教告诉信众，他们应该和死亡达成一种协议，将重点放在来世，而不是在今生试图克服死亡、寻求永生。当时最聪明的人才，想的是如何给死亡赋予意义，而不是逃避死亡。

这个主题也出现在现存最古老的神话里：苏美尔人的吉尔伽美什（Gilgamesh）神话。这则神话的主角是乌鲁克（Uruk）的国王吉尔伽美什，他英勇善战，无人能敌。有一天，他最好的朋友恩基杜（Enkidu）过世，他坐在遗体旁陪着他许多天，直到看到朋友的鼻孔里掉出了一只蛆来。那一刻，吉尔伽美什感到极度惊恐，下定决心设法战胜死亡。他接着踏上旅程前往世界的尽头，途中击败狮子、与蝎人作战，还得找到方法进到阴间。到了阴间，他打碎了几个岩石巨人，遇见阴间的摆渡人乌夏纳比（Urshanabi），最后找到了经历巴比伦大洪水仍幸存的乌特纳比西丁（Utnapishtim）。然而，最后吉尔伽美什的努力仍告失败，空手而归。虽然一样无法避免死亡，但他多了几分智慧。吉尔伽美什体会到，从神创造人类的时候开始，死亡就是人类必然的命运，必须学会接受。

如果是进步论的信徒，就不会接受这种失败主义的态度。对信奉科学的人而言，死亡绝非必然的命运，而不过是个科技问题罢了。人之所以会死，可不是什么神的旨意，而是因为各种技术问题，像心脏病，像癌症，像感染。而每个技术问题，都可以找到技术性的解决方案。心脏衰竭的时候，可以用起搏器加以刺激，或直接用新的心脏取代。癌症肆虐的时候，可以用药物或放射线治疗。细菌繁殖的时候，可以服用抗生素来解决。确实，现在我们还无法解决所有技术问题。然而我们正在努力。现在所有最优秀的人才可不是浪费时间为死亡赋予意义，而是忙着研究各种与疾病及老化相关的生理、激素和基因系统。他们也在开发新的药物、革命性的新疗法以及各种人造器官，这都能让人类生命延长，甚至有一天终能击败死神。

在不久之前，不论是科学家还是任何人，都还不敢把话说得如此大胆。他们会说：“打败死亡?! 这话太夸张了。我们只是想医好癌症、肺结核和阿尔茨海默病而已。”人们避谈死亡，是因为这个目标似乎太虚无缥缈，为什么要有不合理的盼望呢? 然而，现在我们已经可以坦然承认。科学革命的一大计划目标，就是要给予人类永恒的生命。如果觉得永生不死似乎还是个太遥远的目标，可以回想一下，我们现在的医药成就早就是几世纪前所绝对不敢想象的。在 1199 年，狮心王理查不过是被箭射中了左肩。对今天的医疗来说，这不过是个轻伤。但在 1199 年，没有抗生素，也没有有效的杀菌方法，于是轻微的皮肉伤造成感染，形成坏疽。12 世纪的欧洲阻止坏疽的唯一方式就是截肢，但感染在肩膀上，连截肢也不可行。于是，坏疽就这样在狮心王的身体里蔓延，而众人无能为力。不过两周之后，他就在极度的痛苦中驾崩。

就算到了 19 世纪，当时最高明的医师仍然不知道如何预防感染、避免组织腐败。在战场上，就算士兵只是肢体受了轻伤，军医常常还是立刻截肢，以免坏疽造成严重的后果。而且，当时不论是截肢还是其他任何医疗程序（如拔牙），都还没有麻醉剂可用。最早的麻醉药（乙醚、氯仿和吗啡）都是要到19世纪中叶之后，才正式用于西方的医疗之中。在氯仿问世之前，每次要进行截肢，就得用上四名士兵把受伤的患者牢牢压住才成。1815年滑铁卢之役隔日清早，野战医院旁边就因为截肢而有了手脚成堆的景象。在那些时候，征召入伍的木匠和屠夫常常被调派到军医院，毕竟手术需要的不过也就是刀锯，再无其他。

但在滑铁卢之役200年后，一切已经截然不同。我们有着各式各样的药丸、针剂和复杂的手术任君挑选，许多在过去必然会造成死亡的疾病和伤口，现在只是小事一件。此外，对于前现代的民众来说，有许多疾病和疼痛无法可治，只能当作生活中的一部分来接受，但现在也得以药到病除。全球人类的平均寿命已经从25~40岁跃升为67岁左右，而发达国家的平均寿命更高达80岁。[75]

死神军团受到最大的挫败在于儿童死亡率。在20世纪之前，农业社会里有1/4到1/3的孩童无法活到成年。他们多数都死于儿童期疾病，例如白喉、麻疹和天花。在17世纪的英国，每1000个新生儿就有150个无法活到1岁，而且有1/3的儿童也无法活到15岁。[76]时至今日，英国每1000个新生儿只有5个无法活到1岁，只有7个无法活到15岁。[77]

如果我们先把统计学放在一旁，来讲讲故事，或许就更能体会到这些数字背后的全貌。有一个很好的例子，就是英格兰国王爱德华一世（1237—1307）和埃莉诺王后（1241—1290）一家。他们的孩子可说享有中世纪欧洲的最佳照料，住在宫殿里，想吃什么就吃什么，有足够的御寒衣物，有供给无虞的温暖壁炉，有当时最干净的用水，许许多多仆人能使唤，还有最好的医生。而以下数据列出了埃莉诺王后从1255—1284年间所生的16个孩子：

1. 一个女儿，不知姓名，出生于1255年，出生时夭折。

2. 一个女儿，取名凯瑟琳，1岁或3岁时夭折。

3. 一个女儿，取名乔安妮，6个月时夭折。

4. 一个儿子，取名约翰，5岁时夭折。

5. 一个儿子，取名亨利，6岁时夭折。

6. 一个女儿，取名埃莉诺，得年29岁。

7. 一个女儿，不知姓名，5个月时夭折。

8. 一个女儿，取名乔安妮，享年35岁。

9. 一个儿子，取名阿方索，10岁时夭折。

10. 一个女儿，取名玛格丽特，享年58岁。

11. 一个女儿，取名贝伦加丽亚，2岁时夭折。

12. 一个女儿，不知姓名，出生后不久夭折。

13. 一个女儿，取名玛丽，享年53岁。

14. 一个儿子，不知姓名，出生后不久夭折。

15. 一个女儿，取名伊丽莎白，享年34岁。

16. 一个儿子，取名爱德华。

这位最年轻的爱德华，不仅是第一个得以活过危险童年的儿子，而且在父王驾崩之后即位，成为英格兰国王爱德华二世。换句话说，埃莉诺王后尝试了16次，才终于完成了英格兰王后最重要的使命：让丈夫能有一位男继承人。她想必是一位耐心卓绝、毅力过人的女性。只不过，爱德华二世挑的王后、法国的伊莎贝拉就不是这种人了。她在他43岁的时候将他谋杀。[78]

据我们所知，埃莉诺和爱德华一世两人都十分健康，并没有将什么致命的遗传性疾病传给子女。然而，他们的16个孩子还是有10个（62%）未能活过儿童期。只有6个活过11岁，只有3个（18%）活过40岁。而且，除了这些确实出生的孩子之外，埃莉诺王后很有可能还曾经几次流产。平均而言，爱德华和埃莉诺大约是每3年就有1个孩子夭折。这种丧子丧女之痛，对今天的父母而言简直难以想象。

* * *

这项要打败死亡的吉尔伽美什计划会需要多久？100 年？500 年？1000 年？我们回头看看，在 1900 年的时候我们对人体几乎一无所知，而在这一世纪中已经得到了多么大量的知识，因此确实有乐观的理由。基因工程师最近已经成功将秀丽隐杆线虫（Caenorhabditis elegans）的平均寿命延长了 6 倍。[79] 这在智人身上是不是也行得通？纳米科技专家也正在研发使用数百万的纳米机器人打造仿生免疫系统，让这些机器人住在我们的身体里，就能打通阻塞的血管、抵抗病毒和细菌、消灭癌细胞，甚至逆转老化的进程。[80] 有几位学者确实认为，到了 2050 年，就已经能够让某些人达到长生（a-mortal）的状态，只要不是因为意外而受到致命性伤害，就能将生命无限延长［而所谓的不死（immortal），则是指完全没有死亡的可能］。

不论这项吉尔伽美什计划是否会成功，从历史的角度来看，就会发现许多现代晚期的宗教和意识形态已经不再强调死亡和来世这两项元素。在 18 世纪之前，各个宗教仍然认为死亡和其影响是生命意义的核心。但从 18 世纪开始的宗教和意识形态，如自由主义、社会主义、女权主义，就已经对来世完全失去兴趣。对于共产主义者来说，死后会如何？资本主义者呢？女权主义者呢？如果想从马克思、亚当·斯密或西蒙娜·波伏娃的著作中找到以上问题的解答，无疑是缘木求鱼。唯一一个让死亡仍然占据核心的现代意识形态就是民族主义。在那些绝望到极点但又同时充满诗意的时刻，民族主义就会向人承诺，就算你牺牲了生命，但你会永远活在国家整体的永恒记忆里。只不过，这项承诺实在太虚无缥缈，恐怕大多数民族主义者也不知道这究竟说的是什么意思。

### 科学研究的恩客

我们活在一个科技时代。许多人相信，有了科技就能找出所有问题的解答。只要让科学家和科技研发人员继续努力，总有一天我们能在地球上创造天堂。然而，科学活动并不是处于某个更高的道德和精神层面，而是也像其他的文化活动一样，受到经济、政治和宗教利益的影响。

科学活动所费不赀。如果生物学家想研究人类免疫系统，就需要实验室、试管、化学药品和电子显微镜，更别提还需要实验室助理、水电工人和清洁工人。如果经济学家想模拟金融市场状况，就得购买计算机、建立庞大的数据库，还需要开发复杂的数据处理程序。如果考古学家想了解古老的狩猎采集行为，就必须长途跋涉、挖掘遗址，还得为所有的骨骼化石和文物标记日期。这一切都需要经费。

现代科学之所以能在过去500年间取得如同奇迹般的成果，有很大程度必须归功于政府、企业、基金会和私人捐助者愿意为此投入数十亿美元的经费。这数十亿美元对于绘制世界地图、宇宙星图，以及将整个动物界编目的贡献，其实远超过哥伦布、伽利略和达尔文个人。就算这几位天才大师从未出生，迟早也会有人得到与他们相同的见解。但如果没有适当资金，就算再怎么天纵英才，也是有力难施。举例来说，如果达尔文从未出生，提出演化论的荣耀就会落到阿尔弗莱德·罗素·华莱士（Alfred Russel Wallace）头上，他在不知道达尔文理论的情况下，不过几年之后也想出了自然选择的演化理论。然而，如果欧洲列强并未资助世界各地的地理学、动物学和植物学研究，不论是达尔文还是华莱士，都无法得到提出演化论背后所需的实证资料。很有可能他们连想都想不到。

究竟为什么会有数十亿美元的资金，从政府和企业流进实验室和大学？在学术界，许多人还天真地相信这一切都是为了纯粹的科学学术。他们认为，政府和企业是基于利他的心态，于是提供经费给他们从事任何他们有兴趣的研究。但关于科学经费的现实绝非如此。

科学研究之所以能得到经费，多半是因为有人认为这些研究有助于达到某些政治、经济或宗教的目的。例如在16世纪，国王和银行业者对于前往世界各地进行地理探勘可以说是挥金如土，但讲到要研究儿童心理学可就一毛不拔。原因就在于，国王和银行家认为新的地理知识能够让他们征服新的土地、成立贸易帝国，但他们在儿童心理学这一块，则看不到任何利益。

20世纪40年代，美国和苏联也投入大量资金研究核物理，而不是水下考古。根据两国当政者推测，研究核物理有助于发展核武器，而水下考古对于赢得战争大概没什么帮助。科学家本身并不一定会察觉到各种控制金钱流动的政治、经济和宗教利益，许多科学家确实只是纯粹为了求知而研究。然而，真正控制科学发展进度表的，也很少是科学家。

就算我们希望能够赞助纯科学，不要受到政治、经济或宗教利益干扰，很有可能还是无法成功。毕竟，人类的资源有限。如果要求美国国会议员为美国国家科学基金会多拨100万美元来从事基础研究，他一定会理直气壮地问，如果这笔钱拿来做教师培训或者补助他选区某个陷入困境的工厂，不是更能把钱花在刀刃上吗？正因为资源有限，我们就必须回答像"什么更重要"和"怎样才算花得适当"这种问题。但这些都不是科学问题。科学能够解释的，是这个世界上有什么，事物如何运作，以及未来可能会有什么。就定义来说，科学不会假装自己知道未来"一定"会有什么。只有宗教和意识形态会声称自己知道这些答案。

考虑以下的两难情境：有来自同一系所的两位生物学家，拥有同样的专业技能，都想申请数百万美元的研究经费。甲教授想研究一种会感染奶牛乳房、造成产奶量降低一成的疾病。乙教授想研究的则是奶牛被迫与后代分开时是否会造成忧郁。假设经费有限，不可能两者都补助，那么哪位教授该得到这笔经费？

这个问题没有出于科学的答案，只有出于政治、经济和宗教的答案。在现在，显然甲教授更有可能得到经费。这并不是因为研究乳房疾病比牛心理在科学上更有趣，而是因为能够从此研究得益的乳品业，背后的政治和经济影响力会远大于关心后者的动物保护团体。

或许，如果是在视牛为圣物的印度，或是在某个致力于保护动物的社会里，乙教授就有更大的胜出机会。然而，如果他所在的社会更重视的是牛奶的商业潜力及人民的健康安全，而不那么重视奶牛的情感需求，他最好还是改写一下研究计划，以迎合那些心态。举例来说，计划书可以写道："奶牛忧郁将导致产奶量下降。若能了解奶牛的心理状态，便可开发精神疾病药物，改善其心情，进而提高一成的产奶量。本人估计，全球奶牛精神疾病药物的市场可达每年 2.5 亿美元。"

科学并无力决定自己的优先级，也无法决定如何使用其发现。举例来说，从纯科学的角度来看，虽然我们已经越来越了解基因遗传学，但我们还不知道该如何加以应用。是该用这些知识来治愈癌症、创造出超人种族，还是要培育有特大号乳房的奶牛？很明显，就算是完全相同的科学研究，交给民主开放的政府还是纳粹政府，或是资本主义的商业公司，就会有完全不同的用途，而且并没有任何"科学的"理由告诉我们谁才是对的。

总之，科学研究一定得和某些宗教或意识形态联手，才有蓬勃发展的可能。意识形态能够让研究所耗的成本合理化。而代价就是意识形态能够影响科学的进程表，并且决定如何使用研究成果。因此，如果想知道人类究竟是怎样做出核弹，怎样登上月球，光是研究物理学家、生物学家和社会学家的成就还不够。我们还必须考虑到当时的思想、政治和经济力量，看看这些力量如何形塑了物理学、生物学和社会学，将它们推往某些特定的方向。

其中，有两股力量特别值得关注：帝国主义和资本主义。在过去 500 年间，科学、帝国和资本之间的回馈循环无疑正是推动历史演进的主要引擎。以下章节就会分析其运作。首先，我们先看看科学和帝国这两具引擎是如何结合，再看看它们又如何再扣上资本主义的推进器。

# 第十五章
# 科学与帝国的联姻

地球距离太阳多远？许多现代早期天文学家想方设法寻求解答，特别是哥白尼主张宇宙的中心是太阳而非地球之后，就吵得沸沸扬扬。许多天文学家和数学家都想解出这道难题，但众家得出的答案却有极大的差异，无法达成共识。终于，有人在18世纪中叶提出了可靠的测量方法。每隔几年，金星就会从太阳和地球之间直接通过，形成看似金星从太阳表面划过的“金星凌日”现象。而根据从地球各处观看金星的角度有些微不同，能够观察到金星凌日的时间长短也有所不同。只要从地球上不同的大洲观察同一场金星凌日，用简单的三角函数就能算出太阳到地球的准确距离。

当时天文学家预测，下一次金星凌日是在1761年和1769年。于是，欧洲人派出船队前往地球四方，希望能尽量从各个最远的角落来观察这个现象。在1761年，科学家从西伯利亚、北美、马达加斯加和南非观察。时近1769年，欧洲科学界更是不遗余力，远途前往加拿大北部和加州（当时还是一片荒野）。而且，伦敦皇家自然知识促进会（The Royal Society of London for the Improvement of Natural Knowledge，一般简称英国皇家学会）认为这还不够。为了得到最准确的结果，他们认为绝对有必要特地派一位天文学家到西南太平洋。

于是，英国皇家学会出资出力毫不吝惜，派了一位杰出的天文学家查尔斯·格林（Charles Green）前往塔希提岛。然而，既然这趟航程如此昂贵，如果目的只有一次天文观测，岂不是太过浪费？因此，除了格林之外，同行的还有8位其他学科的科学家，队长则是植物学家约瑟夫·班克斯（Joseph Banks）和丹尼尔·索兰德（Daniel Solander）。在这个远征队里还有几位画家，专门负责绘制途中必然会遇到的新土地、植物、动物和人类。船队配备了班克斯和英国皇家学会所能买到的最先进的科学仪器，船长则是詹姆斯·库克（James Cook），他不仅是老练的水手，更是声名卓著的地理和人种学家。

远征队于1768年离开英国，1769年在塔希提观察到金星凌日，接着前往考察一些太平洋岛屿，抵达了澳大利亚和新西兰，最后在1771年回到英国。这趟远征带回了数量惊人的天文学、地理学、气象学、植物学、动物学和人类学资料，成了以后许多学科得以发展的重要基础，并引发欧洲人对南太平洋的诸多想象，也启发了后世的博物学家和天文学家。

医药领域就得益于库克船长的这场远征。当时，讲到要航行至遥远的彼岸，大家都有心理准备，有一半以上的船员无法抵达终点。他们的最大克星并不是愤怒的原住民、敌人的战舰，或思乡情切，而是当时还一无所知的坏血病。得了坏血病，人就会变得慵懒昏沉、心情沮丧，而且牙龈等软组织还会出血。等到疾病恶化，就会开始掉齿、出现伤口且无法愈合，病人开始发烧、黄疸，无法控制四肢。在16到18世纪之间，坏血病估计夺走了200万船员的生命。当时没有人知道坏血病的病因，而且不管用什么疗法，水手还是大批死亡。一直到1747年终于有了转机，英国医生詹姆斯·林德（James Lind）用患上坏血病的水手进行了一场实验，分成控制组和各个对照组，各自给予不同的治疗。其中一组采用的是当时治坏血病的民俗疗法：吃柑橘类水果。而这组患者也迅速康复了。虽然当时林德还不知道究竟柑橘类水果有什么是水手所需要的，但我们现在已经知道正是维生素C。当时典型的船上饮食都明显缺乏维生素C，远航的水手通常只吃饼干和牛肉干，几乎没有水果或蔬菜。

虽然英国皇家海军并未采信林德的实验结果，但库克船长信了。他决心证明这位医生是对的。于是，库克的船队带着大量的酸菜，并且每次只要登陆，就下令水手必须多吃新鲜蔬菜水果。在库克手下的所有水手，没有任何一个因为坏血病而丧命。接下来的10年里，世界上所有的海军都改采用库克船长提倡的海上饮食，拯救了无数的水手和乘客的生命。[81]

然而，库克远征队还有另外一个远非良性的影响。库克除了是个经验老到的水手和地理学家，同时还是海军军官。虽然远征的绝大部分经费来自英国皇家学会资助，但船舶本身是由皇家海军提供。同时，海军调派85位装备精良的水手和士兵同行，船上也配备船用大炮、步枪、火药和其他武器。毕竟，远征取得的大部分资料（尤其是天文、地理、气象和人类学资料）都具有明显的政治和军事价值。有了坏血病的疗法之后，英国便能派出海军前往地球最远的另一端，对全球各大洋的控制力也随之大增。对于许多库克“发现”的岛屿，他都声称从此归英国所有，其中最重要的就是澳大利亚。库克这场远征奠定了英国占领西南太平洋的基础，征服了澳大利亚、塔斯马尼亚和新西兰，让数百万的欧洲人殖民到新的土地；但也造成许多本土文化灭绝，原住民几近灭种。[82]

在库克远征后的一世纪间，澳大利亚和新西兰最肥沃的土地都被欧洲移民掠夺强占。原住民不仅人数锐减90%，幸存者也严重受到种族歧视迫害。对于澳大利亚原住民和新西兰毛利人来说，库克远征队带来的是几近毁天灭地的灾难，至今尚未复原。

而在塔斯马尼亚岛上的原住民，遭遇甚至更加悲惨。他们原本遗世独立，生存繁衍长达上万年，但在库克抵达后短短一世纪间，就几乎被灭族。欧洲殖民者起初只看上岛上最肥沃富裕的地点，接着就连荒野之地也不肯放过，有组织有计划地杀害所有原住民。最后仅存的一些人被赶到一个新教的集中营，传教士一片好意（但心胸并不特别开明），循循善诱，希望给他们灌输关于现代世界的生活方式。他们要塔斯马尼亚人学习阅读、写作和信仰基督教，以及操练各种“有用的技能”，例如缝补衣物和耕作。但他们拒绝学习，变得越来越忧郁，不再愿意生育后代，对生命完全放弃希望，最后终于踏上一条唯一能逃离这个科学、进步现代社会的退路：死亡。

令人不胜感慨的是，就算死后，科学与进步并未就此放过他们。塔斯马尼亚人的遗体被人类学家和博物馆长以科学之名取走，进行解剖、测量长度和重量，再分析发表成所谓的科学文章。接着，他们的头骨和骨架再被陈列在博物馆里，成了人类学的藏品。一直要到 1976 年，塔斯马尼亚博物馆才终于愿意松手，让楚格尼尼（Truganini，通常被认为是最后一位离世的纯种塔斯马尼亚人）的遗骨得以安葬，此时她已经去世了 100 年之久。[①] 英国皇家外科医师学会（English Royal College of Surgeons）也是到了 2002 年，才归还她的皮肤和头发标本。

所以这样说来，库克的船队究竟是有武力保护的科学远征队，还是有几个科学家随行的武力远征军？这个问题就像是问车子的油箱该说是半满还是半空一样，其实两者皆是。科学革命与现代帝国主义的关系密不可分。对于库克船长和植物学家班克斯来说，科学和帝国根本就是一家。就连倒霉的楚格尼尼也分不出这两者的概念有何不同。

## 为什么是欧洲?

如果我们看看，从北大西洋的一座大岛，一群人竟出发征服了远在澳大利亚南边的另一座大岛，这可以说是史上最不可思议的事件之一了。在库克远征之前不久，不列颠群岛和西欧还不过就像是地中海世界荒废的偏远后院，人们从没听说过它们有任何重要性。就算是前现代唯一上得了台面的古罗马帝国，财富也多半是来自北非、巴尔干和中东的行省。当时古罗马帝国的各个西欧行省还只是一片荒凉的大西部，除了矿产和奴隶之外并没有什么重要性。至于北欧更是偏远荒凉又野蛮，毫无征服的价值。

---

① 今天，在塔斯马尼亚岛上和其他地方 [ 尤其是帕拉瓦和利亚普塔社群（Palawa and the Lia Pootah communities）] 仍然生活着成千上万的塔斯马尼亚原住民后裔。

一直要到15世纪末，欧洲才成为各种军事、政治、经济、文化发展的摇篮。在1500年到1750年间，西欧意气风发，成为“外部世界”（Outer World，指南北美洲和各大洋）的主人。但就算在当时，面对亚洲的超级强权，欧洲还是小巫见大巫。欧洲人之所以能成功征服美洲、在海上称王，主因是亚洲帝国对这些地方兴趣不大。地中海的奥斯曼帝国、波斯的波斯帝国、印度的莫卧儿帝国，以及中国的明、清，在现代早期也是蓬勃发展，领土显著增长，人口及经济发展幅度前所未见。在1775年，亚洲占了全球经济总额八成的比重。光是印度和中国，就占了全球生产量的2/3。相较之下，欧洲就像个经济侏儒。[83]

一直要到1750年到1850年间，欧洲在一系列战争中将传统亚洲大国打得抬不起头，征服了亚洲的大片土地，全球的权力中心才移到欧洲。在1900年左右，欧洲已经紧紧掌握着世界经济和多数的土地。在1950年，西欧加美国的生产量占了全球超过一半，而中国只剩5%。[84]在欧洲主持下，出现了一个新的全球秩序。虽然我们常常不愿意承认，但现在全球所有人的穿着、想法和品位几乎都是欧洲人的穿着、想法和品位。虽然有些人嘴上大力抨击欧洲，但几乎所有人都是用欧洲观点在看政治、医学、战争和经济，听着欧洲风格的音乐，写着来自欧洲的语言文字。就算是今天中国经济突飞猛进，很可能即将回归霸主地位，基础仍然是欧洲的生产和金融模式。

欧洲原本就像是处在世界的一个偏远角落，气候还冻到让人手指僵硬，他们究竟是怎么一跃而出、征服世界的？常常有人认为最大的功臣就是欧洲的科学家。确实，从1850年起，欧洲之所以能够称霸世界，很大程度靠的就是军事、工业和科学领域的合作，以及如同巫术般神妙的科技。所有强盛的现代晚期帝国都积极发展科学研究，希望能够取得科技上的创新，而许多科学家也就投入大半时间，为帝国主人研发各种武器、医药和机器设备。欧洲军队面对非洲人抵抗时，常有一种说法：“不论怎样，我们有机枪，他们没有。”但民间科技的重要性也绝不在话下。例如罐头食品能够让军队不饿肚子，铁路和轮船方便军事调动人力和物资，再加上各种新药能够医治士兵、水手和工兵。欧洲之所以能够征服非洲，这些先进后勤物流的贡献甚至更胜于武器机枪。

然而，在1850年以前，情况并非如此。当时，军事、工业和科学领域的结合还刚起步，科学革命的科技成果也尚未成熟，欧亚非国家之间的科技差距微乎其微。比如在1770年，虽然库克船长的科技肯定远超澳大利亚原住民，但面对中国和奥斯曼土耳其却也占不了上风。那究竟是为什么，最后征服澳大利亚的是库克船长，而不是康熙的水师提督万正色或者土耳其的名将帕夏（Hussein Pasha）？更重要的是，如果欧洲人在1770年面对印度人和中国人并没有什么科技优势，为什么他们能在接下来的短短一世纪间，让自己和世界其他地区拉开这么大的差距？

为什么这种军—工—学复合组织只在欧洲开花结果，而在印度无声无息？为什么在英国突飞猛进之后，法国、德国和美国立刻起身直追，但中国却是欲振乏力？而在工业化成了明显的政治经济因素的时候，为什么俄国、意大利和奥地利成功缩短这段差距，而波斯、埃及和奥斯曼土耳其却无力回天？毕竟，第一次工业化的科技相对而言并不复杂。难道对于中国或奥斯曼土耳其来说，要设计蒸汽机、制作机枪、铺条铁路，真有那么困难？

全球第一条商业铁路于1830年在英国启用。到1850年，西方国家已有将近4万公里的铁路纵横交错，但在整个亚洲、非洲和拉丁美洲，铁路总长只有0.4万公里。在1880年，西方铁路长度超过35万公里，但全球其他地区还只有大约3.5万公里而已（而且大多数是英国在印度所铺设）。[85] 中国甚至要到1876年，才建了第一条铁路，全长25公里，由欧洲人所建；而且来年就遭到中国政府拆除。所以，就算到了1880年，中国这个庞大的帝国连一条铁路也没有。波斯的第一条铁路要到1888年才完工，连接了伊朗首都德黑兰和南方约10公里远的一处穆斯林圣地，由一家比利时公司兴建及经营。在1950年，波斯的铁路网总长仍然只有2500公里，但这个国家的国土面积可是足足有英国的7倍大。[86]

中国和波斯其实并不缺乏制作蒸汽机的科技（当时要照抄或购买都完全不成问题），他们缺少的是西方的价值观、故事、司法系统和社会政治结构，这些在西方花了数个世纪才形成及成熟，就算想要照抄，也无法在一夕之间内化。之所以法国和美国能够很快跟上英国的脚步，是因为他们本来就和英国共享一套最重要的故事和社会结构。而中国和波斯总是追赶不及，则是因为整个关于社会的想法和组织就是不同。

有这种想法，就能用新的观点来看1500年到1850年。虽然这段时期欧洲面对亚洲在科技、政治、军事、经济上并不具有什么明显的优势，但却是在厚植累积独特的潜力，直到1850年左右才终于爆发。虽然欧洲、中国和伊斯兰世界在1750年看起来还没什么差异，但这其实只是假象。这就像是有两家建筑商同时开始兴建高楼，一家使用的是木材和泥砖，另一家则是使用钢筋和混凝土。一开始，两个工地无论兴建速度还是建筑高度都相去无几，看起来这两种建法也就没什么差别。但等到一过了某个门槛，木材和泥砖盖的高楼就再也无力支撑，于是颓然倾塌，而钢筋和混凝土却还是能屹立不倒，继续向上伸展到人类目光的极限。

究竟欧洲在现代早期培养了什么潜力，让它能在现代晚期称霸全球？这个问题有两个相辅相成的答案：现代科学和资本主义。一开始，科学和资本主义的思考方式还没有什么明显优点，但欧洲人已经习惯顺着这两个理路来思考。所以，科技发展成熟后，就像是个取之不尽的大矿藏，而欧洲人开采这处矿藏的能力也远胜其他。因此不难想象，在21世纪这个“后欧洲世界”，科学和资本主义就成了欧洲帝国主义最重要的遗产。虽然欧洲和欧洲人不再是世界的统治者，但科学和资本主义还是继续茁壮。关于资本主义的胜利，我们留到下一章再讨论。这一章还是先继续谈谈欧洲帝国主义和现代科学之间的浪漫爱情故事。

## 征服的心态

现代科学在欧洲帝国内蓬勃发展，而且也是因为有欧洲帝国才得以发展。这项学科起初明显承继古希腊、中国、印度和伊斯兰等等古老的科学传统体系，一直要到现代早期，随着西班牙、葡萄牙、英国、法国、俄国和荷兰等帝国扩张，才开始形成自己独特的性质。在现代早期，中国、印度、穆斯林、美国原住民、波利尼西亚人都还是对科学革命贡献良多。比如穆斯林经济学者的观点影响了亚当·斯密和马克思，美国原住民有些独步全球的医疗方式后来也进入了英国的医疗研究，波利尼西亚人提供的数据更是彻底改变了西方人类学。但在20世纪中叶以前，唯一收集整理这些无数科学发现、从这过程中打造出科学学科的人，就是全球欧洲帝国的统治精英及知识精英。虽然远东和伊斯兰世界也有同样聪明、同样好奇的人，但在1500年到1950年之间，这些地区完全没有提出能够与牛顿物理学或达尔文生物学相提并论的研究。

这并不是说欧洲人有什么独特的科学基因，或者物理学和生物学研究永远就是欧洲人的天下。正如伊斯兰教，原本是阿拉伯人的专利，但后来就交棒给土耳其人和波斯人；现代科学虽然原本专属于欧洲，但现在也已经成了多民族的领域。

现代科学和欧洲帝国的历史连接究竟是怎么产生的？虽然科技在19世纪和20世纪大放异彩，但在现代早期并不突出。这里真正的关键因素在于，不管是想寻找植物的植物学家还是想寻找殖民地的海军军官，都有一种共同的心态。他们共同的出发点就是承认无知，都会说“我不知道那里有什么”。于是，他们都觉得有走出去、寻找新发现的必要。而且，他们都希望这样取得的新知识能够让他们成为世界的主人。

* * *

欧洲帝国主义和先前的所有帝国完全不同。过去的帝国主义者都认为自己已经了解了整个世界，“征服世界”只是为了要利用及传播他们自己对于世界的看法。以阿拉伯人为例，他们征服埃及、西班牙和印度并不是为了想找出什么自己不知道的事。古罗马人、蒙古人和阿兹特克人之所以积极四方征讨，为的是权力和财富，而不是为了新知。相较之下，欧洲帝国主义之所以要前往遥远的彼岸，除了为了新领土，也是为了新知识。

库克船长并不是第一个这么想的探险家。15、16 世纪的葡萄牙和西班牙航海家就已经是抱着这种信念。葡萄牙的航海家亨利王子（Prince Henry the Navigator）和达伽马一面探索非洲海岸，一面夺下各个岛屿和港口的控制权。哥伦布“发现”美洲之后，立刻宣称这片土地归西班牙国王所有。麦哲伦除了找出环绕世界的航道，同时也奠定了西班牙征服菲律宾的基础。

随着时间过去，对知识的追寻和对领土的追寻变得越来越紧密交织。在 18、19 世纪，几乎每一趟从欧洲出发的军事远征队都必定有科学家同行，科学家的目的不在打仗，而是科学研究。例如拿破仑 1798 年进攻埃及的时候，就带了 165 位学者。这群学者的一大成就便是建立了一个全新的学科：埃及学，并且在宗教、语言学、植物学方面有重大贡献。

1831 年，英国皇家海军派出“小猎犬号”（HMS Beagle），前往绘制南美、马尔维纳斯群岛和加拉巴哥群岛的海岸图。有了这些知识，海军在开战时就能掌握先机。小猎犬号的船长自己也是业余科学家，他决定顺便再带上一位地质学家，研究一路上可能碰到的地质构造。然而，好几位专业地质学家都拒绝了他的邀约，最后是由一位年仅 22 岁的剑桥毕业生接受了邀约，他就是达尔文。达尔文曾经差点儿就成了英国圣公会的牧师，但他对地质学和自然科学的兴趣远比对《圣经》来得浓厚，于是他抓住了这个机会，开创了后世无人不知的这段历史。在这趟航程中，船长就这么绘制着军用地图，而达尔文也就这么收集着各种实证资料，发展各种想法，最后形成他的演化论。

* * *

1969 年 7 月 20 日，尼尔·阿姆斯特朗（Neil Armstrong）和伯兹·艾德林（Buzz Aldrin）踏上了月球表面。在登陆前的几个月，阿波罗 11 号的航天员都是在美国西部一个类似月球的沙漠里受训。当地也是几个美国原住民部落的居住地，而有这么一个故事（或说传说），讲的是航天员有一次碰到一个当地人的情形：

有一天，航天员受训的时候刚好碰到一位上了年纪的美国原住民。老人问他们在那里做什么。航天员说他们属于一个研究探险队，不久之后就要上月球了。听到他们这么说，老人沉吟了一会儿，问他们能不能帮个忙。

“要帮什么忙呢？”他们问。

“是这样的，我们族人都相信我们的圣灵住在月亮上。不知道你们能不能为我们族人带个重要的口信？”老人问。

“要带什么话呢？”航天员问。

这位老人用族语说了一串，并要求航天员重复再三，直到确定他们背得滚瓜烂熟为止。

“这是什么意思？”航天员问。

“啊，这个是族人和月亮上的圣灵之间的秘密。”

等到航天员回了基地，好不容易才找到了一位会讲当地族语的人，希望能翻译这段话的意思。他们把这段话叽里咕噜背出来，让这位翻译简直笑翻了。等到翻译好不容易平静下来，航天员问他，这段话究竟说的是什么。翻译说，这些航天员费尽心力背下来的这句话是：“不管这些人跟您说什么，千万别相信他们。他们只是要来偷走您的土地。”

## 地图上的空白

现代这种“探索、征服”的心态，从世界地图的演变可以一目了然。早在历史进到现代之前，许多文化就已经有了自己的世界地图。当然，当时并没有人真正知道全世界是什么样子，在亚非大陆上的人对美洲一无所知，美洲文化也不知道亚非大陆上的情形。但碰到不熟悉的地区，地图上不是一笔未提，就是画上了想象出来的怪物和奇景。这些地图上并没有空白的空间，让人觉得全世界就在自己的掌握之中。

在15、16世纪，欧洲人的世界地图开始出现大片空白。从这点可以看出科学心态的发展，以及欧洲帝国主义的动机。地图上的空白可以说

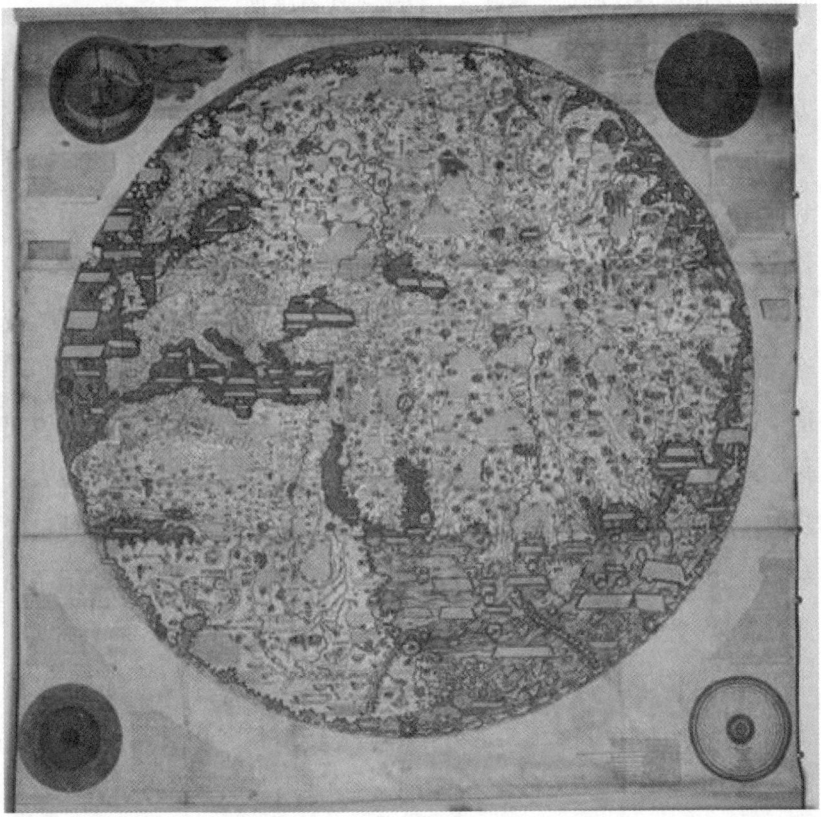

图23 1459年欧洲人的世界地图。可以看到地图上似乎巨细靡遗，就算是当时欧洲人根本一无所知的南非地区，都有密密麻麻的信息。

是在心理及思想上的一大突破，清楚表明欧洲人愿意承认自己对于一大部分的世界还一无所知。

1492 年，哥伦布从西班牙出发向西航行，希望能找到一条前往东亚的新航线。哥伦布当时相信的仍然是旧的世界地图，以为全世界在地图上一览无遗。哥伦布从旧地图推算，日本应该位于西班牙以西大约 7000 公里远。但事实上，从西班牙到东亚的距离要超过 2 万公里，而且中间还隔着个他不知道的美洲大陆。1492 年 10 月 12 日大约凌晨 2 点，哥伦布一行人与这片未知大陆有了第一次接触。平塔号（Pinta）的瞭望手胡安·罗德里格斯·贝尔梅霍（Juan Rodriguez Bermejo）从桅杆上看到了现在的巴哈马群岛，高呼着："有陆地！有陆地！"

哥伦布当时相信这个小岛就位于东亚海外，属于"Indies"（印度地方，包含今日印度、中南半岛及东印度群岛等地），所以他把当地人称为"Indians"（这正是美国原住民也被称为"印第安人"的原因）。一直到他过世，哥伦布都不认为自己犯了一个大错。不论是对他还是许多当代的人来说，说他发现了一个完全未知的大陆，这根本难以想象。毕竟千百年来，不管是那些伟大的思想家和学者甚至是不可能犯错的《圣经》，都只知道有欧洲、非洲和亚洲。怎么有可能他们全错了呢？难道《圣经》居然漏了大半个世界，只字未提？这种情况，就好像是说在 1969 年阿波罗 11 号要前往月球的途中，居然撞到了另一个从来没人看到的月亮。而正因为哥伦布不愿意接受自己的无知，我们可以说他仍然是个中世纪的人，深信着自己已经知道了全世界，所以就算已经有了如此重大的发现，也无法说服他。

至于第一个成为"现代人"的，其实是意大利水手亚美利哥·韦斯普奇（Amerigo Vespucci），他曾在 1499—1504 年多次航行前往美洲。而在 1502—1504 年间，欧洲有两篇描述这些航程的文章发表，一般人们相信就出于韦斯普奇之手。这两篇文章提出，哥伦布发现的小岛旁边应该不是东亚，而是一整个大陆，而且不管是《圣经》、过去的地理学者还是当时的欧洲人，在先前都不知道这块大陆的存在。1507 年，地图绘制大师马丁·瓦尔德泽米勒（Martin Waldseemüller）相信了这种说法，出版了新版的世界地图。于是，这片西班牙船队向西航行所碰上的土地，终于首次以一块独立大陆的姿态出现在地图上。既然要画，瓦尔德泽米勒就得给它取个名字，但他误以为发现美洲的人是亚美利哥·韦斯普奇，因此为了向他致敬，这片大陆就被命名为“America”（美洲）。瓦尔德泽米勒的地图洛阳纸贵，其他许多地图绘制师也跟着有样学样，因此“美洲”这个名词就这样广为流传。说来也算是老天有眼，到头来，全球有 1/4 的陆地、七大洲之中的两洲，名字就是来自一个名不见经传的意大利人，而他唯一做的事就只是有勇气说出“我们不知道”。

发现美洲，对于科学革命是一大奠基事件。这不但让欧洲人知道实际的观察比过去的传统更重要，而且想征服美洲的欲望也让欧洲人开始求知若渴。他们如果真想控制这片广大的新领地，就一定得收集所有相关地理、气候、植物、动物、语言、文化、历史的庞大数据。在这些时候，不管是基督教《圣经》、过时的地理书籍还是古老的口传知识，

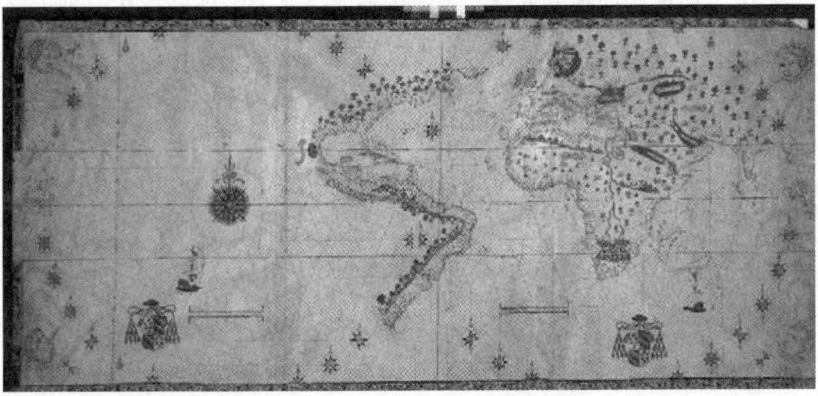

图 24 1525 年的萨尔瓦提世界地图（Salviati World Map）。1459 年版的世界地图上画满了各个大陆、岛屿，而且还有详细的解释，但萨尔瓦提地图则有大片留白。我们可以看到美洲的海岸线一路向下之后，接着就是一片空白。任何人只要有一点点的好奇心，看到这份地图之后一定会问：“在那后面有什么呢？”地图上没有答案。这就像是一份邀请，请读者亲身起航、一探究竟。

都无用武之地。

从此之后，不只是欧洲地理学家，欧洲几乎所有知识领域的学者都学会了留白这一套，诚实面对自己领域的无知，并试着加以填补。他们开始承认自己的理论还不完美，一定还有什么尚未得知的重要信息。

* * *

地图上的空白就像一块磁铁，让欧洲人前赴后继，希望填补这些空白。在15、16世纪，欧洲探险队绕过了非洲、深入了美洲，越过太平洋和印度洋，在世界各地建起了基地和殖民地的网络。这是全球性帝国的首次真正登场，也首次出现了全球性的贸易网络。欧洲帝国远征改变了世界的历史：原本一些独立的民族和文化各自发展，现在则成了单一的人类社会进程。

正因为我们已经太熟悉欧洲这些“探索、征服”的过程，常常忘了这件事其实非常特殊。在这之前，世界上从来没发生过这种事。要这样千里迢迢去征服别人，绝不是什么自然的举动。纵观历史，大多数人类社会光是处理地方冲突、邻里争吵就已经无暇他顾，从来没想过要前往远方探索、征服遥远的国度。绝大多数的大帝国向外侵略只着眼于邻近地区，之所以最后幅员广大，只是因为帝国不断向邻近地区扩张而已。例如古罗马人在公元前350年至公元前300年征服伊特鲁里亚（Etruria，约为现代意大利中西部），目的只是为了保卫古罗马的安全。接着在公元前200年左右征服波河流域（Po Valley，约在意大利北部），目的只是为了保卫伊特鲁里亚。接着，他们又征服了普罗旺斯以保卫波河流域（约公元前120年），征服高卢以保卫普罗旺斯（约公元前50年），最后再征服了不列颠以保卫高卢（约公元50年）。古罗马帝国从罗马延伸到伦敦，总共花了400年。在公元前350年，没有古罗马人会打算直接乘船扬帆征服不列颠。

虽然偶尔会有某个雄心勃勃的统治者或冒险家，展开长途的征讨或探险，但通常都是顺着早已成形的帝国道路或商业路线进行。以亚历山大大帝为例，他并未建立新的帝国，而是推翻并接手了原本就已存在的波斯帝国。最接近现代欧洲帝国的例子，在古代是雅典和迦太基这两大海上帝国，至于中世纪则是位于现今印度尼西亚泗水一带、曾在 14 世纪掌控大半印度尼西亚地区的满者伯夷（Majapahit）海上帝国。但就算是这些帝国，它们也很少会贸然前往未知的海域，如果和现代欧洲人的全球大航海相比，古代的帝国可说只是地方事业。

许多学者认为，中国明代郑和下西洋，不但时间早于欧洲，而且规模也有过之而无不及。在 1405—1433 年间，郑和 7 次下西洋，最远抵达了印度洋的彼端。规模最大的一次，舰队有将近 300 艘船，成员近 3 万人。[87] 他们曾抵达印度尼西亚、斯里兰卡、印度、波斯湾、红海和东非。中国船只曾停靠在沙特阿拉伯一带主要的港口吉达（Jedda），也曾停泊在肯尼亚沿海的马林迪（Malindi）。相较之下，哥伦布在 1492 年的船队只有 3 条小船，带了 120 个水手，简直就像是小蚊子碰上大飞龙。[88]

然而，这两者有一项关键的区别。郑和下西洋四处探访，对拥护明朝的各国君主提供协助，但并未试图攻占或殖民他国。此外，郑和的远征并没有深厚的中国政治文化基础。因此，在 15 世纪 30 年代明宣宗派郑和最后一次下西洋之后，便突然告终。曾叱咤一时的伟大舰队遭到解散，珍贵的技术和地理知识亡逸，从此再也没有具备此等眼界及资源的航海探险家从中国出航。接下来数百年间，中国的君王依循着先前数百年的做法，其兴趣和野心仅仅及于四方邻国而已。

郑和下西洋得以证明，当时欧洲并未占有科技上的优势。真正让欧洲人胜出的，是他们无与伦比而又贪得无厌、不断希望探索和征服的野心。而在过去，虽然他们可能也有能力做到，但古罗马从未试图征服印度或北欧，波斯从未试图征服马达加斯加或西班牙，中国也从未试图征服印度尼西亚或非洲。中国历代以来，甚至与邻近的日本都相安无事。原本，这一切就是如此自然。真正奇怪的，是为何现代早期的欧洲人忽然有了这股狂热，起航前往遥远而完全陌生、充满异国文化的地方，不仅踏上他人的海岸，还立刻大声宣告“此疆已归吾王所有”。

### 如同来自外层空间的侵略者

约在1517年，原本待在加勒比海群岛的西班牙殖民者开始听到传言，似乎在墨西哥内陆有个强大的帝国。不过短短4年后，阿兹特克帝国的首都就只剩下闷烧的废墟，整个帝国成了过去式。墨西哥成了一个新的西班牙帝国，掌理一切的就是荷南·科尔特斯。

而且，西班牙人并没有停下脚步来庆贺，甚至可以说连喘口气的时间也不浪费，立刻向四方展开了同样的“探索、征服”行动。不论是阿兹特克人、托尔特克人（Toltecs）还是玛雅人，2000多年来，这些中美洲过去的统治者几乎不知道有南美洲的存在。然而，西班牙人征服墨西哥后短短不到10年，弗朗西斯科·皮萨罗（Francisco Pizarro）不但发

地图6 西班牙入侵时的阿兹特克和印加帝国。

现了南美的印加帝国，还在1532年就把它灭了。

如果当时阿兹特克和印加人对于周遭的世界多一点好奇，知道西班牙人把自己的邻居给怎么了，就有可能更积极而成功地抵御西班牙的入侵。从哥伦布第一次抵达美洲（1492年）到科尔特斯登陆墨西哥（1519年），西班牙人已经征服了大多数的加勒比海群岛，建立起新的殖民岛链。对于受奴役的当地人来说，这些殖民地就像是人间地狱。殖民者既贪婪又无情，以铁腕政策逼迫他们在矿场或农场工作，只要他们敢有一丝反抗，就会立刻遭到杀害。当地原住民快速大量死亡，要么是因为极度恶劣的工作环境，要么是因为搭上征服者便船而来的欧洲疾病。不到20年，整个加勒比地区的原住民几近灭绝。西班牙殖民者开始得从非洲进口奴隶来填补空缺。

这场种族灭绝的浩劫可以说就发生在阿兹特克帝国的家门口，但当科尔特斯踏上帝国东海岸的时候，阿兹特克人对这一切仍然一无所知。对他们来说，西班牙人的到来，几乎就像是有外星人来访。阿兹特克人深信自己早就认识了全世界，而且相信绝大多数都在阿兹特克帝国的控制之下。对他们来说，帝国以外竟然还有像西班牙人这种玩意儿，简直是无法想象。所以，等到科尔特斯和部下来到今天的韦拉克鲁斯（Vera Cruz）一带，登上了阳光明媚的海滩，这是阿兹特克人第一次碰到了完全陌生的人类。

他们完全不知道该如何反应，连这些陌生人究竟算是什么也无法确定。对他们来说，这些陌生人与所有已知的人类都长得不同，有苍白的皮肤、浓密的脸部毛发、如阳光色泽的头发，而且还臭得难以想象。（阿兹特克的卫生水平远高于西班牙。西班牙人第一次来到墨西哥的时候，不论到了哪里，当地人都派人带着熏香随行。西班牙人原本以为这是代表无上的荣耀。但我们从当地文献发现，这其实是因为当地人觉得这些新来的人实在是臭不可闻。）

此外，这些外来客的物质文明更是让阿兹特克人深感迷惑。像西班牙人乘的大船，阿兹特克人想也没想过，更别提亲眼见过。西班牙人会骑乘高大而恐怖的动物，移动迅疾如风。西班牙人还能够拿着闪闪发亮的金属棍子，发出闪电和雷声。此外，西班牙人还有光亮的长剑、坚不可摧的铠甲，当地的木剑和燧石矛完全无法相提并论。

所以，有些阿兹特克人觉得这些人一定是神；但也有人认为这些人是恶魔、死去的灵魂或者强大的巫师。于是，阿兹特克人并未立刻举全国之力消灭这些西班牙人，而是打算先想一想、等一等、谈一谈。他们并不觉得有什么着急的必要。毕竟，科尔特斯一行总共还不到550人，帝国人口高达百万，哪有什么好担心的呢？

虽然科尔特斯对于阿兹特克人也同样一无所知，但他和手下占了一项显著的优势。阿兹特克人面对这些长相奇怪、气味熏人的外来者，毫无过去经验得以参考；但西班牙人早就知道地球上有各种未知的人类疆域，而且讲到入侵他人国土、应付未知情况，他们也算是行家中的行家。现代欧洲的征服者心态正如同当时的科学家，对于未知充满兴奋。

所以，科尔特斯在1519年7月踏上那片洒满阳光的海滩时，没有一丝的犹豫。就像是科幻小说里外星人走出宇宙飞船一样，他向那些惊呆的当地人宣告着："我们是为了和平而来。带我们去见你们的首领。"科尔特斯说自己是西班牙伟大国王的和平使者，希望能和阿兹特克的统治者蒙提祖马二世（Montezuma II）进行外交对谈。（这是一个无耻的谎言。科尔特斯所率领的，是由一群贪婪的冒险家组成的独立探险队。西班牙国王根本没听说过科尔特斯，也没听说过阿兹特克人。）从当地与阿兹特克人敌对的部落，科尔特斯得到了向导、食物和一些军事援助，接着他就大摇大摆地走向阿兹特克的首都：繁华热闹的特诺奇蒂特兰（Tenochtitlan）。

阿兹特克人就这样让这群外来者一路来到首都，还恭恭敬敬地带着他们去见皇帝蒙提祖马二世。谒见到中途，科尔特斯一声令下，配备着铁制武器的西班牙人杀光了蒙提祖马的守卫（他们毕竟只配有木棍和石刀)。原本的嘉宾，就这样让主人成了阶下囚。

这时，科尔特斯的处境十分微妙。虽然皇帝在他手上，但他位于一个几乎一无所知的大陆，还被几万个愤怒的战士、几百万个与他敌对的平民团团包围。他能够依赖的只有几百个西班牙手下，另外最接近的西班牙援军在古巴，足足有超过 1500 公里之遥。

科尔特斯将蒙提祖马二世囚在宫中，安排得似乎皇帝仍然可自由活动、掌管一切，而他这位“西班牙大使”就是个客人。因为阿兹特克帝国属于权力极度集中的政体，这种前所未有的局面让整个帝国陷入瘫痪。表面上看来，蒙提祖马二世仍然统治着帝国，阿兹特克的贵族精英也继续听他号令，但其实就是科尔特斯挟天子以令诸侯。这种情况为期数个月之久，而在这段时间，科尔特斯一面审问蒙提祖马二世和他的侍从，一面训练各种当地语言的翻译员，还向四面八方派出许多西班牙人探险小队，熟悉阿兹特克帝国的各个部落、民族和城市。

最后，阿兹特克人的贵族精英终于起身反抗科尔特斯和蒙提祖马二世，他们推举了新皇帝，一举将西班牙人赶出了特诺奇蒂特兰。然而，原本坚不可摧的巍然帝国已经出现许多裂缝。靠着收集来的信息，科尔特斯得以利用帝国内部的嫌隙，进一步加以分裂。他说服了许多帝国的属民，和他一起对抗阿兹特克的贵族精英。这些属民可以说是大大失算。虽然他们也痛恨阿兹特克人的统治，但他们既不认识西班牙人，更不知道发生在加勒比海地区的种族灭绝惨剧，只是天真地以为，有了西班牙人帮助，就能摆脱阿兹特克人的枷锁。他们从没想过，最后只是统治者从阿兹特克人换成了西班牙人。而且，他们相信就算科尔特斯这几百个人心怀不轨，自己也可以轻松把他们处理掉。于是，这批人为科尔特斯提供了数以万计的当地军队，让科尔特斯得以围攻特诺奇蒂特兰城，最后得以成功占领。

到了这个时候，开始有越来越多西班牙士兵和殖民者陆续抵达，有些来自古巴，也有人是直接从西班牙远道而来。等到当地居民终于看清真相，为时已晚。就在科尔特斯踏上韦拉克鲁斯海滩的一世纪间，美洲原住民人口锐减九成，主因是这些入侵者带来的疾病。就算是幸存者，也发现自己现在落在一群贪婪无比、充满种族歧视的人手中，比起阿兹特克远远有过之而无不及。

科尔特斯登陆墨西哥的 10 年后，皮萨罗抵达印加帝国的海岸。他的人手甚至比科尔特斯还少，总数只有 168 个人！然而，有了先前入侵的知识和经验，皮萨罗胜券在握。相对而言，印加帝国对阿兹特克人的命运依旧一无所知。皮萨罗完全抄袭了科尔特斯那一套。他先声称自己是西班牙国王派来的和平使者，请求谒见印加国王阿塔瓦尔帕（Atahualpa），接着国王便遭到绑架。接着，皮萨罗同样靠着与当地部落结盟，先瘫痪再征服了整个帝国。如果印加帝国的属民知道墨西哥那边人民的下场，想必不会如此轻信这些侵略者。然而，他们就是不知道。

* * *

因为视野狭隘而付出沉重代价的，并不只有美洲原住民而已。在亚洲当时的各大帝国（奥斯曼土耳其、波斯帝国、莫卧儿帝国以及中国）很快就听说欧洲似乎有了重大发现。然而，他们对这件事却没什么兴趣，还是继续相信这个世界是以亚洲为中心旋转，完全没打算和欧洲人争夺美洲或大西洋、太平洋的新航道。当时，甚至像苏格兰和丹麦这种国力不振的欧洲王国都曾经几次前往美洲探索征服，但伊斯兰世界、印度和中国却是无动于衷。所有的非欧洲政权中，第一个派出军事远征队前往美洲的是日本。在 1942 年 6 月，一支日本的远征军占领了阿留申群岛的吉斯卡岛（Kiska）和阿图岛（Attu），这两个岛位于阿拉斯加海岸，而这过程中还俘虏了 10 名美军士兵和一条狗。但日本就再也没有向大陆更进一步了。

有人说奥斯曼帝国或中国就是因为距离太远，或者缺乏相关的科技、经济或军事工具手段。但这种说法实在很难说得通。郑和早在 15

世纪20年代就已经能远赴东非，理论上要到美洲也并非难事。可见中国确实就是不感兴趣而已。比如在中国发行的地图上，一直要到1602年才终于出现了美洲，而且这地图还是欧洲传教士画的！

整整300年间，无论在美洲、大洋洲、大西洋、太平洋，都是由欧洲人完全宰制。就算出现任何值得一提的冲突，也只是欧洲列强之间的内斗。于是，欧洲人积累了大量财富和资源，最终让他们也有能力入侵亚洲、击败各大帝国，再进行欧洲人之间的分赃作业。等到奥斯曼、波斯、印度和中国终于惊觉情势不对，为时已晚。

* * *

一直要到20世纪，欧洲以外的各个文化才真正有了全球观点。而这正是让欧洲霸权崩溃的关键因素之一。比如在阿尔及利亚独立战争（1954—1962）期间，虽然法国军队具备了压倒性的人数、科技和经济优势，却还是被阿尔及利亚游击队击败。原因在于，阿尔及利亚人一方面得到了全球性的反殖民网络支持，一方面也学会如何引导全球媒体的倾向（包括法国本身的舆论）。另外，小小的越南居然能击败如巨人般的美国，也是基于类似的战略。我们从这些游击队可以看到，就算是超级强权，也可能在某个当地抵抗活动成为全球事件之后败下阵来。有趣的是，我们可以假设一下，如果蒙提祖马二世当时能够操纵在西班牙的舆论，取得西班牙敌对国（葡萄牙、法国或奥斯曼帝国）的支持，情况会有何不同？

**罕见的蜘蛛，被遗忘的文字**

现代科学和现代帝国背后的动力都是一种不满足，觉得在远方一定还有什么重要的事物，等着他们去探索、去掌握。然而，科学和帝国之间的连接还不仅如此而已。两者不只动机相同，连做法也十分类似。对现代欧洲人来说，建立帝国就像是一项科学实验，而要建立某个科学学科，也就像是一项建国大计。

穆斯林征服印度的时候，并没有带上考古学家、地质学家、人类学家或动物学家来好好研究印度的历史、文化、土壤和动物。但换成英国征服印度之后，一切都不同了。1802 年 4 月 10 日，英国开始印度大调查，足足持续长达 60 年。期间动用数以万计的当地劳工、学者和导游，精心绘制了整个印度的地图，标示出边界、测量出距离，甚至珠穆朗玛峰和喜马拉雅山的其他山峰的精确高度也是此时完成测量。虽然英国确实四处探勘印度各省的军事及金矿资源，但他们同时也不辞劳苦地收集了关于罕见印度蜘蛛的信息，为各种色彩斑斓的蝴蝶编目，追查已经失传的印度语言源头，以及挖掘一处又一处遭到遗忘的废墟。

在印度河流域文明之中，曾有一个大城摩亨佐－达罗（Mohenjo-daro，印度语“死亡之谷”），在大约公元前 3000 年一片繁华，但到了公元前 1900 年却遭到摧毁。在英国之前，不管是孔雀王朝、笈多帝国、德里的苏丹，还是伟大的莫卧儿帝国，这些印度统治者从来没对这片废墟多瞧上一眼。然而，英国一项考古调查在 1922 年发现了这片遗迹，派出考古小组加以挖掘，就这样发现了印度最早的伟大文明。而这点在之前没有任何印度人曾有意识。

另一项可以看出英国科学好奇心的，则是楔形文字的破译过程。楔形文字曾经是中东地区长达 3000 年左右主要使用的文字，但可能在大约第一个千禧年开始的时候，能够识读这种文字的人就都已过世。从那时之后，虽然当地居民常常看到刻有楔形文字的纪念碑、石碑、古遗迹和碎锅碎盆，但从来不知道该怎么读着这长相怪异、有棱有角的文字，而且据我们所知，他们也从来没有任何尝试。一直到 1618 年，欧洲人开始发现楔形文字。当时西班牙在波斯的大使前往古代城市波斯波利斯（Persepolis）的遗迹参观，看到了这些文字，而且居然没有人能向他解释。欧洲学者口耳相传，知道发现了一种未知的文字，让他们好奇心大作。1657 年，欧洲学者发表了第一份来自波斯波利斯的楔形文字抄本，后续的抄录越来越多，在接下来的两个世纪间，许多西方学者都为了试图破译而大伤脑筋，但没有人成功。

到19世纪30年代，一位名为亨利·罗林森（Henry Rawlinson）的英国军官被派往波斯，要协助波斯以欧洲的方式来训练军队。在他的闲暇时间，罗林森便在波斯四处游览，某天当地向导带他来到札格罗斯山脉（Zagros Mountains）的一处悬崖，让他看看巨大的贝希斯敦铭文（Behistun inscription）。这则铭文大约高15米、宽25米，是在大约公元前500年由波斯国王大流士一世下令刻在这处悬崖上，而且分别使用了三种楔形文字：古波斯语、埃兰语（Elamite）和巴比伦语。虽然当地民众人人都知道有这处铭文，但没人读得懂。罗林森相信，只要能破译这些文字，他和其他学者就能够了解当时在中东各地大量出土的文字究竟是什么意思，那样便可说是打开了一扇大门，能够前往远古被遗忘的世界。

想要破译这些文字，第一步就是要能精确地加以抄录，好传回欧洲。于是，罗林森冒着生命危险，爬上这处悬崖，把这些奇怪的字母全部抄了下来。他也雇用了几位当地民众协助，其中最主要的是一个库德族的男孩，他得爬到那些最难抵达的地方，好抄下铭文的上半部。1847年，这项完整并准确的抄录终于完成，送往欧洲。

罗林森并未就此满足。虽然他身为军官有军事和政治上的任务要完成，但一有空暇时刻，他就不断研究这份神秘的文字，想方设法，最后终于让他成功破译了一部分的古波斯语碑文。这项工作之所以相对简单，是因为古波斯语和现代波斯语的差别并不太大，而罗林森对现代波斯语知之甚详。了解了古波斯语的部分之后，就让他掌握了解码埃兰语和巴比伦语部分的关键。于是，这扇大门终于敞开，让我们仿佛听到了古代喧嚣繁忙的声音，有苏美尔集市的人声鼎沸、亚述国王的洪亮宣告，以及巴比伦官僚之间的种种争论。如果没有像罗林森这种现代欧洲帝国主义者，许多古代中东帝国的命运就不会像现在这样为人所知。

* * *

另一位重要的帝国主义学者是威廉·琼斯（William Jones）。他在1783年9月抵达印度，担任孟加拉地区最高法院的法官，从此对印度深深着迷，不到半年就成立了亚洲学会（Asiatic Society）。这个学术组织致力于研究亚洲的文化、历史和社会，其中又特别以印度为重。在两年后，琼斯发表了他对梵文的观察，成为现代比较语言学学科的奠基之作。

梵文是一种古老的印度语言，后来成为印度教神圣仪式中所用的语言。但琼斯指出，梵语竟然和希腊文、拉丁文有惊人的相似之处，而且这些语言也都和哥特语、凯尔特语、古波斯语、德语、法语和英语若合符节。例如梵文的"母亲"是"matar"，而古凯尔特语则是"mathir"。据琼斯推测，所有这些语言一开始必定有共同的来源，那是个古老而已经被遗忘的语言祖先。就这样，他是第一个发现后来称为"印欧语系"这套体系的人。

琼斯的研究之所以重要，除了是因为他提出了一项大胆（而且正确）的假设，也是因为他发展出了一套能够系统化比较语言的过程。其他学者也采用了这套研究方法，于是就能开始系统化研究世界上所有的语言发展。

语言学这项学科得到帝国的热烈支持。欧洲帝国相信，为了让统治更有效，就必须了解这些属民的语言和文化。当时，英国派驻印度的官员必须在加尔各答的一所学校上课三年，上课内容除了英国法律，也得读印度法律和穆斯林法律；除了希腊语和拉丁语，也得学梵语、乌尔都语和波斯语；除了数学、经济学和地理学，也必须学习泰米尔、孟加拉和印度文化。学习语言学之后，对于了解当地语言的结构和文法大有帮助。

有了像威廉·琼斯和亨利·罗林森等人的研究后，欧洲征服者对于帝国的情形了如指掌，不仅超过以往所有征服者，甚至连当地民众都得自叹弗如。而更多知识也带来了明显的实际利益。印度人口有数亿之多，而英国在印度的人数相较之下少得荒谬；要不是因为他们所拥有的知识，英国不可能得以掌握、压迫和剥削这么多印度人达两个世纪之久。从整个19世纪到20世纪初，靠着不到5000人的英国官员、4万到7万个英国士兵，可能再加上大约10万个英国商人、帮佣、妻小等等，英国就征服并统治了全印度大约3亿人口。[89]

然而，帝国之所以会资助语言学、植物学、地理学和历史学，并不只是为了实用因素。另一项同样重要的原因，在于科学能够从思想上让帝国合理化。现代欧洲人开始相信"学习新知"一定是好的。正因为帝国不断产生新知，让他们自以为自己的管理代表着进步、正面、积极。就算到了今天，讲到地理学、考古学和植物学的历史，还是不能不提欧洲帝国直接或间接的协助。例如讲到植物学的历史，很少会提到澳大利亚原住民为此受尽折磨，而只是大肆赞扬詹姆斯·库克和约瑟夫·班克斯。

此外，帝国取得新知之后，至少理论上应该能有益于当地被征服的民族，让他们享受到"进步"的好处，例如获得医疗和教育、修筑铁路和运河，以及确保司法公正、经济繁荣。帝国主义声称，他们的管理不是某种泛滥的剥削行为，而是一种利他的举动，是要照顾这些非欧洲民族。以英国作家拉迪亚德·吉卜林（Rudyard Kipling）的话来说，这是一种"白人的承担"：

> 挑起白人的承担——
> 派出最佳的子民——
> 让自己的子嗣形同流放
> 只为了满足俘虏的需要；
> 穿戴所有重装备，
> 服务那些烦躁野蛮——
> 新掳获、性格阴沉的人民，
> 他们一半是魔鬼，一半是幼稚的小孩。

当然，事实往往会戳破这些虚构的故事。1764 年英国征服孟加拉地区，当时这是印度最富有的省份。这批新的统治者除了横征暴敛之外并无心治理，所实行的经济政策简直是场灾难，短短几年后便导致孟加拉地区大饥荒爆发。饥荒始于 1769 年，在 1770 年达到顶峰，而且一直持续到 1773 年才结束。在这场灾难中，有 1000 多万人死亡，相当于全孟加拉地区的 1/3。[90]

事实就是，不管是只讲到英国的压迫和剥削，还是只讲到“白人的承担”，都不是完全的事实。毕竟，欧洲各帝国以这么大的规模做了这么多的事，不管是想站在哪一边，都可以找到许许多多的事件加以佐证。你觉得这些帝国就是邪恶的怪物，在全球各地四处散播死亡、压迫和歧视吗？随便把他们的罪行列出来，就足以编成一部百科全书了。你觉得这些帝国其实为属民提供了新的医药、更佳的经济环境、更多的安全吗？随便把他们的成就列出来，也足以编成另一部百科全书。正因为帝国与科学密切合作，就让它们有了如此强大的力量，能让整个世界大为改观；也是因为如此，我们很难简单断言它们究竟是善是恶。正是帝国创造了我们所认识的世界，而且，其中还包含我们用以判断世界的意识形态。

然而，科学也被帝国主义者用于某些邪恶的用途。不论生物学家、人类学家，甚至语言学家都提出了某些科学证据，证明欧洲人优于其他所有民族，因而有权力（或许也是责任？）统治他人。自从威廉 · 琼斯提出所有印欧语言同源同宗、来自某一个特定的远古语言，学者前赴后继，都渴望找出究竟是谁曾经说着这种语言。他们注意到，最早的梵语母语民族是在大约 3000 年前、从中亚入侵印度，他们自称为“雅利亚”（Arya）。而最早的波斯语母语者则自称为“艾利亚”（Airiia）。于是欧洲学者推测，这些讲着梵语和波斯语（以及希腊语、拉丁语、哥特语、凯尔特语）原始语言的人，一定是某种“雅利安人”（Aryan）。会不会真这么巧，伟大的印度、波斯、希腊和罗马文明都是雅利安人所创？

接下来，英、法、德各国学者开始把对雅利安人的语言学理论与达尔文的自然选择理论结合，认为所谓的“雅利安人”不只是语言族群，而是某种生物族群，也就是一个种族。而且，这可不是什么随随便便的种族，而是一个上等种族，他们身材高大、金发碧眼、工作勤奋而且极度理性，他们就这样从北方的迷雾中走出来，奠定了全世界文化的基础。但遗憾的是，入侵印度和波斯的雅利安人开始与当地原住民通婚，于是不再有白皙的肤色与金发，也失去了理性和勤奋。于是，印度和波斯的文明每况愈下。但在欧洲可就不同了，雅利安人还是维持着纯洁无污染的种族特性。正因如此，欧洲人必须要征服世界，而且他们最适合做世界的统治者；不过可得小心，别遭到其他劣等种族混血污染。

在几十年间，这种种族主义理论曾经甚嚣尘上，但现在已经成了科学家和政治家不敢再提的诅咒禁忌话题。虽然我们还是英勇地抵抗着种族主义，但却没发现战线已经转移，过去种族主义在帝国思想中所占的位置，现在都由“文化主义”（culturism）所取代。目前这个词尚未明确定义，但差不多是可以提出这个概念的时候了。对今日许多精英分子而言，要比较判断不同人群的优劣，几乎讲的总是历史上的文化差异，而不再是种族上的生物差异。我们不再说“这就存在于他们的血液里”，而是说“这就存在于他们的文化里”。

因此，就算是反对穆斯林移民的欧洲右翼政党，也会小心避开种族歧视的用语。以法国极右派政党民族阵线（Front National）为例，党魁玛琳·勒·庞（Marine le Pen）绝不可能在电视上大声表示“我们不希望这些下等的闪族人污染我们的雅利安人血统、破坏我们的雅利安人文明”。然而，不管是法国的民族阵线、荷兰的自由民主党（Party for Freedom）还是奥地利的奥地利未来联盟（Alliance for the Future of Austria）都认为，西方文化根植发展于欧洲，具有民主、宽容、性别平等诸多特质，而穆斯林文化根植发展于中东地区，于是具有阶级政治、宗教狂热、歧视女性的特质。正因为这两种文化如此不同，而且许多穆斯林移民不愿（或许也不能）采纳西方的价值观，所以欧洲不应允许他们移居进入西方社会，以免造成内部冲突、破坏欧洲民主和自由主义。

这些文化主义者的论点，也有一套人文社会科学在背后支持，强调的是所谓的文化冲突以及不同文化之间根本的差异。并不是所有的历史学家和人类学家都接受这些理论或者支持它们在政治上的应用。然而，现在的生物学家已经可以指出现有人类族群之间的生物差异小到可以忽略，从而轻松推翻种族主义，但对于历史学家和人类学家来说，要推翻文化主义却没那么简单。毕竟，如果人类文化之间的差异真是那么微不足道，我们又为什么要付钱给历史学家和人类学家，请他们做研究？

* * *

科学家为帝国提供了各种实用知识、思想基础和科技工具，要是没有他们，欧洲人能否征服世界实在仍是未定之数。至于征服者报答科学家的方式，则是提供各种信息和保护，资助着各种奇特迷人的研究，而且将科学的思考方式传到地球上的每一个偏远角落。如果没有帝国的支持，科学能否发展得如此蓬勃，也仍在未定之天。绝大多数的科学学科一开始的目的，都只是为了让帝国继续发展，而且许多发现、收集、建筑和学术也都多亏了有陆海军及帝国统治者的慷慨协助。

显然，这还不是故事的全貌。除了帝国之外，还有其他因素支持着科学的发展。而且，欧洲各个帝国能够蓬勃兴盛，原因也不仅仅是科学而已。不论是科学还是帝国，它们能够迅速崛起，背后都还潜藏着一股特别重要的力量：资本主义。要不是因为商人想赚钱，哥伦布就不会抵达美洲，库克船长就不会抵达澳大利亚，阿姆斯特朗也就没办法在月球上跨出他那重要的一小步。

# 第十六章
# 资本主义教条

不论是建立帝国还是推广科学，没有钱都是万万不能的。然而，金钱究竟是这些作为的最终目的，还是个避不掉的危险？

我们很难掌握金钱在现代历史中究竟扮演了什么角色。虽然已经有许多著作，告诉我们各个国家是如何成也金钱、败也金钱，我们也看到金钱是如何为人类展开新视野，但也让数百万人遭受奴役，如何推动着产业的巨轮，但又让数百种的物种惨遭灭绝。然而，想要了解现代经济史，其实重点就只有一个词：增长。不论结果是好是坏，究竟是生病还是健康，现代经济就像是一个激素过盛的青少年一样不断增长，吞噬着它看到的一切，而且增长的速度叫人完全赶不上。

历史上大多数时候，经济规模并没有太大的改变。虽然确实全球产值会增加，但多半是因为人口增长、移居到新的土地，而每人平均产值则维持不变。然而，到了现代，一切都已改观。在1500年，全球商品和服务总产值约是2500亿美元；而今天是大约60万亿美元。更重要的是，在1500年，每人年平均产值约为550美元，但今天不论男女老幼，每人年平均产值高达8800美元。[91]这种惊人的增长该如何解释？

经济学向来就是出了名的复杂。为了方便解释，让我们假设一个简单的例子。

有一位精打细算的金融家A先生，在加州开了一家银行。

另外有一个建筑承包商B先生，才刚完成一件大案子，赚到了100万美元的现金。他把这笔现金存进了A先生的银行。于是，这家银行目前拥有了100万美元现金的资金。

这时，有一位经验丰富但资金不足的面包师傅C小姐，觉得她看到了一个大好的商机：这个城市还没有一个真正好的面包店。只不过，她自己的钱还不足以买到全套需要的设备，像工业烤箱、水槽、刀、锅碗瓢盆之类。于是，她到银行向A先生提出商业计划，说服他这项计划值得投资。A先生于是就用转账的方式，将100万美元的贷款转到C小姐的银行账户，账面上她就有了100万。

接着，C小姐请承包商B先生来盖她的面包店，价格刚好又是100万美元。

等到她写了支票给B先生，B先生又拿去存在A先生的银行里了。

所以，现在B先生户头里有多少钱？没错，200万美元。

然而，银行的保险库里实际上到底有多少钱？也没错，100万美元。

而且，还不只是这样。就像一般常见的情形，B先生这位承包商在两个月之后告诉C小姐，因为某些无法预期的问题和费用，面包店的建筑费用得涨到200万美元。虽然C小姐非常不高兴，但动工到一半，已经无法喊停了。于是她只好再次到银行，又说服了A先生再贷给她100万。

于是，A先生又另外转了100万美元到她的账户里。而她也再将钱转到了承包商B先生的账户。

这样一来，现在B先生户头里有多少钱？已经有300万美元了。

但银行里实际上呢？其实一直就只有100万美元。而且事实上，这100万现金从来就没有出过银行。

根据目前的美国银行法，这种作业还可以再重复7次。所以，就算银行的保险库从头到尾就只有100万美元，但这位承包商的户头最后可以达到1000万美元。银行每次真正持有1元的时候，就能够放款10元；换句话说，也代表我们银行户头上看到的那些金钱，有超过九成其实只是数字，而没有实体的硬币或钞票。[92]举例来说，如果今天汇丰银行的所有储户都忽然要求结清账户、提领现金，汇丰银行就会立刻倒闭（除非政府介入拯救）。而且，就算是产业龙头的英国劳埃德银行（Lloyds）、德意志银行、花旗银行，世上任何银行都是如此。

这听起来就像是个巨大的庞氏骗局，不是吗？但如果你觉得这就是骗局一场，那么可以说整个现代经济就只是一场骗局。这事实上并不是件诈骗案，而是另一次人类想象力的惊人发挥。真正让银行（以及整个经济）得以存活甚至大发利市的，其实是我们对未来的信任。“信任”就是世上绝大多数金钱的唯一后盾。

在这个面包店的例子里，之所以“承包商户头里的金额”与“银行里实际现金的金额”会出现落差，是因为这个落差就在于C小姐的那个面包店。A先生把银行的这笔钱投入这项资产，是因为相信终有一天有利可图。虽然现在面包店连一条面包都还没烤，但不管是C小姐还是A先生，都相信只要假以时日（例如一年后），店家生意就会一飞冲天，每天卖上几千个面包、蛋糕、饼干之类，赚得可观的利润。这么一来，C小姐就能连本带利清偿贷款，如果那个时候B先生想把现金取走，A先生也能轻松应对。因此，我们可以看到整个运作就是基于信任着一种想象的未来；银行家和创业者相信面包店能成功，承包商也相信银行未来一定能把钱再还给他。

前面我们已经提过，金钱是种十分特殊的概念，可以代表许许多多不同的事物，而且也可以协助将几乎所有的东西互相交换。然而，在历史来到现代之前，这种交换的能力还十分有限。原因就在于，当时金钱只能代表一些“实际存在于当下”的物品。这与“创业”的概念无法兼容，因此也就很难促进经济成长。

让我们回到面包店的例子。如果金钱只能代表有形、实际的物品，C小姐还有办法开面包店吗？绝无可能。在目前，虽然她有许多梦想，但缺少有形的资源。她想开面包店的唯一办法，就是要找到某个愿意立刻开工但几年后才收钱的承包商，而且到时候面包店究竟赚不赚钱还很难说。然而，这样的承包商几乎是世界级的珍稀品种。于是，这下子咱们的创业者陷入困境。如果没有面包店，她就不能烤面包。不能烤面包，就赚不了钱。赚不了钱，就雇不了承包商。雇不了承包商，就没有面包店。

创业者的困境

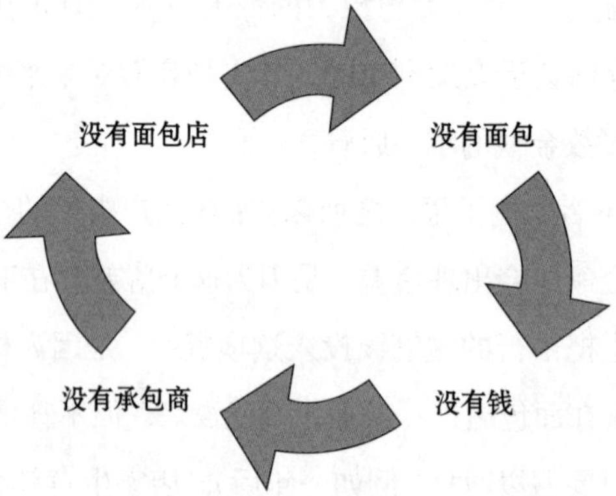


人类就这样在这种困境里困了几千年，结果就是经济冻结、无力增长。一直要到现代，基于对未来的信任，我们才发展出一套新的系统，才终于有办法跳出这个困境。在这项新系统中，人类发展出“信用”这种金钱概念，代表着目前还不存在、只存在于想象中的货品。正

现代经济的奇妙循环

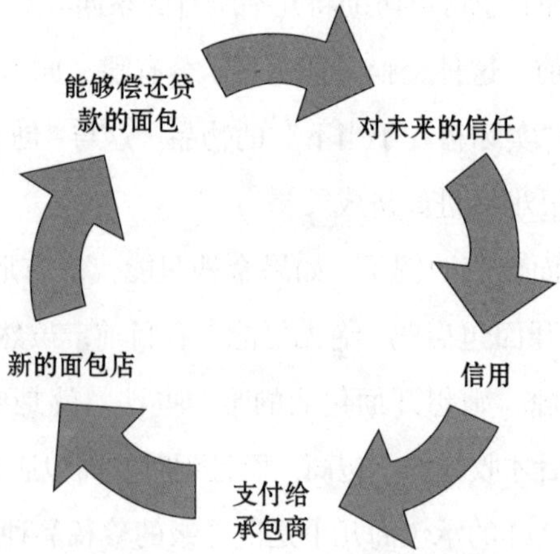

是“信用”的概念，让我们能够预支未来、打造现在。而这背后有一项基本假设，就是未来的资源肯定远远超过目前的资源；只要我们使用未来的收入来投资当下，就会带来许多全新而美好的商机。

* * *

如果信用这个概念真是如此美妙，为什么以前从来没有人想得到？当然，他们其实早就想到了。在所有已知的人类文明中，信用的概念都曾经以不同的形式出现，至少早在古苏美尔人的时候就已经存在。过去的问题不在于有没有信用的概念，或者知不知道如何使用这种概念，而在于当时的人并不相信“明天会更好”，所以并不愿意延展信用。毕竟当时的概念，总觉得黄金时代已经过去，未来顶多就是维持现况，而且可能更糟。用经济学的概念来讲，也就是他们认为财富的总量有限，而且还可能萎缩。因此，当时不论是讲到个人、王国还是世界，大家普遍并不相信过了10年会能够生产出更多的财富。商业看起来就像一场零和游戏。开了一家面包店之后，确实可能会取得利润，但一定是因为抢了隔壁面包店的利益。如果威尼斯蓬勃发展，一定是抢了热那亚的资源。如果英国国王钱财滚滚，一定是瘦了法国国王的荷包。整个世界就像是一块大饼，切法各有不同，但总之就只有一个饼，不可能变得更大。

正因如此，许多文化都认为赚大钱是种罪恶。耶稣就说：“骆驼穿过针的眼，比财主进神的国还容易呢！”（《马太福音》，19：24）。如果整个饼就是这么大，而我又拿了一大块，一定就是对其他人不公平。于是，富人一定得把他们多赚的财富拿出一些，捐给慈善机构作为赎罪。

这么说来，如果全球经济这块蛋糕也只有固定大小，信用贷款并无利可图。毕竟，信用就是“今天的蛋糕”和“明天的蛋糕”之间的价差，如果蛋糕的大小不会改变，信用贷款也就没有意义。除非你相信向你借钱的面包师（或国王）会从对手那里抢来更大的一块饼，否则借他钱的风险岂不是太大了吗？因此，在进入现代之前，想要贷款难如登天，就算真的贷到一笔款项，通常也是小额、短期、高利率。这样一来，想创业的面包师觉得前途茫茫，而如果是国王想筹措盖宫殿或发动战争的资金，除了增税之外几乎别无他途。这对国王来说问题不大（只要属民还肯乖乖听话就行），但如果是某个厨房女佣，就算有了开面包店的伟大梦想、希望能力争上游赚大钱，也只能继续刷地打扫，做着白日梦。

这其实是种双输的局面。因为信用有限，想要筹资创业就难上加难。因为创业停滞，经济就不会增长。因为经济没有增长，大家就认为经济不可能增长，即使是手上确实有资金的人，也不愿意提供信用贷款给别人。于是，对于经济停滞的预期，就确实造成了经济停滞的结果。

### 会变大的饼

接着，历史上出现了科学革命和关于进步的概念。所谓的“进步”，是在承认我们的无知之后，认为只要投资进行研究，一切就能变得更好。这个想法很快地就应用到了经济上。只要是相信“进步”的人，就会相信各种地理发现、科技发明和组织发展，能够提升人类生产、贸易和财富的总量。发现了大西洋的新航道而大发利市，并不需要牺牲过去在印度洋的旧航道。推出新的产品时，也不一定就代表要减少旧产品的产量。举例来说，我们开了一家法式面包店，并不代表过去的传统面包店必然关门大吉。民众会培养出新的喜好、吃得更多。我赚钱，不代表你就赔钱；我变壮了，不代表你就得饿死。全球的这块饼，可以有变大的潜力。

在过去 500 年间，这种关于进步的概念说服了全球人民，将越来越多的信任交付给未来。正是这种信任创造了信贷；而信贷带来了实实在在的经济增长；正因为有增长，我们就更信任未来，也就愿意提供更多的信贷。这种改变并非一夕之间，经济比较像是云霄飞车，而不是热气球。虽然途中起起伏伏，但大方向十分明确。现在全球的信贷如此盛行，不管是政府、工商企业还是个人，都能轻松取得大额、长期、低

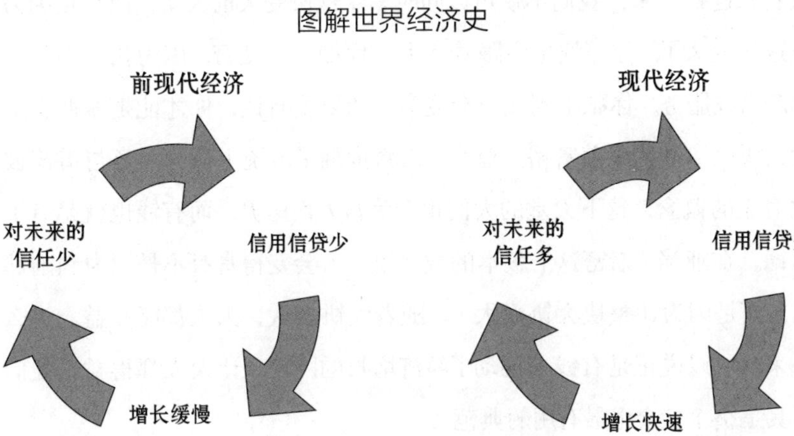


利率的信用贷款，金额远远超过他们现有的收入。

由于相信全球经济这块大饼可以不断变大，最后终于产生了一场革命。1776 年，苏格兰经济学家亚当 · 斯密出版了《国富论》，这可以说是史上最重要的经济学著作。在《国富论》的第一卷第八章，亚当 · 斯密提出了以下的创新论述：如果地主、织工或鞋匠赚得的利润高于养家糊口基本所需，就会雇用更多助手，好进一步提高自己的利润。利润越高，能雇的助手也越多。由此可见，民间企业的获利正是社会整体财富和繁荣的基础。

目前听到这种说法可能觉得十分普通、了无新意，但这是因为我们就活在一个资本主义的世界里，亚当 · 斯密的理论早就是生活的一部分。从电视新闻里我们每天都可以听到类似的主题以各种不同的形式出现。然而，亚当 · 斯密明确提出：人类全体财富的基础，就在于希望增加个人利润的自私心理。这一点可以说是人类历史上最革命性的概念，而且还不只是从经济的角度，也包括道德和政治的角度。他其实告诉我们：贪婪是好的，而且我们让自己过得好的时候，不只是自己得利，还能让他人受益。“利己”就是“利他”。

于是，亚当 · 斯密让我们认为经济是种双赢的局面，我获利就是你获利。这样一来，我们不仅可以同时享受这份变大的大饼，而且正因为我这块变大了，你那块也会跟着变大。而如果我变穷，因为我买不起你的产品或服务，你赚不到钱也会变穷。如果我有钱，你才能把东西卖给我，所以你也就跟着富裕。亚当·斯密推翻了传统上认为财富与道德彼此对立的概念，这下天堂的大门也会为富人而敞开，而有钱也就是有了道德。在亚当·斯密这个版本的故事里，人会变得富有不是因为剥削邻居，而是因为让整块大饼变大了。随着大饼变大，人人都能受益。这么一来，可以说正是有钱人推动了经济增长的巨轮，让人人都得益，他们可真是整个社会里最有用的典范。

然而，这一切的立论基础必须取决于富人是不是用这些利润来新建工厂、雇用新员工，而不是将利润浪费在无生产力的活动上。所以，亚当·斯密不断强调的是“利润增加时，地主或织工就会雇用更多助手”，而不是说“利润增加时，守财奴就把钱全部藏得死死的，只有算钱的时候才拿出来”。现代资本主义经济的一大重点，就在于出现了一种新的道德标准：应该把利润拿出来，继续投资生产。这样一来，才能带来更多的利润再重新投入生产，再带来更多的利润，如此不断循环。所谓投资可以分成很多种：扩建工厂、从事科学研究、开发新产品。但不论如何，重点就是要增加产量，转为更多的利润。在新的资本主义教条里，最神圣的开宗明义第一条就是：“生产的利润，必须再投资于提高产量。”

资本主义之名正是由此而来。所谓的“资本主义”（Capitalism），认为“资本”（capital）与“财富”（wealth）有所不同。资本指的是投入生产的各种金钱、物品和资源。而财富指的则是那些埋在地下或者浪费在非生产性活动的金钱、物品和资源。例如，如果有位法老王，把所有的资源拿来盖了一座不具生产力的金字塔，他并不是资本主义者。某个海盗劫掠了一条西班牙运宝船，把一整箱闪闪发光的金币埋到加勒比海的某座小岛上，他也不是个资本主义者。但如果是某个辛勤工作的工厂

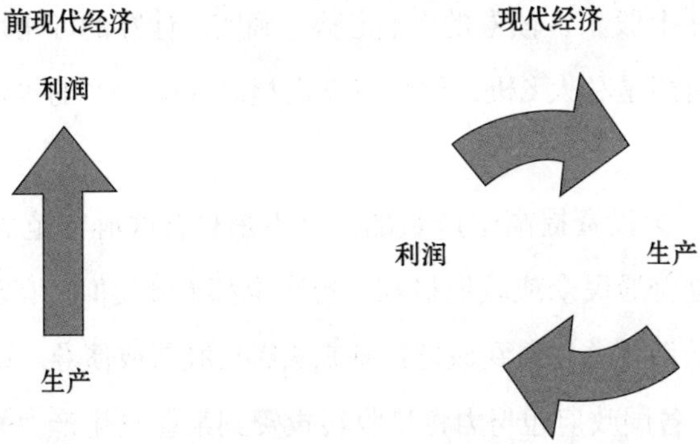


工人，把收入的一部分拿去投资股票，他就算是个资本主义者。

现在说到“生产的利润，必须再投资于提高产量”，大家可能觉得十分平凡无奇。但对于人类整体历史来说，大部分时候人类并没有这种概念。比如在前现代时期，当时的人们认为生产这件事并不会造成太大的改变。所以，如果不管做什么，生产都不会带来太了不起的利润，为什么还要把利润重新投入生产呢？因此，中世纪贵族所信奉的伦理就是要为人慷慨、奢华消费，把所有收入用来举办各种比赛和宴会、发动战争、投入慈善，以及兴建宫殿和教堂。很少有贵族会将利润投资于提升庄园的产量、寻找更佳的小麦物种，或者寻找新的市场。

但到了现代，贵族已经被新精英分子取代，这批新人都是资本主义教条的信徒。过去的公爵侯爷黯然退位，取而代之的是董事、金融家、实业家。这些商业巨贾的富有程度让中世纪贵族瞠乎其后，但他们对于各种奢侈消费的兴趣远低于过去，所有利润只有非常小的部分是用于非生产性活动。

中世纪的贵族，穿着由金丝和丝绸织成的华丽长袍，大把时间都是用来参加宴会、嘉年华和种种盛大的赛事。相较之下，现代的首席执行官都是西装打扮，西装简直成了制服，看来就像一群乌鸦；而且他们几乎没什么享乐的时间。一般来说，典型的风险投资者就是赶着一场又一场的商务会谈，努力想弄清楚该把自己的资金投入市场的哪一块，或者严密监控手上股票、债券的上下走势。确实，他穿的可能是范思哲的西装，坐的可能是私人飞机，但与他投入提高人类生产的投资相比，这只是九牛一毛。

而且，会投资提高生产量的，可不是只有这群穿范思哲的商业大亨。就算是普通民众或政府机构，想法也都十分类似。有多少次，我们聚会聊天的话题总会提到该把钱拿来买哪只股票或债券，哪块地或房子后势看好？各国政府也努力将税收转投资到某些具生产力的计划，希望能够增加未来收入。例如兴建一个新的港口，让工厂更容易出口产品，就能让他们赚到更多应纳税所得，最后也就能增加政府的未来收入。而另一个政府也可能觉得投资于教育更好，因为有了大量受良好教育的人才，就能催生获利丰厚的高科技产业，不用兴建大量的港口设施，就能取得大笔税金。

* * *

一开始，资本主义只是关于经济如何运作的理论。这套理论不仅描述了整件事会如何运作，也提出相关的规范。比如它解释了金钱的运作模式，也认为将利润再投资生产就能带来快速的经济增长。然而，资本主义的影响范围逐渐超越了单纯的经济领域，现在它还成了一套伦理，告诉我们该有怎样的行为，该如何教育孩子，甚至该如何思考问题。资本主义的基本原则在于，经济增长就是至善（或至少十分接近）。因为正义、自由甚至快乐都必须依赖于经济增长，如果你找来一个资本主义者，问他该如何为津巴布韦或阿富汗这些地方带来正义和政治自由，他很可能就会滔滔不绝地告诉你，想要有稳定的民主制度，就必须要有蓬勃的经济、健全的中产阶级，所以重点就是该让当地人有自由企业、勤俭节约、自立自强这些价值概念。

这种新的宗教对于现代科学的发展也产生了决定性的影响。科学研究背后的金主常常是政府或私人企业。而资本主义的政府和企业想投资某个特定科学研究的时候，最先问的问题常常就是——“这项研究会提高产量和利润吗？会促进经济增长吗？”研究计划如果没办法应付这些问题，想取得研究经费的可能性就微乎其微。要谈到现代科学史，资本主义绝对是不得不谈的重要因素。

反过来说，如果不谈科学，就会觉得资本主义能够发展真是莫名其妙。资本主义认为经济可以无穷无尽地发展下去，但这和我们日常生活观察到的宇宙现象完全背道而驰。比如对于狼群来说，如果它们觉得作为猎物的羊群会无限扩大，岂不是荒谬至极？然而，人类的经济在整个现代时期就是这样不可思议地持续指数增长。唯一的原因，就在于科学家总是能每隔几年就取得另一项发现，提出另一项发明，像美洲大陆、内燃机引擎，或者运用基因工程的羊。印钞票的是银行和政府，但最后买单的是科学家。

在过去几年里，我们看到银行和政府疯狂地印钞票。每个人都担心经济危机会让经济停滞、不再增长，于是他们就这样无中生有地印了数万亿的美元、欧元和日元，让金融体系里凭空出现一大笔便宜信贷，只盼望着科学家、技术人员和工程师能够在经济泡沫破灭之前，设法想出得以力挽狂澜的创世发明或发现。一切指望，就在于那些实验室里的人。比如生物科技、纳米科技的新发现，就可能创造出全新的产业，带来庞大的利润，于是就能拿来打平那些银行和政府从 2008 年以来虚拟创造出的几万亿数字。而如果实验室的脚步不敌泡沫破灭的速度，可以想见经济前景就会令人十分担忧。

## 哥伦布也需要金主

资本主义不只左右了现代科学的兴起，也影响了欧洲帝国主义的出现。此外，一开始正是欧洲帝国主义创造了资本主义的信贷制度。当然，信贷的概念并不是到现代欧洲才发明，早在几乎所有的农业社会就已出现。而在现代早期，欧洲资本主义的兴起则与亚洲的经济发展密切相关。另外一提，直到18世纪晚期，亚洲仍然掌握着全球的经济强权；换句话说，欧洲人手上的资金还是远远不及中国人、穆斯林或印度人。

然而，在中国、印度和伊斯兰世界的社会政治制度下，信贷只能算是次要角色。比如在土耳其的伊斯坦布尔、伊朗的伊斯法罕（Isfahan）、印度德里或中国北京，虽然商人和银行家也可能有资本主义的思想，但这些商人和商业思维却往往遭到国王和将领的轻视。现代早期的非欧洲帝国，建立者多半是伟大的征服者，例如清王朝的奠基者努尔哈赤，以及建立伊朗阿萨德王朝的纳迪尔沙国王（Nader Shah）；又或是某些官僚和军事精英，例如清朝和奥斯曼土耳其帝国。这些人主要靠税收和掠夺（两者的差异其实很细微）取得资金，很少需要用到信贷，更不用提是否关心银行家和投资者的利益。

但在欧洲情况就有所不同，这里的国王和将领也逐渐采用商业的思维模式，后来商人和银行家甚至直接成为统治精英。欧洲人征服世界的过程中，所需资金来源从税收逐渐转为信贷，而且也逐渐改由资本家主导，一切的目标就是要让投资取得最高的报酬。于是，由穿着西装、戴着帽子的银行家和商人所建立的帝国，就这样打败了由穿金戴银、配备闪亮盔甲的国王和贵族建立的帝国。这些商业型的帝国，取得资金进行征服的效率就是高出一截。毕竟，没人喜欢缴税，但人人都乐于投资。

1484年，哥伦布前往谒见葡萄牙国王，希望国王资助他的船队向西航行，寻找前往东亚的新航道。像这样的探索不仅危险重重，而且需要庞大的资金。从造船、购买补给、支付水手和士兵的薪水，都需要一大笔钱，而且这种投资能不能得到报酬都还大有问题。于是，哥伦布遭到葡萄牙国王拒绝。

但也像现在的创业家一样，哥伦布并没有放弃。他又带着他的想法去找意大利、法国、英国的可能投资者，甚至还再次回到葡萄牙，但每次都遭到回绝。最后，他决定到刚刚统一的西班牙，找当时在位的费迪南德（Ferdinand）和伊莎贝拉（Isabella）碰碰运气。他聘请了一批经验丰富的说客，终于说服了伊莎贝拉女王投资。接着就像大家知道的，伊莎贝拉女王就像买中了彩票一样。哥伦布的发现让西班牙人征服了美洲，除了开采各个金矿银矿，还种起蔗糖和烟草，让西班牙的国王、银行家和商人简直是美梦成真。

100 年后，这些王公贵族和银行家不仅荷包满满，而且碰上哥伦布的接班人时，愿意提供的信贷金额也远超过以往。这一切都是因为从美洲搜刮而来的财富。同样重要的一点在于，王公贵族和银行家对于探勘探险的潜力信心大增，也更愿意投入自己的金钱。这就是帝国资本主义的奇妙循环：信贷资助新发现，新发现带来殖民地，殖民地带来利润，利润建立起信任，信任转化为更多的信贷。不管是努尔哈赤还是纳迪尔沙国王，帝国扩张几千公里之后就后继无力。但对资本主义的创业者来说，一次一次的征服，都让经济的动力更加强大。

然而，这些探险仍然很靠运气，所以整个信贷市场还是显得小心翼翼。许多探险队最后就是两手空空地回到了欧洲，没有什么有价值的发现。举例来说，英国人就曾浪费大笔资金，试图寻找从北极通往亚洲的西北航道。而且，还有很多探险队就这么一去不回，有的撞上冰山，有的遇上飓风，有的惨死于海盗之手。于是，为了增加可能投资者的人数，并减少每个人承担的风险，探险家就开始找上股份有限公司。这么一来，不再需要有某个投资人把自己所有的钱都押在某一条船上，而是由公司从许多投资人手中集资投资，每个人只需要负担自己资金的那一小块风险。这样一来，风险减少，但可能的利润无上限。只要挑对了船，就算只有一点投资，你也可能变成百万富翁。

时间就这样十年十年地过去，西欧发展出一套复杂的金融系统，可以在极短时间内筹措大笔信贷资金，提供民间企业或政府发展之用。探索征服队伍如果想取得资金，这套系统的效率远超过任何王国或帝国。而从荷兰及西班牙之间的激烈争斗，也可以看出这种信贷系统的新力量。在16世纪，西班牙是全欧洲最强大的国家，帝国幅员辽阔，统治着大部分的欧洲、北美、南美、菲律宾群岛，而且沿着非洲和亚洲海岸，还建立起了一连串的基地。每年都有大批船队，带着大批美洲和亚洲的稀世珍宝满载而归。至于荷兰，国土就是一片沼泽，地小风疾、缺乏资源，原本只是西班牙领地的一个偏远角落罢了。

1568年，主要信奉新教的荷兰决定起身抵抗他们的天主教西班牙统治者。一开始，这些反叛军就像是堂·吉诃德，只是徒劳无功地冲向不可能打败的风车。但80年之后，荷兰不仅成功脱离西班牙而独立，甚至还取代了西班牙和他们的盟友葡萄牙，成为全球的海上霸主，建立起全球性的荷兰帝国，并成为欧洲最富有的国家。

荷兰人成功的秘诀，就在于信贷。荷兰人对于陆战兴趣不大，因此就付钱请了雇佣兵来负责和西班牙人打仗。至于荷兰自己，则是船越建越大，开始往海上发展。虽然佣兵或大型战船都所费不赀，但当时荷兰人取得了欧洲新兴金融系统的信任（同时西班牙国王则恣意背叛这些信任），于是比强大的西班牙帝国更容易取得资金提供给各个远征队。金融家提供荷兰足够的信贷，让他们得以建立军队和舰队；这些军队和舰队让荷兰控制了全球贸易路线；这样一来，就产生了极可观的利润。有了这些利润，荷兰人能够偿还贷款，也更加强了金融家对他们的信任。阿姆斯特丹不仅很快成了欧洲首屈一指的重要港口，更是欧洲的金融圣地。

* * *

荷兰到底是如何赢得了金融体系的信任？首先，他们坚持准时、全额还款，让贷款人借款给他们的风险降低。其次，荷兰司法独立，而且保护个人权利特别是私有财产权。相较之下，独裁国家不愿保障个人和其财产，于是资本也就一点一滴离开，流向那些愿意遵守法制、保护私有财产的国家。

假设你是德国某个银行世家的子嗣，父亲看到了一个机会，想在欧洲主要城市开设分行拓展业务。他把你和弟弟分别送到阿姆斯特丹和马德里，给你们每人1万金币的投资资金。你弟弟决定借给西班牙国王，让他招募一支军队向法国国王开战。至于你则决定借给某个荷兰商人，据说那个商人看上了某个位于美洲的既遥远又荒凉的小岛，想买下岛上南边的一块土地。他相信等到旁边的哈得孙河成了一大贸易动脉之后，这个叫作曼哈顿的小岛地价必然扶摇直上。两者的贷款都规定要在一年内偿还。

一年很快就过去了。荷兰商人把他那块地卖了个高价，如同约定连本带利将钱还给你，让你的父亲可真是眉开眼笑。但在马德里的弟弟就尴尬了。虽然西班牙国王和法国交战打了胜仗，但他现在又卷入与土耳其人的冲突。他需要把手上的每一分钱都投入这场新的战争，也觉得这比依约还钱重要得多了。虽然你弟弟不断寄信到皇宫，又拜托宫廷里的熟人，但一切都无济于事。最后，你的弟弟不但没有赚到约定的利息，连本金都要不回来。这下父亲可没那么开心了。

接着还有更糟的，国王派了一位财务大臣去找你弟弟，直截了当地说，国王还需要再借1万，而且立刻就要。你弟弟手头没钱，只好写信回家，试着让父亲相信这次国王会遵守约定。毕竟老幺还是得人疼，父亲一时心软，勉强同意。结果就是另一笔1万金币再次一去不回，永远消失在西班牙的国库里。与此同时，你在阿姆斯特丹的事业却是有声有色。你可以为这些积极进取的荷兰商人提供越来越多的贷款，而且他们总是准时、全额还款，绝不拖欠。然而，毕竟运气也不可能只好不坏。有一位老客户觉得荷兰木鞋一定能在巴黎掀起风潮，所以想向你借款在巴黎开个木鞋卖场。但不幸的是，你借钱给他之后，木鞋实在不符合法国女性的品位，结果商人大赔一笔，也不愿意偿还贷款。

这下父亲可是大发雷霆，命令你们两个都马上去找律师解决。于是，你的弟弟在马德里向法院控告西班牙国王，而你在阿姆斯特丹向法院控告这位木鞋大师。在西班牙，法院可以说是国王开的，法官会推测上意，免得遭遇雷霆之怒。至于在荷兰，法院是政府的一个独立部门，并不需要看人民或亲王的脸色办事。结果，马德里法院驳回了你弟弟的诉讼，但阿姆斯特丹法院判你胜诉，让你取得对那位木鞋商人财产的留置权，好逼他还钱。这下，可给你父亲好好上了一课。他知道，应该要和商人来往，而不要跟国王来往，而且最好在荷兰做生意，而不要去西班牙。

而且，你弟弟的厄运还没结束。因为西班牙国王还迫切需要更多的资金来养军队，而且又一心认定你父亲手上还有钱，就用莫须有的叛国罪起诉了你弟弟，表示如果不立刻交出 2 万金币，就会把他丢到地牢里关一辈子，等着在里面腐烂。

你的父亲受够了，付了赎金换回自己心爱的儿子，但发誓永远不再和西班牙做生意。于是他关停了马德里分行，把你弟弟调到鹿特丹。现在，把两家分行都开在荷兰也像是个大好的主意，他甚至还听说，连西班牙的资本家都正在偷偷把资金调离西班牙。因为连他们都意识到，如果他们想让自己的钱不被抢走，而且能创造更多的财富，就最好到真正能够实行法治、尊重私有财产制的地方，例如荷兰。

就是像这样的事，让西班牙国王逐渐失去了投资者的信任，而荷兰商人则赢得了他们的信心。而且，真正建立起荷兰帝国的，也是这群荷兰商人，而不是荷兰的官方。西班牙国王为了要维持出征的脚步，虽然民众不满的情绪已经日益升高，但他还是不断加征各种税收。与此相对的是，荷兰商人为远征军筹资的方式是贷款，而且也慢慢开始采用出售公司股份的方式，让债权人也能够享有部分的公司获利。这下子，荷兰这些股份公司成了荷兰帝国的中流砥柱；谨慎的投资者绝不会把钱借给西班牙国王，就算要借给荷兰政府也得思量思量，但讲到投资这些荷兰的股份公司，可是乐意之至。

如果你觉得投资某家公司能赚大钱，但当时所有股份都已经卖完了，你还可以从其他的股份持有人那里去买，只是可能付的价钱会比当初他们买的时候高。至于如果你买了股份，却发现公司前景堪忧，也可以试着用较低的价格卖出股份。这些买卖大行其道，最后的结果就是在欧洲各大主要城市几乎都设立了证券交易所，进行股票交易。

最著名的荷兰股份制公司就是荷兰东印度公司（Vereenigde Oostindische Compagnie，简称 VOC），在 1602 年得到特许而成立，当时荷兰才刚摆脱了西班牙统治，甚至就在离阿姆斯特丹不远的地方，还能听到西班牙大炮的声响。东印度公司通过出售股票取得建船的资金，再派船前往亚洲，带回中国、印度和印度尼西亚的特产货物。此外，东印度公司也资助旗下船舰的军事行动，打击竞争对手与海盗。最后，东印度公司更是提供资金直接攻下了印度尼西亚。

印度尼西亚是世界上规模最大的群岛，岛屿数目上万，在 17 世纪初分别由几百个不同的王国、公国、苏丹和部落统治。东印度公司的商人在 1603 年首次来到印度尼西亚，当时纯粹只是为了商业目的，但为了保护商业利益、让股东取得最高利润，东印度公司开始攻击那些提高关税的当地政权，另外也与来自欧洲的竞争对手开始交战。东印度公司开始在商船上配备大炮，从欧洲、日本、印度、印度尼西亚招募佣兵，建起堡垒，展开全面的战争和围城行动。这些做法我们今天听起来可能觉得有些离奇，但在现代早期，民间公司雇用的常常不只佣兵，还包括将军、大炮、军舰，甚至可以直接雇用整支编制完整的现成军队。所以，等到像这样由一个民间企业建立起一整个帝国的时候，国际社会觉得理所当然，见怪不怪。

东印度公司就这样攻占了一个又一个的岛屿，印度尼西亚群岛一大部分都成了他们的殖民地，自此统治印度尼西亚近 200 年。一直要到 1800 年，印度尼西亚才改由荷兰政府统治，在接下来的 150 年间成为荷兰这个国家的殖民地。在今天，有人大声疾呼，认为 21 世纪的民间企业已经掌握了太多权力。但从现代早期的历史来看，我们早已看过放纵追求自我利益能到什么境界。

东印度公司在印度洋威风八面的时候，荷兰的西印度公司（WIC）也在大西洋大展身手。为了掌控哈得孙河这个重要商业通道，西印度公司在河口的一座小岛上开拓了一个殖民地，名为“新阿姆斯特丹”（New Amsterdam）。这个殖民地不断遭受美国原住民威胁，英国人也多次入侵，最后在1664年落入英国手中。英国人将这个城市改名“纽约”（New York，即“新约克”，约克为英国郡名）。当时西印度公司曾在殖民地筑起一道墙，用来抵御英国人和美国原住民，这道墙的位置现在成了世界上最著名的街道：华尔街（Wall Street，直译为“墙街”）。

* * *

随着17世纪走向尾声，由于荷兰人过于自满、战争成本又过于高昂，他们不仅失去了纽约，也无法再维持欧洲金融和帝国引擎的地位。法国和英国成了这个地位的强力竞争对手。一开始，似乎看来法国的赢面较大，毕竟它面积大于英国，更富有，人口更多，而且军队的规模和经验也胜出。然而，最后是由英国赢得了金融系统的信任，而法国只证明自己还不配得到这个地位。欧洲在18世纪爆发了密西西比泡沫事件（Mississippi Bubble），这是当时欧洲最大的金融危机，法国王室也在这次事件中臭名远播。这个故事同样也是由一个打算建立帝国的股份公司开始。

在1717年，成立于法国的密西西比公司（Mississippi Company）在美洲的密西西比河下游谷地开拓殖民地，新奥尔良（New Orleans）也是在此时开始成形。为了取得这项庞大计划的资金，这家与路易十五宫廷关系良好的公司便在巴黎证券交易所上市出售股份。公司所有人约翰·劳（John Law）当时身兼法国央行行长，还被国王任命为主计大臣，大约等于现代的财政部长。在1717年，密西西比河下游河谷其实大约只有沼泽和鳄鱼，但密西西比公司却是撒着漫天大谎，把这个地方描述得金银遍地、无限商机。许多法国贵族、商人和城市里那些冷漠的中产阶级都信了这套谎言，于是密西西比公司股价一飞冲天。公司上市的股价是每股 500 里弗（livre）。1719 年 8 月 1 日，股价涨到每股 2750 里弗；8 月 30 日，股价已经飙升到每股 4100 里弗；9 月 4 日升上每股 5000 里弗；等到 12 月 2 日，密西西比公司的股价每股超过 10 000 里弗大关。当时，整个巴黎街头洋溢着一种幸福感。民众卖掉了自己所有的财产，借了大笔的金钱，只为了能够购买密西西比公司的股票。每个人都相信自己找到了快速致富的捷径。

但就在几天后，开始兴起一片恐慌。开始有些股票炒手，意识到这种股价实在太夸张，完全不可能维持。经过他们仔细算计，觉得最好尽快在股价高点脱手。由于市场上的供给量上升，股价应声下跌。其他投资者见到价格下跌，也想赶快收手离场。就这样，股票价格持续暴跌，简直就像一场雪崩。为了稳定股价，法国央行行长（也就是约翰 · 劳本人）决定买进密西西比公司的股票，但最终还是无以为继，耗尽了央行所有资金。到了这步田地，法国主计长（仍然是约翰 · 劳本人）又下令印制更多钞票，才能继续购买更多股票。就这样，整个法国金融体系就成了一个大泡沫。无论约翰 · 劳的金融操作再怎么高明，仍然无力回天。密西西比公司的股价从每股 10 000 里弗大跌至每股 1000 里弗，接着更是彻底崩溃，再也没有任何价值。到了这一刻，法国央行和国库手中只有大量如壁纸的股票，再也没有任何金钱。那些最大的股票炒手多半得以及时脱手，所以几乎没有受到什么伤害。但小型投资人则是倾家荡产，许多因而自杀。

密西西比泡沫可以说是史上最惨烈的一次金融崩溃。法国王室的金融体系一直没能真正走出这场重大的打击。密西西比公司利用其政治影响力操纵股价、推动购买热潮，结果让法国人民对法国金融系统和国王的金融智慧都失去信心。路易十五越来越难推动各种信贷计划，而这也成为法国海外领土逐渐落入英国手中的主因之一。在当时，英国仍然可以轻松用低利率取得贷款，但法国不仅贷款困难，还得付出高额的利息。为了处理日益高筑的债台，法国国王只能越借越多，而利率也越借越高。最后来到路易十六，他在祖父驾崩后继位，但在 18 世纪 80 年代却发现年度预算有一半都得拿来支付利息，财政已濒临破产。到 1789 年，他迫于无奈，不得不召开已经长达一个半世纪未曾召开的三级会议，希望能解决这项危机。就这样，法国大革命揭开了序幕。

法国海外霸权分崩离析的同时，大英帝国却是急遽扩张。大英帝国就像先前的荷兰帝国，主要是由民间股份公司所建立及管理，而这些公司也都在伦敦证券交易所上市。例如英国在北美的第一批殖民地成立于 17 世纪初，建立者都是民间股份公司，例如伦敦公司（London Company）、普利茅斯公司（Plymouth Company）、多切斯特公司（Dorchester Company）和马萨诸塞公司（Massachusetts Company）。

至于打下印度次大陆的，同样也不是英国官方，而是英国东印度公司的佣兵。这家公司的成就甚至比荷兰东印度公司更加辉煌。公司总部位于伦敦的利德贺街（Leadenhall Street），而在近一世纪的时间里，这家公司就是从这里统治着一整个儿强大的印度帝国，掌握着多达 35 万士兵的庞大军力，就连英国王室也只能自叹弗如。一直要到 1858 年，英国王室才将印度及英国东印度公司的军队收编国有。当时拿破仑曾嘲笑英国，说他们是个“店小二的民族”（nation of shopkeepers）。只不过，就是这群店小二打败了拿破仑本人，还建立起有史以来最大的帝国。

### 以资本之名

虽然印度尼西亚和印度分别在 1800 年和 1858 年由荷兰和英国收归所有，但资本主义和帝国的关系非但没有结束，反而在 19 世纪变得更为紧密。股份公司不再需要自己建立及管理殖民地，而是由经理和大股东直接在伦敦、阿姆斯特丹和巴黎与政治权力牵线接轨，直接由国家来帮忙维护利益。正如马克思和其他社会批评家所开的玩笑，西方政府几乎就像是资本家的工会。

讲到国家如何为资本家服务，最恶名昭彰的例子就是中英第一次鸦片战争（1840—1842）。在19世纪上半叶，英国东印度公司和杂物商靠着向中国出口药物（特别是鸦片）而发了大财。数百万中国人成了瘾君子，国家的经济和社会都大受影响。30年代后期，中国政府发布禁烟令，但英国药商完全无视这项律令。于是，中国当局开始没收、销毁鸦片。这些鸦片烟商与英国国会和首相关系良好，许多议员和部长其实都持有烟商公司的股票，因此向政府施压，要求采取行动。

1840年，英国正式以“自由贸易”为名，向中国宣战。此役英国轻松获胜。中国人太过自信，却完全敌不过英国如同奇迹般的新式武器：汽船、重型火炮、火箭，以及可连发的步枪。在接下来的“和平”条约中，中国同意不限制英国烟商的活动，并且还要赔偿中国军方造成的损失。此外，英国要求并取得了香港的使用权，于是香港就成了他们安全的贩毒基地。直到1997年，香港才回归中国。在19世纪末，中国鸦片成瘾者约有4000万，足足占了全国人口1/10。[93]

埃及同样也遭到英国资本主义的毒手。在19世纪，法国和英国的投资者将大笔资金借给埃及的统治者，先是投资兴筑苏伊士运河，后来还有一些比较失败的计划。埃及的债务逐渐膨胀，欧洲这些债权人也逐渐插手埃及的国内事务。到了1881年，埃及民族主义者忍无可忍，起身反抗，单方面宣布废除一切外债。这让维多利亚女王很不高兴。一年后，她就派出大军前往尼罗河，一直到第二次世界大战结束前，埃及都还是英国的“保护国”。

* * *

为了投资人利益而发动的战争绝不只这两场而已。事实上，连战争本身都可以像鸦片一样变成商品。1821年，希腊人起身反抗奥斯曼帝国，英国自由和浪漫圈子的人大感同情，诗人拜伦甚至亲自前往希腊，与这些反叛分子并肩作战。但就在同时，伦敦金融家看到的是大好商机。他们向反抗军领袖提议，在伦敦证券交易所上市发行债券，为希腊反抗筹资。而如果最后希腊独立成功，就要连本带利偿还。于是，民间投资者有的为了利润，有的出于同情，也或者兼而有之，纷纷买入这种债券。至于这种希腊起义债券在伦敦证交所的价格，就随着希腊当地的战情起起伏伏。土耳其慢慢地占了上风，眼看反抗军就要战败，而债券持有人就快输到脱裤了。但就在此时，正因为债券持有人的利益就是国家的利益，英国组织起一支国际舰队，在 1827 年的纳瓦里诺战役一举击溃奥斯曼帝国的主要舰队。从此，受到长达几世纪的征服统治后，希腊终于自由了。只不过，自由的代价就是一大笔巨额债务，这个新成立的国家根本无力偿还。在接下来的几十年间，希腊经济都被欠英国的债务压得喘不过气。

资本和政治这两者的紧密相拥，对信贷市场有深远的影响。一个市场究竟能得到多少信贷，不能只看经济因素（例如发现新的油田、发明新的机器），而也得考虑政治事件的影响，例如政权更迭或者采取了更积极的外交政策。纳瓦里诺战役之后，英国资本家投资高风险海外交易的意愿就更高了。他们亲眼证实，如果外国债务人拒绝偿还贷款，女王陛下的军队就会去为他们讨债。

正因如此，今天在判断某个国家的信用评级时，经济体系是否健全远比天然资源的多寡更为重要。信用评级代表的是国家清偿债务的可能性。除了纯粹的经济数据外，也会考虑政治、社会甚至文化因素。就算是拥有丰富石油蕴藏量的产油国，如果政府专制、司法腐败，信用评级通常也不高。这么一来，因为难以取得必要资金开发石油资源，很可能这个国家就只能这样坐在金矿上穷困度日。与此相对的是，如果某个国家虽然缺少自然资源，却有自由的政府、和平的环境，以及公正的司法系统，它就可能得到较高的信用评级。这样一来，就能以低廉的代价取得相当的资金，撑起良好的教育体系、发展出蓬勃的全新高科技产业。

## 对自由市场的崇拜

资本和政治的关系如此紧密交结，不论是经济学家、政治家还是一般民众都有许多热烈的争论。死忠的资本主义者很可能会表示，资本当然会影响政治，但政治绝不应该插手资本的事。他们认为，如果政府干预市场，市场必然会被政治利益所左右而做出不智的投资决定。举例来说，政府很可能会向产业界征收重税，再用这笔钱设置大笔的失业救济金，讨好大众选民。在商人眼中，当然政府最好都别管事，让钱都留在商人口袋里。他们宣称，有了这些钱，他们就会继续开设新的工厂，让现在失业的人都能有工作。

这种观点就会认为，最明智的经济政策就是让政治不要干预经济，将税收和政府管制都减到最低，将一切交给市场力量，让其自由发挥。这样一来，正因为民间投资人完全没有政治考虑，他们会将资金投向获利最高的区块，于是带来最高的经济增长。所以，不管对企业家还是劳工来说，最好政府就是无为而治。到了今天，资本主义教条最常见也最有影响力的变体就是自由市场主义。如果是对自由市场最死忠的支持者，不仅会认为国家不该出兵影响国际事务，甚至也会批评国内的种种福利政策。他们对政府的建议，会和老庄思想不谋而合：无为而治，什么都别管。

然而，如果讲到最极端的情况，相信自由市场的概念其实就像相信圣诞老人一样天真。这世界上根本不可能有完全不受政治影响的市场。毕竟，经济最重要的资源就是“信任”，而信任这种东西总是得面对种种的坑蒙拐骗。光靠着市场本身，并无法避免欺诈、盗窃和暴力的行为。这些事得由政治系统下手，立法禁止欺诈，并用警察、法庭和监狱来执行法律。如果国王或政府行事不力，无法做到适当的市场规范，就会失去信任、使信用缩水，而经济也会衰退。不论是1719年的密西西比泡沫，还是2007年美国房地产泡沫带来的信用紧缩和经济衰退，都一再提醒着我们这些教训。

## 资本主义的地狱

我们之所以不该让市场有完全自由发挥的机会，还有另一个更基本的原因。亚当·斯密说，鞋匠赚到多余的利润之后，会用来雇用更多助手。这么一来，因为多余利润能促进生产、雇用更多人，似乎就代表着自私自利和贪婪也可能对全体人类有利。

只不过，如果贪婪的鞋匠靠的是缩减工资、增加工时来增加利润，情况又会如何？课本上的答案是：自由市场会保护员工。如果鞋匠付的薪水太少、要求又太多，那些最优秀的员工当然就会离职，去为他的竞争对手工作。这样，这位黑心老板手上就只剩下最差劲的员工，甚至一个员工都不剩。于是他一定得改变管理方式，不然就只能关门大吉。他的贪婪会逼他善待自己的员工。

这个理论听来十分完美，但实际上却是漏洞百出。如果真的是完全自由的市场，没有国王或神职人员来监督，贪婪的资本家就能够通过垄断或串通来打击劳工。例如，假设某个国家只有一家制鞋厂或者所有制鞋厂都合谋同时降低工资，劳工就无法用换工作的方式来保护自己。

更可怕的是，老板还可能用劳动偿债甚至奴隶制度来限制劳工的自由。在中世纪结束的时候，基督教欧洲几乎完全没有奴隶制度的现象。但到了现代早期，欧洲资本主义兴起，大西洋奴隶贸易也应运而生。奴隶贸易这场灾难的罪魁祸首并不是暴君或种族主义者，而是不受限制的市场力量。

欧洲人征服美洲的时候，积极开采金矿银矿，并且建立庄园来种植甘蔗、烟草和棉花。这些矿场和庄园成为美洲生产和出口的大宗支柱。其中甘蔗种植尤为重要。在中世纪，糖在欧洲是难得的奢侈品，必须由中东进口，而且价钱令人咋舌，使用的时候百般珍惜，视为某种秘密成分，加进各种美食或蛇油为底的药物中。等到美洲开始有了一片又一片的大型甘蔗园，就开始有越来越多的糖运抵欧洲。糖价开始下跌，而欧洲对甜食也越来越贪得无厌。商人见到机不可失，开始生产大量甜食：

蛋糕、饼干、巧克力、糖果和含糖饮料（例如可可、咖啡和茶）。英国人每人每年的糖摄取量，从 17 世纪初接近于零，到 19 世纪初竟然达到大约 8 公斤。

然而，不论种植甘蔗还是提炼蔗糖，都是劳力密集的工作。不仅工时长、热带阳光猛烈，蔗园环境更是疟疾肆虐，因此愿意在蔗园工作的人寥寥无几。如果使用约聘劳工，成本就会变得太过昂贵，无法迎合大众消费需求。这些甘蔗园的欧洲主人一方面对市场力量十分敏感，一方面又贪求利润和经济增长，因此就把脑筋动到了奴隶上。

从 16 世纪到 19 世纪，大约有 1000 万非洲奴隶被运到美洲，其中有大约七成都在甘蔗园里工作。奴隶的劳动条件极度恶劣，大多数奴隶生活悲惨、英年早逝。而且欧洲人发动战争俘虏非洲人，再从非洲内陆千里迢迢运至美洲，数百万非洲人就这样在战乱或运送过程中丧命。而这一切，不过就是为了让欧洲人能够在茶里加糖、能吃到甜点，让人能够靠着贩糖而获取暴利。

奴隶贸易背后的黑手并不是国家或政府。这项产业完全出于经济，是自由市场依据供需法则所组织及提供资金。民间贩奴公司甚至在阿姆斯特丹、伦敦和巴黎证交所上市，出售股份。一些中产阶级的欧洲人也是希望有个好机会投资赚钱，就买了这些股票。靠着这些钱，公司得以买船、雇用水手和士兵，他们在非洲购买奴隶，再运到美洲卖给庄园园主。贩奴的收益就能顺便购买庄园的作物及产品，例如糖、可可、咖啡、烟草、棉花和朗姆酒。满载而归回到欧洲之后，蔗糖和棉花可以卖到一笔好价钱，接着他们就能再次前往非洲，把这个获利颇丰的勾当再次如法炮制。这种安排让股东心花怒放、再满意不过。在整个 18 世纪，贩奴的获利约为 6%；任何一个现代的投资顾问都还是会说这相当不错。

这是自由市场资本主义美中不足之处。它无法保证利润会以公平的方式取得或者以公平的方式分配。而且相反的是，因为人类有追求利润和经济增长的渴望，就会决定盲目扫除一切可能的阻挠。等到“增长”成了无上的目标、不受其他道德伦理考虑的制衡，就很容易衍生成一场灾难。有一些宗教（例如基督教和纳粹）杀害了数百万人，原因是出于仇恨，然而，资本主义也杀害了数百万人，原因则是出于冷漠和贪婪。大西洋奴隶贸易兴起的原因，并不是欧洲人对非洲人有什么种族仇恨，而那些买了股票的民众、卖了股票的证券营业员、管理奴隶贸易公司的经理，压根儿就不曾把非洲人放在心上。甘蔗庄园的园主就更不用谈了。很多园主根本住得远在天边，关于庄园他们唯一关心的事，就是账目要清楚好读，让他们知道自己赚了多少。

我们必须记住，人类的历史从来不是洁白无邪，大西洋奴隶贸易这件事绝非特例。比如前一章提过的孟加拉地区大饥荒，也是出于类似原因：英国东印度公司比较重视的是自己的利润，而不是1000万孟加拉地区人的生命。荷兰东印度公司在印度尼西亚的军事行动，后面出钱的也是一群善良的荷兰人，他们爱孩子，会捐钱给慈善事业，也懂得欣赏好音乐和好艺术，但他们就是没感受到爪哇、苏门答腊、马六甲这些地方人民的痛苦。随着现代经济成长，全球各地还有无数的大小罪恶和灾难正在上演。

* * *

时间到了19世纪，但资本主义的道德观并未改善。工业革命风潮席卷欧洲，让银行家和资本家荷包满满，但却让数百万计的劳工生活落入赤贫。至于在欧洲殖民地，情况更难以想象。1876年，比利时国王利奥波德二世（Leopold II）成立了一个非政府人道组织，宣称目的是探索中非，并打击刚果河沿岸的奴隶贸易。同时该组织也表示会修筑道路、兴建学校和医院，为当地居民改善生活条件。在1885年，欧洲列强同意将刚果盆地大约230万平方公里土地拨给该组织管理使用。这片土地足足有比利时全国75倍大，从此称为刚果自由邦（Congo Free State）。只不过，从来没有人问过这片土地内足足有两三千万人民的意见。

在很短的时间内，这个所谓的人道组织就成了商业机构，真正的目的只是增长和获利。他们压根儿就已经忘了学校和医院这回事，整个刚果盆地遍布着矿场和农业庄园，多数由比利时官员掌控，而且无情地剥削着当地人民。其中最恶名昭彰的就是橡胶产业，当时橡胶迅速成为大宗商品，橡胶出口也成了刚果最重要的收入来源。负责收集橡胶的非洲村民被规定上缴的产量越来越高，而且一旦少缴，就会被斥为“懒惰”，遭到严厉惩罚。有时候比利时官员会把他们的手臂砍掉，有时候甚至全村的人都遭到屠杀。就算是最保守的估计，从1885年到1908年之间，在刚果追求增长和利润的代价，就足足让600万刚果人命丧黄泉（至少占当时刚果人口的两成），甚至有些人估计惨死人数高达千万。[94]

1908年以后特别是1945年以后，部分出于对共产主义的恐惧，资本主义的贪婪稍微受到控制。然而，不平等的情形仍然猖獗。时间到了2013年，虽然全球经济的大饼已经远大于1500年那块，但分配的方式却是极度不公，许多非洲农民和印度尼西亚劳工就算整日辛劳，能够赚到的食物还比不上500年前的先人。然而，就像农业革命一样，所谓的现代经济增长也可能只是个巨大的骗局。虽然人类和全球经济看来都在继续增长，但更多的人却活在饥饿和困乏之中。

面对这种指控，资本主义有两项响应。第一，资本主义已经把这个世界塑造成资本主义的样子，现在也只有资本主义能让它继续运行下去。唯一另一个足以和资本主义相抗衡的，就只有共产主义。在公元前8500年，就算有人对于农业革命深感后悔，但为时已晚，已经无法放弃农业。同样，虽然我们现在可能并不喜欢资本主义，但它也已经不可或缺。

第二，资本主义也认为只要再多点耐心，天堂就一定会降临人间。确实，过去我们犯过一些错，像大西洋奴隶贸易，像剥削了欧洲的劳工阶级，但这一切都让我们学到教训，只要我们再等等、再等饼变大一点，就能让人人都分到够大的一块。虽然说分饼的时候永远不可能达到公平，但至少能做到“足够”，让男女老幼每个人都能满足，甚至在刚果也不例外。

事实上，我们确实已经看到一些正面的迹象。至少就纯粹的物质标准来说（例如预期寿命、婴儿死亡率、热量摄取量），虽然人口在过去百年间激增，但 2013 年的平均数值都明显高于 1913 年。

然而，这块经济大饼真的能无限变大吗？每块饼都需要原材料和能源。但早有先知预言警告，迟早智人会耗尽地球上所有的原料和能源。那么接下来会发生什么呢？

# 第十七章
# 工业的巨轮

现代经济之所以能够增长，是因为我们愿意信任未来，资本家也愿意将利润再投入生产。然而光是这样还不够。经济增长还需要有能源、有原料，但能源和原料有限，如果用光了，是不是整个系统就要崩溃？

然而，就过去的证据看来，所谓“有限”也只是一种理论。虽然这可能不太符合我们的直觉，但人类在过去几个世纪的能源和原料用量激增，可供使用的能源和原料量其实不减反增！每次即将因为能源或原料短缺而使经济增长趋缓的时候，就会有资金投入科学研究，解决这项问题。这种做法屡屡奏效，有时候让人更有效利用现有资源，有时候找出了全新的能源和材料。

让我们以运输产业为例。在过去 300 年间，人类制造的运输工具数量达到数十亿，从简单的马车和手推车，到后来的火车、汽车、超音速飞机和航天飞机。过去可能会有人认为，像这样大规模使用资源，很快就会耗尽所有能源和原料，很快只能靠回收垃圾撑下去了。然而，实际状况却正好相反。在 1700 年，全球运输工具使用的原料多半是木材和铁，但今天我们却有各式各样的新材料任君挑选，像塑料、橡胶、铝和钛，这一切我们的祖先都完全一无所知。另外，1700 年的马车主要是由木匠和铁匠手工人力制作，但在现在的丰田车厂和波音公司工厂里，我们靠的是燃油引擎和核电厂来推动生产。类似的革命在几乎所有产业领域无处不在。我们将它称为“工业革命”。

* * *

早在工业革命前的数千年，人类就已经知道如何使用各种不同的能源。像可以燃烧木材，用火力来炼铁、取暖、烤蛋糕。用帆取得风力就能推动帆船，用水车取得水力就能用来碾谷子。然而，这些使用方式都有明显的限制和问题：火力得先取得木材，风力得靠天赏脸，至于水力一定得住在河的附近才成。

还有一个更大的问题，就是我们不知道如何进行能量间的转换。比如风力可以推船，水力可以推石磨，但却没办法拿来煮水或炼铁。相对的是，燃烧木头的热力也无法推动石磨。在当时想要转换能量，只能靠一种东西：人类或动物自己的身体。在自然的代谢过程里，人类和其他动物燃烧有机燃料（也就是食物），把能量转换为肌肉运动。于是，男男女女或动物摄取谷物和肉类，燃烧碳水化合物和脂肪，再用这些能量来拉车或犁田。

因为所有能量转换只能靠人类和动物的身体，当时几乎所有人类活动靠的就是肌肉的力量。人类的肌肉能用来造车盖房，牛的肌肉能用来拖犁耕田，马的肌肉能用来运输货物。而所有能用来供应这些“有机肌肉机器”的能量来源只有一种：植物。至于植物的能量，则是来自太阳。植物靠光合作用，将太阳能转为有机化合物。由此看来，历史上人类成就的几乎所有事情，第一步靠的都是将植物取得的太阳能转换为肌肉的力量。

正因如此，人类历史在过去一直是由两大周期来主导：植物的生长周期，以及太阳能的变化周期（白天和黑夜，夏季和冬季）。阳光不足、谷物尚未成熟的时候，人类几乎没有能量可用。这时谷仓空空，收税员无事可做，士兵无力行军或打仗，各个国王也觉得以和为贵。但等到阳光充足、谷类成熟，农民的收获堆满了谷仓，收税员四处忙着收税，士兵频频操练、磨刀利剑，国王也召集大臣，计划下一场战事。这一切的源头都是太阳能，这时已经取得并封装在小麦、稻米和马铃薯里了。

## 厨房里的秘密

在这之前的几千年间，人类每天都面对着能源生产史上最重要的发明，但却总是视而不见。每次有哪个家庭主妇或仆人想要烧水泡茶，或者把装满了马铃薯的锅放在炉子上煮，这项发明就这样明显地在他们眼前。在水煮沸的那一刻，水壶或锅的盖子会开始跳上跳下。这时热能转换为动能，但是我们过去都只觉得这样乱跳有点烦人，至于一时忘记而让水煮干就更麻烦了。没人注意到这件事的真正潜力。

9 世纪中国发明火药可以说有了小小的突破，能让热能转换成动能。一开始，要用火药推动弹丸听来实在太有悖常理，所以长久以来火药只是拿来制作炸弹。直到后来（起因可能是某些炸弹专家在研钵里磨火药，磨杵却被大力炸飞？）才终于发明了枪。而再从火药发展为有效的火炮，又花了大约 600 年。

即便如此，要将热能转化为动能的想法仍然太天马行空，所以又再过了 3 个世纪，人类才发明了下一种使用热能来移动物品的机器。这项新科技是在英国煤矿里诞生的。随着英国人口膨胀，森林遭到砍伐，一方面是人类取得木柴作为燃料推动经济增长，一方面也是为了要有居住和农业用地。于是，英国逐渐面临木柴短缺的问题，人们开始烧煤作为替代品。许多煤矿层都位于会淹水的地区，而且只要淹水，矿工就到不了较低的矿层。这个问题必须解决。大约在 1700 年左右，英国的矿井里开始回荡着一种奇特的噪音，可以说是吹起了工业革命进击的号角，一开始只是微微在远方响起，但十年十年过去，声音也愈趋雄壮，直到最后整个世界都笼罩在震耳欲聋的声响之中。这就是蒸汽机。

蒸汽机种类繁多，但有一个共同的原则：燃烧某种燃料（例如煤），再用产生的热将水煮沸，产生蒸汽。接着蒸汽推动活塞、让活塞移动，而连接到活塞的任何装置也就跟着移动。这么一来，热能便转换为动能了！在 18 世纪的英国煤矿里，是将活塞连接到泵，好把矿井底部的水给抽出来。最早的引擎效率低到难以想象。光是想抽出一点点的水，就得烧掉极大量的煤。然而，当时煤矿充足，而且又近在咫尺，所以倒是没人在意。

在随后的几十年间，英国人改善了蒸汽机的效率，还把它请出了矿坑，用在纺织机和轧棉机上。纺织生产仿佛脱胎换骨，开始能廉价生产越来越大量的纺织品。转眼之间，英国就取得了世界工厂的地位。但更重要的是，把蒸汽机请出矿坑，可以说是打破了一项重要的心理关卡。如果烧煤能够让纺织机动起来，为什么不能让其他的设备（例如车辆）也这么动起来呢？

1825 年，一名英国工程师将蒸汽机装到了一辆满载煤炭的列车上，让引擎将这辆货车沿着铁轨，将煤炭从矿场送到约 20 公里外最近的港口。这是史上第一列蒸汽动力火车。想当然尔，既然蒸汽可用于运送煤炭，为什么不能运送其他商品呢？甚至，为什么不能运人呢？1830 年 9 月 15 日，第一条商业化铁路开通，连接了利物浦与曼彻斯特，用的同样是与抽水或纺织相同的蒸汽动力。不过短短 20 年后，英国的铁轨长度已达数万公里。[95]

从此之后，人类就深深着迷于如何使用机器和引擎转换各种能量。只要发明出适当的机器，世界上任何地方、任何类型的能量都能为我们所用。举例来说，物理学家发现原子内储存着巨大的能量，就立刻开始思考要如何释放这种能量，用来发电、推动潜艇，或者摧毁城市。从中国炼丹术士发现火药，到土耳其人用大炮粉碎君士坦丁堡的城墙，之间足足过了600 年。但从爱因斯坦发现质量可以转化为能量之后（也就是 $E=MC^2$），仅仅过了40 年，原子弹就已经落在了广岛和长崎，核电厂也如雨后春笋般遍布全球。

另一项重要发明是内燃机，仅仅花了不到一个世代的时间，就彻底改革了人类的运输，也让石油变成一种液体的政治权力。在这之前数千年，我们早就知道了石油的存在，但只用来为屋顶防水、替轴轮润滑。就算到了大约一个世纪前，大家还是认为石油就只有这些用处。说要为了石油流血打仗，简直是则笑话。当时为了土地、黄金、胡椒或奴隶打仗或许天经地义，但为了石油，可是万万说不过去。

至于电力的发展更为惊人。在两个世纪前，电力对经济还毫无影响力，多半只是用来做些神秘的科学实验，或者廉价的魔术把戏。但有了一系列的发明之后，电力就成了我们有求必应的神灯精灵。手指一弹，就能印出书本、织出衣服，保持蔬菜新鲜、棒冰不融化，还能煮晚餐、处决死刑犯，记录我们的想法和笑容，让夜间亮起灯光，还让我们有无数的电视节目能看。我们很少有人了解电力运作的机制，但更少人能够想象生活中没有电力该怎么办。

**能源的汪洋大海**

工业革命的核心，其实就是能源转换的革命。我们已经一再看到，我们能使用的能源其实无穷无尽。更确切地说，唯一的限制只在于我们的无知。每隔几十年，我们就能找到新的能源来源，所以人类能用的能源总量其实在不断增加。

为什么这么多人担心我们会耗尽所有能源？为什么他们担心我们用完所有化石燃料之后，会有一场大灾难？显然，这世界缺的不是能源，而是能够驾驭并转换符合我们所需的知识。如果与太阳任何一天放射出的能量相比，全球所有化石燃料所储存的能源简直是微不足道。太阳的能量只有一小部分会到达地球，但即使是这一小部分，就已经高达每年 3 766 800 艾焦（焦耳是能量单位，在地心引力下将 1 个小苹果抬升 1 米，所需的能量就是 1 焦耳；至于艾焦则是 $10^{18}$ 焦耳，这可是很多很多个苹果。）[96] 全球所有植物进行光合作用，也只能保留大约 3000 艾焦的能量。[97] 现在人类所有活动和产业每年约消耗 500 艾焦，而地球只要大约短短 90 分钟，就能从太阳接收到这么多能量。[98] 而且，这还只是太阳能而已。我们还有其他巨大的能量来源，比如核能和引力能。引力能最明显的例子，就是因为地球受到月球吸引而成的潮汐作用。

在工业革命之前，人类的能源市场几乎完全只能靠植物。这就像是住在一个每年容量3000艾焦的水库旁边，想办法尽可能多抽一点水出来。然而，这里有个明确的总容量。但到了工业革命时期，人类发现能用的能源不是一个水库，而是一整片海洋，容量可能有几千亿艾焦。我们唯一需要的，只是个更好的抽水泵罢了。

* * *

学习如何有效驾驭和转换能量之后，也解决了另一个阻碍经济增长的问题：原料短缺。等到人类找出方法驾驭大量而又廉价的能源之后，就开始能够取得过去无法使用的原料（例如在西伯利亚荒原采集铁矿），或者从越来越远的地方将原料运来（例如从澳大利亚将羊毛运到英国的纺织厂）。同时，科学上的突破也让人类能够发明全新的原料（例如塑料），或者发现先前未知的天然原料（例如硅和铝）。

化学家一直要到19世纪20年代才发现铝这种金属，但当时要从矿石中分离出铝非常困难，而且昂贵。于是，有几十年间，铝的价值甚至比黄金还要高得多。在19世纪60年代，法国皇帝拿破仑三世还会用铝质餐具来宴请最尊贵的客人，至于那些二等的客人，就只能用黄金的刀叉来凑合凑合。[99] 但到了19世纪末，化学家发现了一种方法能够大量、廉价提炼铝，目前全球的铝生产量达到每年3000万吨。如果拿破仑三世听说这些属民的后代居然拿铝做成抛弃式的铝箔，用来包三明治、带剩菜，用完就丢，想必是大惊失色。

2000年前，地中海盆地的人如果属于干性肤质，就会在手上抹橄榄油。而今天人们抹的是护手霜。我在附近一家店里随便买了一支简单的现代护手霜，里面的成分如下：

> 去离子水、硬脂酸、甘油、辛酸/癸酸三酸甘油酯、丙二醇、肉豆蔻酸异丙酯、人参根提取物、香料、鲸蜡醇、三乙醇胺、硅

灵、熊果叶萃取、抗坏血酸磷酸镁、咪唑烷基脲、对羟基苯甲酸甲酯、樟脑、对羟基苯甲酸丙酯、羟基异己基3–环己基甲醛、羟基香茅醛、芳樟醇、丁苯基甲基丙醛、香茅醛、苎烯、香叶醇。

以上几乎所有的成分，都是在过去两世纪间才发明或发现的。

第一次世界大战期间，德国遭到封锁，造成原物料严重短缺，可做成爆炸物的硝石更是奇缺无比。德国本身并不产硝石，当时最大的硝石产地在智利和印度。虽然用氨来取代硝石也可以有同样的效果，但当时要生产氨的成本还非常高。可以说德国人走运，他们的同胞：一位名为弗里茨·哈伯（Fritz Haber）的犹太化学家在1908年发现了一套技术，几乎只要用空气就能制备出氨。等到战争爆发，德国人已经将哈伯的发现投入工业生产，只要靠空气当原料，就能制作爆炸物。有学者认为，要不是有哈伯的发现，德国绝无可能撑到1918年的11月。[100]（哈伯在大战期间也是引导使用毒气的先驱。）而且，这项发现还让哈伯赢得了1918年的诺贝尔奖，但可以想见他得的是化学奖，可不是和平奖。

### 输送带上的生命

工业革命为人类带来了前所未有的种种能源和原料，不仅种类丰富，而且价格低廉。结果就是人类的生产力有了爆炸性的发展。首先引爆、影响也最深的就是农业。一般情况下，我们想到工业革命，脑中浮现的画面就是一片都市景象、冒着烟的烟囱，或者是一群煤矿工人汗流浃背，深入地底辛苦工作。然而，工业革命最重要的一点，其实在于它就是第二次的农业革命。

过去两百年间，工业化生产成了农业的支柱。过去得靠肌肉力量或根本做不到的事情，现在都由像曳引机之类的机器接手。由于有了化学肥料、工业杀虫剂和各种激素及药物，无论是农地还是家禽家畜的产量都大幅跃进。而有了冰箱、船舶和飞机之后，各种农产品能够保存长达数个月，而且也能快速、廉价地运送到世界的另一头。欧洲人开始能够大啖新鲜美味的阿根廷牛肉和日本寿司。

机械化不只是机器的事，连植物和动物也同样遭到机械化。差不多就是在以人为本的宗教将智人提升到神的地位的时候，各种农场上的动物已经不再被视为活生生、能够感受到痛苦的生物，而是被视为机器一般对待。时至今日，这些动物常常是在像工厂一样的地方被大规模制造，它们的身体被依照产业的需求来形塑。这些动物的一生就像是巨大生产线的齿轮，决定它们生命长短及质量的，就只是各种商业组织的利润和亏损。虽然业界让它们存活、吃得饱、维持基本健康，但却对它们的社会和心理需求毫不关心（除非直接影响到了生产）。

举例来说，蛋鸡其实也有各种行为和心理需求，它们天生会有强烈的冲动，想要侦察四周的环境，到处瞧瞧啄啄，确认彼此的社会阶层、筑巢还有理理毛。然而，鸡蛋业者往往是将这些蛋鸡关在极小的鸡舍里，一个笼子塞四只蛋鸡并不罕见，每只的活动空间大概就是 22 厘米乘 25 厘米左右。虽然这些鸡有足够的食物，但却没办法宣告自己的领域、筑巢，或完成它们天生想做的活动。事实上，这些笼子实在太小，里面的鸡甚至无法拍翅膀，也无法完全站立抬头。

猪的智商和好奇心在哺乳动物里数一数二，可能只低于巨猿。然而，在工业化的养猪场里，母猪被关在小隔间里，甚至连转身都做不到，更别提散步或四处觅食了。这些母猪就被这样没日没夜关上四星期，生下小猪，但小猪立刻被带走养肥待宰，而母猪又得带去怀孕，准备再生下一批小猪。

许多奶牛在短暂的一生里，也是都活在一个小隔间里；不管是站还是坐或卧，都与自己的尿液和粪便为伍。它们面前有一套机器会供给他们食物、激素和药物，身后另一套机器则是每几个小时会来为它们挤奶。至于位于中间的牛呢？在业者眼中，大概就只是一张会吃原料的嘴，再加上会生产商品的乳房而已。这些活生生的生物其实内心情感世

图 25 商业化养鸡场输送带上的小鸡。如果是公鸡或是有缺陷的母鸡，就会被丢到输送带上，送进毒气室让他们窒息而死，再用自动搅碎机搅碎，又或者直接丢进垃圾堆，让它们互相挤压致死。每年有上亿只雏鸡就这样在养鸡场里丧命。

界都十分复杂，如果把它们当机器一样对待，不仅会造成身体不适，也会让它们有很大的社会压力和心理挫折。[101]

大西洋奴隶贸易并非出于对非洲人的仇恨，而现代畜牧业也同样不是出于对动物的仇恨。这两者背后共同的推手，就是冷漠。大多数人，在生产或者消费各种奶、蛋、肉类的时候，都很少想到提供这些食物的鸡、牛或猪。就算有些人真的想过，也常认为这些动物真的和机器没什么两样，没有感觉、没有情绪，并不会感受到痛苦。但讽刺的是，正是那些制造了挤奶器和集蛋器的科学，最近也赤裸裸指出这些哺乳动物和鸟类同样有复杂的感觉和情绪。它们不仅能感受到生理上的痛苦，也同样能感受到心理情绪上的痛苦。

演化心理学认为，家禽家畜的情感和社交需求还是源自野外，是因应当时生存和繁衍的需要而形成。例如，野生的母牛必须知道怎样和其他母牛或公牛建立紧密的关系，否则就不可能生存和繁衍后代。而为了学习必要的技能，演化就会在小牛（以及所有社交性哺乳动物的幼崽）的心里植入强烈想要玩耍的欲望，这正是哺乳动物学习社交行为的方式。此外，小牛还有另一股更强大的欲望，就是不能和母亲分开，毕竟当初在野外，母牛的奶水和照顾是生存的关键。

但像现在，奶农在小母牛一生下来不久，就把它隔到另一个隔间里，与母牛分开，给它提供食物、水和抵抗各种疾病的药物，等到它发育成熟，再用公牛的精子让它怀孕产乳。这么一来会如何？从客观的角度来看，小牛确实不再需要为了生存或繁衍而和母亲相处，也不用和同伴玩乐。但从主观的角度来看，小牛仍然会有一股强大的冲动，想要和母亲在一起，想和其他小牛玩。这些冲动无法满足，就会让它十分痛苦。这是演化心理学的基本道理：过去在野外形成的种种需求，就算现在已经不是生存和繁殖所必要，仍然会持续造成主观的感受。工业化农业的悲剧在于，它一味强调动物的客观需求，却忽略了它们的主观需要。

这项理论的真实性至少在20世纪50年代就已证实，当时美国心理学家哈利·哈洛（Harry Harlow）就曾用猴子的发展做过实验。他在幼猴出生后几小时，就把它们和母猴分开，各自关在独立的笼子里，由两只假母猴来负责哺育。每个笼子有两只假母猴，一只使用铁丝材质，上面有可供幼猴吸吮的奶瓶；另一只使用木材，再铺上布，模仿真实母猴的样貌，但除此之外无法提供幼猴任何实质帮助。这样一来，理论上幼猴似乎应该会依附着提供食物营养的金属猴，而不是什么都不做的布猴。

但没想到，幼猴显然比较爱的是布猴，多半时间都紧抱不放。如果两只假猴子放得够近，幼猴甚至是紧抱着布猴，只是把头伸去金属猴那边吸奶。哈洛猜想，可能是因为铁丝太冷，幼猴不喜欢，所以他还为金属猴加装了一个电灯泡，让金属猴有了体温。然而，除了真的非常小

图 26　在哈洛的实验中，一只小猴子孤儿就算正在金属猴身上吸奶，却还是紧抱着布猴。

的幼猴之外，大多数猴子选择的仍然是布猴。

追踪研究发现，这些猴子孤儿虽然得到了所有必需的营养，长大之后却有严重的情绪失调。它们无法融入猴群的社会，与其他猴子沟通有问题，而且一直高度焦虑、具有高侵略性。结论显而易见：除了物质需求之外，猴子必然还有种种心理需求和欲望，如果未能满足这些需求，就会产生严重的负面影响。在接下来的几十年间，许多研究都证实这项结论不仅适用于猴子，对其他哺乳动物和鸟类也同样适用。但在目前，数百万的家禽家畜与哈洛的猴子处于同样的水深火热之中，饲养者常常将幼崽与母亲分开，单独饲养。[102]

如果将所有数字加总，全球随时都有数十亿只家禽家畜就像活在工厂生产线上，而每年宰杀总数更达到百亿。采用工业化的禽畜饲养方式后，农业生产量和人类粮食储备量大幅增长。像这种工业化的畜牧业，再加上农作物种植的机械化，就成了整个现代社会经济秩序的基础。在农业工业化之前，农地和农场生产的食物大部分都得“浪费”在供给农民和农场上的动物食用，只剩下一小部分能供给其他工匠、教师、神职人员和官僚。因此在当时，农民在几乎所有的社会里都占了总人口九成以上。随着农业工业化，只需要越来越少的农民数量，就足以养活越来越多的办公或工厂人口。例如现在的美国，只有 2% 的人口以农业为生，[103] 但仅仅就是这 2%，不仅养活了整个美国的人口，还有剩余粮食可以出口到世界各地。如果没有农业工业化，就不会有足够的人力来办公思考和从事工厂劳动，也就不可能有都市里的工业革命。

正是因为农业释放出了数十亿的人力，由工厂和办公室吸纳，才开始像雪崩一样有各种新产品倾泻而出。比起以前，人类生产出更多钢铁，制作出更多服装，兴建出更多建筑，还制造出令人瞠目结舌、超出想象的各种产品，比如灯泡、手机、数码相机和洗碗机。人类有史以来第一次，生产超出了需求。也是因为如此，产生了一个全新的问题：谁要来买这些产品？

### 购物的年代

现代资本主义经济如果想要存活，就得不断提高产量，就像是鲨鱼，如果不一直游动就会窒息。然而，光是生产还不够。生产出来之后，还得有人买，否则业者或投资人都得关门大吉。为了避免这种灾难，确保不管什么新产品都有人买账，就出现了一种新的伦理观：消费主义。

有史以来，人类的生活多半颇为困窘，因此“节俭”就成了过去所高喊的口号，像清教徒和斯巴达人，都以简朴律己而闻名。所以，如果是正直的人，就该避免奢侈、从来不浪费食物，裤子破了该缝缝补补，而不是去买条新的。只有王公贵族，才能公然把这种价值观抛在一旁，无所顾忌地炫耀他们的财富。

然而，消费主义的美德就是消费更多的产品和服务，鼓励所有人应该善待自己、宠爱自己，就算因为过度消费而慢慢走上绝路，也是在所不惜。在这里，节俭就像是一种该赶快治疗的疾病。我们很容易就能找到各种鼓励消费的例子，在我们身边屡见不鲜。比如我本人最爱的早餐谷片，制造商是以色列的泰尔玛（Telma），它的盒子背面就写着：

有时候，你该好好享受一下。有时候，你就是需要多一点能量。虽然有时候得注意体重，但有时候就该尽情放纵……就像现在！泰尔玛为你提供各种美味谷片，享受美味，没有后顾之忧。

而且，同一个包装上还有另一个品牌“健康零食”（Health Treats）的广告：

健康零食有大量谷类、水果和坚果，为您提供美味、愉悦而又健康的体验。在非正餐时间解您的嘴馋，完全符合健康生活习惯。真正的美味，让您享受更多。

在历史上的大多数时候，这种文案不但无法引起消费欲望，反而还会激起极度的反感。在过去的人眼中，这种内容真是自私、堕落、道德沦丧！消费主义除了自身非常努力，还在大众心理学（像“做就对了！”）的推波助澜之下，不断说服大众“放纵对你有益，而节俭是自我压抑”。

而且，这套理论已经成功了。我们都成了乖巧的消费者，买了无数种我们并不真正需要的产品，而且有的根本就是昨天才知道的。制造商设计产品的时候，刻意让它在很短的一段时间后就被淘汰；而且就算旧型号明明就足以满足各种需求，厂商还是会不断推出新型号，我们如果不跟进，就仿佛显得落伍。购物已成为人类最喜爱的消遣，而且消费性产品也成了家人、朋友、配偶之间不可或缺的中介。各种宗教节日（例如圣诞节）都已经成了购物节。甚至像美国的阵亡将士纪念日（Memorial Day），原本庄严肃穆的一天，现在的重点全成了跳楼大特价。许多男男女女纪念这天的方式，就是跑去购物，大概是想证明这些自由的捍卫者并不是白白送死。

消费主义伦理开枝散叶，在食品市场表现得最为明显。在过去的传统农业社会，饥荒的阴影总是挥之不去。但到了今日的富裕世界，一大健康问题却是肥胖，而且对穷人的冲击更大于富人（因为富人懂得选择有机沙拉和水果奶昔，但穷人常常是大啖汉堡、比萨）。美国每年为了节食所花的钱，已经足以养活其他地方所有正在挨饿的人。肥胖这件事，可以说是消费主义的双重胜利。一方面，如果大家吃得太少，就会导致经济萎缩，这可不妙；另一方面，大家吃多了之后，就得购买减肥产品，再次促进经济增长。

* * *

然而，如果根据商人的资本主义伦理，所有的利润都该再投入生产而不是白白浪费，这样一来，消费主义伦理和资本主义道德该如何共存？很简单！就像过去的年代一样，今天也有精英分子和一般大众的劳力分工。在中世纪欧洲，贵族浪掷千金、尽享奢华，而农民则是省吃俭用、锱铢必较。但今天情况正相反。大富豪管理资产和投资非常谨慎，反而是没那么有钱的人，买起没那么需要的汽车和电视机却毫不手软。

资本主义和消费主义的伦理可以说是一枚硬币的正反两面，而资本 – 消费主义道德将这两种秩序合而为一。有钱人的最高指导原则是——“投资！”而我们这些其他人的最高指导原则则是——“购买！”

这种资本 – 消费主义的伦理，还有另一个革命性的意义。过去的伦理体系，常常要求人类做些难如登天的事，告诉他们照做就能上天堂。但总是要求他们慈悲、宽容，克服各种欲望和愤怒，还得放下自身的私利。这对大多数人来说实在太过强人所难。所以翻开伦理道德的历史，虽然会看到许多美妙的理想，但遗憾的是几乎没人能做到。大多数基督徒的作为不像基督，大多数佛教徒没听佛陀的话，大多数儒家子弟可能会让孔子频频摇头。

但今天的情况有所不同了，大多数人都能轻松达到资本－消费主义的理想。想要进入这种新伦理所承诺的天堂，条件就是有钱人应该继续贪婪下去，把时间投入赚更多的钱，至于一般大众则是要尽情满足自己的欲望和热情，想要什么就买什么。这是人类有史以来第一次，信众终于真的能够做到宗教要求的条件。只不过，我们又怎么知道它承诺的天堂是什么样子？答案是：看看电视，你就知道。

# 第十八章
# 一场永远的革命

工业革命找出新方法来进行能量转换和商品生产，于是人类对于周遭生态系统的依赖大减。结果就是人类开始砍伐森林、抽干沼泽、筑坝挡河、水漫平原，再铺上总长数万公里的铁路，并兴建摩天大都会。世界越来越被塑造成适合智人需求的样子，但其他物种的栖地就遭到破坏，这让它们迅速灭绝。地球曾经是一片蓝天绿地，但现在已经成了混凝土和塑料构成的商场。

今天，地球上住着大约 70 亿的智人。如果把所有人放上一个大磅秤，总重量约达 3 亿吨。另外，如果把所有家禽家畜（牛、猪、羊、鸡等等）也放在另一个更大的磅秤上，总重更足足达到 7 亿吨。但相比之下，如果把所有还幸存的大型野生动物（包括豪猪、企鹅、大象和鲸鱼等等）也拿来称，总重量已经不到 1 亿吨。我们在童书、各种影像和电视上还是常常看到长颈鹿、狼和黑猩猩，但在现实世界里，这些物种都已所剩无几。全球大概只剩下 8 万只长颈鹿，但牛有 15 亿头；灰狼只剩 20 万只，但狗有 4 亿只；黑猩猩只剩 25 万只，相比之下，人有 70 亿。可见，人类真的已经称霸全球。[104]

然而，生态环境恶化并不代表就是资源短缺。我们在前一章已经提过，人类能用的资源其实不断增加，而且这个趋势很可能还会继续。正因如此，那些关于资源短缺的末日预言很可能并不会成真。但与此相反，生态环境的恶化却是太有凭有据、如假包换。在我们的未来，很可能会看到智人坐拥各种新原料和新能源，但同时摧毁了剩下的自然栖地，让大多数其他物种走向灭亡。

事实上，这场生态危机甚至也可能危及智人本身的生存。全球变暖、海平面上升、污染猖獗，使得地球对于人类来说也越来越不宜居住，未来很可能看到人类必须与自己引发的自然灾害不断拉扯较劲。而随着人类试图用自己的力量来对抗自然，压制整个生态系统来满足自己的需求和冲动，就可能引发越来越多无法预测的危险副作用。到了那个时候，可能就得用更激烈的手法才能操控生态系统，但也就会引起更大的混乱。

很多人称呼这个过程是“自然的毁灭”。然而，这其实并不能算是“毁灭”，而只是“改变”。自然是无法“毁灭”的。6500万年前，一颗陨石让恐龙灭绝，但却为哺乳类动物开启了一条康庄大道。今天，人类正在让许多物种灭绝，甚至可能包括自己。但即使如此，还是有某些生物过得生龙活虎。举例来说，老鼠和蟑螂可说是正在全盛时期。如果今天发生核灾而让世界末日降临，这些顽强的动物很有可能就会从闷烧的废墟里爬出来，准备好继续将自己的DNA传给千代万代。或许，现在的6500万年后，会有一群高智商的老鼠心怀感激地回顾人类造成的这场灾难，就像我们现在感谢那颗杀死恐龙的陨石一般。

但不论如何，现在讨论人类灭绝还是为时过早。自从工业革命以来，世界人口增长正处于前所未有的高峰。在1700年，全球有将近7亿人。到了1800年，只增加到9.5亿人。但到了1900年，人口增长将近一倍达到16亿。而到了2000年，更是已经翻了两番，达到60亿。在2014年，已经达到足足70亿。

### 摩登的现代

虽然智人已经越来越不受自然的摆布，但却越来越受到现代产业和政府的支配。工业革命带来许多社会改造的实验性做法，而各种改变人类日常生活和心理的事件更是多不胜数。其中一个例子，就是将过去传统农业社会的时间节奏替换成工业社会一致而且精确的时间概念。

传统农业看的是自然的时间周期、有机的生长情况。当时多数社会都无法准确测量时间，而且对这件事实在也没多大兴趣。毕竟，当时没有时钟、没有时刻表，重要的是太阳的运行、植物的生长周期。当时没有人人统一的工作日，而且在不同季节的生活习惯也有极大不同。农业社会的人知道太阳该在天上哪个位置，会焦急地等着雨季和收获季的征兆，但是小时的概念就不在他们心里，而年份的概念更是于他们如浮云。如果有人穿越时空来到中世纪的村庄，问当地人“今年是哪一年”，当地人除了会觉得这个人衣着古怪，可能还觉得会问这个问题应该是脑筋有点问题。

与中世纪农民和鞋匠相比，现代工业对太阳或季节可说是完全不在乎，更重视的是要追求精确和一致。举例来说，在中世纪的鞋店里，每个鞋匠都是从鞋底到鞋扣一手包办。如果某个鞋匠上班迟到，完全不会影响到别人的工作。但如果是在现代的制鞋生产线，每个工人面对的机器都只负责鞋子的一小部分，完成后再交给下一台机器。假设其中某台机器的工人睡过头，整条生产线就得停摆。为了避免这种灾难发生，每个人都得严格遵守确切、共同的时间表。每个工人在完全相同的时间开始上班。不管饿了没，都要在同样的时间午休吃饭。等到换班哨音一响，所有人都得下班回家，不管手上的事情做完了没。

工业革命不仅为人类带来了时刻表和生产线的概念，更将这些概念推广到几乎所有的人类活动当中。就在工厂用时刻表规范劳工行为之后不久，学校也开始采用了这一套，接着医院、政府机关，甚至杂货店也行礼如仪。就算那些没有生产线和机器的地方，时刻表也成了王道。毕竟，假设工厂是下午 5 点下班放人，当地的酒吧难道不是应该 5:02 开门营业最为恰当？

这套时刻表系统的推广，公共运输是个关键。如果工人得在 8:00 准时开工，火车或公交车就一定得在 7:55 分抵达工厂大门。晚了几分钟，就可能使产量减少，甚至让那些不幸迟到的人遭到裁员。在 1784 年，英国首次出现公布时刻表的马车载运服务，只列了几点出发，而没有几点抵达。在当时，英国每个大城小镇都有不同的时间，与伦敦时间可能有半小时之差。伦敦正午 12:00 的时候，可能在利物浦是 12:20，而在坎特伯雷还只是 11:50。因为当时没有电话、没有收音机、没有电视，也没有快速的火车，所以没人知道这些时间不同。而且，又何必在意呢？[105]

英国的第一条商业铁路在 1830 年正式启用，连接利物浦和曼彻斯特。10 年后，终于首次公布火车时刻表。因为火车的速度比传统马车快上太多，所以各地时间的微小差异就造成了巨大的困扰。1847 年，英国各家火车业者齐聚一堂，研拟同意统一协调所有火车时刻表，一概以格林尼治天文台的时间为准，而不再遵循利物浦、曼彻斯特、格拉斯哥或任何其他城市的当地时间。在火车业者开了头之后，越来越多机构跟进这股风潮。最后在 1880 年，英国政府迈出了前所未有的一步，立法规定全英国的时刻表都必须以格林尼治时间为准。这是史上第一次有国家采取了全国统一的时刻表，要求人民依据人工的时钟来生活，而不是依据当地的日升日落周期。

从这个小小的出发点，后来发展出全球性的时刻表网络，全球同步的误差不到 1 秒。而在广播媒体上场之后（先是电台，后来则是电视），一方面人类进入了时刻表的世界，一方面广播媒体也成了主要的执行者和传播者。电台广播最早的内容之一就是报时用的讯号，通过哔声让偏远地区的居民或海上的船舶都能据以调整时钟。后来，电台也发展出每小时播报新闻的习惯。直到现在，新闻广播开头的第一条仍然是现在时间，就算战争爆发也得放在后面再报。第二次世界大战期间，英国广播公司的新闻播送到纳粹占领下的欧洲地区，而每段新闻广播的开头就是大本钟报时钟声的现场直播，这可以说正是自由的钟声。甚至还有些天才的德国物理学家，居然找出一套方法，只要靠着钟声在广播中的微小差异，就能判断伦敦当时的天气。对德国空军来说，这可是珍贵无比的战事情报。等到英国私密情报局也发现了这一点，就不再采用现场直播，而用一组录音来取代。

为了让时刻表这套网络能够运作顺畅，人们开始四处都能见到价格便宜但运行精准的携带式时钟。当时如果是在中东或南美，顶多可能只有几个日晷。而在欧洲中世纪的城镇里，通常是全城共享一个时钟：在城镇的中央广场建起一座高塔，上面就有个巨大的时钟。这些塔钟几乎从来没有准过，但既然城里也没有其他的钟，似乎也就没什么关系。而到了现在，任何一个有钱人家的家里，计时装置的数量很可能就远远超过某个中世纪国家全国上下的数量。现在想知道时间，可以看一下腕上的手表，瞄一眼你的手机，瞧一下床边的闹钟，盯一下厨房的挂钟，瞟一眼微波炉上的时间，瞥一下你的电视机或 DVD 机，甚至计算机上的任务栏都会告诉你现在几点。想要不知道现在几点，还真是得刻意花上一点功夫才行。

一般人每天会看上几十次时间，原因就在于现代似乎一切都得按时完成。闹钟早上 7 点把我们叫醒，我们用不多不少的 50 秒加热冷冻贝果，刷牙刷个 3 分钟，直到电动牙刷发出哔声，我们要赶 7:40 的火车上班，在健身房的跑步机跑到哔声告诉我们过了半小时，晚上 7 点坐在电视前看最喜欢的节目，中间还在特定时间被每秒好几万元的广告打断，就算精神崩溃去找心理医师，他听你发牢骚的诊疗时间也是标准的一节 50 分钟。

* * *

工业革命让人类社会起了数十种重大的变化，采用工业化的时间概念只是其中之一。其他著名的项目还包括都市化、农民阶级消失、工业无产阶级的兴起、对一般大众的赋能、民主化、青少年文化，以及父权社会的解体。

然而这一切都比不上有史以来人类最大的社会革命：家庭和地方社群崩溃，改由国家和市场取代。据我们目前所知，人类在 100 多万年前生活在小型、亲密的社群之中，社群成员大多数都是亲戚。认知革命和农业革命并没有改变这一点。这两项革命让不同的家庭和社群结合，形成部落、城市、王国和帝国，但家庭和社群仍然是所有人类社会最基本的结构单位。但后来，工业革命不过花了短短两世纪左右，就将这些单位粉碎成了原子。许多过去家庭和社群的功能，现在都被国家和市场取代。

### 家庭和社群的崩溃

在工业革命之前，多数人的日常生活都逃不脱三大传统框架：核心家庭、大家庭，以及当地的密切社群。① 大多数人在家族企业工作（例如家族的农场，或者家族经营的工作坊），或者也可能在邻居的家族企业工作。这时的家庭除了家庭功能，还要兼顾福利制度、卫生体系、教育系统、建筑产业、劳工工会、退休基金、保险公司、广播、电视、报纸、银行，甚至警察功能。

有人病了，由家庭来照顾。有人老了，由家庭来赡养，而子女就是最好的退休基金。有人过世，孤儿就由大家庭其他成员照顾。有人想盖小屋，大家庭提供人力。有人想开公司，大家庭提供资金。有人想结婚，家庭里也会选择或至少审核一下这未来的对象。如果和邻居发生冲突，要吵架也有家人助阵。然而，如果病情太严重，光是家庭或家族还无法处理，或者新公司需要的资金太庞大，或者邻里争吵已经到了要变成暴力斗争的地步，当地社群就会介入。

当地社群介入时，依据的是当地的传统以及有来有往的互助原则，常常会和自由市场的供需法则有相当大的差异。比如在传统的中世纪社会，如果邻居需要我帮忙盖屋子或者放羊，我并不会认为他应该付钱，而是在我有需要的时候再还我这份人情就好。同时，当地的领主可能会

---

① 所谓“密切社群”（intimate community）指的是社群中成员都认识、熟悉彼此，并且互相依赖共存。

叫我们全村的人去帮他盖城堡，但他也是一分不付，而是在出现盗贼或野蛮人的时候提供保护。虽然在这些村庄里有许许多多的交易，但多半都不是金钱往来。当时市场机制已经存在，但十分有限。人们也可以购买罕见的香料、布匹和工具，或者聘请律师和医生提供服务，但一般而言，常用产品和服务会出现在市场上的不到一成，多数还是由家庭和社群提供。

另外，王国和帝国会负责某些重要功能，比如发动战争、修建道路、建筑城堡。而为了这些目的，国王会征税，偶尔也会招募士兵和工人。但除了少数例外，王国或帝国通常并不会干涉家庭和社群内的事务。而且，就算真想干涉，成效也十分有限。因为从传统来说，传统的农业经济很少有多余的食物能养活政府官员、警察、社会工作者、教师和医生等等。因此，大多数政权并不会发展出大规模的福利、医疗或教育系统。这些事情都还是留给家庭和社群处理。就算在极少数情况下，统治者试图干预农民的日常生活（例如秦帝国的连坐法），靠的也是以家中的户主或社群里的长者作为政权代理人。

甚至有些时候，因为地处偏远的社群交通不便、通讯困难，许多王国干脆直接将税收和暴力惩戒这些王室基本特权都下放给当地。举例来说，奥斯曼帝国就并未维持大批帝国警力，而是允许地方家族彼此私刑伺候。如果我的表哥杀了人，受害人的哥哥可能就会杀了我作为报复。而只要暴力行径不要过度扩大，伊斯坦布尔的苏丹，甚至各省的帕夏（pasha，相当于省长）都会睁一只眼闭一只眼。

至于在中国的明朝（1368—1644），这个帝国实行“里甲”制度。10户为“甲”，110户为“里”。里甲制设有里长、甲首，负责维护地方治安、分配徭役、按丁纳税，而无须由帝国直接管理。从帝国的角度来看，这种里甲制度十分有利，帝国不需要自己养着成千上万的官员税吏，而是交给地方长者来监督各个家庭的情形。里长、甲首不但了解地方情形，常常也能让税务运作顺畅，而无须国家军队介入。

很多时候，王国和帝国就像是收着保护费的黑道集团。国王就是黑道大哥，收了保护费就得罩着自己的人民，不受附近其他黑道集团或当地小混混骚扰。除此之外，其实也没什么功用。

然而，生活在家庭和社群的怀抱里并不如想象中的理想，甚至差得远了。家庭和社群对成员的压迫绝不下于现代国家和市场，这些家庭和社群内部常常充满紧张和暴力，而且成员别无选择。在 1750 年左右，如果一个人失去家庭和社群的保护，几乎必死无疑，不仅没有工作、没有教育，生病痛苦时也得不到任何支持。没有人会借他钱，出了问题也没人保护。毕竟，当时没有警察、没有社工，也没有强制性的义务教育。为了求生，如果真的遇到这种情形，当时的人就得尽快寻找替代家庭或社群。离开原生家庭的男孩女孩，最好的情况大概就是找到新的家庭做帮佣；而最糟的情况，就是被迫从军或沦入风尘。

* * *

但过去两世纪间可说是风云变色。工业革命让市场取得强大的新力量，让国家有了新的通讯和交通工具，更让政府有了一大批办事人员、教师、警察和社工可供差遣。从这时开始，市场和国家发现传统的家庭和社群就像路上的绊脚石，强烈抗拒外来的干预。父母和社群里的长者并不愿意放手让年轻一辈接受国民教育的洗脑，也不希望他们受征召从军，更不想让年轻人变成一个没有根的都市无产阶级。

随着时间过去，国家和市场的权力不断扩大，也不断削弱家庭和社群过去对成员的紧密连接。国家开始派出警察，制止家族里的私刑，改用法院判决取代。市场也派出小贩和商人，让各地悠久的传统逐渐消失，并以不断变化的流行商业文化取而代之。但光是这样还不够。为了真正打破家庭和社群的力量，他们还需要找到内应、从内部击破。

于是，国家与市场找上家庭和社群的各个成员，开出了他们无法拒绝的条件。他们说：“做自己吧！想娶想嫁都随你的意，别管父母准不准。想挑什么工作都可以，别担心什么大家长说的话。想住哪就住哪，就算没办法每周和家人吃上一次饭又有什么关系呢？你不用再依赖家庭或社群了。我们，也就是国家和市场，让我们来照顾你吧。我们会给你食物、住房、教育、保健、福利和就业机会。我们也会给你退休金、保险和保障。”

在浪漫主义的文学作品里，常常讲得似乎人都在辛苦对抗着国家和市场。但事实却刚好完完全全相反。国家和市场简直可说是个人的衣食父母，个人能够生存都得感谢它们才是。市场为我们提供了工作、保险和退休金。如果想学专业，可以去上公立学校。如果想做生意，可以向银行贷款。如果想盖房子，可以找建设公司来盖，找银行办房贷，而且有些时候还能得到政府补贴或保险。如果碰上暴力事件，可以找警察保护。如果生病得休养几天，可以有医疗保险照顾。如果病得严重，得休息几个月，就换成社会福利制度来帮忙。如果需要全天有人协助，我们可以到市场上请专职看护；虽然这些人与我们素不相识，却可以为我们提供现在连子女都很难提供的全心照料。只要先存点钱，我们就能到养老院安度最后这段黄金岁月。国税局把我们每个人都看作个人，不会要求我们付邻居的税。法院也把我们每个人看作个人，不会要我们为亲戚犯的错负责。

而且，现在能得到认定为“个人”的不只有成年男子，就连女性和儿童也同样纳入。历史上，女性多半被视为家庭或社群的财产。但现代国家却将女性视为个人，不论其家庭或社群出身，都能享有独立的经济和法律权利。女性开始能够有自己的银行账户、自己决定想嫁的对象，甚至要离婚或自立门户都行。

然而，要解放个人是有代价的。现在许多人都悲叹着家庭和社群功能不再、觉得疏离，而且感觉冷漠的国家和市场对我们造成许多威胁。如果组成国家和市场的是一个又一个孤单的个人，而不是关系紧密的家庭或社群，要干预个人生活也就容易得多。现代高楼公寓，所有人各自

家庭 / 社群 vs. 国家 / 市场

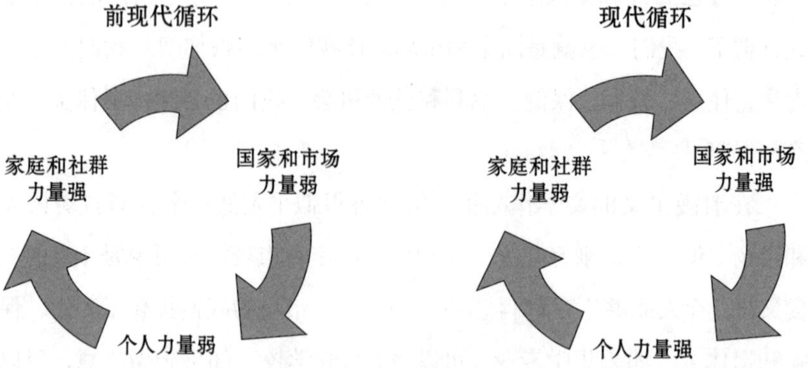


锁在自己家里，连每户该付多少清洁费都无法达成共识，又怎么可能一起站出来抵抗国家机器？

国家、市场与个人之间的交易并不容易。国家和市场对于权利义务的划分意见不同，个人又抱怨这两者要得太多，又给得太少。很多时候，个人遭到市场的剥削，而国家不但不保护个人，反而还用军队、警察和官僚施加迫害。没人想得到，这种互动本身就有不少问题，更公然抵触过去世世代代的社会运作方式，竟然还是能够成功。经过数百万年的演化，人类的生活和思考方式都预设自己属于社群。但仅仅过了两个世纪，我们就成了互相疏远的个人。这可以说是文化力量的最佳证明。

* * *

到了现代，核心家庭并未完全消失，虽然被政府和市场取代了大部分的经济和政治作用，但还是留下了一些重要的情感功能。一般来说，人们还是认为现代家庭可以满足人类最亲密的需求，这是国家和市场（到目前为止）无法提供的。然而，就算在这一块，家庭也开始受到外界越来越多的干预。市场在人类恋爱和婚姻方面的影响越来越大。过去靠的是父母之命、媒妁之言，现在则交给市场帮忙，先定下我们对恋爱和婚姻的理想，再把这些生活提供给我们——而且当然要收费。在过去，男女约会是在家庭的客厅，有金钱往来的话，是由一方的父亲交到另一方父亲手中。但到了现在，约会是在酒吧或咖啡馆，金钱则是从这对恋人手上交给服务生。而且，为了这场约会，甚至还有更多钱是直接转账，转给服装设计师、健身房老板、营养师、美容师和整形外科医生，早在我们抵达咖啡馆之前，这些人就会想尽办法让我们无限逼近市场对美的理想。

国家同样也越来越介入家庭关系，特别是父母与子女的关系。现在，父母有义务送孩子接受国家教育。如果父母特别爱辱骂孩子或对他们暴力相向，这样的父母就可能被国家限制权利。如有必要，国家甚至可以把父母关起来，将孩子送到寄养家庭。一直到不久前，如果有人说家长不得殴打或侮辱小孩，否则国家应该介入，都还会被当成笑话，认为这万不可行。在过去大多数社会中，父母拥有至高无上的权威。尊亲敬长可说是最高法则，父母几乎可以为所欲为，就算是要冷血弑婴、贩子/女为奴，或把女儿嫁给年纪大她们两倍的男人，人们都觉得理所当然。但到了现在，父母的权威可说大不如前。年轻人越来越不需要听从长辈的意见，而一旦孩子的人生出了任何问题，似乎看来总是可以怪在父母头上。

## 想象的社群

正如同核心家庭，只要社群的情感功能还没有完全被取代，就不会从现代世界消失。过去社群的物质功能，现在已经大部分由市场和国家接手，但在部落情谊、同舟共济这些情感上还有待努力。

市场和国家要增强这些情感面，靠的就是塑造“想象的社群”（imagined communities，另译“想象的共同体”），纳入的人数可能达到数百万之巨，而且是专为国家或商业需求量身打造。所谓想象的社群，指的是虽然成员并不真正认识彼此，却想象大家都是同一伙的。这样的社群概念历史悠久，并不是到了现代才乍然出现。数千年来，王国、帝国和教会早就担任了这种想象社群的角色。例如在古代中国，数千万人都认为全国就是一家人，而皇帝就是父亲。在中世纪，数百万虔诚的穆斯林也想象着整个伊斯兰社会就是一个家庭，彼此都是兄弟姐妹。然而，纵观历史，这种想象的社群力量有限，比不上每个人身边几十个熟人所结合成的密切社群。密切社群能够满足成员的情感需求，而且对每个人的生存和福祉都至关重要。然而，密切社群在过去两世纪间迅速衰微，开始由想象社群填补这种情感上的空缺。

现代所兴起的两大想象社群，就是“民族”和“消费大众”。所谓民族，是国家的想象社群。而所谓消费大众，则是市场的想象社群。我们说这些社群属于“想象”，是因为过去的村落社群都是成员彼此熟识，但现代不论民族或市场，成员都不可能像过去一样彼此熟悉。任何一个德国人，都不可能真正认识所谓德意志民族的8000万人；欧洲共同市场的5亿人口，也不可能都互相认识（欧洲共同市场后来发展成欧洲共同体，最后形成今日的欧盟）。

消费主义和民族主义可说是夙夜匪懈，努力说服我们自己和其他数百万人是一伙的，认为我们有共同的过去、共同的利益以及共同的未来。这并不是谎言，而是一场想象。不论是民族还是消费大众，其实都和钱、有限公司和人权相同，是一种“主体间”的现实，虽然只存在于我们的集体想象之中，但力量却无比巨大。只要这几百万德国人相信有德意志民族的存在，同样认同德国国徽，同样相信关于德意志民族的虚构故事，同样愿意为了德意志民族牺牲自己的金钱、时间甚至生命，德国世界强权的地位就难以动摇。

民族竭尽全力，希望能掩盖自己属于想象的这件事。大多数民族都会声称自己的形成是自然而然、天长地久，说自己是在最初的原生时代，由这片祖国土地和人民的鲜血紧密结合而成。但这通常就是个夸大其词的说法。虽然民族确实有悠久的源头，但因为早期“国家”的角色并不那么重要，所以民族的概念也无关痛痒。例如，中世纪纽伦堡的居民可能多少对德意志民族有些忠诚度，但相较之下，因为照顾自己多数需求的还是家人和当地社群，所以对家人和当地社群的忠诚度自然远远高出许多。另外，就算古代许多民族都曾有辉煌的过去，能够存活到今天的却很少。现有的民族多半是到了工业革命后才出现。

中东地区就有许多这种例子。我们现在之所以有叙利亚人、黎巴嫩人、约旦人、伊拉克人的区别，只是因为当初英法两国的外交官在完全不顾当地历史、地理和经济的情况下，在一片沙漠之中确定出了所谓的边界。例如他们在 1918 年就规定，从此住在库德斯坦（Kurdistan）、巴格达和巴士拉（Basra）的人，就成了“伊拉克人”。至于谁是“叙利亚人”、谁又是“黎巴嫩人”，则主要是法国做的决定。不论是伊拉克前总统萨达姆 · 侯赛因（Saddam Hussein）还是叙利亚前总统阿萨德（Hafez el-Asad），他们都全心全意不断想强化这些出自英法之手的民族意识，但他们夸口伊拉克人或叙利亚人千秋万世、直到永远，却只是种想象的空话。

确实，民族概念并非空中楼阁、毫无根据。伊拉克或叙利亚建国的时候，确实有真实的历史、地理和文化因素，而且有些可以追溯到千年之久。例如萨达姆就大打阿拔斯王朝和巴比伦帝国这两张牌，说自己一脉相传，甚至还把自己的一支师级精锐装甲部队命名为“汉谟拉比师”（Hammurabi Division）。但就算如此，这也不会让伊拉克民族变成一个自古存在的实体。举例来说，就算我用的原料是放了两年的面粉、放了两年的油、放了两年的糖，做出来的也不会是放了两年的蛋糕。

近几十年来，所谓民族的社群概念不断被一群又一群的消费者削弱。这些消费者彼此并不认识，但都有同样的消费习惯和兴趣，因此不但相信还定义大家就是同一伙的。这可能听来不可思议，但我们身边早就有太多实例。举例来说，麦当娜的粉丝就能够构成一个消费者社群。他们要满足这项定义的方式，主要靠的就是购物。靠购买麦当娜演唱会的门票、CD、海报、衬衫和手机铃声，就能定义谁是粉丝。至于曼联球迷、素食主义者、环保主义者等等也是如此。他们最主要的定义方式也是靠消费。这可以说是他们身份认同的基石。如果是个德国素食主义者，要嫁给法国素食主义者的概率大概会高于嫁给德国的肉食主义者。

### 变动不休

过去这两个世纪变动如此迅速剧烈，让社会秩序起了根本的改变。传统上，社会秩序坚若磐石、难以撼动。毕竟“秩序”就隐含着稳定和连续的意义。历史上，社会的改变很少是大刀阔斧的革命，多半是无数个小步骤逐渐累积而成。于是，我们一般感觉社会结构并不灵活，似乎永恒不变。或许，我们会努力改变自己在家庭和社群中的地位，但讲到要彻底颠覆这整个儿秩序，这个概念可能就很陌生。我们常常会把自己限于现状，声称“过去都是这样，未来也会是这样”。

过去两个世纪中，变化速度奇快无比，让社会秩序显得充满活力和可塑性，呈现变动不休的状态。谈到现代革命，一般人想到的会是1789年的法国大革命，1848年的欧洲自由革命，或者1917年的俄国革命。但事实上，讲到现代，其实每年都有革命性的改变。即使只是30岁的人，也可以告诉那些打死也不信的青少年：“我年轻的时候，整个世界完全不是这样。”举例来说，互联网是在20世纪90年代才开始广泛使用，至今也才是20年左右的事。但我们已经完全无法想象没有网络的生活会如何。

因此，想要定义现代社会的特色为何，就像要问变色龙究竟是什么颜色一样。我们唯一可以确定的特色，就是它会不断改变。我们已经习惯了这种变动特性，而且多数人也都会同意社会秩序应该有弹性，是我们能够操纵、能够改进的。前现代统治者的主要目标是维护传统秩序，甚至希望能够尽量回归过去失落的黄金年代。但到了过去两个世纪，政治主流却是要摧毁旧世界，再建起更好的世界来取代。现在就算是最保守的政党，也不敢说自己的目标就是维护一切保持不变。人人都在谈，要进行社会改革、教育体制改革、经济体制改革，而且这些承诺常常都是说到做到。

* * *

地质学家知道地壳运动可能引发地震和火山爆发，我们也知道激烈的社会运动可能引发血腥暴力。讲到 19 世纪和 20 世纪的政治历史，常常讲到的就是一连串生灵涂炭的战争、革命和大屠杀。就像是雨天的时候，小孩喜欢穿着雨鞋从一个水洼跳到下一个水洼，以这种观点看，历史就像从一个大屠杀跳到下一个大屠杀，从第一次世界大战跳到第二次世界大战，从第二次世界大战跳到冷战，从亚美尼亚大屠杀跳到犹太人大屠杀，再跳到卢旺达大屠杀，从把路易十六送上断头台的罗伯斯庇尔（Robespierre）再跳到希特勒。

虽然这部分也是事实，但光是这样列出一长串我们太熟悉的惨案名单，却会造成误导，让我们只看到一个又一个的水洼，却忘了水洼之间还有干地。在现代晚期，虽然暴力和恐惧达到前所未有的高峰，但和平与安宁也同时来到历史新高。狄更斯写到法国大革命，就说“这是最好的年代，也是最坏的年代”。这句话不只适用于法国大革命，很可能也适用于由法国大革命揭开的整个时期。

特别是在“二战”结束后的 70 年间，情况更是如此。在这段时间，人类第一次有可能得面对彻底的自我摧毁，而且也确实爆发了相当数量的战争和屠杀。但这几十年同时也是人类历史上最和平的年代，而且程度是大幅领先。这点之所以让人意想不到，是因为在这段时期里经济、社会和政治的变动比以往任何时代都多。可以说虽然历史的板块构造以疯狂的速度移动碰撞，但这座火山却是纹丝不动。这个灵活变动的新社会秩序，似乎既能够启动剧烈的结构变化，又能够避免崩溃造成暴力冲突。[106]

## 我们这个年代的和平

大多数人看不到这个年代究竟有多么和平。我们毕竟都没真正看过1000年前的模样，所以很容易忘记过去的世界其实更加残暴。而且，因为战争变成少见的事，也让战争吸引了更多关注。许多人紧盯着阿富汗和伊拉克战争肆虐，但没什么人特别想到巴西和印度一片安详。

更重要的是，我们比较容易体会个人的辛酸，而不是人类整体的苦难。但为了从宏观角度来看历史进程，我们需要看整体统计数据，而不只是看个人的故事而已。在公元2000年，全球战争造成31万人丧生，而暴力犯罪造成52万人死亡。当然，对每一个受害者来说这都是世界的毁灭，家破人亡，朋友和亲戚悲痛欲绝。但从宏观的角度来看，在2000年总共83万的死亡者只占了全球5600万总死亡人数的1.5%。在同样一年，车祸死亡的人数达到126万（占总死亡人数2.25%），自杀人数达81.5万（占总死亡人数1.45%）。[107]

2002年的数字更夸张，在5700万死亡人口中，只有17.2万人死于战争，56.9万人死于暴力犯罪（也就是共74.1万人死于人类暴力）。相较之下，该年自杀的人数就有87.3万。[108]所以我们看到，在“9·11”恐怖袭击后的一年，虽然恐怖主义和战争喊得震天响，但说到某个人被恐怖分子、士兵或毒贩刺杀的可能，其实还比不上他自杀的可能。

在全球大多数地方，我们晚上入眠时都不用担心附近的部落会不会包围自己的村庄，来场全村大屠杀。现在的英国有钱人就算每天走过罗宾汉的舍伍德森林（Sherwood Forest），也不用担心会有人埋伏抢钱，再把他们的钱分给穷人（或者更可能直接收进口袋）。学生不再需要担心师长棍棒齐飞，孩子不再需要烦恼可能被贩为奴，女性也知道丈夫不得违法殴打她们或强迫她们留在家里。在全球越来越多的地方，这些期待都已经成为事实。

暴力发生率下降，主要是因为国家制度的制定。纵观历史，大多数的暴力事件是出于家庭之间或社群之间的仇恨。（就算在今天，上述数据也能看出地方犯罪远比国际战争更为致命。）我们前面已经提到，在早期农业社会里，农民唯一知道的政治组织就是自己的社群，但他们受到的暴力对待层出不穷。[109] 要等到王国和帝国的力量增强之后，人类社会才开始对社群有了约束力，而使暴力程度下降。在中世纪欧洲这种各自独立的王国里，每 10 万人遭到凶杀的人数约在每年 20~40 人之间。而近几十年来，国家和市场大权在握，地方社群可以说消失了，暴力发生率也进一步下降。全球现在每年每 10 万人遭到凶杀的人数只有大约 9 人，而且多半是发生在国家权力不彰的地方，像索马里和哥伦比亚。至于像欧洲这种权力集中的国家，平均每年每 10 万人只会有 1 人死于凶杀命案。[110]

当然，我们还是会看到有国家运用国家力量残害自己的公民，而且常常就是这些恐怖的印象深植人心、挥之不去。在 20 世纪，有数千万甚至上亿人遭到自己国家的安全部队杀害。但从宏观的角度来看，国家控制的法院和警力仍然是提升了全球的安全水平。就算是在暴虐的独裁统治之下，现代人死于他人之手的可能性仍然低于前现代社会的水平。1964 年，巴西出现了军事独裁政权，而且一直统治巴西到 1985 年。在这 20 年间，共有数千巴西民众遭到该政权杀害，另有数千人遭到囚禁和折磨。然而，就算在情况最糟糕的年度，里约热内卢居民死于他人之手的可能性，仍然远低于瓦拉尼人、雅韦提人（Arawete）或雅诺马莫人（Yanomamo）。瓦拉尼人、雅韦提人和雅诺马莫人都是住在亚马孙森林深处的原住民，他们没有军队、没有警察，也没有监狱。人类学研究指出，这些种族的男性约有 25%~50% 会因为财产、女人或名声的纠纷而死于暴力冲突。[111]

### 帝国的退位

国家内的暴力行为在 1945 年后究竟是减少还是增加，或许还有商榷的余地，但谁都无法否认，现在的国际暴力事件正是史上最少的时期。其中最明显的或许就是欧洲帝国崩溃时的情形。历史上，我们看到各个帝国总是铁腕镇压叛乱，而且就算再也压制不住，最后也会孤注一掷，常常就是进行一场浴血混战。而等到帝国灭亡，接着就有一段无政府状态，战乱频传。但自从1945年以来，多数帝国都选择了和平的退位方式，帝国解体崩溃的过程变得相对迅速、平和且有序。

在1945年，英国还统治着1/4的地球。但不过30年后，它统治的土地就只剩下几个小岛。在这段时间，英国从一个又一个殖民地撤退，几乎没开过几枪，为国捐躯的士兵不超过几千人，杀害的人数也并不多。大家提到甘地的非暴力抵抗常常赞誉有加，但大英帝国其实也该得到部分的赞赏。帝国退位后，由各个独立的国家接管，大部分就享受着既成的稳定边界，也与四周的邻国愉快地和平共处。确实，大英帝国在遭到威胁时杀害了数万民众，而且几个敏感地区在英国撤出后便爆发了大规模种族冲突，造成数十万人丧生（特别是在印度）。然而，如果从长期的历史平均来看，英国撤退已经称得上是和平和秩序的典范。相较之下，法国殖民帝国就比较顽固了，崩溃撤退时仍然在越南和阿尔及利亚掀起血战，造成数十万人死亡。但就算是法国，从其他殖民地撤退时也算是和平迅速，而且离开后留下的是秩序井然的国家政府，而不是一团混乱。

1989年苏联解体，过程可以说是更为和平，只是在巴尔干半岛、高加索和中亚地区爆发了种族冲突。一个如此强大的帝国，竟然消失得如此安静且迅速，可以说是史上罕见。在1989年，苏联并未遭受军事挫败（除了阿富汗），未受到外部入侵，未有人民叛乱反抗，甚至也没有像马丁·路德·金式的大规模公民不服从运动发生。苏联当时仍然握有数百万的兵力，有上万辆坦克、上万架飞机，核武力量可以把全球炸到底儿朝天。无论是红军还是其他华沙公约组织的军队也依然忠心耿耿。要是苏联最后一位统治者戈尔巴乔夫下令，红军还是会对所有人民开火。

然而，无论是苏联还是东欧共产政权的大多数精英统治者（罗马尼亚和塞尔维亚除外)，都选择了完全不去动用这庞大的武力。这些人就是放下武力、承认失败、收拾行李、告老还乡。戈尔巴乔夫等人所放下的，不只是苏联在第二次世界大战所攻下的领地，更包括了更早之前由沙皇所征服的波罗的海、乌克兰、高加索和中亚地区。如果戈尔巴乔夫做的选择是像塞尔维亚的领导人或者像法国在阿尔及利亚的决定，后果只能说让人不寒而栗。

## 核子和平

帝国退出后而独立的国家，显然对战事都兴趣不大。除了极少数例外，自 1945 年以来已经不再有入侵并吞其他国家的事情发生。这种征服在过去一向是政治史上不可或缺的基本要素，许多伟大的帝国因此建立，大多数过去的统治者和民众也认为这是历史的必然。然而，今天世界上任何地方都已经不可能再发生像古罗马人、蒙古人和土耳其人那些逐鹿天下的事。自 1945 年以来，没有任何一个经联合国承认的独立国家遭到征服而灭国。虽然小型国际战争时而发生，仍有达百万的民众在战事中丧命，但战争已经不再是常态。

许多人以为和平是西欧的特色，那里富裕而民主，战事完全绝迹，但事实上，和平是先在其他地区发展，最后才传到了欧洲。所以，像在南美，最后几场严重的国际战争是 1941 年的秘鲁与厄瓜多尔战争，以及 1932—1935 年的玻利维亚与巴拉圭战争。而且在这之前，南美在 1879—1884 年之后就不再有其他严重战事，当时一方是智利，另一方则是玻利维亚和秘鲁。

我们可能并不认为阿拉伯世界是个特别和平的地方，但自从阿拉伯国家赢得独立之后，只有一次曾经爆发两国全面交战事件(伊拉克于 1990 年入侵科威特)。确实，边界冲突层出不穷(例如 1970 年叙利亚与约旦)，多次有国家入侵他国干涉内政(例如叙利亚入侵黎巴嫩)，有许许多多的内战(例如阿尔及利亚、也门、利比亚)，而且政变和叛乱时有所闻。但事实就是，除了海湾战争外，阿拉伯国家之间就再也没有其他全面的国际战争。就算把范围扩大到整个伊斯兰世界，也只是再增加了两伊战争这个例子。无论是土耳其–伊朗战争、巴基斯坦–阿富汗战争，还是印度尼西亚–马来西亚战争，都从来没有发生。

在非洲，事情远远不那么乐观。但就算在非洲，大多数冲突也只是内战和政变。自从非洲国家在20世纪六七十年代赢得独立之后，就极少有国家试图征服彼此、取而代之。

在过去，如果有些相对平静的年代（例如1871—1914年的欧洲），总是接着就发生了翻天覆地的战事。但这次不同。原因就在于，真正的和平不该只是“现在没有战争”，而是“不可能发生战争”。在过去，全世界从来未曾有过真正的世界和平。例如在1871—1914年间，欧洲各地的战争仍然是一触即发，不管是军队、政治家还是一般公民也都有这种心理准备。过去所有所谓的和平时期都是如此。国际政治过去的铁律就说，“任何两个相邻的政体，都会有某种可能，让他们在一年之内向对方宣战”。像这样的丛林法则，无论是在19世纪晚期的欧洲、中世纪的欧洲、古代的中国还是古希腊，都同样大行其道、屡屡成真。如果雅典和斯巴达在公元前450年达成和平，很可能在公元前449年就又再度打了起来。

然而，我们今天已经打破了这个丛林法则。现在有的是真正的和平，而不只是没有战争。对于大多数的政体来说，都没有什么合理可信的情况会在一年之内导致全面开战。有什么可能，会让德国和法国忽然开战？中国和日本？巴西和阿根廷？虽然可能会有某些小规模边界冲突，但现在除非发生了某个世界末日等级的事件，否则几乎不可能再次爆发传统的全面战争。如果说明年这个时候，阿根廷装甲师要一路横扫到巴西里约热内卢的大门口，而巴西又要地毯式轰炸阿根廷的布宜诺斯艾利斯，可能性只能说微乎其微。当然，有几对国家之间仍然可能出现战争，比如以色列和叙利亚、埃塞俄比亚和厄立特里亚，或者美国和伊朗，但这些只是例外情况，反而是证实了规则的存在。

当然，未来情况也可能有所改变，到时候回头来看，就会觉得现在这个想法天真得难以想象。但从历史的角度来看，现在的天真仍然是件好事。在过去，从来没有这种四方和平、难以想象战争爆发的年代。

目前已经有许多学者发表许多著作和文章，解释为何现在会有这个令人愉悦的发展，其中大致提出几项重要因素。首先，战争的成本大幅上升。如果说有个最高诺贝尔和平奖，应该把奖颁给罗伯特·奥本海默以及和他一起研发出原子弹的同事。有了核武器之后，超级大国之间如果再开战，无异等于集体自杀。因此，想要武力征服全球也成了不可能的任务。

其次，正因为战争的成本飙升，也就代表其利润下降。在史上大多数时候，只要掠夺或兼并敌人的领土，就能为自己的国力注入一剂强心针。过去的财富多半就是田地、牛、奴隶和黄金，无论是要抢劫还是占领都十分方便。但到了今天，财富的形式变成了人力资本、科技知识，以及像银行这种复杂的社会经济结构，想要抢夺或者占领都相当困难。

让我们以加州为例。加州最初是以金矿起家，但现在的经济重心已经转移到了硅谷和好莱坞。如果今天俄罗斯忽然打算武力进犯加州，派出百万大军登陆旧金山海滩，挥军直入，一切会如何？他们几乎会是一无所得。毕竟，像硅谷虽然叫硅谷，却没有硅矿。这里的财富重点是点子和想法，也就是那些谷歌工程师，还有好莱坞的编剧、导演和特效人员。俄罗斯的坦克还没开到日落大道，他们早就已经搭机逃到海角天边去了。虽然现在世界上仍然偶尔会发生大规模国际战争（例如伊拉克入侵科威特），但原因在于这些地方的财富多半属于传统的实质财富。虽然科威特首长也能逃往国外，但油田却是万万跑不了。

同时，虽然战争已经不再那么有利可图，但和平却成了一笔越来越划算的生意。在过去的农业经济中，长途贸易和外国投资并非重点，因此和平顶多只是省下战争费用，其他并无太大好处。例如在1500年，如果日韩两国处于和平状态，韩国大众就不用负担沉重的战争税，也不用担心日本毁灭性的侵略攻击；但除此之外，荷包并不会变满。但到了现代的资本主义经济，外贸和投资变得至关重要，和平可以说也开始有了特殊的红利。只要日本和韩国相安无事，韩国人可以把产品卖给日本，可以在日本交易股票，也可以接受日本来的投资，而这些都能振兴韩国的经济。

最后一项重点，在于全球政治文化也有了结构性的大变动。史上有许多领导精英（例如匈奴的单于、维京人的首领、阿兹特克的祭司）其实认为战争是件好事；也有些领袖虽然认为战争很邪恶，但认为这避无可避，只能做好准备，随时要抢占上风。在我们这个时代，是史上第一次由爱好和平的精英分子来领导，这些政治家、商人、知识分子和艺术家确实相信战争是一种邪恶，而且也相信战争能够避免。（虽然过去也有像早期基督徒之类的和平主义者，但就算在极少数情况下他们获得了权力，却常常就忘了那些要“把左脸也转过去”的教条。）

所以，现在有四大因素形成了一个良性循环。核子末日的威胁促进了和平主义；和平主义大行其道，于是战争退散、贸易兴旺；贸易增长，也就让和平的利润更高，而战争的成本也更高。随着时间过去，这个良性循环也就对战争造成另一个阻碍，而且可能最后看来会是最重要的阻碍：因为国际网络日渐紧密，使得多数国家无法再维持全然独立，所以其中任何一国片面宣战的机会也就大幅降低。大多数国家之所以不再发动全面战争的原因很简单，就是因为他们已经不再能够完全独立行事。虽然不管是在以色列、意大利、墨西哥还是在泰国，人民可能还是以为自己是个独立的国家，但其实任何经济或外交政策都不可能自外于他国，全面性的战争也不可能独自发动。正如我们在第十一章所提，现在正面临着全球帝国的形成。而这个帝国与之前的帝国也十分类似，会努力维持其疆域内的和平。正因为全球帝国的疆域就是全世界，所以世界和平也就能得到有效的维持。

* * *

有人会说，所谓的现代就是充满了盲目的屠杀、战争和压迫，而代表意象就是第一次世界大战的战壕、广岛的蘑菇状爆炸云，以及希特勒几近疯狂的意志。但也有人说，现代是个和平的时代，例如南美从来没有战壕，莫斯科和纽约从来没见过那些蘑菇云，而甘地和路德·金都让我们看到了宁静致远的缩影。

究竟孰是孰非？其实需要时间来证明。我们只要回顾过往就会发现，自己对于过去历史的看法总是受到近几年事件的左右。如果这一章是写在 1945 年或者 1962 年，可能看法就会偏向悲观。但正因为已经来到 2014 年，整个看待现代历史的观点也就相对比较愉快。

为了让乐观主义者和悲观主义者都能满意，或许可以说我们正在天堂和地狱的岔路口，而我们还不知道自己会朝向哪一个方向。历史还没告诉我们该挑哪边，而只要发生某些巧合，往哪边走都不算意外。

# 第十九章
# 从此过着幸福快乐的日子

在过去的500年间，我们见证了一连串令人惊叹的革命。地球在生态和历史上都已经整合成一个单一的领域。经济呈现指数增长，今日人类所享有的财富在过去只有可能出现在童话里。而科学和工业革命也带给我们超人类的力量，以及几乎可以说无限的能源。不仅社会秩序完全改变，政治、日常生活和人类心理也彻底改观。

只不过，我们真的更快乐了吗？人类在过去5世纪间积蓄的财富，是不是真的让我们找到了新的满足感？有了取之不尽的能源之后，我们是不是也得到了用之不竭的快乐？如果我们往更久之前回顾，认知革命以来这动荡不安的7万年间，世界是不是真的变得更好？到现在，阿姆斯特朗的脚印还留在无风的月球上，而3万年前也有个不知名的人，把手印留在雪维洞穴里；他们究竟谁比较快乐？如果后来的人并没有比较快乐，我们又为什么要发展农业、城市、文字、钱币、帝国、科学和工业呢？

历史学家很少问这样的问题。他们不去讨论秦朝人是不是比先前采集为生的人更快乐，伊斯兰教兴起后，埃及人是不是对生活更满意，也不讨论欧洲帝国在非洲崩溃之后，数百万非洲人的幸福受到什么影响。然而，这些可以说是最重要的历史问题。目前大多数的意识形态和政治纲领，虽然都说要追求人类幸福，但对于幸福快乐的真正来源为何却还是不明就里。民族主义者会说政治自决能够带来快乐。共产主义者会说无产阶级专政能够带来快乐。资本主义者会说自由市场能够创造经济增长，能够教导人类自立自强、积极进取，所以能够为最多人带来最大的快乐。

如果经过仔细研究，结果全盘推翻了这些人的假设，情况会如何？如果经济增长和自立自强并不会让人更快乐，又何必将资本主义奉如圭臬？如果研究显示大型帝国的属民通常比独立国家的公民更幸福，例如假设阿尔及利亚人被法国统治时比较快乐，那我们该怎么办？这样一来，要怎样评价去殖民化，民族自决的价值又该怎么说？

这些都还只是假设，原因就是历史学家至今还在回避提出这些问题，更不用说什么时候才会找出答案了。学者研究历史，但只是点出了一切的情形，像政治、社会、经济、性别、疾病、性、食物、服装，而很少有人提到这些究竟如何影响人类的幸福。这是我们对于历史理解的最大空白之处。

虽然很少有人提出对于快乐的长期纵观研究，但几乎所有学者和大众心中都多少有些模糊的定见。常有人认为，历史不断进展，人类的能力也不断增加。而一般来说，我们会运用能力来减轻痛苦、满足愿望，所以我们想必过得比中世纪的祖宗们更快乐，而他们又一定比石器时代的狩猎采集者更开心。

然而，这种进步论却可能有些问题。正如我们所见，新的倾向、行为和技能不一定会让生活过得更好。例如人类在农业革命学会了农耕畜牧，提升了人类整体形塑环境的力量，但对许多个人而言，生活反而变得更为艰苦。农民的工作比起狩猎采集者更为繁重，而且取得的食物种类变少、营养较不均衡，染上疾病与受到剥削的可能性都大增。同样，欧洲帝国开枝散叶，同时将各种概念、科技和农作物向四方传播，而且还打开了商业的新道路，大大提升了人类整体的力量；但对于数百万的非洲人、美洲原住民和澳大利亚原住民来说，这几乎完全算不上是好事。历史一再证实，人类有了权力或能力就可能滥用，所以要说能力越大就越幸福，看来实在有些天真。

有些反对这种观点的人，就会站在完全相反的立场。他们认为人的能力和幸福之间正好是负相关。他们认为权力使人腐化，人类有了越来越多的能力之后，创造出来的是个冷漠的机器世界，并不符合人类实际的需求。人类的演化，是让我们的思想和身体符合狩猎采集生活。因此，无论是转型成农业还是后来再转型到工业，都是让我们堕入不自然的生活方式，让我们无法完全实现基因中固有的倾向和本能，也就不可能满足我们最深切的渴望。就算是都市中产阶级，过着舒适的生活，生活中却再也没有什么比得上狩猎采集者猎到长毛象那种兴奋和纯粹的快乐。每次出现新发明，只是让我们与伊甸园又离得更远。

然而，如果认为每个发明都必然带来阴影，似乎也流于武断，就像是深信历史进步无法避免一样。或许，虽然我们与内心那个狩猎采集者越来越远，但并不全然是件坏事。举例来说，在过去的两个世纪里，现代医学让儿童死亡率从 33% 降到了 5% 以下。对于那些本来无法存活的孩童或者他们的家人朋友来说，难道这不是让他们的幸福感大增了吗?

还有一种更微妙的立场，就是把历史分成前后两段讨论。在科学革命之前，能力还不一定能带来幸福。中世纪的农民确实可能过得比狩猎采集者更为悲惨。然而在过去几世纪间，人类已经学会更聪明地使用能力。现代医学的胜利只是其中一个例子，其他同样震古烁今的成就还包括让暴力事件大幅降低，国际战争几乎已经烟消云散，而且大规模饥荒也几乎不再发生。

然而，这种说法其实也流于过度简化。首先，这里只根据了非常小的时间抽样，就做出了乐观的评估。大多数人类是要到 1850 年才开始享受到现代医学的果实，而且儿童死亡率急遽下降也是 20 世纪才出现的现象。至于大规模饥荒，一直到 20 世纪中叶都还是大问题。国际战争一直要到 1945 年后才变得罕见，而且一大原因还在于核子末日这项新的威胁。因此，虽然说过去几十年似乎是人类前所未有的黄金年代，但想知道这究竟代表历史潮流已经有了根本转变，又或只是昙花一现的美好，目前还言之过早。而且，要对现代性加以评价的时候，实在很难避开21世纪西方中产阶级的观点。但我们不该忘记，对于19世纪韦尔斯的煤矿矿工、中国鸦片烟的瘾君子，或者塔斯马尼亚岛的原住民，观点必然相当不同。楚格尼尼的重要性，绝对不下于《辛普森一家》里的老爸霍默。

其次，就算是过去半个世纪这短暂的黄金年代，也可能已经播下未来灾难的种子。在过去几十年间，人类用了无数新方法干扰地球的生态平衡，而且看来可能后患无穷。有大量证据显示，我们纵情消费而不知节制，正在摧毁人类赖以繁荣的根基。

最后一点，虽然智人确实取得了空前的成就，或许值得沾沾自喜，但代价就是赔上几乎所有其他动物的命运。人类现在取得许多物资和资源，让我们得以免受疾病和饥荒之苦，但我们是牺牲了实验室里的猴子、农场里的奶牛、输送带上的鸡，才换来这些让我们扬扬得意的成就。在过去两个世纪间，有数百亿动物遭到现代工业制度的剥削，而且其冷酷程度是整个地球史上前所未有的。就算那些动物保护团体指出的现象只有1/10是事实，现代农业产业也已经是史上最大规模、最残暴的罪行。要评估全球幸福程度的时候，只看上层阶级、只看欧洲人、只看男性，都是巨大的错误。而且，或许只看人类也同样有失公允。

### 快乐该如何计算?

到目前为止，我们讨论快乐的时候，似乎都认为这是由各种实质因素（例如健康、饮食和财富）建构出的产品。如果某个人更有钱、更健康，就一定也更快乐。但这一切真的这么理所当然吗?几千年来，早就有哲学家、神职人员和诗人反复思索快乐的本质，而且许多人都认为，社会、伦理和心灵因素对幸福感的影响，绝对不下于其他物质条件。有没有可能，虽然富裕社会里的人类荷包满满，却因为人际疏离和生活没有意义而深感痛苦?有没有可能，虽然我们的老祖宗生活条件较差，但因为与家人朋友、宗教和自然关系紧密，所以反而生活得比较满足？

近几十年来，心理学家和生物学家开始用科学方法来研究快乐的根源。究竟让人感到幸福快乐的是金钱、家庭、基因，还是美德？首先，得先定义要测量的对象。一般对于快乐普遍接受的定义是“主观感到幸福”。依照这个观点，快乐是种个人内在的感受，可能是因为当下直接的快感，或者对于长期生活方式的满足。而如果这是内部的感受，又要怎样才能由外部测量呢？一种做法是直接询问受试者，问问他们的感受如何。所以心理学家和生物学家就请受试者填写关于幸福感的问卷，再计算相关统计结果。

一般来说，关于主观幸福感的问卷会列出各种叙述，再请受试者以 0 到 10 加以评分，这些叙述例如“我对自己现在的样子感到满意”“我觉得活到现在非常值得”“我对未来感到乐观”“生活是美好的”。接着研究人员就会计算所有分数，算出受试者整体的主观幸福感程度。

这样的问卷能够用来了解快乐有哪些客观因素。举例来说，我们可以研究比较 1000 位年收入 10 万美元的人，以及 1000 位年收入 5 万美元的人。假设前者的平均主观幸福感有 8.7 分，而后者平均只有 7.3 分，研究就能合理推论财富与主观幸福感是正相关的。说得白话一点，也就是金钱会带来快乐。用同样的方法，我们也可以研究在民主国家的人是不是真的比独裁统治下的人更幸福，或者结婚的人是否比单身、离婚或丧偶的人更快乐。

有了这些数据，就能为历史学家提供比较基础，让他们再用过去关于财富、政治自由度和离婚率的资料来推论。举例来说，假设民主国家的人比独裁国家的人快乐、已婚的人比离婚的人快乐，历史学家就能主张：过去几十年间，民主化进程让人类的幸福感提高，但离婚率上升则有反效果。

当然，这种方式也还有改进的空间，但在更好的方式出现之前，这些发现也值得参考。

目前有一项耐人寻味的结论：金钱确实会带来快乐，但是有一定限度，超过限度之后的效果就不那么明显。所以，对于在经济底层的人来说，确实是钱越多就越快乐。如果你就是一个年收入只有1万多元的清洁工，忽然中了一张200万元的彩票，主观幸福感可能就会维持好一段时间的高档状态。这下，你可以让孩子吃饱穿暖，而且不用担心欠债越滚越多。然而，如果你本来就是个年薪几百万元的外商高层主管，就算中的是两三千万元的彩票，主观幸福感也可能只会提高几个星期。根据实证研究，这几乎肯定不会对你的长期感受有太大的影响。你或许会买台炫一点的车，搬到大一些的豪宅，喝些更顶级的红酒，但很快就会觉得这一切都普普通通，没什么新鲜感。

另一项有趣的发现是疾病会短期降低人的幸福感，但除非病情不断恶化，或者症状带有持续、让人无力的疼痛，否则疾病并不会造成长期的不快。比如如果有人被诊断患有像糖尿病之类的慢性疾病，确实是会让人郁闷一阵子，但只要病情没有恶化，他们就能调适过来，觉得自己和一般人的快乐程度也没什么差别。让我们假设一下，有一对中产阶级的双胞胎露西和路克，一起参与了一项主观幸福感的研究。早上做完研究之后，露西开车回家，却被一辆大巴士撞上，让她多处骨折，有一只脚永远行动不便。但就在救援人员把她拉出车子的时候，路克打电话来，兴奋大叫他中了千万美元的彩票大奖。于是，在两年后，她会是个瘸子，而他会比现在更为有钱。但是如果心理学家再去做后续追踪研究，他们两个人的幸福感与事件发生当天早上的结果并不会有多大不同。

目前看来，对快乐与否的影响，家庭和社群要比金钱和健康来得重要。那些家庭关系紧密良好、社群互相扶持帮助的人，明显比较快乐。而那些家庭机能失调、一直无法融入某个社群的人则明显比较不快乐。而其中，婚姻又是特别重要的一项因素。多项重复研究发现，婚姻美好与感觉快乐，以及婚姻不协调与感觉痛苦，分别都呈现高度相关。

而且，不论经济状况和身体健康如何，情况都是如此。所以，就算是贫穷而有病在身的人，如果身边有爱他的另一半、爱他的家人、愿意支持他的社群，他就可能比一个孤单无伴的亿万富翁感觉更幸福快乐。（当然，前提是这个人不能真的穷到无法生活，而他的疾病也不会不断恶化或让他持续感受疼痛。）

这样一来，我们就得考虑一种可能性。虽然过去两个世纪间人类在物质条件上有了大幅改善，但因为家庭崩溃、社会失调，所以两者的作用很可能互相抵消。如果真是如此，现在的人并不见得比 1800 年的人更快乐。甚至我们现在如此看重的"自由"，也可能是让我们不那么快乐的原因。虽然我们可以自己选择另一半、选择朋友、选择邻居，但他们也可以选择离开我们。现代社会每个人都拥有了前所未有的自由，能够决定自己要走哪条路，但也让我们越来越难真正信守承诺、不离不弃。于是，社群和家庭的凝聚力下降而解体，这个世界让我们感到越来越孤独。

然而，关于快乐最重要的一项发现在于：快乐并不在于任何像财富、健康甚至社群之类的客观条件，而在于客观条件和主观期望之间是否相符。如果你想要一辆牛车，而你也得到了一辆牛车，你就会感到满足。如果你想要一台全新的法拉利，而得到的只是一台二手的菲亚特，你就会感觉不开心。正是因为如此，不管是中彩票还是出车祸，对人们的幸福感并不会有长期影响。一切顺利的时候，我们的期望跟着膨胀，于是就算客观条件其实改善了，我们还是可能不满意。而在一切不顺的时候，我们的期望也变得保守，于是就算又碰上其他的麻烦，很可能心情也不会更低落。

你可能会觉得，这一切不就是老生常谈吗？就算没有这群心理学家、什么问卷都没做，我们也早就知道了。就像千年之前，先知、诗人和哲学家也早就说过，重要的是要知足，而不是一直想要得到更多。只不过，看到现代研究用了这么多数字和图表，最后得出和古人相同的结论，其实感觉还是不错。

* * *

正因为人类的期望如此重要，想要了解快乐这件事的历史，就不能不检视各种期望的影响。如果快乐只受客观条件影响（例如财富、健康和社会关系），要谈快乐的历史也就相对容易。但我们知道快乐有赖于主观的期望之后，历史学家的任务也就更为艰巨。对现代人来说，虽然有各种镇静剂和止痛药任我们使用，但我们越来越期望能得到舒适和快感，也越来越不能忍受不便和不适。结果就是我们感受到的痛苦程度可能还高于我们的先人。

这种想法可能很难理解。这里的问题在于，我们的心理深深埋藏着一个推理的谬误。在我们试着猜测或想象其他人有多快乐的时候（可能是现在或过去的人），我们总是想要设身处地去想想自己在那个情况下会如何感受。但这么一来，我们是把自己的期望放到了别人的物质条件上，结果当然就会失准。现代社会丰饶富裕，我们很习惯每天都要洗澡更衣。但在中世纪，农民好几个月都不用洗澡，而且也很少会换衣服。对现代人来说，光是想到要这样生活，就觉得真是臭到要命、脏到骨头里，完全无法接受。只不过，中世纪的农民似乎一点都不介意。这种衣服长时间没洗没换的触感和气味，他们早就已经习惯。他们并不是因为太穷而无法负担换洗衣服，而是压根儿就没有这种期望。于是，至少就衣服这一件事来说，他们其实很满足了。

如果真的想想，这其实也不足为奇。毕竟，像人类的表亲黑猩猩也很少洗澡，更从来没换过衣服。而我们的宠物猫狗也不是天天洗澡更衣，但我们也不会因此就讨厌它们，而是照样拍拍它们、抱抱它们，甚至还抱起来亲。就算是在富裕的社会里，小孩通常也不喜欢洗澡，得花上好几年的教育和管教，才能够养成这种理论上应该很舒服的习惯。一切都只是期望的问题而已。

如果说快乐要由期望来决定，那么我们社会的两大支柱（大众媒体和广告业）很有可能正在不知不觉地让全球越来越不开心。假设现在是5000年前，而你是一个住在小村子里的18岁年轻人。这时全村大概只有50个人左右，老的老、小的小，身上不是伤痕皱纹遍布，就是稚气未脱，很有可能就会让你觉得自己真是好看，因而满是自信。但如果你是活在今日的青少年，觉得自己长相不怎么样的可能性就要高多了。就算同一个学校的人都输你一截，你也不会因此就感觉开心。因为你在心里比较的对象是那些明星、运动员和超级名模，你整天都会在电视、脸书和巨型广告牌上看到他们。

有没有可能，第三世界国家之所以会对生活不满，不只是因为贫穷、疾病、腐败和政治压迫，也是因为他们看到了第一世界国家的生活标准？平均来说，埃及人在前总统穆巴拉克的统治下，死于饥饿、瘟疫或暴力的可能性远低于在古代法老拉美西斯二世（Ramses II）或埃及艳后克丽奥佩特拉统治的时期。对大多数埃及人而言，这根本是有史以来物质条件最好的时刻。在2011年，理论上他们应该要在大街上跳舞庆祝，感谢安拉赐给他们这一切的财富才对。然而，他们反而是满怀愤怒，起身推翻了穆巴拉克。原因就在于，他们比较的对象不是古代的法老王，而是同时代的美国总统奥巴马。

这么一来，就算是长生不老也可能会导致不满。假设科学找出了能够医治所有疾病的万灵丹，加上有效抗老疗程和再生治疗，能够让人永葆青春，那么，最可能发生的事，就是整个世界感到空前的愤怒和焦虑。

那些无力负担这些医学奇迹的人（也就是绝大多数人），一定会愤怒到无以复加。纵观历史，穷人和受压迫者之所以还能自我安慰，就是因为死亡是唯一完全公平的事。不论再富有、权力再大，人也难逃一死。光是想到自己得死，但有钱人居然能长生不老，就会让穷人怒火中烧、不可遏抑。

而且，就算是那极少数负担得起的，也不是从此无忧无虑。他们有太多需要担心的了。虽然新疗法可以延长寿命、常葆青春，但一旦真的死亡，仍然是无可救药。这么一来，原本自己和所爱的人应该能够永远在一起的，但就得更需要避免意外，不能被卡车撞到，也不能被恐怖分子炸成碎片！像这些理论上可以达到长生的人，很有可能一丁点儿的风险也不愿意承担，而且一旦真的失去配偶、子女或密友，他们感受到的痛苦更会高到难以想象。

### 快乐的化学成分

研究快乐的时候，社会科学家做的是发问卷调查主观幸福感，再将结果与财富和政治自由等社会经济因素结合。至于生物学家的做法，虽然也用一样的问卷，但结合的是生化和遗传因素。他们得出的研究结果令人大感震惊。

生物学家认为，我们的心理和情感世界其实是由经过数百万年演化的生化机制所形塑。所有的心理状态（包括主观幸福感）并不是由外在因素（例如工资、社会关系或政治权利）来决定，而是由神经、神经元、突触和各种生化物质（例如血清素、多巴胺和催产素）构成的复杂系统而定。

所以，不管是中了彩票、买了房子、升官发财，或是找到了真正的爱情，都不是真正让我们快乐的原因。我们能够快乐的唯一原因，就是身体内发出快感的感官感受。所以，那些刚中了彩票、刚找到真爱的人，之所以会快乐地跳了起来，并不是因为真的对金钱或情人有所反应，而是因为血液中开始流过各种激素，脑中也开始闪现着小小的电流。

但很遗憾，虽然我们总是想在人间创造出快乐的天堂，但人体的内部生化系统似乎就是对快乐多有限制，只会维持在恒定的水平。快乐这件事不适用于自然选择的原则，一个快乐的孤独隐士将会绝种，而两位整天焦虑的爸妈，却能把基因再传下去。快乐或痛苦在演化过程里的作用，就只在于鼓励或阻挡生存和繁衍。所以也不难想象，人类演化的结果，就是不会太快乐，也不会太痛苦。我们会短暂感受到快感，但不会永远持续。迟早快感会消退，让我们再次感受到痛苦。

举例来说，演化就把快感当成奖赏，鼓励男性和女性发生性行为、将自己的基因传下去。如果性交没有高潮，大概很多男性就不会那么热衷。但同时，演化也确保高潮得迅速退去。如果性高潮永续不退，可以想象男性会非常开心，但连觅食的动力都没了，最后死于饥饿，而且也不会有兴趣再去找下一位能够繁衍后代的女性。

有学者认为，人类的生化机制就像是个恒温空调系统，不管是严寒还是酷暑都要想办法保持恒定。虽然遇到某些事件会让温度暂时有波动，但最后总是会控制调整回到原来设定的温度。

有些空调系统会设定在25℃，也有的会设在20℃。至于人类的快乐空调系统，也是人人设定有所不同。如果说快乐的程度是由1到10分，有些人的生化机制天生开朗，就会允许自己的情绪在6到10分之间来回，大约稳定在8分附近。像这样的人，就算住在一个冷漠的大城市，碰上金融市场崩溃而丧失了所有积蓄，还被诊断患有糖尿病，还是会相当愉快乐观。也有些人，就是倒霉有着天生阴郁的生化机制，情绪在3到7分之间来回，大约稳定在5分附近。像这样的人，就算得到了密切社群的支持，中了几千万的彩票，健康得可以当奥运选手，还是会相当忧郁悲观。事实上，如果是这位天生忧郁的朋友，就算她早上中了几十亿的彩票，中午又同时找到了治愈艾滋病和癌症的方法，下午帮忙让以色列和巴勒斯坦达成和平，晚上又终于和失散多年的孩子团聚，她感受到的快乐程度仍然顶多就是7分而已。不论如何，她的大脑就是没办法让她乐不可支。

想想你的家人、朋友，是不是有些人，不论发生多糟的事，还是能保持愉快？是不是也有些人，不管得到了多大的恩赐，还是一直郁郁寡欢？我们常认为，只要换个工作、找到老公、买了新车、写完小说，或付完房贷，做完诸如此类的事，就能让自己快乐得不得了。然而，等我们真正达到这些期望的时候，却没有感觉真的比较快乐。毕竟，买车和写小说并不会改变我们的生化机制。虽然可以有短暂的刺激，但很快就会回到原点。

* * *

然而，先前的心理学及社会学研究也得出了一些结论（例如平均而言，已婚的人比单身的人更快乐），生物学对此要怎么解释？首先，心理学和社会学的研究只证明了相关性，但是真正的因果方向有可能和研究人员的假设正好相反。确实，已婚的人比单身和离婚的人更快乐，但这不一定代表是婚姻带来了快乐，也有可能是快乐带来了婚姻。或者更准确来说，是血清素、多巴胺和催产素带来并维系了婚姻。那些生化机制天生开朗的人，一般来说都会是快乐和满足的。而这样的人会是比较理想的另一半，所以他们结婚的概率也比较高。而且，和快乐满足的另一半相处，绝对比和郁闷不满的另一半相处来得容易，所以他们也比较不容易离婚。所以，确实已婚的人平均来说比单身的人更快乐，但如果是个生化机制天生忧郁的女生，就算真的找到好老公，也不一定就会比较快乐。

此外，大多数生物学家也不是完全只看生物这一套。虽然他们主张快乐“主要”是取决于生化机制，但也同意心理学和社会学因素同样有其影响力。毕竟，我们这套快乐空调系统虽然有上下限，但在这个范围里还是可以活动活动。虽然超出边界的可能性微乎其微，但结婚和离婚却能影响心情在这个范围内的移动方向。那些平均就是只有 5 分的人，永远不会忽然在大街上开心地跳起舞来。但如果嫁了好老公，就能让她三不五时感受到 7 分的愉悦，而更能避开 3 分的沮丧。

如果我们接受了生物学对于快乐的理论，历史这个学科的重要性就大减；毕竟，大多数的历史事件并不会对我们的生化机制有什么影响。虽然历史可以改变那些影响血清素分泌的外界刺激，但却无法改变最后的浓度，所以也就无法让人变得更快乐。

让我们用古代中国农夫和现代香港企业家为例。假设我们这位古代农夫住在没有暖气的小土屋里，旁边就是猪圈；企业家住在拥有各种最新科技的豪宅，窗口就能俯瞰南海的浩瀚海景。直觉上，我们会觉得企业家想必比农民更快乐。然而，快乐是在脑子里决定的，而大脑根本不管土屋或豪宅、猪圈或南海，只管血清素的浓度。所以，农夫盖完了他的土屋之后，大脑神经元分泌血清素，让浓度到达X。而在现代，企业家还完最后一笔豪宅房贷之后，大脑神经元也分泌出差不多数量的血清素，并且也让浓度差不多到达X。对大脑来说，它完全不知道豪宅要比土屋舒适太多，它只知道现在的血清素浓度是X。所以，这位企业家快乐的程度，并不会比那位足以当他高高高高高祖父的农夫来得高。

不仅对个人生活是如此，就算是众人的事件也不例外。我们以秦朝统一天下为例。秦朝统一天下之后，彻底改变了中国的政治、文化、社会和经济。但这一切都并未改变中国人的生化机制。因此，虽然统一让政治、社会、意识形态和经济都起了翻天覆地的变化，但对于中国人的快乐并没有多大影响。那些生化机制天生开朗的人，不管是活在战国时代，还是秦汉时代，都会一样快乐。但那些生化机制天生忧郁的人，过去总是在抱怨战国诸侯，现在也只是转而抱怨秦朝天子，并不会有什么改变。

但这么说来，中国的统一究竟有什么好处？如果没办法让人更快乐，又何必要有这么多的混乱、恐惧、流血和战争？像生物学家就绝对不会攻向巴士底狱。就算有人认为这些政治革命或社会改革会让他们开心，但到头来人们总是一次又一次被生化机制玩弄于股掌。

历史上，只有一项发展真正有重大意义。现在我们终于意识到，快乐的关键就在于生化系统，因此我们就不用再浪费时间处理政治和社会改革、叛乱和意识形态，而是开始全力研究唯一能真正让我们快乐的方法：操纵人类的生化机制。如果我们投入几十亿美元来了解我们的脑部化学，并推出适当的疗法，我们就能在无须发动任何革命的情况下，让人过得远比以前的人快乐。举例来说，百忧解（Prozac）之所以让人不再沮丧，靠的就不是对任何体制的改革，而只是提高血清素的浓度。

讲到这套生物学理论，最能抓到精髓的就是著名的新世纪（New Age）口号："快乐来自内心。"金钱、社会地位、整形手术、豪宅、握有大权的职位，这些都不会给你带来快乐。想要有长期的快乐，只能靠血清素、多巴胺和催产素。[112]

1932 年，正值经济大萧条的时代，赫胥黎出版了反乌托邦小说《美丽新世界》，书中将"快乐"当成最重要的价值，而且政治的基础不是警方、不是选举，而是精神病的药物。每天，所有人都要服用苏麻（soma，一种合成药物），这能让他们感到快乐，而且不影响生产力和工作。书中的政府是世界一体、统治全球，而且所有人不论生活环境如何，都对这感到无比满足。也因此，政府完全不用担心会爆发战争、革命、罢工或示威游行等威胁。这下，赫胥黎想象中的未来可能比奥威尔的《1984》更为棘手。赫胥黎的世界似乎对大多数读者来说都非常可怕，但又很难解释原因。所有人永远都是快乐的，这到底能有什么问题？

### 生命的意义

赫胥黎笔下这个令人毛骨悚然的世界，背后有一项基本生物学假设："快乐等于快感"。在他看来，快乐就是身体感觉到快感。因为我们的生化机制限制了这些快感的程度和时间，唯一能够让人长时间、高强度感受到快乐的方法，就是操纵这个生化机制。

然而，这种对于快乐的定义还是受到一些学者质疑。在一项著名的研究中，诺贝尔经济学奖得主丹尼尔·卡尼曼（Daniel Kahneman）请受试者描述自己一般上班日的全天行程，再分段一一评估他们究竟有多喜欢或讨厌这些时刻。他发现，大多数人对生活的看法其实会有所矛盾。让我们以养小孩为例。卡尼曼发现，如果真要计算哪些时刻令人开心，哪些时候叫人无聊，就单纯的数字来说，养小孩可说是非常不愉快的事。很多时候，养小孩就是要换尿布、洗碗、处理他们的哭闹和脾气，这些都算是没人想做的苦差事。然而，大多数家长都说孩子是他们快乐的主要来源。难道这些人都是脑子有问题吗？

当然，这是一种可能。但还有另一种可能：调查结果让我们知道，快乐不只是“愉快的时刻多于痛苦的时刻”这么简单。相反，快乐要看的是某人生命的整体；生命整体有意义、有价值，就能得到快乐。快乐还有重要的认知和道德成分。价值观不同，想法也就可能完全不同，例如有人觉得养小孩就像是个悲惨的奴隶，得侍候一个独裁的小霸王，但也有人觉得自己真是满怀着爱，正在培育一个新的生命。[113]正如尼采所言，只要有了活下去的理由，几乎什么都能够忍受。生活有意义，就算在困境中也能甘之如饴；生活无意义，就算在顺境中也度日如年。

不管任何文化、任何时代的人，身体感受快感和痛苦的机制都一样，然而他们对生活经验所赋予的意义却可能大不相同。如果真是如此，快乐的历史很可能远比生物学家想象的要来得动荡不安。这个结论并不一定是站在现代这边。如果我们将生活切成以一分钟为单位来评估当时是否幸福快乐，中世纪的人肯定看来相当悲惨。然而，如果他们相信死后可以得到永恒的祝福，很有可能就会认为生活真是充满了价值和意义；相对而言，现代世俗子民如果不信这一套，就会觉得人到最后就只有死亡，迟早会被遗忘，没了任何意义。如果用主观幸福感问卷问道“你对生活整体是否满意”，中世纪的人很可能得分会相当高。

所以，我们的中世纪祖先会感到快乐，就只是因为他们有着对来世的集体错觉，因而感觉生命充满意义吗？没错！只要没人去戳破他们的幻想，又为什么要不开心呢？从我们所知的纯粹科学角度来看，人类的生命本来就完全没有意义。人类只是在没有特定目标的演化过程中，盲目产生的结果。人类的行动没有什么神圣的整体计划，而且如果整个地球明天早上就爆炸消失，整个宇宙很可能还是一样这么继续运行下去。到目前为止，我们还是不能排除掉人类主观的因素。但这也就是说，我们对生活所赋予的任何意义，其实都只是错觉。不管是中世纪那种超脱凡世的生活意义，还是现代人文主义、民族主义和资本主义，本质上都完全相同，没有高下之别。可能有科学家觉得自己增加了人类的知识，所以他的生命有意义；有士兵觉得他保卫自己的国家，所以他的生命有意义。不论是创业者想要开新公司，还是中世纪的人想要读经、参与圣战、兴建新庙，他们从中感受到的意义，都只是错觉与幻想。

这么说来，所谓的快乐，很可能只是让个人对意义的错觉和现行的集体错觉达成同步而已。只要我自己的想法能和身边的人的想法达成一致，我就能说服自己、觉得自己的生命有意义，而且也能从这个信念中得到快乐。

这个结论听起来似乎很叫人难过。难道快乐真的就只是种自我的欺骗吗？

### 认识你自己

如果快乐是在于感受快感，想要更快乐，就得操纵我们的生化系统。如果快乐是在于觉得生命有意义，想要更快乐，就得要骗自己骗得更彻底。还有没有第三种可能呢？

以上两种论点都有一个共同假设：快乐是一种主观感受（不管是感官的快感还是生命有意义），而想要判断快不快乐，靠的就是直接问他们的感受。很多人可能觉得这很合逻辑，但这正是现代自由主义当道而成的结果。自由主义将“个人主观感受”奉若圭臬，认为这些感受正是权威最根本的源头。无论是好坏、美丑、应不应为，都是由每个人的感觉来确定。

自由主义政治的基本想法，是认为选民个人最知道好坏，我们没有必要由政府老大哥来告诉人民何者为善、何者为恶。自由主义经济学的基本想法，是客户永远是对的。自由主义艺术的基本想法，是各花入各眼，看的人觉得美就是美。自由主义的学校和大学，叫学生要为自己多想想。广告叫我们："做就对了！"就连动作片、舞台剧、肥皂剧、小说和流行歌，都不断在洗脑着："忠于自我""倾听你自己""顺从你的渴望"。对于这种观点，卢梭的说法称得上是经典："我觉得好的，就是好的。我觉得坏的，就是坏的。"

如果我们从小到大不断被灌输这些口号，就很可能相信快乐是种主观的感受，而是否快乐当然就是每个人自己最清楚。然而，这不过是自由主义独有的一个观点而已。历史上大多数的宗教和意识形态认为，关于善、关于美、关于何事应为，都有客观的标准。在这些宗教和意识形态看来，一般人自己的感觉和偏好可能并不可信。从老子到苏格拉底，哲学家不断告诫人们："认识你自己！"但言下之意也就是一般人并不知道自己真实的自我，也因此很可能忽略了真正的快乐。弗洛伊德很可能也会这么想。[①]

基督教神学家应该也会同意这种说法。不管是圣保罗还是圣奥古斯丁都心知肚明，如果让人自己选择的话，大多数人都宁愿把时间用来做爱，而不是向上帝祈祷。这种选择绝对是顺从你的渴望，但这意思是想要快乐就该去做爱吗？圣保罗和圣奥古斯丁可绝对不会这么说。对他们而言，这只证明了人类本来就有罪，而且容易受到撒旦的诱惑。从基督教的角度来看，大多数人都多多少少沉溺在类似海洛因成瘾的情境里。假设有个心理学家，想调查吸毒者的快乐指数。经过调查之

---

① 心理学要研究主观幸福感，靠的是受试者要能够正确判断自己的快乐程度；但矛盾的是，之所以会出现心理学，正是因为人类并不真正了解自己，有时候需要依靠专业人士的帮助，以避免自我毁灭的行为。

后，他发现这些吸毒者全部志同道合，所有人都说在吸毒的时候最快乐了。请问这位心理学家是不是该发表一份文件，告诉大家想快乐就该去吸毒？

除了基督教以外，还有其他人也认为主观感受不该是最大重点。至少在讲到主观感受的价值时，甚至达尔文和英国演化生物学家道金斯（Dawkins）都有部分观点会与圣保罗和圣奥古斯丁相同。根据道金斯《自私的基因》理论，正如同其他动物，人类在自然选择的影响下，就算对个人不利，他们也会选择要让基因继续流传下去。大多数男性一生劳苦、终日烦忧、竞争激烈、需要不断战斗，就是没办法享受一下平静的幸福；但这是因为DNA操纵着他们，要他们为它自私的目的做牛做马。DNA就像撒旦，用一些稍纵即逝的快乐作为引诱，令人为之臣服。

正因如此，大多数宗教和哲学看待快乐的方式，都与自由主义非常不同。[114] 最看重快乐这个问题的，就是佛教。2500多年来，佛教有系统地研究了快乐的本质和成因；正因如此，最近有越来越多科学团体开始研究佛教哲学和冥想。佛教认为，快乐既不是主观感受到愉悦，也不是主观觉得生命有意义，反而是在于放下追求主观感受这件事。

根据佛教的观点，大多数人太看重自己的感受，以为快感就是快乐，不愉悦的感受就是受苦。于是，人类就渴望能有快感，并希望避免不愉悦的感受。然而，这是大大的误解。事实是，人类的主观感受没有任何实质或意义。主观感受就只是一种电光石火的波动，每个瞬间都在改变，就像海浪一样。不论你感受到的是快感或不快，觉得生命是否有着意义，这都只是一瞬间的波动而已。

如果我们太看重这些内部的波动，就会变得太过执迷，心灵也就焦躁不安、感到不满。每次碰上不快，就感觉受苦。而且就算已经得到快感，因为我们还希望快感能够增强或者害怕快感将会减弱，所以心里还是不能感到满足。追求这些主观感受十分耗费心神，而且终是徒劳，只是让我们受制于追求本身。因此，苦的根源既不在于感到悲伤或疼痛，也不在于感觉一切没有意义。苦真正的根源就在于“追求”主观感受这件事，不管追求的是什么，都会让人陷入持续的紧张、困惑和不满之中。

人想要离苦得乐，就必须了解自己所有的主观感受都只是一瞬间的波动，而且别再追求某种感受。如此一来，虽然感受疼痛，但不再感到悲惨；虽然愉悦，但不再干扰心灵的平静。于是，心灵变得一片澄明、自在。这样产生的心灵平静力量强大，那些穷极一生疯狂追求愉悦心情的人完全难以想象。这就像是有人已经在海滩上站了数十年，总是想抓住“好的海浪”，让这些海浪永远留下来，同时又想躲开某些“坏的海浪”，希望这些海浪永远别靠近。就这样一天又一天，这个人站在海滩上徒劳无功，被自己累得几近发疯。最后终于气力用尽，瘫坐在海滩上，让海浪就这样自由来去。忽然发现，这样多么平静啊！

这种想法与现代自由主义的文化完全格格不入，所以等到西方的新世纪运动碰上佛教教义，就想用自由主义的方式加以解释，结果意思却是完全相反。新时代教派常常主张：“快乐不在于外在条件，而只在于我们内心的感受。我们应该别再追求像财富、地位之类的外在成就，而是要多接触自己内心的情感。”或者说得简单一点，就是“快乐来自内心”。这与生物学家的说法不谋而合，但与佛教的说法几乎正是背道而驰。

佛教与现代生物学和新世纪运动的相同点，在于都认定快乐不在于外在条件。但佛教更重要也更深刻的见解在于，真正的快乐也不在于我们的主观感受。我们如果越强调主观感受，反而就越感到苦。佛教给我们的建议是，除了别再追求外在成就之外，同时也别再追求那些感觉良好的心里感受了。

* * *

总结来说，我们现在会使用主观幸福感问卷，希望找出来我们主观认定什么时候有幸福感，而且认为找到特定的情绪状态就是找到了快乐。但相反的是，许多传统哲学和宗教（如佛教）则认为，快乐的关键在于追求真我、真正了解自己。大多数人都以为自己的感觉、想法、好恶就组成了自己，但这是一大错误。他们感觉愤怒的时候，心里想“我很生气，这是我的愤怒”。于是这一辈子做的，都是想要避开某些感受并追求另外某些感受。但他们从来没有发现，苦真正的来源不在于感受本身，而是对感受的不断追求。

如果真是如此，我们过去对于快乐这件事的历史认知，就有可能都是错的。或许，究竟期望是否得到满足、感受是否快活都不是重点，真正重要的问题在于人类是否了解自己。我们有什么证据，证明今天的人比起远古的采集者或中世纪的农民更了解自己呢?

学者一直到几年前才开始研究快乐这件事的历史，而且现在还停留在最初的阶段，正在做出初步的假设、寻找适当的研究方法。这场讨论才刚刚起步，要得出确切的结论还为时过早。最重要的，是要了解各种不同的研究方法，并且提出正确的问题。

大多数的历史书籍强调的都是伟大的思想家、英勇的战士、慈爱的圣人，以及创造力丰沛的艺术家。这些书籍对于社会结构的建立和瓦解、帝国的兴衰、科技的发明和传播，可说是知无不言、言无不尽。但对于这一切究竟怎么为个人带来快乐或造成痛苦，却是只字未提。这是我们对于历史理解的最大空白之处。而且，现在该是补上的时候了。

## 第二十章
## 智人末日

本书一开始，提到我们是从物理学走向化学、走向生物学，然后走向历史学。而无论是物理作用、化学反应，还是生物的自然选择，都对智人和其他一切生物一视同仁、殊无二致。虽然说在自然选择这一块，智人的发挥空间似乎远大于其他生物，但毕竟仍然有限。换句话说，不论智人付出了多少努力，有了多少成就，还是没办法打破生物因素的限制。

然而，就在21世纪曙光乍现之时，情况已经有所改变：智人开始超越了这些界限。自然选择的法则开始被打破，而由智能设计（intelligent design）法则取而代之。

在将近40亿年的时间里，地球上每一种生物的演化都是依循着自然选择的法则。没有任何一种是由某个具有智慧的创造者所设计的。以长颈鹿为例，它的长颈是因为远古时代长颈鹿原型之间的竞争，而不是因为有某个具有超级智慧的生物所操控。在长颈鹿原型之间，脖子较长的相较于脖子短的能够得到更多食物，也就能够产下较多后代。没有人（肯定也没有长颈鹿）曾经说过："如果有比较长的脖子，就能让长颈鹿吃到树顶上更多叶子。所以我们就让脖子变长吧！"达尔文理论美妙的地方，就是并不需要有某位智慧过人的设计者来解释为什么长颈鹿会有长脖子。

数十亿年来，因为我们根本没有足以设计生物的智能水平，所以智能设计甚至从来都不是选项之一。一直到相对不久之前，微生物都是地球上唯一的生物，而且能够完成某些神奇的任务。属于某个物种的微生物，可以从完全不同的物种中取得基因码、加入自己的细胞中，从而取得新的能力，例如对抗生素产生抗药性。然而，至少就我们所知，微生物并没有意识，它们没有生活目标，也不会未雨绸缪、为将来做准备。

演化到某个阶段之后，像长颈鹿、海豚、黑猩猩和尼安德特人都已经有了意识，也有了为将来做准备的能力。然而，就算尼安德特人曾经有过这个梦想，希望鸡可以长得肥一些，动得慢一点，好让他饿的时候抓起来方便，他也无法把梦想化为现实。他还是只能乖乖去打猎，猎捕那些经过物竞天择发展成现在这个样子的鸟类。

大约1万年前，因为出现了农业革命，让古老的系统首次有了突破。那些还是希望鸡能够又肥又慢的智人，发现如果找出长得最肥的母鸡，再把它与动得最慢的公鸡交配，生出来的后代就会又肥又慢。这些生下来的后代再继续互相交配，后代的鸡就都具有又肥又慢的特点。这是一种原本不存在于自然界的鸡，之所以经过这样的智能设计而出现，是因为人而不是神。

不过，与所谓全能的神相比，智人的设计技术还差得远了。虽然智人可以通过选择育种（selective breeding）来走快捷方式，加速自然选择的进程，但如果想要加入的特性并不存在于野生鸡的基因库里，就仍然无能为力。在某种程度上，智人与鸡之间的关系，就和一般常见而自然的共生关系十分相似。智人等于是对鸡施予了特定的选择压力，让又肥又慢的鸡特别能够繁衍下来；就像蜜蜂采蜜授粉的时候也是对植物施予了选择压力，让花朵色彩鲜艳的品种更能生生不息。

时至今日，这个40亿岁的自然选择系统却面临了一项完全不同的挑战。在全球各地的实验室里，科学家正在改造各种生物。他们打破自然选择的法则而丝毫未受惩罚，就连生物最基本的原始特征也完全不看在眼里。巴西生物艺术家爱德华多·卡茨（Eduardo Kac）就在2000年推出了一项新艺术作品：一只发着荧光绿的兔子。卡茨找上法国的一间实验室，付费请求依他的要求改造出一只会发光的兔子。法国科学家于是拿了一个普通的兔子胚胎，再植入由绿色荧光水母取得的DNA。当当当当! 绿色荧光兔隆重登场。卡茨将这只兔子命名为阿巴（Alba）。

如果只有自然选择，阿巴根本不可能存在。它就是智能设计下的产物。同时，它也可说是一个预兆。阿巴的出现其实代表着一股潜力，如果这股潜力完全发挥（而且人类没有因此灭亡），科学革命很可能就远远不只是历史学上的一场革命而已。这很可能会成为地球出现以来最重要的生物学革命。经过40亿年的自然选择之后，阿巴可说是站在新时代曙光乍现的时间点，生命即将改由智能设计来操控。如果这种可能性最终成真，事后看来，到这之前为止的人类历史就能够有新的诠释：这就是一个实验和实习的过程，最后是要彻底改变生命的游戏规则。像这样的过程，我们不能只看人类的几千年，而要看整体的几十亿年。

全世界的生物学家现在都正在与智能设计这场风潮相对抗。智能设计反对所有我们在学校里学到的达尔文演化论，而且认为既然生物如此复杂各异，想必是有某个创造者，从一开始就想好了所有的生物细节。生物学家说对了过去，但讽刺的是，讲到未来，有可能智能设计才是对的。

本书写到这里的时候，有三种方式可能让智能设计取代自然选择：生物工程（biological engineering）、仿生工程（cyborg engineering）与无机生命（inorganic life）工程。

## 老鼠和人

所谓生物工程，指的是人类刻意在生物层次进行的干预行为（例如植入基因），目的在于改变生物体的外形、能力、需求或欲望，以实现某些预设的文化概念（例如爱德华多·卡茨心中的那种艺术）。

到目前为止，生物工程本身并不算是什么新的概念。人们数千年来一直使用生物工程来重新塑造自己和其他生物。一个简单的例子是阉割。在英文里，未阉割的公牛称为“bull”，阉割后的称为“ox”，这种将牛阉割的做法已经有大约1万年之久，阉割后的牛比较不具侵略性，也就比较容易训练拉犁。此外，也有一些年轻男性被阉割，好培养出可唱出女高音优美声调的假声男高音，或是能够协助宫廷事务的太监。

然而，人类最近对生物体运作的研究有长足进展，已经达到细胞、细胞核的水平，也出现了许多过去难以想象的可能性。举例来说，我们现在不只能够将男性阉割，甚至还能通过外科手术和注射激素，完全改变他们的性别。这还只是开始。

在1996年，下面这张照片出现在报纸和电视上，各方反应不一，有人惊喜，有人恶心，有人完全吓傻了。

这并不是改图修图后的假照片，而是千真万确的一只真的老鼠，背上被科学家植入牛软骨细胞。因为科学家能够控制新组织生长，就能让它长出人类耳朵的形状。也许在不久之后，科学家就能用这种方式制造出能植入人体的人工耳。[115]

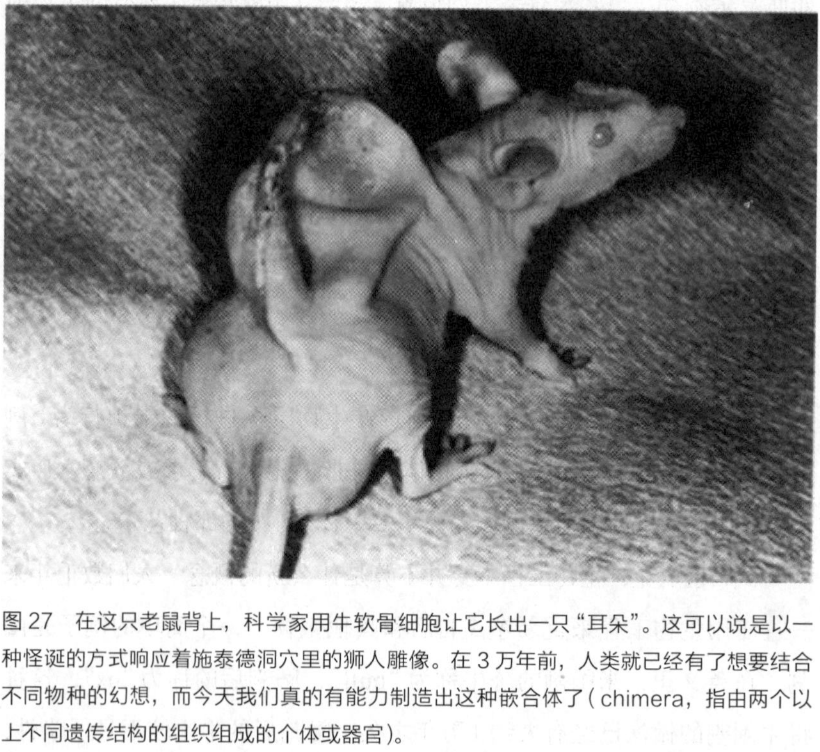

图 27　在这只老鼠背上，科学家用牛软骨细胞让它长出一只“耳朵”。这可以说是以一种怪诞的方式响应着施泰德洞穴里的狮人雕像。在 3 万年前，人类就已经有了想要结合不同物种的幻想，而今天我们真的有能力制造出这种嵌合体了（chimera，指由两个以上不同遗传结构的组织组成的个体或器官）。

此外，基因工程更是能做到一些几近奇迹的事，也因此引发了一系列的伦理、政治和意识形态议题。而且，并不是只有虔诚的一神教信徒指责人类不该抢了上帝的角色。对于科学家这种干预自然事务的做法，有许多坚定的无神论者也同样大感震惊。动物权利保护团体谴责这种基因工程实验，认为这不但造成实验动物的痛苦，而且改造时也完全无视家禽家畜的需求和欲望。人权保护团体也担心，基因工程可能被用来创造某种超人类，结果就是其他人都成了他的奴隶。另外也早有人预测将会出现生物独裁统治的末日场景，用复制的方式制造出不懂得恐惧为何物的士兵，不知道反抗是什么概念的工人。许多人都认为，现在人类太快看到太多的机会，手中已经握有基因修改能力，却还无法做出明智、有远见的决定。

结果就是，我们现在只发挥了基因工程一小部分的能力。现在改造的大多数生物，都是那些最没有政治利害关系的物种，例如植物、真菌、细菌、昆虫等等。举例来说，大肠杆菌是一种共生在人体肠道里的细菌，只有在它跑出了肠道、造成致命感染的时候，大家才会在报纸上看到它们造成的消息。而现在大肠杆菌就经过基因工程改造，用来生产生物燃料。[116] 大肠杆菌和其他几种真菌也经过改造来生产胰岛素，期望能降低糖尿病的治疗费用。[117] 现在我们也取出某种北极鱼类的基因，植入马铃薯的基因，好让马铃薯更耐寒。[118]

少数哺乳动物也正在接受基因工程改造。奶农业一直得要面对乳腺炎这项大敌，每年奶牛因此无法产奶的损失高达数十亿美元。科学家目前正在尝试将奶牛基因改造，让牛奶里含有溶葡萄球菌酶（lysostaphin），这种酶能够攻击造成乳腺炎的细菌。[119] 另外，最近健康意识抬头，消费者不希望从火腿和培根吃到太多不健康脂肪，养猪业最近正在期待一种植入了蠕虫基因的猪，这种基因能够让猪的脂肪酸从不健康的 omega-6 脂肪酸转为健康的 omega-3 脂肪酸。[120]

真正走到下一代基因工程之后，这种让猪有健康脂肪的改造就只能算是小菜一碟罢了。现在，遗传基因学家已经成功将蠕虫的平均寿命延长6倍，也已经创造出某种天才老鼠，在记忆和学习能力上大有长进。[121] 田鼠是一种小型、粗壮的啮齿类动物，很像老鼠，而且大多数品种的习性都是杂交。然而，却有一个品种有忠贞的一夫一妻关系。遗传基因学家声称已经找出了这种形成田鼠一夫一妻制的基因。只要加上这个基因，就能让田鼠从爱偷吃变成爱顾家，我们的基因改造能力就不仅能改变啮齿动物的个体能力，甚至有可能改变它们的社会结构。（而且，是不是人类也能如法炮制？）[122]

### 让尼安德特人再现

然而，遗传基因学家想改造的还不只是现有的生物，甚至也想让已绝种的动物再现身影。而且对象还不只是像电影《侏罗纪公园》演的恐龙。从西伯利亚冰层里挖掘出长毛象遗体之后，由俄罗斯、日本和韩国组成的科学家团队最近已经完成长毛象的基因测序。他们正在计划要拿一个现代大象的受精卵细胞，将大象的DNA换成长毛象DNA，再重新植回大象的子宫。只要再经过大约22个月，长毛象就能在绝迹近5000年后再次重现于地球。[123]

然而，又为什么要画地自限，只做长毛象呢？哈佛大学的乔治·丘奇（George Church）教授最近指出，完成尼安德特人基因组计划（Neanderthal Genome Project）之后，我们就将能在智人的卵子里重建尼安德特人的DNA，在3万年后再次诞生一个尼安德特人的小孩。丘奇表示，只要给他少少的3000万美元预算，这就可能成真。而且已经有几位女性自愿担任代理孕母。[124]

我们为什么需要让尼安德特人再现？有些人认为，如果我们能研究活生生的尼安德特人，就能解决某些关于智人起源和独特性最难解的问题。只要能比较尼安德特人和智人的大脑，找出两者不同之处，或许我们就能知道有什么生物上的变化让我们产生了现在的意识。而且，有人认为这也有伦理道德上的理由：如果是智人造成了尼安德特人灭绝，岂不该负责把他们救回来？此外，有尼安德特人这种人种也可能很好用。许多产业可能很高兴，因为两个智人才能做的粗活，尼安德特人一个就能搞定。

然而，又为什么要画地自限，只做尼安德特人呢？为什么不回到最初上帝的那块画板，直接设计出更完美的智人？智人的种种能力、需求和欲望都根源于智人的基因，而且智人的基因组其实并不比田鼠或老鼠复杂太多。（老鼠的基因组有大约 25 亿个核碱基，智人约有 29 亿个，也就是说智人只比老鼠复杂了 14%。）[125] 在基因工程的中程发展时期（或许就是几十年内），基因工程和其他各种生物工程可能有办法带来影响深远的改变，不仅能够改变人类的生理、免疫系统和寿命长短，甚至能改变人类的智力和情感能力。如果基因工程可以创造出天才老鼠，为什么不创造天才的人呢？如果基因工程可以让两只田鼠长相厮守，何不让人类也是天生彼此忠贞不贰？

认知革命后，智人从几乎微不足道的猿类变成了世界的主人。然而智人的生理并没有什么改变，甚至连大脑的容量和外形也和过去几乎相同。可见这只是大脑内部几个小小的调整罢了。也或许，只要再有某个小小的调整，就会引发第二次的认知革命，建立一种全新的意识，让智人再次改头换面、彻底不同。

虽然我们目前确实还无法创造出超人类，但看来前方的路上也没有什么绝对无法克服的科技障碍。现在真正让人类研究放慢脚步的原因，在于伦理和政治上的争议。然而，不管现在的伦理论点如何有说服力，未来的发展似乎势不可当；特别是这有可能让我们无限延长人类生命、解决各种疑难杂症，以及强化人类认知和情感上的能力。

举例来说，如果我们本来只是想治疗阿尔茨海默病，但发现药物的副作用是大幅增进一般健康民众的记忆力，又该如何？这种研究挡得住吗？而等到药物开发生产之后，会有哪个执法机关能够规定仅得用于治疗阿尔茨海默病，一般人不得用以取得超级记忆力？

我们现在还不知道生物工程是不是真能让尼安德特人再现，但这很可能将为智人拉下终幕。操纵基因并不一定会让智人大批死亡而绝种，但很可能会让智人这个物种大幅改变，到最后就成了另一个物种，而不宜再使用智人这个名称。

### 仿生的生命

现在再来谈第二种可能改变生命法则的新科技：仿生工程。仿生工程结合有机和无机组织，创造出“生化人”（cyborg），例如为人类装上生化手就是一例。从某种意义上，现代所有人几乎多多少少都是生化人，用各种其他设备来辅助我们的感官和能力，像眼镜、心脏起搏器、辅具，甚至还包括计算机和手机（这样一来就能减轻一些大脑要储存及处理数据的负担）。但我们正要迈入一个要成为真正生化人的门槛，真正让一些无机组织与身体结合而不再分开，而这会改变我们的能力、欲望、个性以及身份认同。

美国国防先进研究计划署（Defense Advanced Research Projects Agency）是美国官方的军事研究机构，正在研究仿生昆虫。这里的概念是在苍蝇或蟑螂身上植入电子芯片，让人或机器从远程遥控昆虫的动作，并取得昆虫接收到的外界信息。这样的间谍苍蝇就能潜入敌人总部，停在墙上窃听最机密的谈话，只要别被蜘蛛抓走，就能让我们完全掌握敌人的计划。[126] 在 2006 年，美国海军水下作战中心（Naval Undersea Warfare Center）也曾提出计划研发仿生鲨鱼，表示“本中心正研发一种鱼用标签，它的目标是通过神经植入物控制宿主动物的行为”。鲨鱼天生就能够侦测到磁场，效果比目前所有人类发明的侦测器都灵敏，因此研发人员希望利用它们的这种能力，侦测到潜艇和水雷形成的电磁场。[127]

智人也正在变成生化人。最新一代的助听器有时也会称为“生化耳”，外侧有一个麦克风，可以吸收外界声音，经过过滤、识别出人声，转化成电波信号，直接传递到中枢听觉神经，再传送到大脑中。[128]

德国的“视网膜植入”（Retina Implant）公司取得政府资金，正在开发一种人工视网膜，可能让盲人重获部分视力。它的做法是将一个微芯片植入患者眼中，光感应器吸收进入眼中的光线，将光能转为电能，刺激视网膜上未受损的神经细胞。细胞发出神经冲动刺激大脑，就会转译为视觉影像。目前，这项科技已经让患者能够进行空间定位、读识字母，甚至也能够辨识人脸。[129]

在 2001 年，美国一位水电工杰西·沙利文因为事故而让双臂从肩膀以下截肢。但今天在芝加哥复健研究中心（Rehabilitation Institute of Chicago）协助下，他能有一双生化手臂。这双新手臂的特殊之处，在于它们是由思想操纵的。杰西的大脑发出神经信号，再由微电脑转译成电子信号命令，就能让手臂移动。所以，杰西想要举起右手的时候，是有意识地进行我们一般人下意识做的动作。虽然这双电子手臂能做的事远远少于正常的人类手臂，但已经让杰西能够处理一些日常生活的简单工作。克劳迪亚·米切尔是一位美国大兵，她最近在一次机车事故中失去了一只手臂，现在也装上了一只类似的生化手。科学家相信，生化手很快不只能够随心所欲运动，还能再发送信号传回大脑，也就是甚至能让截肢病患者恢复触觉！[130]

目前的生化手臂还远远不及真正的有机手臂，但它们的发展潜力无穷。举例来说，我们可以让生化手臂有着远大于人类手臂的力量，就算拳王在生化手臂前也会像是弱鸡。此外，生化手臂可以每隔几年就更新换代，也能够脱离身体、远距离操作。

北卡罗来纳州杜克大学的科学家最近刚证明了这一点，他们在几只恒河猴的大脑里面植入电极，再让电极收集脑中的信号，传送到外部设备。接着，猴子被训练单纯用意识控制外部的生化手脚。有一只叫极光（Aurora）的母猴，不仅学会了如何用意识控制外部的生化手臂，还

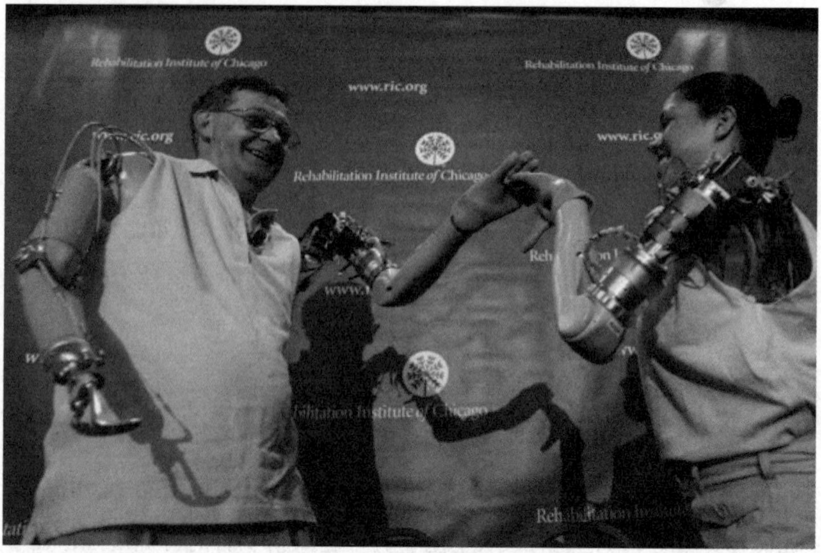


图 28　杰西·沙利文和克劳迪亚·米切尔握手。他们的生化手臂只要用意识就能操纵，十分令人惊奇。

能同时移动自己的两只手臂。现在它就像是印度教的女神一样，有三条手臂，而且生化手臂还能位于另一个房间甚至另一个城市里。所以，它现在可以坐在北卡罗来纳州的实验室里，一手抓抓背，一手抓抓头，还能有一手在纽约偷根香蕉（只可惜现在还没办法远距离吃香蕉）。另一只叫伊多雅（Idoya）的母猴，则是曾在 2008 年坐在北卡罗来纳州实验室的椅子上，再用意识控制一双在日本京都的生化腿，让它从此世界知名。那双腿足足有伊多雅体重的 20 倍重。[131]

闭锁症候群（locked-in syndrome）是一种神经疾病，病患会丧失几乎所有控制身体移动的能力，但认知能力却完全不受影响。罹患这种疾病的病人，最后只能用眼球微小的运动与外界沟通。然而，现在已经有几位病人的脑中植入了收集大脑信号的电极。目前科学家正在努力解译这些信号，希望不只能将信号转为动作，更能转为语言。如果实验成功，闭锁症候群的患者最终将能够直接与外界说话，而且我们甚至可以用这项科技来阅读他人心中的想法。[132]

然而，在所有目前进行的研究当中，最革命性的就是要建构一个直接的大脑–计算机双向接口，让计算机能够读取人脑的电子信号，并且同时输回人脑能够了解的电子信号。如果这种设备成功，再直接将大脑连上网络，或者让几个大脑彼此相连、形成"脑际网络"，情况会如何？如果大脑能够直接存取集体共同的记忆库，对于人类的记忆、意识和身份认同又会有什么影响？举例来说，在这种情况下，生化人就能够取得他人的记忆。就算从来没听说过另一个人，没看过他的自传，也不是靠着想象，但却能够直接记得他的记忆，就像是自己的记忆一样。而且，这里的他人可能是男，也可能是女。像这样的集体记忆概念，对于自我和性别认同又会有什么影响？在这种时候，我们要怎么"认识你自己"？又要怎么知道，哪些才是真正属于你自己的梦想，而不是集体记忆中的愿望？

这样的生化人就不再属于人类，甚至也不再属于有机生物，而是完全不同的全新物种。这一切是根本上的改变，其中的哲学、心理或政治影响可能都还不在我们的掌握之中。

## 另一种生命

第三种改变生命法则的方式，则是创造出完全无机的生命。最明显的例子，就是能够自行独立演化的计算机程序和计算机病毒。

现在计算机工程世界正当红的一个领域，就是基因程序设计（genetic programming）。这种程序设计模仿基因遗传演化。许多程序设计师都有一个梦想，希望能创造出一个能够独立于创造者、完全自行学习演化的程序。在这种情况下，程序设计师只是一个原动力（primum mobile），程序一经发动之后，就会开始自由演化，无论创造者还是其他任何人都不再能掌握它的发展方向。

我们现在已经有了这种程序的原型，也就是一般说的计算机病毒。计算机病毒在网络上流传的时候，会不断自我复制数百万到数亿次，一面要躲避追杀的防毒软件，一面又要与其他病毒争夺网络里的空间。而总有某一次，在病毒自我复制的时候出现了错误，这就成了一种计算机化的突变。这种突变有可能是因为病毒设计师，原本就让病毒偶尔会发生随机复制错误；也有可能就是因为某种随机发生的误差。假设在偶然下，突变后的病毒比较能躲过防毒软件的侦测，而且仍然保留着入侵其他计算机的能力，就会在网络里迅速传播。于是，这种突变种就能生存下来，而且开始繁衍。随着时间过去，网络空间就会充满这些并非由人所设计出来、经过无机演化而成的新型病毒。

这些病毒算是生命吗？这可能要取决于每个人对“生命”的定义，但它们确实是由新的演化程序而生，完全独立于有机演化的法则和局限之外。

我们再想象一下另一种可能性。假设你可以将自己的大脑整个儿备份到硬盘上，再用笔记本电脑来读取运作。这样一来，笔记本电脑是不是就能够像智人一样地思考和感受了呢？如果是的话，那算是你吗？还是算别人呢？如果计算机程序设计师可以建构起一个全新的数字个体心灵，完全由计算机程序码组成，但拥有自我的知觉、意识和记忆，这又算是什么？如果你让这个程序在计算机上运作，这算是一个人吗？如果你删了这个程序，算是谋杀吗？

我们可能很快就会得到这些问题的答案了。2005 年成立了一项“蓝脑计划”（Blue Brain Project），希望能用计算机完整重建一个人脑，用电子回路来仿真大脑中的神经网络。计划主持人表示，如果能有足够的经费，只要 10 到 20 年，就能在计算机里建构出人工大脑，而且语言及举止就像是正常人一样。到现在，并不是所有学者都认为人脑的运作方式类似于计算机（因此也就很难用现今的计算机来仿真），但我们并不能因此就排除这种可能性。在 2013 年，蓝脑计划已经从欧盟取得了 10 亿欧元资金的资助。[133]

## 奇点

目前，所有这些新契机只有一小部分已经成真。然而，在 2014 年这个世界上，文化已经挣脱了生物学的束缚。我们现在不只能改造周遭的世界，更能改造自己体内和内心的世界，而且发展的速度奇快无比。有越来越多领域的行事方式都已经被迫大幅改变，不再能照旧便宜行事。律师需要重新思考关于隐私和身份认同的问题；各国政府需要重新思考医疗保健和平等的问题；体育协会和教育机构需要对公平竞争和成就重新定义；退休基金和劳动力市场也得调整，未来的 60 岁可能只像是现在的 30 岁。此外，它们全部都得面对生物工程、生化人及无机生命所带来的难题。

想当初，第一次进行人类基因组测序的时候花费了 15 年、30 亿美元，但现在只要花上几周、几百美元，就能完成一个人的基因测序。[134] 根据 DNA 为人度身定做的个人化医学时代已然展开。你的家庭医生很快就能告诉你，你得到肝癌的风险比较高，但倒是不用太烦恼心脏病的概率。医生还能告诉你，某种对 92% 的人有效的药物就是对你没用，而且另外一种通常会致命的药物反而正是你的救命仙丹。一个几近完美的医疗世界，已经近在眼前。

然而，医疗知识的改进也会带来新的伦理难题。光是现在，伦理学家和法律专家就已经因为 DNA 所涉及的隐私问题而感到焦头烂额。保险公司是否有权要求我们提供 DNA 测序数据？如果要投保人的基因显示遗传性的鲁莽倾向，保险公司又是否有权要求提高保费？以后公司要聘雇新员工的时候，会不会要求的不是履历而是 DNA 数据？雇主有权歧视 DNA 看来较差的求职者吗？而像这样的"基因歧视"，我们可以控告吗？生化公司能不能创造出一种新的生物或新的器官，再申请其 DNA 序列的专利？我们都认同某个人可以拥有某只鸡，但我们可以完全拥有某个物种吗？

然而，以上种种都还只是小巫，真正的大巫是吉尔伽美什计划以及未来创造出超人类的可能，将会为人类的伦理、社会和政治秩序带来巨幅改变。不论是《世界人权宣言》、全球各地的政府医疗方案、全民健康保险方案甚至是宪法，都认为人道社会应该让所有成员拥有公平的医疗待遇，并且维持相对良好的健康状态。如果医疗只是要预防疾病、治疗疾病，这一切看来再好不过。但如果医药的目的变成要提高人的能力，情况会有何不同？是让所有人类都能提升能力吗？还是只有少数精英能够享有超人的能力？

我们这个现代晚期的世界，是有史以来第一次认为所有人类应享有基本上的平等，然而我们可能正准备要打造出一个最不平等的社会。纵观历史，上层阶级总是说自己比下层阶级更聪明、更强壮，整体而言更为优秀。他们过去通常只是在自欺欺人，贫苦农家的孩子智力很可能和王子也相去不远。然而，在新一代医药推波助澜下，上层阶级的自命不凡可能即将成为一种客观事实。

这不是科幻小说的情节。在大多数的科幻小说里，讲的是像我们一样的智人，拥有光速宇宙飞船和激光枪之类的先进科技。这些小说里的伦理和政治难题多半和我们的世界如出一辙，只不过是把我们的情感和社会问题搬到未来的场景重新上演。然而，未来科技的真正潜力并不在于改变什么车辆或武器，而在于改变智人本身，包括我们的情感、我们的欲望。宇宙飞船其实只是小事，真正会惊天动地的，可能是能够永远年轻的生化人，既不繁衍后代，也没有性欲，能够直接和其他生物共享记忆，而且专注力和记性是现代人类的1000倍以上，不会愤怒、不会悲伤，而他们的情感和欲望完全是我们所无法想象的。

科幻小说很少会把未来描述成这个样子，因为基本上这种场景就是超乎我们的想象，就算描述出来也难以理解。想把某种超级生化人的生活拍成电影给现代人看，就像是要为尼安德特人演一场莎士比亚剧目。事实上，未来世界主人翁与我们之间的差异，可能会远大于我们和尼安德特人之间的差异。我们与尼安德特人至少都还是人，但未来的主人翁很可能会更接近神的概念。

物理学家认为宇宙大爆炸（Big Bang）就是一个奇点（singularity）。在奇点之前，所有我们认知的自然法则都还不存在，就连时间也不存在。所以要说宇宙大爆炸“之前”如何如何，对我们来说是没有意义、无法理解的。而我们可能正在接近下一个奇点，所有我们现在这个世界的意义（不论是你我、男女、爱恨）都即将变得再也无关紧要。而在那个点之后的任何事，都还超出我们现在所能想象的。

**科学怪人预言**

在1818年，玛丽·雪莱（Mary Shelley）写出了《科学怪人》（*Frankenstein*），讲的是一个科学家创造出了人造生物，但失去控制、造成一片混乱。在过去的两个世纪间，有无数个版本不断讲述着同样的故事。这已经成为新科学神话的一大主流概念。乍看之下，科学怪人的故事似乎是在告诉我们，如果竟敢试图僭越神的角色、试图操纵生命，就会受到严厉的惩罚。然而，这个故事其实还有更深的含义。

科学怪人的故事直接向智人提出挑战，告诉我们智人终结的一天已经不远。根据这个故事，除非发生全球核灾或生态浩劫，否则根据现在科技发展的步伐，很快智人就会被取代。新一代的主宰不仅体形、体态不同，连认知和情感世界也有极大差异。对大多数智人来说，这个故事都实在太令人不安。我们比较想听到的故事，是未来仍然都是由像我们一样的人来主宰，只是多了高速宇宙飞船，让我们能往来于各个星球之间罢了。但是，如果说和我们拥有相同情感和认同的生物未来将会灭绝，由能力远高于我们的陌生物种取而代之，这个版本就比较毛骨悚然，令人难以接受。

对我们来说，把科学怪人描述成一个怪物，而我们不得不为了拯救人类而将之摧毁，算是个比较能叫人放心的结局。我们喜欢这种版本，是因为这个版本暗示着人类仍然是万物之灵，再也不会有比人类更优秀的物种。此外，想要“改进”人类的尝试也必然失败，因为就算能够增强身体的能力，你也无法触及那崇高的人类心灵。

但人类很难接受的一个事实就是，科学家不仅能够改造身体，也能改造心灵，未来创造出来的科学怪人可能就是硬生生比人类优秀不知凡几，他们看着我们，就像我们看尼安德特人一样带着一种轻蔑和不屑。

* * *

我们还不能确定今天的科学怪人是不是会正如这个预言一般。没有人能够确实知道未来。本书最后这几页所做的预测，也不太可能样样都说得准。历史一再让我们看到，许多以为必然会发生的事，常常因为不可预见的阻碍而无法成真，而某些难以想象的情节，最后却成为事实。20 世纪 40 年代进入核子时代的时候，很多人预测公元 2000 年会成为核子世界。第一颗人造卫星和阿波罗 11 号发射，也让全球想象力大作，大家都开始认为到了 20 世纪结束的时候，人类就可以移民到火星和冥王星。但这些预测全都没有成真。而另一方面，当时谁都没想过互联网能发展成现在这个样子。

所以，关于未来的数字物种，可以说现在谁都还说不准。上面提的所有理想或说是梦魇，其实只是为了刺激大家的想象。我们真正应该认真对待的，是在于下一段历史改变不仅是关于科技和组织的改变，更是人类意识与身份认同的根本改变。这些改变触及的会是人类的本质，就连“人”的定义都有可能从此不同。我们还有多久时间？没有人真正知道。如同前面所提，有人认为到了 2050 年，就有少数人能够达到长生的状态。一些比较不那么激进的预测，则说时间点是在下个世纪或下一个千禧年。然而，如果从智人长达 7 万年的历史来看，几千年又算什么呢？

如果智人的历史确实即将谢幕，我们这些最后一代的智人，或许该花点时间回答最后一个问题：我们究竟想要变成什么？有人把它称之为“人类强化”（Human Enhancement）的问题，所有目前政治家、哲学家、学者和一般大众所争论的其他问题，在人类强化问题前都算不上什么。毕竟，等到智人消失之后，今天所有的宗教、意识形态、民族和阶级很可能也会随之烟消云散。而如果我们的接班人与我们有完全不同的意识层次（或者是有某种已经超乎我们想象的意识运作方式），再谈基督教或伊斯兰教、共产主义或资本主义，甚至性别的男女，对他们来说可能都已不具意义。

然而，我们还是有必要谈谈这些关于历史的重要问题，因为就算是这些新时代的神，第一代还是由我们人类所设计，受到我们的文化概念影响。创造他们时所依循的理念，究竟会是资本主义、伊斯兰教，还是女权主义？根据不同的答案，就可能让他们走向完全不同的方向。

大多数人宁愿躲避而不去想了。就连生命伦理学这个领域，也宁可去回答另一个问题：“有什么是必须禁止的？”我们可以用活人做基因实验吗？用流产的胚胎？用干细胞？克隆羊符合伦理道德吗？克隆黑猩猩？克隆人类呢？虽然这些问题确实都很重要，但如果还认为我们能够踩刹车、阻止让人类升级成另一种不同的物种，可能就太天真了。原因就在于，虽然这些计划各有不同，但追根究底还是回到了对长生不死的追求：吉尔伽美什计划。不管是问科学家为什么要研究基因组，还是为什么要把大脑连接到计算机，或者为什么要在计算机里创建一个心灵，十有八九，都会得到相同的标准答案：这么做是为了治疗疾病、挽救人的性命。想一想，为了治疗精神疾病，就说要在计算机里创建一个心灵，难道不会觉得太小题大做？但就是因为这种标准解答太具正当性，所以没有人能够反驳。正因如此，吉尔伽美什计划正是现在科学的旗舰，能够让科学所做的一切都有了正当的理由。创造科学怪人的弗兰肯斯坦博士，现在就坐在吉尔伽美什的肩膀上。阻挡不了吉尔伽美什，我们也就阻挡不了弗兰肯斯坦博士。

现在我们唯一能做的，就是影响他们走的方向。既然我们可能很快也能改造我们的欲望，或许真正该问的问题不是“我们究竟想要变成什么”，而是“我们究竟希望自己想要什么”，如果还对这个问题视若等闲，可能就是真的还没想通。

# 后　记

## 变成神的这种动物

在7万年前，智人还不过是一种微不足道的动物，在非洲的角落自顾自地生活。但就在接下来的几千年间，智人就成了整个地球的主人、生态系统的梦魇。时至今日，智人似乎只要再跨一步就能进入神的境界，不仅有望获得永恒的青春，更拥有创造和毁灭一切的神力。

但遗憾的是，智人在地球上的所作所为，实在没有太多令人自豪。虽然我们主宰了环境、增加了粮食产量、建起城市、建立帝国，还创造了无远弗届的贸易网络，但全球的痛苦减少了吗? 一次又一次，虽然整体人类的能力大幅提升，但却不一定能改善个别人类的福祉，而且常常还让其他动物深受其害。

在过去的几十年间，至少就人类的生存条件而言有了确实的进步，饥荒、瘟疫和战争都已减少。然而，其他动物的生存条件却是以前所未有的速度急遽恶化，而且就算是人类相关的改进，也还需要再长时间观察才能判断是否利大于弊，是否能够延续。

此外，虽然现在人类已经拥有许多令人赞叹的能力，但我们仍然对目标感到茫然，而且似乎也仍然总是感到不满。我们的交通工具已经从独木舟变成帆船、变成汽船、变成飞机，再变成航天飞机，但我们还是不知道自己该前往的目的地。我们拥有的力量比以往任何时候都更强大，但几乎不知道该怎么使用这些力量。更糟糕的是，人类似乎也比以往任何时候更不负责。我们让自己变成了神，而唯一剩下的只有物理法则，我们也不用对任何人负责。正因如此，我们对周遭的动物和生态系统掀起一场灾难，只为了寻求自己的舒适和娱乐，但从来无法得到真正的满足。

拥有神的能力，但是不负责任、贪得无厌，而且连想要什么都不知道。天下危险，恐怕莫此为甚。

# 致　谢

本书得以成书，要感谢下列人士的建议及协助：撒莱·马哈拉尼、多利特·阿哈罗诺夫、阿莫斯·阿维萨、查傅里叶·巴西莱、诺亚·本宁伽、蒂萨·艾森伯格、阿米尔·芬克、本杰明·Z. 凯达尔、尤西·玛丽、艾亚尔·米勒、萨穆埃尔·罗斯纳、拉米·罗索兹、奥弗·斯坦尼茨、迈克尔·商卡尔、盖伊·扎斯拉维斯基，以及所有耶路撒冷希伯来大学世界史课程的师生。

特别感谢贾雷德·戴蒙德，他让我学会了整体的观点；感谢蒂亚戈·侯斯坦，他启发了我写下这个故事；感谢德博拉·哈里斯，她帮助我将这个故事说给更多人听。

# 历史年表

**距今年代**

| | |
|---|---|
| 135 亿年 | 物质和能量出现。物理学的开始。 |
| | 原子和分子出现。化学的开始。 |
| 45 亿年 | 地球形成。 |
| 38 亿年 | 有机生物形成。生物学的开始。 |
| 600 万年 | 人类和黑猩猩最后的共同祖先。 |
| 250 万年 | 非洲的人属开始演化。出现最早的石器。 |
| 200 万年 | 人类由非洲扩张到欧亚大陆。演化为不同人种。 |
| 50 万年 | 尼安德特人在欧洲和中东演化。 |
| 30 万年 | 开始日常用火。 |
| 20 万年 | 智人在东非演化。 |
| 7 万年 | 认知革命。出现能够描述虚拟故事的语言。 |
| | 历史学的开始。智人扩张至非洲之外。 |
| 4.5 万年 | 智人抵达澳大利亚。澳大利亚巨型动物绝种。 |
| 3 万年 | 尼安德特人绝种。 |

| | |
|---|---|
| 1.6 万年 | 智人抵达美洲。美洲巨型动物绝种。 |
| 1.3 万年 | 弗洛里斯人绝种。智人成为唯一存活的人类物种。 |
| 1.2 万年 | 农业革命。驯化动植物。<br>出现永久聚落。 |
| 5000 年 | 出现最早的王国、文字和金钱。多神教信仰。 |
| 4250 年 | 出现最早的帝国：萨尔贡大帝的阿卡德帝国。 |
| 2500 年 | 出现最早的硬币：通用的金钱。<br>波斯帝国：普世的政治秩序（“为全人类的福祉而努力”）。<br>印度佛教：普世的真理（“让所有人类解脱痛苦”）。 |
| 2000 年 | 中国汉帝国。地中海罗马帝国。基督教。 |
| 1400 年 | 伊斯兰教。 |
| 500 年 | 科学革命。人类承认自己的无知，开始取得前所未有的能力。<br>欧洲人开始征服美洲和各大洋。整个地球形成单一历史场域。资本主义兴起。 |
| 200 年 | 工业革命。家庭和社群被国家和市场取代。动植物大规模绝种。 |
| 现在 | 人类脱离了地球的疆域。<br>核武器威胁人类的生存。<br>生物开始越来越由智能设计形塑，而非自然选择。 |
| 未来 | 智能设计成为生命的基本原则？<br>智人被超人类取代？ |

## 参考数据

### 地图

1. 智人征服全球。

2. 农业革命的时间和地点。

3. 公元 1450 年的地球。

4. 基督教和伊斯兰教的传播。

5. 佛教的传播。

6. 西班牙入侵时的阿兹特克和印加帝国。

### 图片

1. 雪维洞穴的人类手印。© Imagebank/Gettyimages Israel

2. 鲁道夫人、直立人和尼安德特人的现代样貌重建图。© Visual/Corbis

3. 尼安德特男孩样貌重建图。© Anthro- pologisches Institut und Museum, Universität Zürich

4. 德国施泰德洞穴的象牙制“狮人”（或女狮人）雕像。Photo Thomas Stephan, © Ulmer Museum

5. 标致的狮子商标。Photo: Itzik Yahav

6. 以色列北部一座 12 000 年前的墓穴，有一具年约 50 岁女性的骨骸，旁边还有一副小狗的骨骸。Photo: The Prehistoric Man Museum, Kibbutz Ma' ayan Baruch

7. 拉斯科洞穴大约 15 000—20 000 年前的一幅壁画。© Visual/Corbis

8. 阿根廷“手洞”大约公元前 9000 年的手印。© Visual/Corbis

9. 埃及墓穴壁画，描绘典型的农业景象。© Visual/Corbis

10. 哥贝克力石阵的巨大结构遗迹。Photographs by Deutsches Archäo-logisches Institut ©

11. 公元前 1200 年的埃及坟墓壁画：有一对牛在耕田。 © Visual/Corbis

12. 一头现代的牛。Photo: Anonymous for Animal Rights ©

13. 来自古城乌鲁克（Uruk）大约公元前 3400—3000 年的泥板，记载着当时的行政文书。© The Schøyen Collection, Oslo and London, MS 1717. http://www.schoyencollection.com/

14. 12 世纪的安第斯文化结绳语。© The Schøyen Collection, Oslo and London, MS 718. http://www.schoyencollection.com/

15. 法国国王路易十四王室肖像。© Réunion des musées nationaux / Gérard Blot.

16. 美国总统奥巴马官方照片。© Visual/Corbis

17. 朝圣者绕行着位于麦加圣寺内的卡巴圣堂。 © Visual/Corbis

18. 孟买的贾特拉帕蒂·希瓦吉火车站。Photograph by fish-bone http://en.wikipedia.org/wiki/File:Victoria_Terminus,_Mumbai.jpg

19. 泰姬陵。Photo: Guy Gelbgisser Asia Tours.

20. 一幅纳粹的宣传海报。Library of Congress, Bildarchiv Preussischer Kulturbesitz, United States Holocaust Memorial Museum,

courtesy of Roland Klemig ©

21. 一幅纳粹的漫画。Photograph by Boaz Neumann. From Kladderadatsch 49 (1933), p. 7.

22. 新墨西哥州阿拉莫戈多，1945 年 7 月 16 日，早上 5 点 29 分 53 秒。© Visual/Corbis

23. 1459 年欧洲人的世界地图。© British Library Board, Shelfmark Add. 11267.

24. 1525 年的萨尔瓦提世界地图。© Firenze, Biblioteca Medicea Laurenziana, Ms. Laur. Med. Palat. 249 (mappa Salviati)

25. 商业化养鸡场输送带上的小鸡。Photo: Anonymous for Animal Rights ©

26. 哈洛实验。© Photo Researchers / Visualphotos.com

27. 在这只老鼠背上，科学家用牛软骨细胞让它长出一只“耳朵”。Photograph by Charles Vacanti ©

28. 杰西·沙利文和克劳迪亚·米切尔握手。© Imagebank/Gettyimages Israel

# 尾 注

1 Ann Gibbons, 'Food for Thought: Did the First Cooked Meals Help Fuel the Dramatic Evolutionary Expansion of the Human Brain?', *Science* 316:5831 (2007), 1558-1560.

2 Robin Dunber, *Grooming, Gossip, and the Evolution of Language* (Cambridge, Mass.: Harvard University Press, 1998).

3 Michael L. Wilson and Richard W. Wrangham, 'Intergroup Relations in Chimpanzees', *Annual Review of Anthropology* 32 (2003), 363-392; M. McFarland Symington, 'Fission-Fusion Social Organization in *Ateles* and *Pan', International Journal of Primatology*, 11:1 (1990), 49; Colin A. Chapman and Lauren J. Chapman, 'Determinants of Groups Size in Primates: The Importance of Travel Costs', in *On the Move: How and Why Animals Travel in Groups*, ed. Sue Boinsky and Paul A. Garber (Chicago: University of Chicago Press, 2000), 26.

4 Dunbar, *Grooming, Gossip, and the Evolution of Language*, 69-79; Leslie C. Aiello and R. I. M. Dunbar, 'Neocortex Size, Group Size, and the Evolution of Language', *Current Anthropology* 34:2 (1993), 189. For criticism of this approach see: Christopher McCarthy et al., 'Comparing Two Methods for Estimating Network Size', *Human Organization* 60:1 (2001), 32; R. A. Hill and R. I. M. Dunbar, 'Social Network Size in Humans', *Human Nature* 14:1 (2003), 65.

5 Yvette Taborin, 'Shells of the French Aurignacian and Perigordian', in *Before Lascaux: The Complete Record of the Early Upper Paleolithic*, ed. Heidi Knecht, Anne Pike-

Tay and Randall White (Boca Raton: CRC Press, 1993), 211-28.

6 G.R. Summerhayes, 'Application of PIXE-PIGME to Archaeological Analysis of Changing Patterns of Obsidian Use in West New Britain, Papua New Guinea', in *Archaeological Obsidian Studies: Method and Theory*, ed. Steven M. Shackley (New York: Plenum Press, 1998), 129-58.

7 Christopher Ryan and Cacilda Jethá, *Sex at Dawn: The Prehistoric Origins of Modern Sexuality* (New York: Harper, 2010); S. Beckerman and P. Valentine (eds.), *Cultures of Multiple Fathers The Theory and Practice of Partible Paternity in Lowland South America* (Gainesville: University Press of Florida, 2002).

8 Noel G. Butlin, *Economics and the Dreamtime: A Hypothetical History* (Cambridge: Cambridge University Press, 1993), 98-101; Richard Broome, *Aboriginal Australians* (Sydney: Allen & Unwin , 2002), 15; William Howell Edwards, *An Introduction to Aboriginal Societies* (Wentworth Falls, N.S.W.: Social Science Press, 1988), 52.

9 Fekri A. Hassan, *Demographic Archaeology* (New York: Academic Press, 1981), 196-99; Lewis Robert Binford, *Constructing Frames of Reference: An Analytical Method for Archaeological Theory Building Using Hunter Gatherer and Environmental Data Sets* (Berkeley: University of California Press, 2001), 143.

10 Brian Hare, *The Genius of Dogs: How Dogs Are Smarter Than You Think* (Dutton: Penguin Group, 2013).

11 Christopher B. Ruff, Erik Trinkaus and Trenton W. Holliday, 'Body Mass and Encephalization in Pleistocene Homo', *Nature* 387 (1997), 173-176; M. Henneberg and M. Steyn, 'Trends in Cranial Capacity and Cranial Index in Subsaharan Africa During the Holocene', *American Journal of Human Biology* 5:4 (1993): 473-79; Drew H. Bailey and David C. Geary, 'Hominid Brain Evolution: Testing Climatic, Ecological, and Social Competition Models', *Human Nature* 20 (2009): 67-79; Daniel J. Wescott and Richard L. Jantz, 'Assessing Craniofacial Secular Change in American Blacks and Whites Using Geometric Morphometry', in *Modern Morphometrics in Physical Anthropology: Developments in Primatology: Progress and Prospects,* ed. Dennis E. Slice (New York: Plenum Publishers, 2005), 231-45.

12 Nicholas G. Blurton Jones et al., 'Antiquity of Postreproductive Life: Are There Modern Impact on Hunter-Gatherer Postreproductive Life Spans?', *American Journal of Human Biology* 14 (2002), 184-205.

13 Kim Hill and A. Magdalena Hurtado, *Aché Life History: The Ecology and Demography of a Foraging People* (New York: Aldine de Gruyter, 1996), 164, 236.

14 Hill and Hurtado, *Aché Life History*, 78.

15 Vincenzo Formicola and Alexandra P. Buzhilova, 'Double Child Burial from Sunghir (Russia): Pathology and Inferences for Upper Paleolithic Funerary Practices', *American Journal of Physical Anthropology* 124:3 (2004), 189-98; Giacomo Giacobini, 'Richness and Diversity of Burial Rituals in the Upper Paleolithic', Diogenes 54:2 (2007), 19-39.

16 I. J. N. Thorpe, 'Anthropology, Archaeology, and the Origin of Warfare', *World Archaology* 35:1 (2003), 145-65; Raymond C. Kelly, *Warless Societies and the Origin of War* (Ann Arbor: University of Michigan Press, 2000); Azar Gat, *War in Human Civilization* (Oxford: Oxford University Press, 2006); Lawrence H. Keeley, *War before Civilization: The Myth of the Peaceful Savage* (Oxford: Oxford University Press, 1996); Slavomil Vencl, 'Stone Age Warfare', in *Ancient Warfare: Archaeological Perspectives*, ed. John Carman and Anthony Harding (Stroud: Sutton Publishing, 1999), 57-73.

17 James F. O'Connel and Jim Allen, 'Pre-LGM Sahul (Pleistocene Australia – New Guinea) and the Archeology of Early Modern Humans', in *Rethinking the Human Revolution: New Behavioural and Biological Perspectives on the Origin and Dispersal of Modern Humans*, ed. Paul Mellars, Ofer Bar-Yosef, Katie Boyle (Cambridge: McDonald Institute for Archaeological Research, 2007), 395-410; James F. O'Connel and Jim Allen, 'When Did Humans First Arrived in Grater Australia and Why Is It Important to Know?', *Evolutionary Anthropology*, 6:4 (1998), 132-46; James F. O'Connel and Jim Allen, 'Dating the Colonization of Sahul (Pleistocene Australia – New Guinea): A Review of Recent Research', *Journal of Radiological Science* 31:6 (2004), 835-53; Jon M. Erlandson, 'Anatomically Modern Humans, Maritime Voyaging, and the Pleistocene Colonization of the Americas', *in The first Americans: the Pleistocene Colonization of the New World*, ed. Nina G. Jablonski (San Francisco: University of California Press, 2002), 59-60, 63-64; Jon M. Erlandson and Torben C. Rick, 'Archeology Meets Marine Ecology: The Antiquity of Maritime Cultures and Human Impacts on Marine Fisheries and Ecosystems', *Annual Review of Marine Science* 2 (2010), 231-51; Atholl Anderson, 'Slow Boats from China: Issues in the Prehistory of Indo-China Seafaring', *Modern Quaternary Research in Southeast Asia*, 16 (2000), 13- 50; Robert G. Bednarik, 'Maritime Navigation in the Lower and Middle Paleolithic', *Earth and Planetary Sciences* 328 (1999), 559-60; Robert G. Bednarik, 'Seafaring in the Pleistocene', *Cambridge Archaeological Journal* 13:1 (2003), 41-66.

18 Timothy F. Flannery, *The Future Eaters: An Ecological History of the Australasian Lands and Peoples* (Port Melbourne, Vic.: Reed Books Australia, 1994); Anthony D.

Barnosky et al., 'Assessing the Causes of Late Pleistocene Extinctions on the Continents', *Science* 306:5693 (2004): 70–75; Bary W. Brook and David M. J. S. Bowman, 'The Uncertain Blitzkrieg of Pleistocene Megafauna', *Journal of Biogeography* 31:4 (2004), 517–23; Gifford H. Miller et al., 'Ecosystem Collapse in Pleistocene Australia and a Human Role in Megafaunal Extinction,' *Science* 309:5732 (2005), 287–90; Richard G. Roberts et al., 'New Ages for the Last Australian Megafauna: Continent Wide Extinction about 46,000 Years Ago', *Science* 292:5523 (2001), 1888–92.

19 Stephen Wroe and Judith Field, 'A Review of Evidence for a Human Role in the Extinction of Australian Megafauna and an Alternative Explanation', *Quaternary Science Reviews* 25:21–22 (2006), 2692–2703; Barry W. Brooks et al., 'Would the Australian Megafauna Have Become Extinct If Humans Had Never Colonised the Continent? Comments on "A Review of the Evidence for a Human Role in the Extinction of Australian Megafauna and an Alternative Explanation" by S. Wroe and J. Field', Quaternary Science Reviews 26:3-4 (2007), 560-564; Chris S. M. Turney et al., 'Late-Surviving Megafauna in Tasmania, Australia, Implicate Human Involvement in their Extinction', *Proceedings of the National Academy of Sciences* 105:34 (2008), 12150-53.

20 John Alroy, 'A Multispecies Overkill Simulation of the End-Pleistocene Megafaunal Mass Extinction', *Science*, 292:5523 (2001), 1893-96; O'Connel and Allen, 'Pre-LGM Sahul', 400-1.

21 L.H. Keeley, 'Proto-Agricultural Practices Among Hunter-Gatherers: A Cross-Cultural Survey', in *Last Hunters, First Farmers: New Perspectives on the Prehistoric Transition to Agriculture*, ed. T. Douglas Price and Anne Birgitte Gebauer (Santa Fe, N.M.: School of American Research Press, 1995), 243– 72; R. Jones, 'Firestick Farming', *Australian Natural History* 16 (1969), 224- 28.

22 David J. Meltzer, *First Peoples in a New World: Colonizing Ice Age America* (Berkeley: University of California Press, 2009).

23 Paul L. Koch and Anthony D. Barnosky, 'Late Quaternary Extinctions: State of the Debate', *The Annual Review of Ecology, Evolution, and Systematics* 37 (2006), 215-50; Anthony D. Barnosky et al., 'Assessing the Causes of Late Pleistocene Extinctions on the Continents', 70-5.

24 本地图主要参考：Peter Bellwood, *First Farmers: The Origins of Agricultural Societies* (Malden: Blackwell Pub., 2005).

25 Azar Gat, *War in Human Civilization* (Oxford: Oxford University Press, 2006), 130-131; Robert S. Walker and Drew H. Bailey, 'Body Counts in Lowland South American

Violence,' Evolution and Human Behavior 34 (2013), 29-34.

26 Katherine A. Spielmann, 'A Review: Dietary Restriction on Hunter-Gatherer Women and the Implications for Fertility and Infant Mortality', *Human Ecology* 17:3 (1989), 321-45. 并请参见：Bruce Winterhalder and Eric Alder Smith, 'Analyzing Adaptive Strategies: Human Behavioral Ecology at Twenty Five', *Evolutionary Anthropology* 9:2 (2000), 51-72.

27 Alain Bideau, Bertrand Desjardins and Hector Perez-Brignoli (eds.), *Infant and Child Mortality in the Past* (Oxford: Clarendon Press, 1997); Edward Anthony Wrigley et al., *English Population History from Family Reconstitution*, 1580-1837 (Cambridge: Cambridge University Press, 1997), 295-96, 303.

28 Manfred Heun et al., 'Site of Einkorn Wheat Domestication Identified by DNA Fingerprints', *Science* 278:5341 (1997), 1312-14.

29 Charles Patterson, *Eternal Treblinka: Our Treatment of Animals and the Holocaust* (New York: Lantern Books, 2002), 9-10; Peter J. Ucko and G.W. Dimbleby (ed.), *The Domestication and Exploitation of Plants and Animals* (London: Duckworth, 1969), 259.

30 Avi Pinkas (ed.), *Farmyard Animals in Israel – Research, Humanism and Activity* (Rishon Le-Ziyyon: The Association for Farmyard Animals, 2009 [Hebrew]), 169-199; "Milk Production – the Cow" [Hebrew], The Dairy Council, accessed March 22, 2012, http://www.milk.org.il/cgiwebaxy/sal/sal.pl?lang=he&ID=645657_

milk&act=show&dbid=katavot&dat aid=cow.htm

31 Edward Evan Evans-Pritchard, *The Nuer: A Description of the Modes of Livelihood and Political Institutions of a Nilotic People* (Oxford: Oxford University Press, 1969); E.C. Amoroso and P.A. Jewell, 'The Exploitation of the Milk-Ejection Reflex by Primitive People', in *Man and Cattle: Proceedings of the Symposium on Domestication at the Royal Anthropological Institute,* 24-26 May 1960, ed. A.E. Mourant and F.E. Zeuner (London: The Royal Anthropological Institute, 1963), 129-34.

32 Johannes Nicolaisen, *Ecology and Culture of the Pastoral Tuareg* (Copenhagen: National Museum, 1963), 63.

33 Angus Maddison, *The World Economy*, vol. 2 (Paris: Development Centre of the Organization of Economic Co-operation and Development, 2006), 636; "Historical Estimates of World Population", U.S. Census Bureau, accessed December 10, 2010, http://www.census.gov/ipc/www/worldhis.html.

34 Robert B. Mark, *The Origins of the Modern World: A Global and Ecological Narrative* (Lanham, MD: Rowman & Littlefield Publishers, 2002), 24.

35 Raymond Westbrook, 'Old Babylonian Period', in *A History of Ancient Near Eastern Law*, vol. 1, ed. Raymond Westbrook (Leiden: Brill, 2003), 361- 430; Martha T. Roth, *Law Collections from Mesopotamia and Asia Minor,* 2nd ed. (Atlanta: Scholars Press, 1997), 71-142; M. E. J. Richardson, *Hammurabi's Laws: Text, Translation and Glossary* (London: T & T Clark International, 2000).

36 Roth, Law Collections from Mesopotamia, 76.

37 Roth, Law Collections from Mesopotamia, 121.

38 Roth, Law Collections from Mesopotamia, 122-23.

39 Roth, Law Collections, 133-34.

40 Constance Brittaine Bouchard, *Strong of Body, Brave and Noble: Chivalry and Society in Medieval France* (New York: Cornell University Press, 1998), 99; Mary Martin McLaughlin, 'Survivors and Surrogates: Children and Parents from the Ninth to Thirteenth Centuries', in *Medieval Families: Perspectives on Marriage, Household and Children,* ed. Carol Neel (Toronto: University of Toronto Press, 2004), 81 n. 81; Lise E. Hull, *Britain's Medieval Castles* (Westport: Praeger, 2006), 144.

41 Andrew Robinson, *The Story of Writing* (New York: Thames and Hudson, 1995), 63; Hans J. Nissen, Peter Damerow and Robert K. Englung, *Archaic Bookkeeping: Writing and Techniques of Economic Administration in the Ancient Near East* (Chicago, London: The University of Chicago Press, 1993), 36.

42 Marcia and Robert Ascher, *Mathematics of the Incas-Code of the Quipu* (New York: Dover Publications, 1981).

43 Gary Urton. *Signs of the Inka Khipu* (Austin: University of Texas Press, 2003); Galen Brokaw. *A History of the Khipu* (Cambridge: Cambridge University Press, 2010).

44 Stephen D. Houston (ed.), *The First Writing: Script Invention as History and Process* (Cambridge: Cambridge University Press, 2004), 222.

45 Sheldon Pollock, 'Axialism and Empire', *in Axial Civilizations and World History,* ed. Johann P. Arnason, S. N. Eisenstadt and Bj.rn Wittrock (Leiden: Brill, 2005), 397-451.

46 Harold M. Tanner, *China: A History* (Indianapolis: Hackett, Pub. Co., 2009), 34.

47 Ramesh Chandra, *Identity and Genesis of Caste System in India* (Delhi: Kalpaz Publications, 2005); Michael Bamshad et al., 'Genetic Evidence on the Origins of Indian Caste Population', *Genome Research* 11 (2001): 904-1004; Susan Bayly, *Caste, Society and Politics in India from the Eighteenth Century to the Modern Age* (Cambridge: Cambridge University Press, 1999).

48 Houston, *First Writing*, 196.

49 The Secretary-General, *United Nations, Report of the Secretary-General on the In-depth Study on All Forms of Violence Against Women,* delivered to the General Assembly, U.N. Doc. A/16/122/Add.1 (July 6, 2006), 89.

50 Sue Blundell, *Women in Ancient Greece* (Cambridge, Mass.: Harvard University Press, 1995), 113-29, 132-33.

51 Francisco López de Gómara, *Historia de la Conquista de Mexico,* vol. 1, ed. D. Joaquin Ramirez Caba.es (Mexico City: Editorial Pedro Robredo, 1943), 106.

52 Andrew M. Watson, 'Back to Gold – and Silver', *Economic History Review* 20:1 (1967), 11-12; Jasim Alubudi, *Repertorio Bibliográfico del Islam* (Madrid: Vision Libros, 2003), 194.

53 Watson, 'Back to Gold – and Silver', 17-18.

54 David Graeber, *Debt: The First 5000 Years* (Brooklyn, N.Y.: Melville House, 2011).

55 Glyn Davies, *A History of Money: from Ancient Times to the Present Day* (Cardiff: University of Wales Press, 1994), 15.

56 Szymon Laks, *Music of Another World, trans.* Chester A. Kisiel (Evanston, Ill.: Northwestern University Press, 1989), 88-89. 奥斯维辛集中营的"市场"仅限于部分阶级的囚犯，而且在不同时期的差异非常大。

57 Niall Ferguson, *The Ascent of Money* (New York: The Penguin Press, 2008), 4.

58 关于麦元的信息，我参考了一本未出版的博士论文：Refael Benvenisti, *Economic Institutions of Ancient Assyrian Trade in the Twentieth to Eighteenth Centuries BC* (Hebrew University of Jerusalem, Unpublished Ph.D. thesis, 2011). 并请参见：Norman Yoffee, 'The Economy of Ancient Western Asia', in *Civilizations of the Ancient Near East*, vol. 1, ed. J. M. Sasson (New York: C. Scribner's Sons, 1995), 1387-99; R. K. Englund, 'Proto-Cuneiform Account-Books and Journals', in *Creating Economic Order: Record-keeping, Standardization, and the Development of Accounting in the Ancient Near East,* ed. Michael Hudson and Cornelia Wunsch (Bethesda, MD: CDL Press, 2004), 21-46; Marvin A. Powell, 'A Contribution to the History of Money in Mesopotamia prior to the Invention of Coinage', in *Festschrift Lubor Matou.,* ed. B. Hru.ka and G. Komoróczy (Budapest: E.tv.s Loránd *Tudományegyetem,* 1978), 211-43; Marvin A. Powell, 'Money in Mesopotamia', *Journal of the Economic and Social History of the Orient,* 39:3 (1996), 224-42; John F. Robertson, 'The Social and Economic Organization of Ancient Mesopotamian Temples', in *Civilizations of the Ancient Near East,* vol. 1, ed. Sasson, 443-500; M. Silver, 'Modern Ancients', in *Commerce and Monetary Systems in the Ancient World: Means of Transmission and Cultural Interaction,* ed. R. Rollinger and U. Christoph (Stuttgart: Steiner, 2004), 65-87; Daniel C.

Snell, 'Methods of Exchange and Coinage in Ancient Western Asia', in *Civilizations of the Ancient Near East*, vol. 1, ed. Sasson, 1487-97.

59 Nahum Megged, *The Aztecs* (Tel Aviv: Dvir, 1999 [Hebrew]), 103.

60 Tacitus, *Agricola,* ch. 30 (Cambridge, Mass.: Harvard University Press, 1958), pp. 220-21.

61 A. Fienup-Riordan, *The Nelson Island Eskimo: Social Structure and Ritual Distribution* (Anchorage: Alaska Pacific University Press, 1983), p. 10.

62 Yuri Pines, 'Nation States, Globalization and a United Empire – the Chinese Experience (third to fifth centuries BC)', *Historia* 15 (1995), 54 [Hebrew].

63 Alexander Yakobson, 'Us and Them: Empire, Memory and Identity in Claudius Speech on Bringing Gauls into the Roman Senate', in *On Memory: An Interdisciplinary Approach,* ed. Doron Mendels (Oxford: Peter Land, 2007), 23-24.

64 W.H.C. Frend, *Martyrdom and Persecution in the Early Church* (Cambridge: James Clarke & Co., 2008), 536-37.

65 Robert Jean Knecht, *The Rise and Fall of Renaissance France,* 1483-1610 (London: Fontana Press, 1996), 424.

66 Marie Harm and Hermann Wiehle, *Lebenskunde fuer Mittelschulen -Fuenfter Teil. Klasse 5 fuer Jungen* (Halle: Hermann Schroedel Verlag, 1942), 152-57.

67 Susan Blackmore, *The Meme Machine* (Oxford: Oxford University Press, 1999).

68 David Christian, *Maps of Time: An Introduction to Big History* (Berkeley: University of California Press, 2004), 344-45; Angus Maddison, *The World Economy*, vol. 2 (Paris: Development Centre of the Organization of Economic Co-operation and Development, 2001), 636; 'Historical Estimates of World Population', U.S. Census Bureau, accessed December 10, 2010,

http://www.census.gov/ipc/www/worldhis.html.

69 Maddison, *The World Economy*, vol. 1, 261.

70 "Gross Domestic Product 2009", The World Bank, Data and Statistics, accessed December 10, 2010, http://siteresources.worldbank.org/DATASTATISTICS/Resources/GDP.pdf

71 Christian, *Maps of Time*, 141.

72 当代最大的货轮能够承载大约 10 万吨的货物。在 1470 年，全球舰队船队加起来，承载量也不超过 32 万吨。到了 1570 年，总承载量已达到 73 万吨。(Maddison, The World Economy, vol. 1, 97).

73 全球规模最大的银行，苏格兰皇家银行（Royal Bank of Scotland），于 2007 年申报的存款为1.3万亿美元，是1500年全球总产值的5倍。参见 'Annual Report and Accounts 2008', The Royal Bank of Scotland, 35, accessed December 10, 2010.

http://files.shareholder.com/downloads/RBS/626570033x0x278481/eb7a003a-5c9b-41ef-bad3-81fb98a6c823/RBS_GRA_2008_09_03_09.pdf

74 Ferguson, *Ascent of Money,* 185-98.

75 Maddison, *The World Economy*, vol. 1, 31; Wrigley, *English Population History*, 295; Christian, *Maps of Time*, 450, 452; 'World Health Statistic Report 2009', 35-45, World Health Organization, accessed December 10, 2010 http://www.who.int/whosis/whostat/EN_WHS09_Full.pdf.

76 Wrigley, *English Population History*, 296.

77 'England, Interim Life Tables, 1980-82 to 2007-09', Office for National Statistics, accessed March 22, 2012

http://www.ons.gov.uk/ons/publications/re-reference-tables.html?edition=tcm%3A77-61850

78 Michael Prestwich, *Edward I* (Berkley: University of California Press, 1988), 125-26.

79 Jennie B. Dorman et al., 'The age-1 and daf-2 Genes Function in a Common Pathway to Control the Lifespan of Caenorhabditis elegans', *Genetics* 141:4 (1995), 1399-1406; Koen Houthoofd et al., 'Life Extension via Dietary Restriction is Independent of the Ins/IGF-1 Signaling Pathway in Caenorhabditis elegans', *Experimental Gerontology* 38:9 (2003), 947-54.

80 Shawn M. Douglas, Ido Bachelet, and George M. Church, 'A Logic-Gated Nanorobot for Targeted Transport of Molecular Payloads', *Science* 335:6070 (2012): 831-4; Dan Peer et al., 'Nanocarriers As An Emerging Platform for Cancer Therapy', *Nature Nanotechnology* 2 (2007): 751-60; Dan Peer et al., 'Systemic Leukocyte-Directed siRNA Delivery Revealing Cyclin D1 as an Anti-Inflammatory Target', *Science* 319:5863 (2008): 627-30.

81 Stephen R. Bown, *Scurvy: How a Surgeon, a Mariner, and a Gentleman Solved the Greatest Medical Mystery of the Age of Sail* (New York: Thomas Dunne Books, St. Matin's Press, 2004); Kenneth John Carpenter, *The History of Scurvy and Vitamin C* (Cambridge: Cambridge University Press, 1986).

82 James Cook, *The Explorations of Captain James Cook in the Pacific, as Told by Selections of his Own Journals 1768-1779*, ed. Archibald Grenfell Price (New York : Dover Publications, 1971), 16-17; Gananath Obeyesekere, The Apotheosis of Captain Cook:

European Mythmaking in the Pacific (Princeton: Princeton University Press, 1992), 5; J.C. Beaglehole, ed., *The Journals of Captain James Cook on His Voyages of Discovery,* vol. 1 (Cambridge: Cambridge University Press, 1968), 588.

83 Mark, *Origins of the Modern World*, 81.

84 Christian, *Maps of Time*, 436.

85 John Darwin, *After Tamerlane: The Global History of Empire since 1405* (London: Allen Lane, 2007), 239.

86 Soli Shahvar, 'Railroads i. The First Railroad Built and Operated in Persia', in the Online Edition of Encyclopaedia Iranica, last modified April 7, 2008,

http://www.iranicaonline.org/articles/railroads-i;

Charles Issawi, 'The Iranian Economy 1925-1975: Fifty Years of Economic Development', in *Iran under the Pahlavis*, ed. George Lenczowski (Stanford: Hoover Institution Press, 1978), 156.

87 Mark, *The Origins of the Modern World,* 46.

88 Kirkpatrik Sale, *Christopher Columbus and the Conquest of Paradise* (London: Tauris Parke Paperbacks, 2006), 7-13.

89 Edward M. Spiers, *The Army and Society: 1815-1914* (London: Longman, 1980), 121; Robin Moore, 'Imperial India, 1858-1914', in *The Oxford History of the British Empire: The Nineteenth Century*, vol. 3, ed. Andrew Porter (New York: Oxford University Press, 1999), 442.

90 Vinita Damodaran, 'Famine in Bengal: A Comparison of the 1770 Famine in Bengal and the 1897 Famine in Chotanagpur', *The Medieval History Journal* 10:1-2 (2007), 151.

91 Maddison, *World Economy*, vol. 1, 261, 264; 'Gross National Income Per Capita 2009, Atlas Method and PPP', The World Bank, accessed December 10, 2010,

http://siteresources.worldbank.org/DATASTATISTICS/Resources/GNIPC.pdf.

92 这里举的面包店例子在计算上经过简化，并非完全精确。因为银行金库中每存有1元就能贷出10元，如果银行现在有100万美元的存款，其实只能贷出约909 000美元，而必须将91 000美元留在金库里。但为了方便读者理解，我还是决定将数字简化。此外，银行也并不总是遵守这些法规。

93 Carl Trocki, *Opium, Empire and the Global Political Economy* (New York: Routledge, 1999), 91.

94 Georges Nzongola-Ntalaja, *The Congo from Leopold to Kabila: A People's History* (London: Zed Books, 2002), 22.

95 Mark, *Origins of the Modern World,* 109.

96 Nathan S. Lewis and Daniel G. Nocera, 'Powering the Planet: Chemical Challenges in Solar Energy Utilization', *Proceedings of the National Academy of Sciences* 103:43 (2006), 15731.

97 Kazuhisa Miyamoto (ed.), 'Renewable Biological Systems for Alternative Sustainable Energy Production', *FAO Agricultural Services Bulletin 128* (Osaka: Osaka University, 1997), chapter 2.1.1, accessed December 10, 2010,

http://www.fao.org/docrep/W7241E/w7241e06.htm#2.1.1percent20solarpercent20energy;

James Barber, 'Biological Solar Energy', *Philosophical Transactions of the Royal Society A* 365:1853 (2007), 1007.

98 'International Energy Outlook 2010', U.S. Energy Information Administration, 9, accessed December 10, 2010,

http://www.eia.doe.gov/oiaf/ieo/pdf/0484(2010).pdf.

99 S. Venetsky, '"Silver" from Clay', Metallurgist 13:7 (1969), 451; Aftalion, Fred, *A History of the International Chemical Industry* (Philadelphia: University of Pennsylvania Press, 1991), 64; A. J. Downs, *Chemistry of Aluminum, Gallium, Indium and Thallium* (Glasgow: Blackie Academic & Professional, 1993), 15.

100 Jan Willem Erisman et al, 'How a Century of Ammonia Synthesis Changed the World' in *Nature Geoscience* 1 (2008), 637.

101 G. J. Benson and B. E. Rollin (eds.), *The Well-Being of Farm Animals: Challenges and Solutions* (Ames, IA: Blackwell, 2004); M .C. Appleby, J. A. Mench, and B. O. *Hughes, Poultry Behaviour and Welfare* (Wallingford: CABI Publishing, 2004); J. Webster, *Animal Welfare: Limping Towards Eden* (Oxford: Blackwell Publishing, 2005); C. Druce and P. Lymbery, *Outlawed in Europe: How America Is Falling Behind Europe in Farm Animal Welfare* (New York: Archimedean Press, 2002).

102 Harry Harlow and Robert Zimmermann, 'Affectional Responses in the Infant Monkey', *Science* 130:3373 (1959), 421-432; Harry Harlow, 'The Nature of Love', *American Psychologist* 13 (1958), 673-685; Laurens D. Young et al., 'Early stress and later response to seprate in rhesus monkeys', *American Journal of Psychiatry* 130:4 (1973), 400-405; K. D. Broad, J. P. Curley and E. B. Keverne, 'Mother-infant bonding and the evolution of mammalian social relationships', *Philosophical Transactions of the Royal Soceity B* 361:1476 (2006), 2199-2214; Florent Pittet et al., 'Effects of maternal experience on fearfulness and maternal behaviour in a precocial bird', *Animal Behavior* (March 2013), In Press-available

online at:

http://www.sciencedirect.com/science/article/pii/S0003347213000547)

103 "National Institute of Food and Agriculture", United States Department of Agriculture, accessed December 10, 2010,

http://www.csrees.usda.gov/qlinks/extension.html.

104 Vaclav Smil, *The Earth's Biosphere: Evolution, Dynamics, and Change* (Cambridge, Mass.: MIT Press, 2002); Sarah Catherine Walpole et al., 'The Weight of Nations: An Estimation of Adult Human Biomass', *BMC Public Health* 12:439 (2012),

http://www.biomedcentral.com/1471-2458/12/439

105 William T. Jackman, *The Development of Transportation in Modern England* (London: Frank Cass & co., 1966), 324-27; H. J. Dyos and D.H. Aldcroft, *British Transport-An economic survey from the seventeenth century to the twentieth* (Leicester: Leicester University Press, 1969), 124-31; Wolfgang Schivelbusch, *The Railway Journey: The Industrialization of Time and Space in the 19th Century* (Berkeley: Univeristy of California Press, 1986).

106 关于过去这几十年前所未有的和平状态，特别可参见：Steven Pinker, *The Better Angels of Our Nature: Why Violence Has Declined* (New York: Viking, 2011); Joshua S. Goldstein, *Winning the War on War: The Decline of Armed* Conflict Worldwide (New York, N.Y.: Dutton, 2011); Gat, *War in Human Civilization.*

107 'World Report on Violence and Health: Summary, Geneva 2002', World Health Organization, accessed December 10, 2010, http://www.who.int/whr/2001/en/whr01_annex_en.pdf.

之前时代的死亡率请参见：Lawrence H. Keeley, *War before Civilization: The Myth of the Peaceful Savage* (New York: Oxford University Press, 1996).

108 'World Health Report, 2004', World Health Organization, 124, accessed 10 December, 2010,

http://www.who.int/whr/2004/en/report04_en.pdf.

109 Raymond C. Kelly, *Warless Societies and the Origin of War* (Ann Arbor: University of Michigan Press, 2000), 21. See also Gat, *War in Human Civilization*, 129-31; Keeley, *War before Civilization.*

110 Manuel Eisner, 'Modernization, Self-Control and Lethal Violence', *British Journal of Criminology* 41:4 (2001), 618-638; Manuel Eisner, 'Long-Term Historical Trends in Violent Crime', *Crime and Justice: A Review of Research* 30 (2003), 83-142; 'World Report on Violence and Health: Summary, Geneva 2002', World Health Organization,

accessed December 10, 2010,

http://www.who.int/whr/2001/en/whr01_annex_en.pdf; 'World Health Report, 2004', World Health Organization, 124, accessed 10 December, 2010,

http://www.who.int/whr/2004/en/report04_en.pdf.

111 Walker and Bailey, 'Body Counts in Lowland South American Violence,' 30.

112 若想从心理和生化两种层面来讨论快乐，以下著作是很好的出发点：Jonathan Haidt, *The Happiness Hypothesis:Finding Modern Truth in Ancient Wisdom* (New York: Basic Books, 2006); R. Wright, *The Moral Animal: Evolutionary Psychology and Everyday Life* (New York: Vintage Books, 1994); M. Csikszentmihalyi, 'If We Are So Rich, Why Aren't We Happy?', *American Psychologist* 54:10 (1999): 82127; F. A. Huppert, N. Baylis and B. Keverne, ed., *The Science of Well-Being* (Oxford: Oxford University Press, 2005); Michael Argyle, *The Psychology of Happiness,* 2nd edition (New York: Routledge, 2001); Ed Diener (ed.), *Assessing Well-Being: The Collected Works of Ed Diener* (New York: Springer, 2009); Michael Eid and Randy J. Larsen (eds.), *The Science of Subjective Well-Being* (New York: Guilford Press, 2008); Richard A. Easterlin (ed.), *Happiness in Economics* (Cheltenham: Edward Elgar Pub., 2002); Richard Layard, *Happiness: Lessons from a New Science* (New York: Penguin, 2005).

113 Daniel Kahneman, *Thinking, Fast and Slow* (New York: Farrar, Straus and Giroux, 2011); Inglehart et al., "Development, Freedom, and Rising Happiness," 278-281.

114 D. M. McMahon, *The Pursuit of Happiness: A History from the Greeks to the Present* (London: Allen Lane, 2006).

115 Keith T. Paige et al., 'De Novo Cartilage Generation Using Calcium Alginate-Chondrocyte Constructs', *Plastic and Reconstructive Surgery* 97:1 (1996), 168-78.

116 David Biello, 'Bacteria Transformed into Biofuels Refineries', *Scientific American, January* 27, 2010, accessed December 10, 2010,

http://www.scientificamerican.com/article.cfm?id=bacteria-transformed-intobiofuel-refineries.

117 Gary Walsh, 'Therapeutic Insulins and Their Large-Scale Manufacture', *Applied Microbiology and Biotechnology* 67:2 (2005), 151-59.

118 James G. Wallis et al., 'Expression of a Synthetic Antifreeze Protein in Potato Reduces Electrolyte Release at Freezing Temperatures', *Plant Molecular Biology* 35:3 (1997), 323-30.

119 Robert J. Wall et al., 'Genetically Enhanced Cows Resist Intramammary Staphylococcus Aureus Infection', *Nature Biotechnology* 23:4 (2005), 44551.

120 Liangxue Lai et al., 'Generation of Cloned Transgenic Pigs Rich in Omega-3 Fatty Acids', *Nature Biotechnology* 24:4 (2006), 435-36.

121 Ya-Ping Tang et al., 'Genetic Enhancement of Learning and Memory in Mice', *Nature* 401 (1999), 63-69.

122 Zoe R. Donaldson and Larry J. Young, 'Oxytocin, Vasopressin, and the Neurogenetics of Sociality', *Science* 322:5903 (2008), 900–904; Zoe R. Donaldson, 'Production of Germline Transgenic Prairie Voles (Microtus Ochrogaster) Using Lentiviral Vectors', *Biology of Reproduction* 81:6 (2009), 1189-1195.

123 Terri Pous, 'Siberian Discovery Could Bring Scientists Closer to Cloning Woolly Mammoth', *Time,* September 17, 2012, accessed February 19, 2013; Pasqualino Loi et al, 'Biological time machines: a realistic approach for cloning an extinct mammal', *Endangered Species Research* 14 (2011), 227233; Leon Huynen, Craig D. Millar and David M. Lambert, 'Resurrecting ancient animal genomes: The extinct moa and more', *Bioessays* 34 (2012), 661-669.

124 Nicholas Wade, 'Scientists in Germany Draft Neanderthal Genome', *New York Times,* February 12, 2009, accessed December 10, 2010,

http://www.nytimes.com/2009/02/13/science/13neanderthal.html?_r=2&ref=s cience;

Zack Zorich, 'Should We Clone Neanderthals?', *Archaeology* 63:2 (2009), accessed 10 December, 2010, http://www.archaeology.org/1003/etc/neanderthals.html.

125 Robert H. Waterston et al., 'Initial Sequencing and Comparative Analysis of the Mouse Genome', *Nature* 420:6915 (2002), 520.

126 'Hybrid Insect Micro Electromechanical Systems (HI-MEMS)', Microsystems Technology Office, DARPA, accessed March 22, 2012,

http://www.darpa.mil/Our_Work/MTO/Programs/Hybrid_Insect_Micro_ Electromechanical_Systems_ percent28HI-MEMSpercent29.aspx.

并请参见: Sally Adee, 'Nuclear-Powered Transponder for Cyborg Insect', IEEE Spectrum, December 2009, accessed December 10, 2010,

http://spectrum.ieee.org/semiconductors/devices/nuclearpoweredtransponder-for-cyborg-

insect?utm_source=feedburner&utm_medium=feed&utm_campaign=Feedpercent3A +IeeeSpectrum+percent28IEEE+Spectrumpercent29&utm_content= Google+Reader;

Jessica Marshall, 'The Fly Who Bugged Me', *New Scientist* 197:2646 (2008), 40-43; Emily Singer, 'Send In the Rescue Rats', *New Scientist* 183:2466 (2004), 21-22; Susan Brown, 'Stealth Sharks to Patrol the High Seas', *New Scientist* 189:2541 (2006), 30-31.

127 Bill Christensen, 'Military Plans Cyborg Sharks', *Live Science*, March 7, 2006, accessed December 10, 2010, http://www.livescience.com/technology/060307_shark_implant.html.

128 'Cochlear Implants', National Institute on Deafness and Other Communication Disorders, accessed March 22, 2012,

http://www.nidcd.nih.gov/health/hearing/pages/coch.aspx

129 Retina Implant, http://www.retinaimplant.de/en/doctors/technology/default.aspx.

130 David Brown, 'For 1st Woman With Bionic Arm, a New Life Is Within Reach', *The Washington Post*, September 14, 2006, accessed December 10, 2010,

http://www.washingtonpost.com/wpdyn/content/article/2006/09/13/AR2006091302271.html?nav=E8.

131 Miguel Nicolelis, *Beyond Boundaries: The New Neuroscience of Connecting Brains and Machines – and How It Will Change Our Lives* (New York: Times Books, 2011).

132 Chris Berdik, 'Turning Thought into Words', *BU Today,* October 15, 2008, accessed March 22, 2012, http://www.bu.edu/today/2008/turning-thoughtsinto-words/

133 Jonathan Fildes, 'Artificial Brain "10 years away"', *BBC News*, July 22, 2009, accessed 19 September, 2012, http://news.bbc.co.uk/2/hi/8164060.stm

134 Radoje Drmanac et al., 'Human Genome Sequencing Using Unchained Base Reads on Self-Assembling DNA Nanoarrays', *Science* 327:5961 (2010), 7881; 'Complete Genomics' website: http://www.completegenomics.com/; Rob Waters, 'Complete Genomics Gets Gene Sequencing under 5000$ (Update 1)', *Bloomberg*, November 5, 2009, accessed December 10, 2010; http://www.bloomberg.com/apps/news?pid=newsarchive&sid=aWutny E4So Ww; Fergus Walsh, 'Era of Personalized Medicine Awaits', *BBC News*, last updated April 8, 2009, accessed March 22, 2012, http://news.bbc.co.uk/2/hi/health/7954968.stm; Leena Rao, 'PayPal Co-Founder And Founders Fund Partner Joins DNA Sequencing Firm Halcyon Molecular', *TechCrunch,* September 24, 2009, accessed December 10, 2010,

http://techcrunch.com/2009/09/24/paypal-co-founder-andfounders-fund-partner-joins-dna-sequencing-firm-halcyon-molecular/.

# 见识丛书

**科学　历史　思想**

01《时间地图：大历史，130亿年前至今》　［美］大卫·克里斯蒂安

02《太阳底下的新鲜事：20世纪人与环境的全球互动》　［美］约翰·R. 麦克尼尔

03《革命的年代：1789—1848》　［英］艾瑞克·霍布斯鲍姆

04《资本的年代：1848—1875》　［英］艾瑞克·霍布斯鲍姆

05《帝国的年代：1875—1914》　［英］艾瑞克·霍布斯鲍姆

06《极端的年代：1914—1991》　［英］艾瑞克·霍布斯鲍姆

07《守夜人的钟声：我们时代的危机和出路》　［美］丽贝卡·D. 科斯塔

08《1913，一战前的世界》　［英］查尔斯·埃默森

09《文明史：人类五千年文明的传承与交流》　［法］费尔南·布罗代尔

10《基因传：众生之源》（平装+精装）　［美］悉达多·穆克吉

11《一万年的爆发：文明如何加速人类进化》
［美］格雷戈里·柯克伦　［美］亨利·哈本丁

12《审问欧洲：二战时期的合作、抵抗与报复》　［美］伊斯特万·迪克

13《哥伦布大交换：1492年以后的生物影响和文化冲击》
［美］艾尔弗雷德·W. 克罗斯比

14《从黎明到衰落：西方文化生活五百年，1500年至今》（平装+精装）
［美］雅克·巴尔赞

15《瘟疫与人》　［美］威廉·麦克尼尔

16《西方的兴起：人类共同体史》　［美］威廉·麦克尼尔

17《奥斯曼帝国的终结：战争、革命以及现代中东的诞生，1908—1923》
［美］西恩·麦克米金

18《科学的诞生：科学革命新史》（平装）　［美］戴维·伍顿

19《内战：观念中的历史》　［美］大卫·阿米蒂奇

20《第五次开始》　［美］罗伯特·L. 凯利

21《人类简史：从动物到上帝》（平装+精装）　［以色列］尤瓦尔·赫拉利

22《黑暗大陆：20世纪的欧洲》　［英］马克·马佐尔

23《现实主义者的乌托邦：如何建构一个理想世界》　［荷］鲁特格尔·布雷格曼

24《民粹主义大爆炸：经济大衰退如何改变美国和欧洲政治》［美］约翰·朱迪斯
25《自私的基因（40 周年增订版）》（平装 + 精装）［英］理查德·道金斯
26《权力与文化：日美战争 1941—1945》［美］入江昭
27《犹太文明：比较视野下的犹太历史》［以］S. N. 艾森斯塔特
28《技术垄断：文化向技术投降》［美］尼尔·波斯曼
29《从丹药到枪炮：世界史上的中国军事格局》［美］欧阳泰
30《起源：万物大历史》［美］大卫·克里斯蒂安
31《为什么不平等至关重要》［美］托马斯·斯坎伦
32《科学的隐忧》［英］杰里米·鲍伯戈
33《简明大历史》［美］大卫·克里斯蒂安［美］威廉·麦克尼尔 主编
34《专家之死：反智主义的盛行及其影响》［美］托马斯·M. 尼科尔斯
35《大历史与人类的未来（修订版）》［荷］弗雷德·斯皮尔
36《人性中的善良天使》［美］斯蒂芬·平克
37《历史性的体制：当下主义与时间经验》［法］弗朗索瓦·阿赫托戈
38《希罗多德的镜子》［法］弗朗索瓦·阿赫托戈
39《出发去希腊》［法］弗朗索瓦·阿赫托戈
40《灯塔工的值班室》［法］弗朗索瓦·阿赫托戈
41《从航海图到世界史：海上道路改变历史》［日］宫崎正胜
42《人类的旅程：基因的奥德赛之旅》［美］斯宾塞·韦尔斯
43《西方的困局：欧洲与美国的当下危机》［德］海因里希·奥古斯特·温克勒
44《没有思想的世界：科技巨头对独立思考的威胁》［美］富兰克林·福尔
45《锥形帐篷的起源：思想如何进化》［英］乔尼·休斯
46《后基因组时代：后基因组时代的伦理、正义和知识》［美］珍妮·瑞尔丹
47《世界环境史》［美］威廉·H. 麦克尼尔［美］约翰·R. 麦克尼尔 等 编著
48《竞逐富强：公元 1000 年以来的技术、军事与社会》［美］威廉·麦克尼尔
49《大加速：1945 年以来人类世的环境史》［美］约翰·R. 麦克尼尔
50《不可思议的旅程：我们的星球与我们自己的大历史》［美］沃尔特·阿尔瓦雷兹

……后续新品，敬请关注……

见识城邦 出品